U0491786

本书出版得到河北师范大学历史文化学院资助，
谨致谢忱

寻找夏朝

夏代史与中国早期国家问题研究

沈长云 ◎ 著

中国社会科学出版社

图书在版编目（CIP）数据

寻找夏朝：夏代史与中国早期国家问题研究 / 沈长云著．—北京：中国社会科学出版社，2022.8（2023.2 重印）

ISBN 978 - 7 - 5227 - 0431 - 9

Ⅰ.①寻…　Ⅱ.①沈…　Ⅲ.①国家起源—研究—中国—夏代　Ⅳ.①D691.2

中国版本图书馆 CIP 数据核字(2022)第 117882 号

出 版 人　赵剑英
责任编辑　安　芳
责任校对　张爱华
责任印制　李寡寡

出　　版　中国社会科学出版社
社　　址　北京鼓楼西大街甲 158 号
邮　　编　100720
网　　址　http://www.csspw.cn
发 行 部　010 - 84083685
门 市 部　010 - 84029450
经　　销　新华书店及其他书店

印　　刷　北京君升印刷有限公司
装　　订　廊坊市广阳区广增装订厂
版　　次　2022 年 8 月第 1 版
印　　次　2023 年 2 月第 2 次印刷

开　　本　710 × 1000　1/16
印　　张　27.5
插　　页　2
字　　数　405 千字
定　　价　158.00 元

凡购买中国社会科学出版社图书，如有质量问题请与本社营销中心联系调换
电话：010 - 84083683

自　　序

这是一本我个人有关夏史的论文集。众所周知，夏是我国历史上第一个早期国家，是我国的第一王朝。然而有关夏代历史的资料（主要是后人追述的有关夏代历史的文献资料）留存至今的却并不多，以至于夏朝的历史给人以若明若暗的感觉，甚至有人还怀疑夏在历史上的存在。本书起名《寻找夏朝》，就是表示我们目前对于夏朝的了解还很不够，还需要继续进行探索，以充实夏代历史的内涵，进而证明夏在历史上的存在。此外，本书还有一个副标题——夏代史与中国早期国家问题研究，表示除夏代历史之外，本书还涉及对中国早期国家的认识，需要对早期国家理论进行探讨。我个人认为，夏朝的建立即标志着我国第一个早期国家的诞生，我想把这两部分内容编辑在一起，会有助于人们对夏的认识。

我原本没有想到自己能攒下这么多篇有关夏史的文章，更没有想到能编辑成这样一本厚厚的论文集。我于 1967 年毕业于北京师范大学历史系，复于 1979 年考进北京师范大学读商周史专业研究生，师从著名商周史专家赵光贤先生。毕业后进大学教书，首先撰写的也多是商周史方面的论文。我之从事夏代历史的研究，完全出自偶然。大约在 20 世纪 90 年代初，几位过去的同学和同事聚在一起，讨论黄仁宇的《万历十五年》，打算也照这本书的风格编一套各历史时期风云人物的丛书。因为我学的是商周史，大家就让我写夏商周三代的人物。我没有搞过夏史，但也不便推脱。接下来就考虑写什么样的人物。第一个跃入我脑海的，便是三代最具影响力的一批圣王——禹、汤、文、武、成王、周公，于是便首先研究起大禹来，并由大禹及于其他夏代的史事。我头两篇有关夏史的文章《论禹治洪水真相兼论夏史研究诸问题》及《夏后氏居于古河济之间考》，就是在这样的背景下写出来的。那时国内学术界正兴起一股探寻夏史暨中国古代文明的热潮，有关研究动向也不断在吸引着我的目光。这样，我的案头就积攒下越来越多的夏史（包括中国早期国家）研究的文章了。

然而我的夏史研究，却不自觉地与国内夏史学界一些先生的主张起了冲突。那时从事夏史或夏文化研究的，主要是国内一些考古工作者。他们选择位于豫西的偃师二里头作为夏史探究的重点，认为二里头文化便是夏文化，或者反过来说夏文化就分布在二里头及附近一些地区。记得那时人们整天热火朝天地讨论的，是二里头文化到底第几期是夏文化。也有人主张二里头文化一至四期全都是夏文化。对于考古界的这些说法，我内心颇不以为然。因为按照文献的记载，夏明明是在东方，夏人的各个氏族及有关夏的史事，也都在东方。我不理解考古界的先生们何以完全不顾及文献这方面的记载。更何况文献记载夏代国家的产生缘于禹对洪水的治理，若按这些先生的做法，将何以与禹治洪水之事挂上钩来，从而解释清楚夏代国家的产生，以及中国早期国家产生的历史进程呢?

看来，问题的焦点还在于弄清楚夏代国家所在的地域。如上所述，过去文献有不少记载着夏朝建立在古河济之间，也就是今天豫东鲁西一带的案例。这些记载又大致包含了以下两个方面的内容：一是称夏的多个都邑及夏的各个“诸侯”均分布在古河济一带地区；二是记夏朝的创始人大禹亦是在此一带居住并治理过这里的洪水。关于前者，当年王国维早就指出：“夏自太康以后以迄后桀，其都邑及他地名之见于经典者，率在东土，与商人错处河济间盖数百岁。”（《殷周制度论》第二册，中华书局 1959 年版，第 451—452 页）稍后顾颉刚、杨向奎亦有过大致相同的说法。我曾对这些夏的都邑及“他地名”（也就是夏的“诸侯”之所在）一一进行过考察，确认王国维所言不误。现在一些学者，尤其是部分考古学者试图把一些夏的都邑，如帝太康所都之斟鄩、帝廑即帝胤甲所居之西河，以及作为夏同姓部族（所谓“诸侯”）的有莘氏、有扈氏的地理位置，都统统搬到豫西乃至豫陕交界以西的地方。这些说法实际是很勉强的，并不足以为训。这些先生之所以坚持主张夏在豫西伊洛一带者，大概是误读了《逸周书·度邑》。《逸周书·度邑》称：“自洛汭延于伊汭，其有夏之居。”不少人将这里的“有夏”读作夏后氏之夏，殊不知此“有夏”实际是指有周（早期周人亦称作“夏”），因为这篇文章是讲周都洛邑的选址，与夏并没有关系（参阅杨宽《西周史》，上海人民出版社1999年版，第137—138页）。至于禹的居处及禹治洪水之所在，我想也应当放在豫东黄河下游一带去考虑，因为禹与夏后氏族所遇到的，乃是一种洪涝性质的灾害，这样一种性质的洪水只能发生在平原低地，而不会出现在多山且地形复杂的豫西地区。日前，已有学者发表过类似看法，可以参阅（郭立新、郭静云《古史复原应遵从的史料学原则——以大禹治水在豫西晋南说为例》，《齐鲁学刊》2020年第3期）。此外，禹的居处即所谓“禹都”阳城，也不在嵩山之下，因为那里也不会发生汗漫无际的洪水。据《世本·居篇》，所谓“禹都”阳城乃在战国魏都大梁之南，即今河南开封一带，正好处在河济之间的中心。这样，禹治洪水地域与夏都邑之所在两相吻合，说明有关夏朝的史事并非出自后人的编造。

禹治水之域不在豫西，其实过去徐旭生也已指出过。徐先生是目前考古界十分推崇的前辈之一，他在所著《中国古史的传说时代》中有一段对此问题十分精彩的论述：“如果详细考察我国的地形，各代河患的沿革，以及我中华民族发展的阶段，就可以明白洪水发生及大禹所施工的地域，主要的是兖州。豫州的东部及徐州的一部分也可能有些小施工。此外北方的冀州、西方的雍、梁、中央豫州及南方荆州的西部，山岳绵亘，高原错互，全不会有洪水。”（《洪水解》）兖州即古代的河济之间，徐先生认为，这里是禹治洪水最主要的所在。

只可惜徐先生的这个主张仅是他早期的认识，他后来的说法实与之前发生了很大的变化，甚至是背道而驰。他在1959年赴豫西进行夏文化调查，事后写成《1959年夏豫西调查“夏墟”的初步报告》一文

(《考古》1959 年第 11 期)，称他这次探索的结果，是感觉到与夏文化关系特别密切的地区，第一便是在“河南中部的洛阳平原及其附近，尤其是颍水谷的上游登封、禹县一带”，也就是今天人们所说的伊洛平原及嵩山南北一带。这也意味着，他所讲的夏文化是从禹、启讲起的，直到夏末。换句话说，他认为整个夏朝的历史，都发生在这一带。如此主张，怎么能与他过去所说的禹治洪水在兖州一带统一起来呢？想必此时徐先生已经放弃了对禹治洪水一事的探究，因为在他这篇文章中，以及这段时间他写的其他一些有关夏文化的文章中，他没有再提到一句禹治洪水的话。顺便说一句，现时考古界某些先生也不愿提及禹治洪水之事，他们是否也和徐先生一样，效法过去的疑古派，开始对禹治洪水事抱持怀疑的态度呢？

我说这些话，并不是在全盘否定考古工作者的业绩，也不是全盘否定二里头与夏的关系。相反，我承认二里头是夏代的遗址。这个地方我去过多次，那里规模宏大并由多层夯土筑成的宫殿基址给我留下深刻的印象。那些夯土如今已变得十分坚硬，当是经过长时间的踩踏与掩埋所致。我因此承认二里头是夏的一处都邑。但是，我只承认它是夏代晚期的一座都邑，是夏朝后期向西发展过程中在这里建立的一处别都。因为根据^{14}C 测年，二里头文化的年代早不过公元前 1750 年(张雪莲:《夏商周断代工程中的碳十四年代学研究》，《中国史研究动态》2020 年第 4 期)，至其建有宫殿的二里头文化的第三期，当更在其后。而夏的始年，据“夏商周断代工程”报告，乃是公元前 2070 年。更重要的是，二里头文化中还含有不少来自东方的文化因素。不少考古工作者甚至认为，二里头文化遗存的形成并非直接承袭自本地的王湾三期文化，它的主体应是来自其东面的新砦类型文化，而新砦类型文化又包含了不少来自豫东鲁西一带的造律台文化和后岗二期文化的因素。既然如此，那么，夏前期的地域，包括夏前期、中期更多的都邑，也应当到东方，尤其是古河济地区去寻找才对。

我之所以赞成夏统治区域在古河济一带，还包含着我对世界历史进程的一些更宏观的考虑。这种考虑来自我以前的老师刘家和先生，他是目前史学界公认的泰斗，中西兼通。他说：“世界上最古老的文明发生于公元前四千年代后期和三千年代。其中以尼罗河流域的埃及与幼发拉底和底格里斯两河流域南部的苏美尔地区文明发生最早，约始于公元前四千年代后期。印度河流域文明发生于公元前三千年代中期，两河流域北部和腓尼基地区的文明、黄河流域的夏文明和克里特岛上的爱琴文明，发生于公元前三千年代晚期。”（《古代中国与世界——一个古史研究者的思考》，武汉出版社 1995 年版，第 473 页）刘先生把我国的夏文明与古埃及、古代两河流域、古印度相提并论，称它们是世界上最古老的文明，这是完全正确的。因为它们都处在大河流域，具有大致相同的文明发生的背景。我想，如果我们承认中国的夏文明是世界最古老的一批文明，就不应当把我国“最早的文明”或“最早的中国”局限在豫西二里头文化的范围之内。因为这里作为夏朝都邑的时间远在公元前三千年代以后，这岂不是人为地缩短了中国进入文明的时间吗！如果要论公元前三千年代晚期黄河流域哪个地方进入了国家社会，我认为非黄河下游的河济地区莫属。

公元前三千年代晚期属于我国龙山时代的后期，这个时期认真说起来还未进入青铜时代。我们创造夏文明的先民们原本也大多数不居住在河济一带，因为这个地方在早尚是一派川水横流、湖沼遍布的环境，并不适合人类居住。这一点只要看看谭其骧主编的《中国历史地图集·黄河流域原始社会晚期遗址图》就清楚了，那上面显示这个地区的新石器时代遗址很长一段时间都是一片空白，没有仰韶文化，也没有大汶口文化。只是在这之后，才在近东的鲁西南地区出现了几处龙山文化遗址，我判断，这几处龙山文化遗址应当便是早期夏人的居邑，是我们夏代的先民们首先来到河济间的大平原上，使用木石工具，对这里进行披荆斩棘的开发，才使得这里很快发展成为人口兴旺、农业经济亦甚繁庶的地区。

那么，我们夏代的先民们是从什么地方，因何来到河济间从事开发的呢？我想，这其中最重要的一个原因，实莫过于在这之前我国北方气候环境所发生的一次大规模的变迁。从事环境考古的先生告诉我们，我国自进入公元前三千年代，整个北方的气候就开始转干转凉。到公元前 2200 年前后，也就是夏朝建立前不久，这种变化进一步加剧，导致我国黄河中下游一带的人群大规模地移动迁徙。而其中最重要的一路迁徙，便是西边豫陕一带较高地势的人们向平原低洼地区的豫东鲁西一带的流徙。当然也有东方齐鲁一带的人群向这个地方的流徙。刚好，其时作为平原低地的古河济地区对这种气候的反应则正相反：干凉的气候反而导致这里原有的湖泊沼泽大面积地萎缩，湖底干出，变成大片土质疏松又易于开垦的冲积平原，从而吸引东西两个方向的人们纷纷前往这里从事垦辟、开发和定居。这些，也只要稍稍对这里的聚落遗址的发展变化进行一些统计，也就十分清楚了。我在十多年前所写的《夏族兴起于古河济之间的考古学考察》（《历史研究》2007 年第 6 期）一文，就是谈的古河济间聚落遗址的这种变化。可以看出，其时豫东鲁西一带的聚落的确是在成倍、成十倍地增长，相反，原来人口繁庶的关中、豫西一带却在走向衰落。这篇文章运用了聚落考古的方法，具体数据则多来自许顺湛《五帝时代研究》一书，以及高江涛有关中原文明产生的博士论文，我想是经得起检验的。为了增加感性知识，我还曾数次去豫东鲁西一带进行实地考察。那里土丘遍布的自然环境尤其吸引了我的注意力，不仅使我联想到《尚书・禹贡》所记载的这里夏时期的居民“降丘宅土”的生活方式，更使我联想到其他几个文明古国生成的路径，因为它们也都拥有这样相同或相类似的自然环境。

夏朝在古河济间存在了四百多年而后走向灭亡。在这期间，和它打交道的主要是东夷族民（见古本《竹书纪年》），灭亡它的则是从西北方向而来的商人。这牵涉商人的起源和商汤灭夏的进军路线。过去说商起源于东方，商灭夏是自东而西的进军路线，这是不对的。我们看《诗经・商颂》描述商汤讨伐夏桀的战争，称“韦、顾既伐，昆吾、夏桀”，韦即豕韦，在今河南滑县；顾即有扈，在今河南原武；昆吾则在今河南濮阳；明是自西而东的进军路线。文献或记桀败于鸣条，而鸣条在今河南封丘，或记桀败于有戎之虚，而有戎在今山东曹县西北。

还有一些别的说法，总之是商师自西而东地推进，桀亦自西而东地溃逃。文献还记载，夏灭亡后，其后裔在更远的东方建立起杞、鄫两个小国，犹自维持存在了相当长一段时间。这些情况，使我更加相信夏王朝在历史上不仅一定存在过，而且其所在一定也是在东方。

夏史研究还涉及一些具体问题。例如什么是“夏族”？夏族是否等于人们所说的夏后氏？如果不是，那么它包含了哪些具体的氏族？不少人对这个问题似乎未曾加以认真考虑，这是十分令人遗憾的。还有禹治水是否可信的问题。上言考古界的一些先生不大愿意提及禹治洪水之事，那多半也是对禹治洪水抱着将信将疑的态度，如是怎么好谈论夏代国家的产生呢？夏代国家的产生实际关系到古代东方统治与奴役关系发生的问题，应当说也是十分重要的。这些，都是目前夏史研究亟待解决的一些问题。所谓寻找夏朝，应当也包含对这些问题的探讨。只有把这些问题解决好了，才有助于说明夏朝是一个实实在在的存在。本书有关论文指出这些问题的重要性并为之作出一些解析，希望能对夏史及夏文化研究起到一定助推的作用。

本书接下来的内容，是从理论上探讨早期国家的概念、中国早期国家的起源、国家形成的标志，以及中国早期国家的各项制度、社会结构和社会形态等问题。请大家结合夏代国家的实际，对这些问题一一加以体会。不拟在此絮叨了。

目前我们国家正大力提倡关注我们民族古老的历史，研究文明的起源。夏史和夏文化研究无疑是其中很重要的一环，我们吁请更多的人都来投入寻找夏朝的讨论，同时请大家对本书提出批评、指正，庶几使夏史、夏文化研究走向更加深入的领域。

目　录

夏史研究的基本问题

关于夏的地域

禹治洪水问题

有关理论研究

附录：访谈

夏史研究的基本问题

夏朝的存在是无法“抹杀”的

目前，在国内外关于中国古代文明起源的讨论中，一些学者质疑夏朝在我国历史上的存在，这无疑令我们难以接受。当然，更多的学者则明确肯定夏朝的存在，并从不同角度探寻夏朝在历史上存在的各种信息与依据。结合考古发掘与文献释读，应该说夏朝的历史是无法抹去的。

“夏朝抹杀”难称科学

长期以来，我们中国人对于我国历史上有过一个夏朝，可以说从未怀疑过；这种怀疑始自近代日本。1908 年 8 月，白鸟库吉在日本《东洋时报》上发表《中国古传说之研究》一文，提出所谓“尧舜禹抹杀论”；稍后，他又在所著《中国古代史研究》中提出，中国上古史的记载均具有神化色彩而非信史，其中特别提到禹治洪水之事不合常理，属后人杜撰云云。这些说法应当是“夏抹杀论”的滥觞，因为禹是夏朝的创始人，没有他的治水，就没有夏朝。《国语·周语》有详细记载：由于禹治水的成功，“皇天嘉之，祚以天下，赐姓曰姒，氏曰有夏，谓其能以嘉祉殷富生物也”。

其后，以顾颉刚为代表的“古史辨”派几位先生受白鸟库吉的影响并明显继承了他的主张，其中杨宽称“夏史大部为周人依据东西神话辗转演述而成”；陈梦家说夏史乃全从商史中分出；顾颉刚虽不怀疑夏朝的存在，但却否认夏朝的建立者禹作为现实的人王的存在，更否认禹治洪水等与夏朝建立有关史事的真实性。在顾颉刚的笔下，禹仅仅是一位天神，他的治水也是神话，并且这个神话也只是后人杜撰出来的。这实际也否认了夏朝的存在，可以说与白鸟库吉同出一辙。

顾颉刚、杨宽、陈梦家等“古史辨”学者对后来西方汉学家，尤其是部分从事中国上古史研究的学者影响极大，当今美国汉学家、达慕思大学教授艾兰便是其中一位。1990 年 5 月，在美国洛杉矶举行的“夏文化国际学术研讨会”上，时为英国伦敦大学教授的艾兰在其所提交的论文《夏存在吗——历史方法论问题》中提出，周代文献有关夏朝的记载，是从商代二元神话衍生出来的，是周人应天命论的需要把商人祖先传说发展成了历史上的夏朝。直到最近，她在接受国内杂志的访谈中仍在强调，文献有关夏朝的记述，是基于商代神话有关光明与黑暗两种对立势力的描述，到周初又被转化为对“王朝”的描述。

上述对夏朝持怀疑态度的学者一致将夏朝史事归于神话传说，称有关夏朝的记述都是由后人杜撰出来的，或出于某种政治目的编造出来的。这些说法值得商榷。上述学者没有具体谈到这样认识的依据，想必他们认为，迄今尚未明确有夏朝的文字被发现，没有留下文字的夏朝历史，便可能是后人构拟出来的。难道夏朝的都邑、建筑、人群活动等，就不可以留作后世的记忆吗？何况我们目前还不能断定夏朝就一定没有文字。因为我们确实在离夏朝所处地域不远的良渚文化和山东龙山文化的一些遗存中发现了一系列那时的文字资料，有关事例在李学勤先生主编的《中国古代文明与国家形成研究》一书中描述得很清楚。

再者，“夏抹杀论”者看到古文献中有不少类似神话的夏朝人物故事，如《汉书·沟洫志》称禹“凿龙门，辟伊阙，析底柱，破碣石”，据此认为有关夏朝的史事出于后人编造。我们当然不会认为神话故事就是真的夏朝的历史，但是，这里面包含一定的夏朝历史的真实“素地”，则是多数学者都不否认的。譬如，上引关于禹治水的神话，完全可以理解为对禹治洪水的一种夸张叙事，如顾颉刚所谓，是对禹治洪水故事的“缘饰”。剥去后人层累地加在这个故事上的附加成分，结合禹和他的部族所居住的地域环境，可以认为禹的治水不过就是要治理他及其邻近部族所居地域的洪涝灾害，以便进行农耕。这一解释，既合乎文献（包括地下出土文献），也合乎实际情况。

都邑遗址证实夏朝的存在

以下从正面来讲述夏朝确实存在的理由和客观依据。

要申明的是，夏朝并非后人想象的那样一种“大一统”的国家，它应该是由夏后氏统治下的若干邦方亦即酋邦组成的早期国家。它也不拥有后世所称的九州那样大的土地面积。王国维曾经指出：“夏自太康以后以迄后桀，其都邑及他地名之见于经典者，率在东土，与商人错处河济间盖数百岁。”“河济间”也就是古兖州，于天下九州仅为其中之一州，具体所处在今豫东（包括豫北）、鲁西一带。

王国维是依据夏后氏前后所都的地点，以及文献所见其他与夏朝有关的地名来圈定其统治范围的。夏的都邑自不必说，其他有关地名，其实也多是指夏的一些同姓和姻亲，以及与夏关系密切的邦国如有扈氏、有莘氏、斟鄩氏、斟灌氏、有虞氏、有仍氏、涂山氏、昆吾氏、豕韦氏、任姓薛国等国族的居地。我曾对这些地名一一进行考察，发现它们确实都在古河济之间的范围内。这样一种地理分布，正合乎夏商周三代内外服制度的原则：王室同姓、姻亲及与王室关系密切的国族一般都属于“内服”成员而集中居住在王都附近；其他异姓国族则居住在外，号称“外服”。文献没有更多提及夏的外服族邦，只是较多记载了夏朝东方诸夷的情况。从东方诸夷对夏时叛时服的情况看，亦合乎外服邦国的特征。凡此文献所显示的夏朝内外服制度施行的状况与特征，都证实了夏朝在历史上存在的真实性，因为这样一种合乎早期国家行政制度的古代族氏的分布，不可能出于后世有意地编排。

以上夏的都邑和部分邦国的所在地，有的已能与考古发现的遗址相互印证，如曹县莘冢集之于有莘氏，滕州薛国故城下面叠压着的龙山古城之于任姓薛国。最令人感兴趣的是，濮阳高城遗址与夏后相所都帝丘的关系。按文献如《左传》《世本》《竹书纪年》都有夏后相都于帝丘即今濮阳的记载。其中《左传》僖公三十一年记，卫成公刚迁居到帝丘，即有卫国的始封之君卫康叔托梦给他，说成公供奉给自己的祭品让夏后相夺占去了。这无疑反映了春秋卫国所迁的帝丘城，是建立在过去夏后相所都的旧址之上这一历史记忆。刚好，近年发现的濮阳高城遗址亦显示出，其地表下面庞大的卫国都城正叠压在夏初（或稍早时期）开始建造起来的一系列夯土城的基础之上，这就十分清楚地表明濮阳高城就是过去夏后相所都的帝丘古城。

近年发掘的偃师二里头遗址也是夏朝的一处都邑。该遗址第三期文化层以下处在夏晚期的纪年范围之内，遗址上大面积的夯土表明其上建有宫殿、道路之类。这里还发现了包括青铜容器、绿松石龙形器、大型礼玉在内的礼仪用品。凡此，都显示了二里头应是夏晚期的一处都邑。《史记·孙子吴起列传》记“夏桀之居，左河济，右泰华，伊阙在其南，羊肠在其北”，与二里头的地望亦正相合。但是，二里头并不在夏传统居住的古河济之间的范围内，这怎么解释呢？其实，二里头乃是夏晚期向西方扩展势力时在这里建设的一处别都，因为二里头文化里含有不少来自东方的因素，文献也保留了夏晚期的几个王，包括孔甲、帝皋、后桀曾在这一带活动的记录。无论何说，二里头遗址的发现，亦显示了文献所记夏朝存在的可信性。

多重证据表明大禹治水真实存在

如上所述，禹是夏朝的创始人，没有他的治水，就没有夏朝。也就是说，考证了禹治洪水的真实性，便对夏朝的存在又增添了一层明证。

对于禹的治水，上面已作过简要辨析，指出它就是禹对自己所居住地区的洪涝灾害进行的治理，而其治理手段不过就是如后来孔子所说的“尽力乎沟洫”，即通过在平原低洼的地方开挖沟洫，引走洪水，重新整理土地（所谓“布土”），以从事农耕。我们认为，禹治洪水是完全可信以为实的。

第一，夏后氏居住的地域，正好与禹治洪水发生的地域相一致。古河济之间乃是一片广阔而低洼的平原，处在西边的太行山和东边的泰沂山地两个高地之间，又多河流湖泊，极易因雨水过多而造成大面积的洪涝灾害。过去徐旭生作《洪水解》，强调禹时洪水发生的地点，也主要是在兖州。他还找出文献中两条禹治洪水在兖州的证据，一在《尚书·禹贡》兖州条下，称“桑土既蚕，是降丘宅土”，是说洪水平治后，原来宜桑的土地又可以养蚕，人们从高地下来，住到平地之上；另一条也在兖州下面，称“作十有三载”，明确说禹治洪水经历了13年，同于他书有关禹治洪水的记载。应当说，禹治洪水的地域和夏朝所处地域的一致性，再一次证明了禹治洪水的真实性。

第二，古河济地区有许多小的土丘，虽经几千年沧桑，不少土丘仍存留至今，其上还留有当时的遗迹。有的经洪水多次泛滥淤积已不复存在，但仍留下某丘的地名。经考察，这些丘类遗址多出现在龙山时期前后，正好与尧、舜、禹洪水泛滥的时期相当，说明当时人们正是依靠它们来防止洪水漂没的。这也与上引《尚书·禹贡》兖州条下“是降丘宅土”的记载相呼应，应是禹时洪水发生在古河济之间的力证。

据了解，与中国同样具有悠久历史的古文明或古国，在文明初期时，人们也多居住在河水经常泛滥的河谷和平原地区，并多居住在一些人工垒筑成的土丘之上。在今伊拉克地区，考古人员从20世纪30年代开始，便对其境内古遗址进行普查，至1949年，已经在地图上标明了5000个遗址的准确位置，它们大多数是高出地面的土丘，而这些土丘则是其时人们为避洪水，世代居住于其上而形成的。这与中国古河济间的情况何其相似。

第三，考古发现，古河济地区存有不少龙山时期人们用夯土筑成的城址，其数量及规模均超出同时期周围其他地区。他们的建筑，很大程度也是用来防御洪水的。这使人想起古书中多有“鲧作城郭”的记载，人们将城郭的发明权归到禹的父亲鲧身上，应该也与鲧用堤防阻止洪水的传说有关，因为夯土筑成的城墙展开来就是堤防。这也从一个角度反映了禹和他的父亲在这一带抗御洪水史事的真实性。

第四，古河济一带发现有古时沟洫的遗迹。据李济《安阳》一书，他当年领导安阳发掘时，便在安阳及郑州两地发现过颇具规模的用作灌溉的地下沟网遗迹。安阳的沟网，他认为是由盘庚迁殷以前的早商居民开挖的，而郑州发现的这种“地下建筑”的时代比安阳更早。由是，认为夏代人们已经具备了开挖沟洫的技术，当不是无端的揣测。

如上一些证据，我们还有何理由不相信禹治洪水的真实性?!

长期以来，学界多以为夏的地域在豫西晋南，从而将这一地区与夏时期相当的考古文化（王湾三期文化、二里头文化）当作夏文化。但是，正如我们上面论述的，夏的立国一开始就在豫东鲁西，斟鄩应该在豫鲁交界处，《左传》对此有很明确的记述。至于有人说伊洛地区是“有夏之居”，即夏后氏的居处，那实在是误会了文献。《逸周书·度邑》中的“有夏”其实是指有周，前辈学人对这些问题早有论述。要解决夏文化的问题，还应当把探索的重点放到东方，放到古河济之间，如此，方能使人们更实实在在地感受到夏朝的存在。

（原载《历史评论》2020年第3期）

夏代是杜撰的吗

——与陈淳先生商榷

我国历史上的夏代，以其未发现有当时人们使用的文字系统，并在其后的商代甲骨卜辞中亦未见有关于夏代的明显的文字记录，而被一些人怀疑其是否在历史上真的存在过。这种怀疑在20世纪30年代“古史辨”学派兴盛的时候就已开始了，不过并不是所有的“古史辨”派学者都陷入了这种怀疑。其时取极端怀疑主义立场的学者主要有两位，一位是杨宽，他认为“夏史大部为周人依据东西神话辗转演述而成者”[①]；另一位是陈梦家，他认为夏史乃全从商史中分出[②]，二人均从不同角度否认有夏一代的存在。与二人持论不同，其他多数学者虽亦对史载夏的某些内容有过不同程度的怀疑，然基本上并不否定夏在历史上的存在。如顾颉刚，其在对杨宽有关论述所加的按语中表示：“按商之于夏，时代若是其近，顾甲骨文发得若干万片，始终未见有关夏代之记载，则二先生之疑诚不为无理。惟《周书·召诰》等篇屡称‘有夏’，或古代确有夏之一族……吾人虽无确据以证夏代之必有，似亦未易断言其必无也。”[③]另外，作为该册《古史辨》主编之一的童书业在对此前的古史辨派主张进行总结时也表示，除去带有浓厚神话传说色彩的“三皇”“五帝”系

---

① 杨宽：《中国上古史导论》，吕思勉、童书业编著：《古史辨》第7册上，上海古籍出版社1982年版，第281页。

② 陈梦家：《商代的神话与巫术》，《燕京学报》第20期，又节录转载于吕思勉、童书业编著《古史辨》第7册下，第330—332页。

③ 吕思勉、童书业编著：《古史辨》第7册上，第292页。

统外，“至启以下的夏史，神话传说的成分也是很重，但比较接近于历史了”①。一些人动辄称古史辨派极力否定夏的存在，看来并不太符合实际。

时间过去了六七十年，学者们为探索夏代史迹，尤其是从考古发掘的角度探讨夏文化的遗迹做了很多工作。虽然迄今为止仍未发现夏人使用的文字，但是有关夏代史迹的认定应当说是比过去清楚得多了，从考古发掘和考古研究角度证明夏王朝存在的工作也取得了一些进展，以至于国内绝大多数学者对夏王朝的存在已基本不表示怀疑。国外也有部分学者认同中国学者的立场，如美国著名历史学家威廉·麦克高希的著作《世界文明史——观察世界的新视角》在谈到世界最早的文明社会时便明确指出：“大约公元前 2000 年，中国的文明在新石器文化出现的地方发展起来……夏及后来商的统治者在黄河流域建立了王国，在那里他们建造了规模相当的灌溉工程。第一座城邦二里头，建于公元前 1900 年。”② 虽然麦克高希对夏的看法与中国多数学者相比还有些差距，但其认为夏作为商以前的一个政治社会已进入文明社会，是一个“王国”的认识是很明确的。尽管我们没有看到更多的外国学者对中国历史的描述，但相信麦克高希的看法绝非代表他一人。

然而遗憾的是，现在仍有相当部分外国学者对夏代的存在持根本否定的态度。他们不熟悉我国的历史文献，不了解我国学者对于夏史研究的基本思路，也不愿去认真思考我国学者在对夏的探索中有了哪些值得重视的新材料和新论点，他们对夏的否定仍基本停留在过去杨、陈二位先生所持的那些理由上。更有甚者，其中一些人十分不恰当地将我国学者对夏及其以前历史的探究归结为某种政治行为或受某种道德观念的驱动，这就更不是一种平心静气地讨论问题的态度了。

我们注意到，这种态度也传染给了国内个别学者，最近《复旦学报》发表的陈淳博士的文章《二里头、夏与中国早期国家研究》就是

① 吕思勉、童书业编著：《古史辨》第 7 册上，“自序二（童书业）”，第 2 页。

② ［美］威廉·麦克高希：《世界文明史——观察世界的新视角》，董建中、王大庆译，新华出版社 2003 年版，第 142 页。

一例。该文采取转述国外学者有关批评的方法并基本站在他们的立场上，不仅声称“夏有后人杜撰的嫌疑”，“夏是西周统治者杜撰的朝代”，称国内学者对夏朝暨夏文化的探索是在“凭主观判断来解释历史”，而且不分青红皂白地将国内学者进行的这种探索说成是仅仅为了“确立华夏5000年文明史、宏扬中华民族源远流长的民族自豪感”①。果真这样，我国学者长期以来所从事的夏代历史文化的研究将还有什么学术价值可言！

我们承认国外部分学者及陈淳博士对国内学者的批评也包含着某些值得重视的因素，如指出我国考古界一些同志喜欢在某种单一的考古文化与复杂社会及其政治结构之间画上等号，喜欢在国家、朝代的出现和更替与日用陶器的变迁二者间作出必然联系的考虑，如此之类，当然值得国内学者深思。但是陈先生及国外部分学者对我国学者所从事的夏代历史与文化的研究采取了一种完全否定的态度，对夏代历史的存在采取了一种完全否定的态度，却是我们不能接受的。这里，我们仅就历史上的夏代是否由后人杜撰的问题提出几点不同意见，与陈先生及国外持不同意见的学者商榷。鉴于陈先生的文章已在很大程度上综合了国外持不同意见者的意见，我们论题中的商榷对象，就暂拟为陈先生一人了。

一　谁在“预设带有倾向性的前提”

最先提到我国历史上有一个夏朝存在的，是距今3000年前的西周初期的文献《尚书·周书》，它里面的《召诰》《多士》《多方》《立政》等篇不止一处提到了历史上的“有夏”或“夏”，即夏王朝。这些篇章所记录的差不多都是周初著名政治家周公的各种讲话，周公在这里称“有夏”（或“夏”）为“先民”“古之人”，称“有夏服天命，

---

① 陈淳、龚辛：《二里头、夏与中国早期国家研究》，《复旦学报》（社会科学版）2004年第4期。以下对该文的引述不再出注。

惟有历年（统治的年头不短）”，但由于他们的后人表现不好，“不敬厥德”，结果被商朝统治者革去了他们的“命”，这就是历史上的“殷革夏命”①。《尚书》是现存我国最早的历史文献，上引《尚书》中各篇皆为真《周书》，其真实性是不容置疑的。其所提到的在它以前的夏王朝，虽属于后人对以前发生的历史故事的追忆，但毕竟是3000年前人们的文字记录，而其时距夏王朝也不过就五六百年光景。今人对于周初的这个记载，虽不能遽定为就是史实，似亦不好轻易否定之。由于它牵涉整整四五百年一段历史存在，且是我国最初进入文明的一段历史，人们对之给予特殊的重视，将之作为前人提供给我们的一项重要历史信息并希望通过考古发掘和其他手段对之加以证实，这种态度是完全可以理解的，也符合历史认识论的一般规则。我们知道，人类历史上许多重要的古文明都是在后世有关文献记载的提示下，通过考古发掘得到某种程度的证实的。

然而陈博士及海外一些学者所采取的，却是另外一种态度。他们不仅自己对周初文献记载的这段夏朝的历史漠然视之，而且要求人们也对其完全置之不理。在未对有关记载进行充分讨论和从事深入的考古调查之前，就先下结论断言它是属于后人杜撰的，甚至指责持有上述谨慎态度以从事夏史或夏文化探索的人们是在给人预设“带有倾向性的前提”，是在“闭门造车”，是一种“方法陈旧的研究”。

在对夏史和夏文化进行探研的问题上，到底是谁在给人们预设“带有倾向性的前提”？难道不是要求人们完全漠视3000年前有关文献记载，要求人们首先接受这些记载是出于杜撰的结论的陈淳博士及所代表的部分外国学者，反倒是主张对上述文献记载不迷信，也不随意否定，而应通过文献与考古发掘相互印证的方法，以求得历史真实的大多数中国学者吗？

这里，我们愿意请教陈博士和部分外国学者，说周初文献有关夏

---

① 《尚书》中，周人亦自称“有夏”，见于《康诰》《君奭》《立政》等篇，但这个“有夏”不同于以前夏后氏建立的王朝。关于这个问题，我已在他文中作过辨析，此不赘言。

的记载是出于周人的杜撰，是否拿得出证据？是否举得出周初的人们从事杜撰的其他例证？如果举不出这方面的例证，那么所称周人的杜撰行为不也是出于自己的主观推想吗？这样的设想又有什么道理呢？说周人杜撰出一个夏，其“目的是用商灭夏的故事来为周灭商的合法性辩解”，试问，“杜撰出一个夏”与“用商灭夏的故事来为周灭商的合法性辩解”这二者间有什么必然联系呢？自古以来，用前代兴亡故事以演绎历史兴衰成败道理的说辞所在多有，难道说其所列举的朝代及有关事件都是伪造或杜撰出来的吗？如学者所谓，当西周之初，时距克商未久，商遗民众多，如果周人生生造出一个虚构的夏来，用以宣传周代商犹如商代夏，是秉承天命，此如何能使早已“有典有册”的商遗民相信？[①] 这岂不是要适得其反吗？何况周初提到夏的篇章尚多，在其他场合下，周统治者主要是在用夏败亡的例子告诫自己的成员不得贪图安逸和忽视民意，难道说这也是出于杜撰？

事实上，正是由于论者有了一个周人杜撰夏朝历史的先入为主的成见，才导致他们对国内夏史暨夏文化探索的一概否定，导致他们对有关这方面的研究一概视而不见，也不愿意看见，甚至对进行这种探索的学者进行无端指责，称他们的研究“总会与今天的政治与道德判断混在一起”。如果去除这个成见，许多类似问题不是好解决得多吗？

二　甲骨卜辞没有丝毫夏的踪迹吗

陈先生及部分国外学者坚称夏是由周人杜撰出来的理由之一，是商代甲骨卜辞中未见有关于夏的只言片语。他们称：“商代甲骨卜辞中不见任何有关夏的记载，没有丝毫迹象表明商代诸王曾把自己看作是夏的合法继承者。”

如顾颉刚所言，过去杨宽及陈梦家两位先生也是据此怀疑夏的存在的。的确，商代甲骨卜辞中没有明确提到夏朝的文字，甚至没有作

---

① 朱凤瀚：《论中国考古学与历史学的关系》，《历史研究》2003 年第 1 期。

为一个朝代标记的“夏”这个字的出现，“二先生之疑诚不为无理”。但是，没有直接记载夏的文字并不等于夏不存在，近年的研究表明，甲骨卜辞中并非没有丝毫夏存在的踪迹，这个踪迹，就是作为夏后氏直系后裔的杞人在商代活动的事迹。

杞为夏后氏的直系后裔在大量先秦文献中言之凿凿，如《国语·周语》称：“有夏虽衰，杞、鄫犹在”；《管子·大匡》记齐桓公语：“夫杞，明王之后也”；《世本·王侯》：“殷汤封夏后于杞，周又封之”；《大戴礼记·少间》：“成汤卒受大命……乃放夏桀，散亡其佐，乃迁姒姓于杞”；《左传》僖公三十一年记“（卫成）公命祀相，宁武子不可，曰，‘鬼神非其族类，不歆其祀，杞、鄫何事?’”；《左传》襄公二十九年记郑子大叔之语，称杞为“夏肄（余）”，等等。那个时候的杞人，大概也像被灭亡了的商人的后裔宋人一样，不仅仍以夏人自称，社会上其他各阶层及各国之人亦皆称之为“夏”。如《逸周书·王会》就称前来参与周朝廷聚会的杞国君主为“夏公”，而称宋国之君为“殷公”。《论语·八佾》记孔子之语“夏礼，吾能言之，杞不足征也；殷礼，吾能言之，宋不足征也”，也是以杞与夏，宋与殷相提并论。

以上所举，皆周时文献，尚不足以说明杞在商代的存在，说明“殷汤封夏后于杞”的事实。幸好，我们有了商代的甲骨卜辞，征之卜辞，则杞在商代的活动已是明明白白。

目前所见有关杞的甲骨卜辞至少有以下几则：

1. 丁酉卜殻贞，杞侯炬弗其祸，有疾。（《合集》13890）
2. 癸巳卜，令登賣杞。（《合集》22214）
3. 己卯卜行贞，王其田亡灾，在杞。

庚辰卜行贞，王其步自杞，亡灾。（《合集》24473）

4. 庚寅卜在𡟰贞，王步于杞，亡灾。

壬辰卜，在杞贞，王步于意，亡灾。（《合集》36751）

以上第 1、2 例属于武丁卜辞，第 3 例为祖庚、祖甲卜辞，第 4 例为帝乙、帝辛卜辞。关于这些卜辞的内容，学者间多有阐释，此不赘述，仅据各辞的时代，即已知道商代的杞国族至少在武丁时期即已存立于世，且一直存在到殷商末叶，正好与周世的杞国一脉相承。那么，卜辞中的这个杞国族是否与文献中提到的作为夏后氏后裔的杞是一回事呢？

了解卜辞内容的人们都知道，上引《合集》第 36751 号属于人们常常提到的商末征人方卜辞。已有不少学者结合征人方所经其他地名（方国名），对这里面的杞国族的地望进行过考察，结论有两个：一认为其与文献所记周所封杞国的地望，即今河南杞县相一致；一认为其与杞后来迁居所至鲁东的位置，即今山东新泰一带相当。或说新泰一带原本就是杞未受周封前居住的地方。我自己也曾对之加以考证，比较倾向于后者。[①] 然无论何说，这条卜辞中的杞就是文献记载的周所封夏后氏的后裔杞，或者说是它的前身，则是没有问题的，否则，它们的地望不会那么前后相一致。

证明卜辞中的杞属于夏后氏后裔的还有商末青铜器铭文。

现藏台北“故宫博物院”的商末青铜器有名为《杞妇卣》（《三代》12·60·2）者，上有四字铭文：“亚醜杞妇。”其中“亚醜”二字作“醜”在“亚”中形，乃此器主人之族徽。由于解放前后山东益都苏埠屯亦屡次出土具有此徽记的青铜礼器及兵器，学者推测苏埠屯一带应为商末“亚醜”氏族聚居的地方，并推测上引《杞妇卣》铭中的“杞妇”当是杞国族嫁与亚醜氏族的妇人。此外，学者发现诸亚醜铜器中又有一铭有“亚醜者姛以大子尊彝”的青铜罍（《三代》11·42·1），学者解读其中的“者姛”二字为“诸姒”，谓即其时诸国姒姓女子嫁与亚醜族人为妻者。[②] 此解释已得到众多学者的认可。诸国族为古东夷地区的古老国族，至春秋时期灭于鲁，地在今山东诸城，与

---

① 沈长云：《说殷周古文字中的杞——兼说夏后氏后裔的迁播》，王尹成主编：《杞文化与新泰》，中国文联出版社 2000 年版，第 276—283 页。

② 王献唐：《山东古国考》，齐鲁书社 1983 年版，第 233—236 页。

亚醜铜器出土地点山东益都苏埠屯及甲骨卜辞所示杞国所在的位置今山东新泰皆不甚远，彼此呈三角形分布，来往密切应属自然。诸国族既为姒姓，则同样嫁女与亚醜氏族联为婚姻的杞国族亦当属于姒姓，即夏后氏的族姓，似不会有大的问题。如此，商代杞国族为夏后氏后裔，又得到青铜器铭文暨姓氏学的证明。

以上介绍的商代甲骨卜辞及青铜器铭文都没有“夏”的字样，然而谁能说它们与夏无关呢？论者大概忘记了商代甲骨卜辞的性质，即它们只是商代后期商王（及部分贵族）占卜活动的记录，而所占卜的又只是商王（及部分贵族）其时遇到的各种日常之事。它们不是史书，也不是政论文章，不必非提到过去的王朝不可，故其中没有出现“夏”的字样是完全可以理解的。但卜辞提到了夏后氏的后裔杞，因为商王在出行过程中到达了杞，我们认为这实际上就是提供给了有关夏后氏存在的信息。我们甚至有理由推测，当初周人之提到历史上的“有夏”，正是凭着社会上有这么一支夏后氏的遗族及其他姒姓族人存在的事实。或许“夏”这个朝代名称亦是出自杞人对自己祖先所建立的王朝的一种张扬的称呼。总之，说周人为自己的某种宣传需要而杜撰出一个夏朝，乃是纯粹主观的臆说。

三　史籍中的夏不应被视作一个国家吗

陈淳先生一面否认夏在历史上的真实性，一面又否认史籍中的夏是一个国家。他说：“且不论文献中夏代的真实性如何，我们目前单凭史籍中的记载就确认夏就是第一个国家是有问题的，因为古人或司马迁那个时代所谓的国家和我们探索的早期国家在科学定义上是否一致是有问题的。”为此，他举了一些国外的例子，证明一些历史文献记载的所谓“国家”实际上只是现代科学概念的“酋邦”。

看来，陈淳先生认为史籍中的夏最多也就是一个“酋邦”了。他的另外一些文章也表达了类似观点，如在最近出版的他的论文集中，他就指责那些对《史记》中的夏代不加检讨就确认其为中国最古老国家的人们，说他们“恰恰忘记了郭沫若在70年前说过的‘我们中国古时候的所谓国，其实仅仅是一个大宗或小宗’”①。从句子逻辑分析，陈淳先生是把夏当成一些“大宗或小宗”式的“国”了，且认为我们混淆了这所谓“国”与科学定义的国家间的区别。

但我等主张夏代是一个国家的人们再糊涂也还不至于把夏代与文献中那些“大宗或小宗”式的“国”拉在一起的。郭沫若说：“我们中国古时候的所谓国，其实仅仅是一个大宗或小宗，所以动辄便称万国万邦”②，这话很清楚，所谓大宗、小宗，指的是文献中常常提到的“天下万邦”或“天下万国”之“国”，夏并不是这样的“国”，它是在这“万国”之上的一个政治组织。文献称“禹合诸侯于涂山，执玉帛者万国”③，又“臅闻古大禹之时，诸侯万国”④，可见“万国”指的是众诸侯，而夏是众诸侯之上的统治者，夏与诸侯国二者是不能画上等号的。说夏的诸侯国是“大宗或小宗”，乃至大小氏族部落、大小酋邦都可以，夏则是由夏后氏及众族邦组织成的国家。陈淳先生这里显然是误会了他的批评对象，要不就是误解了郭老这句话的意思。

那么，由夏王及众诸侯（“万邦”）构成的这样一个政治组织是否称得上是一个国家呢？

这需要将夏朝同以后的商朝、周朝加以比较才说得清楚。

从文献可知，夏与商周都有着一个相类似的国家结构，即由一个大邦统治下的众邦的不平等联合：周是由“周邦”统治下的众邦的不平等联合，商是由“大邦商”统治下的众邦（甲骨文称“方”）的不平等联合，夏则是由夏后氏统治下的众邦的不平等联合。大邦即王所自出的邦，众邦围绕在统治它们的王邦周围，依其与王邦的亲疏远近关系，又形成了“内服”与“外服”两大不同的集团。“内服”指王邦近邻地区（即所谓“王畿”）内聚集的部分邦国，它们一般由王的

① 陈淳：《考古学的理论与研究》，学林出版社2003年版，第70—71页。

② 郭沫若：《中国古代社会研究》，人民出版社1964年版，第38页。

③ 《左传》哀公七年。

④ 《战国策·齐策四》。

同姓及姻亲族邦组成，其与王的服属关系建立在与王邦相近的血缘及姻亲关系的基础之上，是王所依靠的力量，故其首领亦得以在朝廷上担任各种官职。“外服”则是居住在王朝周边地区，亦即“内服”诸成员以外地区的众多邦国。周初金文《大盂鼎》铭称商代的这些外服邦国首领为“殷边侯甸”，正道出了这一事实。它们由于距朝廷较远，与王的服属关系建立在朝廷对它们的武力威慑基础之上，因而对朝廷时叛时服。以上“内服”与“外服”的政治格局在商周两代都看得清楚，尤其是商代，它的内服成员实即围绕在“大邑商”周围被称为“多子族”及“多生（甥）族”的一班商王同姓及亲姻氏族，外服则是王朝中心统治区域以外的一大批各种名称的方国，甲骨卜辞可为之提供很好的说明。

仔细阅读有关夏的文献记载，可以看出夏的统治者即夏后氏周围也有这么一个内外服结构，特别是有一个围绕在它近邻地区的由夏后氏同姓及姻亲氏族组成的内服集团。我曾经考证，文献中的夏后氏所居的阳城在今河南濮阳，它的这些同姓与姻亲氏族如有扈氏、有莘氏、斟灌氏、斟鄩氏、有仍氏、有虞氏、昆吾氏等都围绕它居住在古河济之间或其附近。[①] 这样一种分布情形绝非巧合，它反映夏代同样有着一个像商周内外服结构那样的合乎早期国家构成的政治格局，也反映出文献所记夏代社会历史具有某种真实性。陈淳先生不是说有关夏的记载出于杜撰吗？试问后人“杜撰”出的夏代政治社会怎么会如此合乎我国早期国家的政治格局？

当然这里还有一个“早期国家”的科学定义问题，夏商周三代是否称得上是“早期国家”？从什么角度称它们是“早期国家”？陈淳先生这篇文章并没有给出一个“早期国家”的定义，他的另外一些文章也同样没有给出其明确的定义。在这些文章中，他只谈到了弗里德与亚当斯关于国家的定义，弗里德说，国家是“在超越血缘关系的基础

① 沈长云：《夏后氏居于古河济之间考》，《中国史研究》1994 年第 3 期；又《禹都阳城即濮阳说》，《中国史研究》1997 年第 2 期。

上建立起来的社会政权"；亚当斯说，"国家是一种根据政治与地域界定的等级机构，而非立足于血缘关系或其他属性的社群"。[①] 这两种关于国家的定义大致相同，但是否与其所称的"早期国家"概念一致，人们却不得要领。在对中国古代文明的解释中，作者是认为殷商为符合国家标准的，然而殷商国家却并非"在超越血缘关系的基础上建立起来的社会政权"，亦非"根据政治与地域界定的等级机构"。对于这个矛盾，作者并没有交代清楚。我们认为，如果承认殷商已经进入国家状态的话，那么根据商代社会实际，所谓"早期国家"只能定义为一种建立在对众多血缘组织（"邦"）实行统治的基础之上，政治组织与血缘组织相互为用的公共权力机构。就这样一种国家组织形式而言，夏与商周相比，应当说是没有二致的，夏完全可以称得上是一个早期国家，至少从文献上是可以得出这个结论的。

四　怎样看待二里头遗址的发掘

二里头遗址是中华人民共和国成立以来考古发掘所见与夏代历史文化关系最为密切且规模最大的遗址。由二里头遗址的发掘，学者又将眼光及于与二里头具有相同或相近文化内涵的豫西晋南广大地区，并试图将夏文化与上述二里头文化整个地挂起钩来，这就是近来进行得十分火热的夏文化讨论。陈淳先生出于对夏的否定，自然也对这场讨论采取了根本否定的立场。他在自己的文章中不止一次地表达了对"二里头就是夏"这种看法的质疑，批评国内学者普遍将二里头文化视作夏文化，说他们所持的"二里头文化 = 夏文化 = 夏氏族 = 一批有特色的器物分布 = 夏国的疆域"的推论方法存在着很大问题。他同时也否认二里头遗址对于研究夏朝历史及中国早期国家的意义，认为在有关二里头遗址的讨论中，国内学者将考古发现与文献记载相对应的做法是"对文献缺乏起码的怀疑精神"。他借美国学者索普之口，批评国

① 陈淳：《考古学的理论与研究》，第 582 页。

内学者将二里头遗址出土的宫殿遗迹、青铜器、玉器等视作国家权力（王权）的象征，认为这是一种“简单化”的做法。

如上所述，陈淳先生对国内开展的夏文化讨论的批评包含有某些合理的因素，尤其是他批评国内考古界一些主流学者在夏族、夏文化与二里头文化之间画上等号的做法，指出这种做法已落后于国际考古学研究的新进展，这是十分值得注意的。国际学术界，如柴尔德这样的考古学家，早已认识到，“考古文化并不以机械的方式与部落或民族这样的社会集团对应，因为物质文化的分布不一定与社会或政治结构相一致”。可以认为，这个批评是切中国内某些学者的要害的。事实上，二里头文化与夏文化无论在时间上还是空间分布上都很难说是全然对应的。根据文献记载，组织成夏代国家的那些氏族部落（即所谓“夏族”）确实难于被编织进一个共同的血缘谱系，他们的居住地，也大多不在二里头文化分布的范围内。此论点，我们曾在过去发表的文章中不止一次地做过说明（见前引《中国史研究》发表的拙文），我们认为，一个已进入文明的社会结构绝不会与一个单纯的考古文化相对应。陈博士的上述批评再次揭示了这个道理，希望从事夏史暨夏文化研究的学者们能很好地对待上述批评，使自己的研究沿着更加理性的道路进行下去。

然而遗憾的是，陈淳先生对国内夏文化研究的批评用意并不在此，他的批评是要从根本上否定夏的存在，不仅否认二里头文化，而且否认二里头遗址与夏及中国早期国家之间的任何联系，这是我们不赞成的。

二里头遗址处在河洛平原的东部，适当文献所记夏代后期几个夏王活动的范围之内，特别是在夏代最后一个王桀的居邑坐标之内。这个遗址的第三期文化层的^{14}C测年亦在据文献推算的夏朝末年的时间范围之内。在这个时空范围都与夏代后期居邑相对应的文化层内发掘出了规模巨大的宫殿及宫城遗迹、整齐而经过规划的道路遗迹，发现了我国历史上最早的青铜礼器和兵器，以及大型礼玉等器物，据此，多数学者认为二里头遗址应是夏代晚期的一座都邑，有人更具体认为它就是文献所记夏桀居住过的斟鄩。

我们曾经指出，根据文献，夏王朝在其后期曾将其政治势力向西拓展至伊洛一带，二里头很可能就是夏后期诸王在这里建立的一座类似后来西周洛邑那样的行政中心。结合距这里不远的偃师尸乡沟商城的发掘，更可以看出二里头作为夏代晚期都邑的性质。此尸乡沟商城东距二里头仅六公里，建城的年代紧卡在夏朝灭亡和商朝建立之际，文献记载商汤灭亡夏朝以后，便立即在“夏社”旁边建立了一个新的政治中心，以镇抚夏的残余势力，称作“西亳”。而“西亳”在文献中很明确地写明就在尸乡沟这个地方，故尸乡沟商城作为商汤所建立的西亳是不容置疑的。由于二里头紧邻偃师商城，并且其作为都邑使用的宫殿类建筑（一号宫殿）被废弃的时间又刚好在偃师商城兴建之际，这一兴一废，正十分清楚地显示了夏商之际的历史鼎革，也进一步说明了二里头遗址应为夏朝晚期的都邑。①

可是陈淳先生并不同意上述说法，既不同意二里头遗址与夏有任何联系，也不同意二里头的发现体现了一个国家性质的权力中心存在的说法。

陈淳先生反对将二里头遗址与夏代历史“相对应”的理由仍然是对文献可信度的怀疑，他声称：“在没有对文献可信度做详细论证的情况下，我国学者将其作为确凿依据来推算夏的起讫年代和^{14}C 断代相印证，而且推算出各位夏王在位的年表，或据此将考古发现的城址与夏王都邑相对应，其结论备受质疑并不令人奇怪。”

据我所知，目前我国学者似乎并未有人在从事推算“各位夏王的年表”的工作，“夏商周断代工程”也只是给出了一个夏代的基本年代框架。在有关二里头遗址的讨论中，人们就年代学提出的问题主要是这个遗址是否可以落实到传说中夏的年代范围之内，尤其是它可以体现出其都邑性质的文化层落实到夏的哪一个时间段。如上所述，现今多数学者都主张二里头三期文化层可以与夏的末期相对应，这样一种

① 赵芝荃：《再论偃师商城的始建年代》，《中原文物》1999 年第 3 期。

认识，实主要牵涉夏的讫年，而对夏讫年的认定，与其说主要依据有关夏的文献记载，不如说主要依据商周时期的各种历史资料，包括商代甲骨卜辞和田野考古资料。因为测年一般都是由后往前推，人们是在利用上述资料首先测得西周积年的基础上，再往上测得商的积年。在对商年的测定中，又首先是在利用甲骨卜辞及文献资料测得盘庚迁殷大约在公元前1300年的基础上，再往上推及商前期的大致年代，并持之与郑州商城及偃师商城的测年数据加以对照，从而得出商的始年，也就是夏的迄年在公元前1600年前后。试问这一系列年代数据所依据的地上地下资料有哪些是值得怀疑的呢？不细加分析就笼统地指责这些资料缺乏可信度，从而拒绝将二里头遗址与夏晚期都邑联系起来，这能说是一种负责任的态度吗?!

另外，陈先生在批评人们“将考古发现的城址与夏王都邑相对应”的时候，没有对众人所持的偃师商城是夏商分界标尺的论定作出回应，但在我们看来，偃师商城的发现及其被确定为夏商分界标尺，正是二里头遗址属于夏晚期都邑的有力证据。试想，文献记载商汤在灭夏后即在夏社旁的尸乡沟建立起一座商城，这座商城在尸乡沟被发现，在它的西边近邻又恰恰耸立着另一座稍早于它的都邑，这座都邑如不被解释为夏的都邑，还有什么别的解释呢？陈先生未对偃师商城发现的意义作出回应，想是在有意回避这个要害吧。

谈到二里头遗址（三期）是否具有都邑即国家政治中心性质的问题，我们认为陈淳先生及所举美国学者索普的一些否定这种认识的理由也是值得商榷的。如论者称，国内学者将二里头遗址所发现的大型夯土基址判断为宫殿是不妥的，因为二里头的宫殿只有一个单一空间的前庭，这样的建筑只能称作“某种类似宗庙的建筑”。此说大不合乎实际！据最新发掘资料，二里头三期同时兴建有1号、2号、4号、7号、8号等多处大型夯土基址，其间绝不仅只有“一个单一空间的前庭”。这几处宫殿皆被一个方正而规矩的宫城围绕在里面，总面积达10.8万平方米（偃师商城的宫城才4万平方米）！其中1号与7号，2号与4号宫殿皆分别依一条建筑轴线而建，各宫殿的夯土台基具有大体相近的长宽比例，宫殿相互之间及其四周有纵横交错的道路网，显示出整齐而缜密的布局。[①] 应当说这不仅是一座宫殿，而且是一个规模巨大的宫殿群！至于说此建筑不能叫宫殿，只能叫“宗庙类建筑”，这大概是不懂得我国早期宫殿与宗庙二者间功能往往不分的道理。只要看看西周金文中周王常在庙前接见文武百官及朝臣，这个道理便一目了然。此外，论者还批评我国学者不该把青铜器和玉器当作王权的象征，此实混淆了青铜器与青铜礼器、普通玉器与大型礼玉的区别。二里头出土的青铜礼器及大型礼玉与大型宫殿基址同时涌现，它们作为国家政治权力中心的物质体现，应该是不用过多解释的。

不可否认，二里头遗址的发掘还不太充分，新发现的能够显示其早期国家都邑性质的物质遗存也不够全面，例如到目前为止，我们还没有发现与其宏大宫殿建筑相对应的大型墓葬群，未发现这个时期的文字。这些，还要靠今后考古工作者的继续努力。但是，正如已故著名美籍学者张光直先生所言：“二里头文化中虽然还没有文字发现，但它的宫殿建筑与青铜礼器表示它与殷商近，与龙山远……二里头、殷商文化可以说是高级的文明社会。”[②] 对于动辄引用张光直先生之语来教训国内学者的陈淳先生来说，不知对此结论有何感言！

以上论辩，容有不周，还请陈淳先生及有关海内外学者批评指正。

［原载《河北师范大学学报》（哲学社会科学版）2005 年第 3 期］

---

① 许宏、陈国梁、赵海涛：《二里头遗址聚落状态的初步考察》，《考古》2004 年第 11 期；中国社会科学院考古研究所二里头工作队：《二里头遗址 2003—2004 年田野考古新收获》，《中国社会科学院古代文明研究中心通讯》第 8 期，2004 年 8 月。

② 张光直：《论“中国文明的起源”》，《文物》2004 年第 1 期。

论我国夏代国家的起源

——以世界最早的一批文明古国的产生为视角

夏是由夏后氏族建立的国家。近年来，有关夏代历史文化的探究再度成为学界热点，学者从各个角度寻找夏在历史上的存在，整个社会也在关注着这个问题。的确，谈中国历史，特别是谈中国古代文明，夏是一个绕不开的话题。到底历史上有没有一个夏朝，夏又是怎样一种存在，总得要向世人说清楚。不仅要向国人说清楚，还要向一些外国学者说清楚。然综观学者的各种论著和论述，感到大家多数仍是在重复过去的话语，看起来洋洋大观，实则解决不了问题。也有一些新的思路，如将夏代纳入世界青铜文明体系，或把夏说成是在中国西北地区出现的一个国度，以与外来文明相衔接。这种说法新则新矣，奈何与我国历史实际相背离，与我国文明的独立起源的总体思路相背离，且在时间上和空间上都难与文献所载夏后氏王朝对得上号。我屡屡考虑，何以大家在夏的问题上如此意见分歧。想来，其中一个重要原因，恐怕是我们没有把夏作为一个早期国家在历史上是如何产生的这个问题搞清楚。例如夏是在什么地方、什么样的地理和气候环境下产生的？是因何缘故产生的和通过什么途径产生的？这些具体问题没有解决，想是很难把夏在历史上的存在说清楚的。我过去也曾陆陆续续对这样一些问题进行过探讨，惜未引起大家的重视。这里，我想换一个思路，从世界上最早的一批文明古国的产生这一角度，再来谈谈我国最早的文明古国夏是如何产生的问题。我认为这个问题的解决，不仅有助于了解夏文化应当在什么地方，更有助于打消一些人对历史上是否有一个夏的怀疑，把对夏的认识建立在更加理性的基础之上。

一　从对四大文明古国的认知谈起

世界上有四大文明古国，中国是四大文明古国之一，这大概是目前国内外学者的一个共识。据说四大文明古国的命题最早是由我国新史学的倡导者梁启超提出来的，他在写于1900年的《二十世纪太平洋歌》中，便提出“地球上古文明祖国有四：中国、印度、埃及、小亚细亚是也”。虽然这里的“小亚细亚”所指与我们今天所说的作为四大文明古国之首的古代两河流域还有些距离，但中国包含在四大文明古国之中，则是毫无问题的。当代两部国外学者所写的较有影响的世界史书，一部是由美国学者斯塔夫里阿诺斯所写的《全球通史》，另一部也是由美国学者威廉·麦克高希写的《世界文明史——观察世界的新视角》，也都无例外地把中国算作世界最早的一批文明古国。前者说“中东、印度、中国和欧洲这四块地区的肥沃的大河流域和平原，孕育了历史上最伟大的文明。这些文明使欧亚大陆成为起重大作用的世界历史中心地区”①。后者则径称古代两河流域、古埃及、古印度、古代中国和古代希腊是世界上最早的文明社会。② 两位学者均认为古代两河流域、古埃及、古印度和古代中国是世界上文明发源地，这与目前国内学者的说法基本一致。只是他们把古希腊也算作是世界文明的发祥地，则稍有些不妥。察这两位先生所说的“古希腊”大约指的是古代克里特岛上的米诺斯文明，这里的文明虽然悠久，也很了不起，但它却不是原生的文明，而是在古代两河流域和古埃及文明的影响下发展起来的，因而按“最初的文明”或文明起源地这个标准来衡量古希腊或克里特岛上的米诺斯文明，还是应将其排除在外的。

---

①［美］斯塔夫里阿诺斯：《全球通史》，吴象婴、梁赤民译，上海社会科学院出版社1999年版，第58页。

②［美］威廉·麦克高希：《世界文明史——观察世界的新视角》，董建中、王大庆译，新华出版社2003年版，第144—145页。

归纳国内外学者有关四大文明古国的叙述，可以总结出所谓文明古国所具备的几项基本特征：首先，它们都是原生的文明，是以后亚洲、欧洲、北部非洲等一系列次生文明的源头；其次，它们都处在大河流域，主要是在大河下游河谷两岸肥沃的平原地区，是这种特殊的自然地理环境孕育出来的古代文明；最后，它们产生的时间都很早，是它们所在的中东、北非、南亚、东亚几个地区最早的文明。从学者的具体描述上看，它们产生的时间段是在公元前3500年至前2000年之间，确实可以称得上是世界历史上最早的一批文明。

进一步研究学者所提到的各地区文明的起源及形成过程，可以了解到学者们是把国家的产生作为判定各地区进入文明的主要标志的。他们在谈到各地区最早的文明社会时，并没有像现在国内某些学者那样仅仅把眼光集中在那里是否有了文字、城市、青铜器等所谓“文明要素”上，而是首先注意到这些地区出现的“城市中心，由制度确立的国家的政治权力”[①]，或者出现了对社会进行统治的“精英”或“统治阶级”，或者“最早的君主政治”[②]。更为引人注目的是麦克高希谈到的最早的中国文明，他说：“大约公元前2000年，中国的文明在早期新石器文化出现的地方发展起来……夏及后来商的统治者在黄河流域建立了王国，在那里他们建造了规模相当的灌溉工程。”[③] 其中强调了中国最早的国家的建立，却没有谈到文字，也没有谈到青铜器，是可以看到他们判定中国古文明产生的标志在于国家的产生。我国学者的意见可以刘家和先生为代表，他明确地说：“在历史上，文明大体是和国家同时发生的。”[④] 可见，在以国家的产生作为文明产生的标志这一点上，中外学者的主张和马克思主义理论实际上是一致的。恩格斯的“国家是文明社会的概括”那句话，想必人人都知道。这也符合文

① ［美］斯塔夫里阿诺斯：《全球通史》，第105页。

② ［美］威廉·麦克高希：《世界文明史——观察世界的新视角》，第142页。

③ ［美］威廉·麦克高希：《世界文明史——观察世界的新视角》，第143页。

④ 刘家和：《关于中国古代文明特点的分析》，《古代中国与世界——一个古史研究者的思考》，武汉出版社1995年版，第473页。

化人类学一般的原理。至于文字、城市、青铜器等“文明要素”，当然也值得重视，但它们并不是文明产生的标志，而只是现代考古学借以观察某个地区文明产生的一些外部表征。各地区进入文明可以有各种不同的表征，但并不一定要求具有上述所有的“文明因素”，因为确实有的地方的文明并没有出现城市，或者文字，或者青铜器。

值得注意的是，上述学者的议论涉及对中国最早的文明古国的认识问题，到底是把中国的夏代还是商代定为最早的国家亦即最早的文明，在学者中是有着不同的看法的。麦克高希的主张显然是以夏王朝的建立作为中国进入文明社会的开始，而斯塔夫里阿诺斯则是以商王朝的建立作为中国进入文明社会的开始。他说“中国黄河流域的文明起于约公元前 1500 年”①，等于说中国的文明是起于商王朝的建立。事实上，他讲中国古文明也是从商朝讲起的。这一说法与他们主张的文明产生的标志相冲突，忽视了夏王朝的存在，显然是不对的。我们下文还要对这一说法进行剖析。

考虑到国内大多数学者也是主张中国自第一个王朝，即夏的建立进入文明社会的，我们赞同麦克高希的主张。上引刘家和先生的文章继续说到：“世界上最古老的文明发生于公元前四千年代后期和三千年代。其中以尼罗河流域的埃及与幼发拉底和底格里斯两河流域南部的苏美尔地区文明发生最早，约始于公元前四千年代后期。印度河流域文明发生于公元前三千年代中期，两河流域北部和腓尼基地区的文明、黄河流域的夏文明和克里特岛上的爱琴文明，发生于公元前三千年代晚期。”② 应当说，刘先生的话是国内多数学者的共识。承认夏王朝是我们中国最早的文明古国，我们才好说中国的古文明发生在公元前 2000 年以前。

---

① ［美］斯塔夫里阿诺斯：《全球通史》，第 115 页。

② 刘家和：《关于中国古代文明特点的分析》，《古代中国与世界——一个古史研究者的思考》，第 474 页。

二 何处探寻夏文明

然而遗憾的是，目前国外大多数学者，尤其是欧美学者，却不那么赞成中国历史上有一个夏王朝。他们认为夏代的历史都是传说，没有得到夏代留下来的文字的证明。更有甚者，说夏史都出于后代的伪造。斯塔夫里阿诺斯显然也受到了这种认识的影响，在他的《全球通史》中没有一句话提到夏朝和夏代文明，表明他根本不承认中国历史上有一个夏朝。

造成这种状况的原因，当然首先是国外学者缺乏对于中国历史与中国古代文献的认识，但更重要的，我想，恐怕还是我们未能从考古上让他们看到真正的夏代的文明，我们和他们一样，不知道去哪里获取夏文明的信息。

夏的存在载于中国古代最早的一批文献《尚书·周书》之中，这批文献距今已有三千年以上的历史，且毫无疑问是真文献（不包括战国时人拟作的一批《周书》）。那里面称夏为“古之人”“古先民”，称由于他们的统治者肆行淫乐，而被上天派遣商汤革去了他们的“命”，表明夏确实是历史上存在过的一个朝代，且在商朝之前。说距今三千年的古人去故意伪造一个先前的朝代，恐怕很难说得过去。连过去疑古派的领头人顾颉刚先生也表示不能忽视《周书》中有关夏朝历史的记载。他在评论一篇杨宽先生怀疑夏王朝存在的文章中，先指出杨宽与陈梦家二位先生对夏的怀疑“诚不为无理”，却接着又说：“惟《周书·召诰》等篇屡称‘有夏’，或古代确有夏之一族……吾人虽无确据以证夏代之必有，似亦未易断言其必无也。”[①] 顾先生据《尚书·召诰》等篇指出不能轻易断言夏朝在中国历史上为“必无”，实可引起学者的重视。我们今天一些动辄引用顾颉刚有关中国古史论述的海外学者，为什么不能在

① 见杨宽《中国上古史导论》第十篇《说夏》所引顾颉刚按语，吕思勉、童书业编著：《古史辨》第7册上，上海古籍出版社1982年版，第292页。

对夏的存在与否的问题上采取与顾先生同样客观的立场呢？

至于周以后，特别是战国时期文献所载大量有关夏代的传说故事，我们同样应当把它视作研究夏代国家历史进程的宝贵资料。当然这里存在一个如何选取其中可信成分和如何理解这些传说故事的问题。例如其中有关禹治洪水故事，你是相信这场洪水如像西方《创世纪》所描述的那样，是一场充斥天下九州的大洪水呢，还是如徐旭生先生那样，经过认真考订，认定它只是发生在古河济之间、即《禹贡》九州中的古兖州一带呢？又如夏的地域，你是相信所谓“禹迹”，即把这九州视作夏的实在的地域，还是如同王国维那样，经过仔细分辨，认为夏的都邑及“他地名”，皆处在古河济之间呢？这里不仅有一个史识的问题，也涉及有关早期国家等人类学基本理论的问题。我想，如果按照正常的逻辑思维来区分和考量这些有关夏代的历史传说，而不是不加分析和辨别地兼收并蓄，结合有关考古资料，它们同样也是可以说明夏后氏王朝的存在的。

当然最终决定夏的存在与否，还要依靠考古发掘的资料来解决。这也是国内从事古史研究的学者一致的认识。然而考古资料也必须和文献记载相结合，要使地下的资料与传世文献相互印证，才能给出让人信服的结论，遗憾的是，经过了这么长的时间，我们有关夏代的考古工作却未能取得真正让人信服的可以说明夏的存在的成果。长期以来，我们的考古学者（不是所有的考古学者）一谈到这个问题，便拿他们所从事的二里头文化的考古发掘来给人说事，说分布于今河南西部伊洛汝颍一带的二里头文化就是夏文化。殊不知国外学者对二里头文化即夏文化这个命题本身就多持否定的立场。一位来自圣路易斯华盛顿大学的美国学者说，目前二里头遗址的种种发现，不过标志着中国北部地区青铜文化的开始，由于铭文资料的缺乏，无法判定这一文化为历史文献所提供的何许民族或朝代。[①] 也就是说，他们承认二里头文化的存在，但二里头文化只能视作中国北方的一种青铜文化，不能

① 陶普：《二里头与夏文化之探索——评中国的考古学》，闫敏：《洛杉矶“夏文化国际研讨会”英文本论文译述》，《人文杂志》1991 年第 4 期。

判定它就是文献所记载的夏民族或夏王朝的文化。国外学者所提的质疑不能说是无理，因为我们确实不能证明二里头文化分布的地区就是过去夏人或夏王朝所居住的地域，试问先秦古文献中有几处夏的都邑或诸侯居邑是在二里头文化分布的范围之内呢？可见关键的问题还是要先确定文献所提供的夏部族或者夏王朝到底在中国什么地方，只有这个问题先解决了，再拿着有关考古材料去相互比鉴，通过“二重证据”，才能解决对夏的认识问题。有鉴于此，我们现在还得要重新提出一个在何处去寻找夏文明的问题。

说实在的，我自己对二里头文化就是夏文化这个说法也存有疑问。我只赞同偃师二里头遗址有可能是夏晚期的一处都邑，是夏代后期夏王朝向西发展在洛阳盆地建立的一个别都性质的邑落。其他二里头文化分布的地域是否与夏有关，实难说清。尤其是在如今有关二里头文化的更精确的测年一再往后推迟的情况下（最新的测年，二里头文化不早于公元前 1750 年），要把二里头文化整个地说成是夏代文化就更难了（夏朝据“断代工程”的说法始于公元前 2070 年）。按照上述我们对文明古国的理解而言，中国最早的文明亦即夏文明应当在我们国家的大河流域并且是平原地区去寻找。仅从这个角度而言，把夏文明放在豫西一带便明显是不合适的，因为豫西一带总体上属于山地地形，与大河、平原这些字眼相去甚远，那些地方的文化与大河造就的文明从根本上说来不是一回事情。即令夏代后期向西扩张在偃师二里头建立的那处别都，也是选择在平原上，而不是在其他地形上建造的。

要说与大河、平原扯得上关系的，只有黄河下游一带地区，也只有在这个地方才能寻找到我国最早的文明古国夏的踪迹。回顾对于夏代历史的研究，其实早在 20 世纪初，我国著名古史学家王国维就已经提出了夏在黄河下游一带的古河济之间的论断。他在其所著《殷周制度论》中明确指出：“夏自太康以后以迄后桀，其都邑及他地名之见于经典者，率在东土，与商人错处河济间盖数百岁。”[1] 他所说夏的都邑

---

① 王国维：《殷周制度论》，《观堂集林》卷 10，中华书局 1959 年版，第 451—452 页。

及“他地名”，前者可理解为夏的政治版图，后者可视为夏的诸侯国所在的地域，这两者都在古河济之间，也就是今河南东部及山东西部一带地域。它们都处在黄河下游的平原地区，而没有一个在二里头文化分布的范围之内。王氏当然是从对文献的实证研究的角度得出这个结论的，他在这之前曾经对古本、今本《竹书纪年》及相关著作做过深入的研究。我在王国维研究的基础上，亦曾对文献所载夏的都邑及夏的同姓诸侯和异姓诸侯一一做了考证，证明王国维所言完全可信，其他与之相忤逆的说法则多出于误会而不可信。[①] 从我们所理解的早期国家规模及其内外服结构看，以及与商代早期国家或早期商文化的分布范围相比较看，王氏所勾划的夏代国家的范围亦是相当合适的。夏代国家的地域绝没有所谓“九州”那样大的规模，把它的都邑和有关族氏说成是分布在西起今陕西关中，东到今山东半岛，北起豫北，南到今安徽淮水流域这样广大的范围之内，应是不可信的。如今，王氏提出此著名论断已过去近一个世纪，我们从事夏文化研究的人们不可能不知道王氏的这段议论，但却没有一位学者对之作出正面回应，或者从根本上驳倒王氏的立论，然而人们仍旧在王氏所言夏代国家的范围之外去寻找所谓夏文化，此实在让人难以理解。

更重要的是，我们对王国维的这个说法与豫东鲁西一带一些新的考古资料进行比较，竟发现这里面倒真有不少夏的地域在古河济之间的证据。其中最重要的一项资料来自河南濮阳的考古发掘。按文献如《左传》《世本》《竹书纪年》都有夏后相都于帝丘即今濮阳的记载。其中《左传》僖公三十一年记，卫成公刚迁居到帝丘，即有卫国的始封之君卫康叔托梦给他，说其供奉给自己的祭品让夏后相夺占去了。此无疑反映了春秋卫国所迁的帝丘城是建立在过去夏后相所都的旧址之上的事实。刚好，近年发掘的濮阳高城遗址也显示出，其上面庞大的卫国都城正叠压在夏初（或稍早时期）开始建造起来的一系列夯土

① 参阅拙著《夏后氏居于古河济之间考》，《中国史研究》1994 年第 3 期。此文发表已久，其中个别考证已有所改动，但总的结论及主体内容今仍其旧。

城墙的基础之上，这就十分明确地证实了濮阳高城就是过去夏后相的都邑。① 这项考古发掘资料早就引起我的关注，我认为它是最能证明夏王朝在历史上存在的一条考古资料。我甚至当着国内考古学界的负责人的面提出，希望他们能重视濮阳的考古发掘，然而未得到他们的首肯，可是他们却又提不出反对这项建议的理由。面对如此重要的一项对于证实夏王朝存在十分重要的考古发掘资料，我们口口声声表示要致力于夏文化和文明探源的学者竟如此熟视无睹，此亦是让人匪夷所思的事情。

此外，我们还能举出一些夏代的氏族，如有莘氏、有虞氏、作为夏车正的薛国族等居住在东方的考古学证据。过去在山东从事考古工作的张学海先生对之有过较详细的论证，篇幅所限，不一一写出来了。② 这几个地方也都处于河济之间的平原地区，属于王国维所说的“他地名”，也与二里头文化不发生关系。总之，我们完全应当把寻找夏文化的重点放到东方，放到黄河下游，放到古河济一带地方来。这已不是我第一次做这样的呼吁了，我想，只有这样，我们探寻夏文化的工作庶几会置于更加理性的基础之上。

三　古河济文明——中国的大河文明

我们强调夏人居住在古河济之间，自然就是认为古河济文明属于中国的大河文明。夏朝的产生，无疑是得益于母亲黄河的赐予。长期以来，我们一直歌颂母亲黄河，称黄河是中华文明的发祥地，古河济之间正处在黄河下游平原地区，正是这种特殊的地理环境，才造就了我国第一个早期国家文明。

为此，我们有必要再把古河济之间不同于其他地区的地理环境做

---

① 参见河南省文物考古研究所等《河南濮阳县高城遗址发掘简报》，《考古》2008 年第 3 期。

② 张学海：《论东夷文明的诞生与发展》，北京大学中国考古学研究中心、北京大学古代文明研究中心编：《古代文明》第 1 卷，文物出版社 2002 年版，第 142—149 页。

一番简单的疏理，如此方明白它是如何造就了我国第一个早期国家的文明的。

首先，从名义上讲，所谓古河济之间就是指其地处在古代黄河下游两条河流之间。“河”指古代的黄河，其下游的流向与今全然不相同。它不是如今天之径直东流，而是自今河南武陟以下便折向东北流，到浚县后再折向北流，入今河北省境内，至今天津南注入渤海。“济”指古代的济水，发源于今河南济源，东南流至今河南温县南注于黄河，然后又自今河南荥阳市北从黄河分出东流，至今山东定陶西注入古巨野泽，复由泽北引出，东北流经今济南市北，亦注入渤海。此济水今已不存，然在上古时期却是一条著名的河流，与黄河、淮河、长江并称为“四渎”。因为以上缘故，在古代黄河与古济水之间便存在着相当广大的一片区域。古代地理书《禹贡》将其划为古九州之一的兖州，其地适当今黄河下游流经河南省东部和山东省西部的一部分，是古代许多著名氏族活动的地域。

其次，它是一片平原低洼之地，正处在西边的太行山与东边的泰沂山地两个高地之间，为黄淮海大平原的中间部位。因其地势低平，交通方便，便利招徕四方之民。其境内河流湖泊纵横，水利资源丰富，亦易于农业生产和民众生活。上引美国学者斯塔夫里阿诺斯所写的《全球通史》称，中东、印度、中国这几个古文明产生的地方都处于“肥沃的大河流域和平原”，是完全适用于对古河济之间的描述的。

再者，是这片地区土壤的性质。它属于黄河冲积而形成的特殊的黄土堆积。众所周知，分布于我国西部甘肃、陕西、山西数省的黄土高原上厚厚的黄土层，实际上是由风力从西北荒漠上长年累月地搬运过来的。其土质疏松、肥沃、富含矿物质而又易于垦殖，使得我国的农业在这些地方很早就长足地发展起来。但是这些黄土并未就此止步而不再东移，而是换由黄河水不断地再次搬迁到东部黄河下游平原地区。这样，古河济一带本来就具有的平原加水利资源丰富的条件，又得到良好的便于开发的土壤条件，更容易吸引人们前来种植和开发。从中国地形图上看，黄河自今陕西、山西之间的黄土高原奔涌而下，沿途注入许多支流，它们都富含泥沙，南流至于今陕西潼关以北，遇秦岭之阻挡折而东流，仍是在山涧中行走。直到今河南郑州以北入于下游平原地区，水势顿时放缓，大量泥沙便开始沉积下来，逐渐形成下游广阔的冲积平原。这样一种广阔的平原地形，再加上良好的土壤和水利条件，是其他任何地方不具备的，难怪乎能吸引大量的人口前往此处进行开发种植而创造出新的文明。

讲到夏时期前后人们在这里的开发，我们还不应忘了那时的气候，因为促使人们大量前往古河济地区种植开发的还有气候环境的变迁。按夏代前后的龙山时期，我国北方大部分地区正处在由过去温暖湿润的气候环境向干凉气候的转换期。过去，当仰韶—大汶口文化时期，华北平原，包括豫东鲁西平原地区，由于气候的温暖湿润，仍处于一派川水横流，沼泽湖泊众多的景象，尚未完成向今天这样的自然环境的转换，除了少数地势较高的丘岗之外，整体上并不适宜于人类居住。所以这个时期河济间发现的人们的聚落遗址也相对稀少。殆至距今5000年以后，整个北方的气候突然转为干凉，气温降低，降水量减少，从而导致平原上湖泊沼泽大面积萎缩，河流下切，新的河流阶地、冲积平原和河口三角洲堆积迅速发育，使这里开始变得适合于人类居住。尤其是距今4200年前后，气候再次大幅度变干变凉，促使这一地区的河道与海岸线基本固定下来，湖沼面积更加急剧地缩小，整个豫东鲁西变得更加适合于人类居住①，由是这里的人口与聚落便空前迅速地繁殖起来。

试看两段考古学者对龙山时期豫东鲁西一带人口聚集情况的描述：

> 大约距今五千年左右，中国几乎所有史前考古学文化发达的地区（特别是中原一带）都发生了一次剧烈的文化因素的增生、分化与重新组合运动……在遗址的分布上，不少仰韶时期的遗址

① 燕生东：《全新世大暖期华北平原环境、文化与海岱文化区》，周昆叔等主编：《环境考古研究》第三辑，北京大学出版社2006年版，第79—80页。

被废弃不用。仰韶文化的中心区域比如关中、豫西等，龙山遗址较仰韶遗址大为减少，似乎经历了一次空心化运动；而一些仰韶时期人迹罕至的地方比如豫东与山东交界之处，豫东南、鲁西南和皖西北交界之处，到龙山时代则遗迹广布。[①]

青堌堆类型遗址广泛散布的鲁西平原，在大汶口早、中期还是一片少人或无人居住的湖区沼泽。龙山时期，这块地区逐渐干涸，众多的湖泊、湿地虽然仍旧存在，但已经成为进行渔猎、采集以及农业活动的良好场所……青堌堆类型的广泛分布，说明当时有相当数量的人口以较快的速度移入这个地区定居。根据这一类型的文化特点，可以推测这些居民很可能是从河南龙山文化地区，或主要是从河南龙山文化地区迁入的。[②]

这样，当龙山时代的后期，古河济之间及其附近地区已然发展成了一个四方辐辏、人口兴旺的经济与社会发展的中心。其时别的一些地区的小平原抑或有人前往，但显然赶不上这广阔而又富饶的大平原对人们的吸引力。这种情况，与文献记载文明前夕以夏后氏为首的夏部族以及许多著名氏族在这一带生息繁衍，是完全相一致的。根据文献，我国虞、夏、商部族，以及颛顼氏、祝融氏乃至秦人的祖先，都曾在这一带活动。此即是我国古代第一个早期国家在这个地方兴起的历史地理背景和人文背景，夏王朝建立在此时此地，绝不是偶然的。

四　大禹治水与夏代国家的产生

夏已进入国家时期，研究夏文化无疑应当首先研究夏代国家的产

① 曹兵武：《从仰韶到龙山：史前中国文化演变的社会生态学考察》，周昆叔、宋豫秦主编：《环境考古研究》第二辑，科学出版社2000年版，第23页。

② 巫鸿：《从地形变化和地理分布观察山东地区古文化的发展》，苏秉琦主编：《考古文化论集（一）》，文物出版社1987年版，第176页。

生。上言龙山时期古河济之间已有大量的人口聚集，但人口聚集只是古代国家产生的条件，国家并不因人口聚集而自然产生。对日益聚集的众多人口进行集中统一的管理，才是促使国家产生的根本的动因。现代西方哲学认为，国家是在拥有大量人口的领域内运行的一套有组织的机构及其制度。那么，古河济之间这一套对它的居民进行有效组织的机构及其制度是怎样建立起来的呢？

早在19世纪中叶，马克思就谈到古代埃及、古印度、古代美索不达米亚和波斯这些国家的政府职能与当地灌溉农业的关系，指出“亚洲的一切政府不能不执行一种经济职能，即举办公共工程的职能”①，这实际是确认了古代亚洲的文明古国的产生都是与组织修建灌溉工程有关的。这也是当今有关国家产生途径中的“灌溉说”理论的来源（其他有关国家产生途径的说法还有“战争说”和“贸易说”）。马克思没有直接谈到古代中国，但从我国夏代国家向被视为与古代埃及、古代印度、古代两河流域同一类型的古国来看，它的产生，似乎也应当归结为“灌溉”一途。当然我们不能对马克思、恩格斯的理论做机械的理解，古代东方各个早期国家是否全由灌溉产生也还需要再做仔细的甄别。但由此否定上述文明古国与水利灌溉的关系显然更站不住脚。具体到中国古代国家的产生，也有人不同意上述马克思的归纳，他们说，我国夏初统治者所从事的，只是对水患的治理，而不是灌溉工程，灌溉工程只是在干旱地区才有，所以不应将我国古代社会与亚洲其他文明古国混为一谈。其实这是一种机械地看问题的方法。我们说，尽管治理水患和用水灌溉不是一回事情，但都属于和水打交道的“公共事业”，在组织这些工程以促使古代国家产生的路径这一点上，二者并没有本质的区别，何况治理水患和用水灌溉二者也不应截然地对立起来，因为用作去除水患的沟洫也同样可以用作灌溉，后世这些地方盛行的井田制就是一大证明。而根据文献记载，我国夏代国家正是通过夏后氏首领大禹的治水，在组织广大民众参与水利建设并保持

---

① 《马克思恩格斯选集》第2卷，人民出版社1972年版，第64页。

对他们集中统一领导的基础上建立起来的。这种记载源远流长，是不可否认的。[①]

讲到这里，我们不得不先对禹与夏之间的关系做一番小小的疏理。因为当年顾颉刚先生为了把大禹归结到“神”的范畴，一再称说禹与夏没有关系。他说：“禹与夏的关系，《诗》《书》上没说，《论语》上也没说，直至战国中期方始大盛，《左传》《墨子》《孟子》诸书即因此而有了‘夏禹’的记载。”他因而断言道，将禹与夏联系起来，“是战国的伪史家维持信用的长技”[②]。这个说法影响深远，直到今天还为不少否定夏的真实性的海外学者引以为据。我刚才读到的一篇中国学者对英国汉学家艾兰的采访文章，那里面艾兰教授就是这样讲的。[③] 然而顾先生这个说法明显是站不住脚的。这里只需举出郭沫若当年有关夏禹的一段考订便见分晓。郭氏举大家都很熟悉的《叔夷钟》铭为例，其铭曰：“虩虩成唐（汤），有严在帝所，敷受天命，刻伐夏司，败厥灵师，伊小臣惟辅，咸有九州，处禹之堵。”其中“刻伐”即他书中的“剪伐”，“司”与“祀”相通，郭据此指出：“‘剪伐夏祀’与‘处禹之堵’相条贯，则历来以禹为夏民族之祖先之说，于金文上已得一证。”[④] 这个论证无可挑剔，禹当为夏王朝的开国之祖。按《叔夷钟》作于齐灵公末年，时当春秋中叶，可见顾先生说夏与禹发生关系是在战国时期的说法是完全错误的。其实，就下面引用的《豳公盨》铭文分析，也可以看出更早时期的人们就已认识到禹是过去夏朝的君主，否则铭文中不会出现“天命禹”这样的提法。

这里的关键，仍是要确定大禹治水的真实性并弄清楚禹治洪水的

---

① 其中较早的记载见于《国语·周语下》，其言，由于禹治水的成功，“皇天嘉之，祚以天下，赐姓曰姒，氏曰有夏，谓其能以嘉祉殷富生物也”，可以说把禹治洪水与夏代国家建立二者之间的关系表达得十分清楚。

② 顾颉刚：《讨论古史答刘胡二先生》，《古史辨》第1册，上海古籍出版社1982年版，第117页。

③ 许可：《我们正处于古代中国研究的“非凡时期”——访艾兰教授》，《中国史研究动态》2018年第5期。

④ 郭沫若：《中国古代社会研究》，人民出版社1954年版，第275—276页。

性质。大禹治水是我国古史最基本的传说之一，有关记载汗牛充栋，其中自有其真实的成分，亦有后人附益的夸张乃至神话的内容，如将禹的疏川导滞夸张成在整个九州土地上的“导江”“导河”，将大江、大河各个险要之处说成是禹疏通水道留下来的痕迹（即所谓“禹迹”）之类。过去顾颉刚先生指出这些夸张的内容为不可信，固然是必要的，但是因此而否定整个禹治洪水故事的真实性，说它们皆属神话，并皆为战国时人的编造，就不对了。传说中往往包含有真实的历史素地，即使神话传说也是如此，这已是今天人们对待神话传说的基本共识。近年发现的《豳公盨》铭反映早在西周时期社会就已广泛流传着禹治洪水的故事，且这个故事并不含有神性，[①] 说明顾先生认为禹治洪水故事乃战国时人的编造，实属疑古过甚的做法。

我们尤其注意到，在《豳公盨》铭文中，所谓禹的治水不过就是一般人们经常提到的“濬川”。这在其他一些文献中称作“疏川导滞”，也就是对遭到洪水淹没的小的河川或水渠进行疏浚，以便将滞留的洪水尽快地引导到下游湖泊和河水干流中去，以使土地能够从一片汪洋中尽快地显露出来，好重新对它进行规划与部署（铭文中的“布土”，即此意），人们也能从所居住的土丘下到平地上来，重新开始正常的耕作。这样一种治水方法是完全可以信以为实的。以后一些地方的洪涝灾害也多是用此方法治理的。至于洪水的性质，当然也不会像一些人理解的那样，是天下九州无处不有的洪水，它实际只应发生在平原低洼之处，也就是当年禹和他的邻近氏族部落所居住的古河济一带地区。对于这一点，当年徐旭生先生也有很清醒的认识，他说：“如果详细考察我国的地形、古代河患的沿革，以及我中华民族发展的阶段，就可明白洪水发生及大禹施工的地域，主要的是兖州。豫州的东部及徐州的一部分也可能有些小施工，此外北方的冀州、西方的雍、

---

① 铭文所谓“天命禹”云云，实只反映了周人的天命观，并非把禹当成神。周人认为禹治水并由此称王，亦是接受了天的使命，“天命禹”犹言“天命文王”，禹和文王一样都是人间现实社会的君主。

梁、中央豫州及南方荆州的西部，山岳绵亘，高原错互，全不会有洪水。”[①] 徐先生还从《尚书·禹贡》中找到两条证明禹治洪水发生在这里的记载，一条记“桑土既蚕，是降丘宅土”，他认为这明是说洪水平治以后，原来宜桑的土地又可以养蚕，人民从高地下来，住到平地，正是洪水既治后的情形；另一条记“作十有三载”，他认为这更与文献中“禹湮洪水十三年”的传说相呼应。他因此称，仅凭这两条，“已经可以证明洪水只在兖州境内发生”[②]。上面已经讲了，古河济之间就是古兖州，这恰恰就是王国维所述夏王朝统治的地域。原来，禹正是在自己的家乡带领居民抗御洪水的。如此看来，禹治洪水故事与夏所在地域二者适能够互相印证，它们从不同角度证明夏代的真实存在。这些，绝不是后世人们可以凭空编造，巧为设计出来的。如今一些学者也免不了要讲大禹治水的故事，却不知他们为何要避开徐旭生先生的考证，却去采取一些虚妄而并不可信的说法。

回过头来，我们势必也会推导出，当初迁往河济地区的居民，原来也是迁到了一个易于发生水害的地方，他们为什么要进行这样的迁徙呢？这只能说，当众多周边的居民刚迁到这里的时候，水害还没有发生，或者说没有特大水害的发生，他们更多的是看到这一带的富饶和易于垦殖。待这里发生洪涝灾害之后，已经在这里定居下来的居民舍不得丢弃家园，便只能团结起来与水抗争。想必这正是禹治洪水能在这里发生并取得成功的根本原因。何况这一带也还有不少可以躲避洪水的地方，那就是平原上星罗棋布的小土丘。迁往河济地区的居民都懂得把家安在这些高出地表的小土丘之上，以防备不时袭来的洪水。我曾去过鲁西南参观这样的土丘，当地人或称之为堌堆（如青堌堆），也有称作某山（如历山、仿山之类）的。它们为数众多，上面皆有古人累世居住留下的遗迹，不少遗址上面陶片裸露，年代可以早到龙山时期，说明它们都是当时人们赖以生存的聚落。由是，我们应更明白

① 徐旭生：《中国古史的传说时代》（增订本），文物出版社1985年版，第139页。

② 徐旭生：《中国古史的传说时代》（增订本），第140页。

了上引《尚书·禹贡》中“是降丘宅土”的意义。如今这些土丘或堌堆仍遍布于豫东鲁西广大的平原之上，许多以“某丘”命名的地名也沿用至今，它们都默默地述说着它们当年所见到的禹时的洪水，说明禹治洪水的故事是其来有自的，并非出于人们凭空的想象。

这里，我们还愿向同行专家们指出，像这样为躲避洪水而在平原上的土丘或附近稍高一些的地势上建造居邑的做法，在四大文明古国的古代两河流域、古埃及和古印度乃是所在多有，并非只是中国的专利。仅引述世界史学者拱玉书有关两河流域考古的一段介绍作为参考。他说，从20世纪30年代开始，伊拉克考古工作人员曾对境内古遗址进行普查，到1949年止，已经在地图上标明了5000个遗址的准确位置，它们大多数都是高出地面的土丘。并且他谈到这些土丘形成的过程，说由于这里人们的房屋主要是用泥土盖成的，需要经常翻修，方法是把旧房铲平，在原来的位置上再造新房，每翻修一次，地面就要增高一些，这样，经过一代又一代，他们的住地就逐渐拔地而起，最后就形成了丘。[①] 这与我们古河济平原上土丘的形成，道理是一样的。遗憾的是，我们众多的探寻夏文化的考古工作者，就很少有人去对我们黄河下游平原上为数众多的土丘做一番调查。这不正是我们向世人展示禹治水故事以及夏朝存在的绝好材料吗？

或许有人还会提出，禹时人们修建那样大规模的水利工程，凭着当时使用木石工具的生产力水平，有可能吗？这个问题，只要考察一下各地考古发掘的实际情况，就会迎刃而解了。我们看各地发现的那个时期那么多规模巨大的夯土城，包括一些夯土城周围的城壕和排水设施，就可以了解到组织起来的我们的先民巨大的创造力。他们在没有金属工具的情况下，凭着木石工具，照样可以完成大规模的公共工程。金属工具的使用，不仅在夏代极为罕见，就是在以后的商周时代，也很不普遍。何况在古河济之间的土地上开挖各种排灌用的沟洫，同在这样的土地上进行耕作，在难易程度上并没有实质上的差别。这种

① 拱玉书：《日出东方：苏美尔文明探秘》，云南人民出版社2001年版，第42、44页。

情况亦非中国的特例，在古埃及和古代美索不达米亚那些地方，在他们刚兴起修筑灌溉渠的时候，实际也还没有正式进入到青铜器时代。这就是说，我们文明古国的产生，也不一定是与进入青铜器时代同步的。使用木石骨蚌工具从事农业生产的我们的先民，依凭富饶的土地及灌溉条件，照样可以积累起剩余财富，从而支撑起一个早期国家的上层建筑。如今一些学者谈到夏文化的产生，总愿意把它与进入世界青铜文明体系挂上钩来，我想，这种说法不仅不利于说明夏代的存在，也与我们强调我国古代文明独立起源的论点，是背道而驰的。归结到本文的宗旨，我认为，寻找我国夏代国家与其文明的产生，还应当把眼光放到我们国家的东方，放到黄河下游平原一带上来。

可以对全文作出如下总结：中国是世界文明古国之一；中国最早进入文明时代的是夏王朝；夏代文明和其他文明古国一样，都兴起于大河流域平原地区，亦即起源于黄河下游的古河济地区；古河济地区以其特殊的自然地理环境，是龙山时期人口最为兴盛的经济发展的中心；夏代国家的产生与禹治洪水密切相关，这与其他文明古国起源于对水利灌溉工程的兴修具有同样性质；夏代国家的都邑及重要诸侯国集中在古河济之间，这与禹治洪水发生的地域完全一致，正说明了有关夏代的基本史事是可信的。我们亟应将对于夏文化探寻的重点放到黄河下游一带的豫东鲁西来。请学界朋友对拙文及有关具体论证不吝批评指正。

（原载《理论与实证：历史学与考古学的对话论文集》，长沙，2018 年 11 月）

“四大文明古国”视阈下的中国夏代文明

中国属于世界史上的“四大文明古国”，这对于目前绝大多数国人来说，已是一个普通常识，也得到国际学术界多数学者的认同。但有一个问题仍需要我们作出认真的回答，就是我们这个文明古国的“古”可以上溯到什么时候？或者说我们的文明到底应当从什么时候开始算起？部分学者，主要是国外学者，只承认我国商朝是文明，对之前的夏朝，却不肯相信它是文明，或干脆否认它在历史上的存在。这个问题，不仅关系到我们这个文明古国的“成色”，也关系到如何认识中国古代文明的特殊性的问题，不可不弄清楚。本文这里就有关问题简单谈谈个人的认识。

一　从对四大文明古国的认知谈起

“四大文明古国”的命题是由我国新史学的倡导者梁启超提出来的。他在其写于1900年的《二十世纪太平洋歌》中提出：“地球上古文明祖国有四：中国、印度、埃及、小亚细亚是也。”虽然这里的“小亚细亚”与我们今天所说的作为四大文明古国发祥地之首的两河流域还有些距离，但中国包含在四大文明古国之中，则是十分明确的。当前国内翻译的两部国外学者所写的较有影响的世界史书，一部是美国学者斯塔夫里阿诺斯写的《全球通史》，另一部也是由美国学者威廉·麦克高希写的《世界文明史——观察世界的新视角》（常青藤丛书），也都不无例外地把中国算作世界最早的一批文明古国。前者说：“中东、印度、中国和欧洲这四块地区的肥沃的大河流域和平原，孕育了历史上最伟大的文明。”此所谓“欧洲”，实际是指北非，也就是埃及尼罗河流域，是已经把四大文明古国所在的地域说得很清楚了。后者则径称古代两河流域、古埃及、古印度、古代中国和古代希腊是世界上最早的文明社会。其将“古代希腊”，也就是克里特岛上的米诺斯文明算在最早的文明社会之内，固然也有道理，但米诺斯文明却并不是原生的文明，而是在古代两河流域和古埃及文明的传播影响下发展起来的（作者自己也称“作为苏美尔人的卫星国的米诺斯文明……”），因而按“最初的文明”或文明发祥地这个标准来衡量，还是应将其排除在“文明古国”之外的。也就是说，真正的世界上最早的文明社会，还只是古代两河流域、古埃及、古印度和古代中国。

归纳国内外学者有关四大文明古国的叙述，可以总结出所谓文明古国所具备的几项基本特征：首先，它们都是原生的文明，是以后亚洲、欧洲、北部非洲一系列古国、古文明的源头；其次，它们都处在大河流域肥沃的平原地区，是这种特殊的自然地理环境孕育出来的古代文明；最后，它们产生的时间都很早，是它们所在的中东、北非、南亚、东亚几个地区最早的文明。从学者的具体描述上看，它们产生的时间段是在公元前3500年至前2000年之间，确实可以称得上是世界历史上最早的一批文明。

值得注意的是，上述学者的议论涉及对中国最早的文明古国的认识问题，到底是把中国的夏代还是商代定为最早的国家亦即最早的文明，在学者中是有着不同看法的。麦克高希显然是以夏王朝的建立作为中国进入文明社会的开始，他称“大约公元前2000年，中国的文明在早期新石器文化出现的地方发展起来……夏及后来商的统治者在黄河流域建立了王国，在那里他们建造了规模相当的灌溉工程”。而斯塔夫里阿诺斯则是以商王朝的建立作为中国进入文明社会的开始，他说“中国黄河流域的文明起于约公元前1500年”，等于说中国的文明是起于商王朝的建立。这一说法与他主张中国文明产生在肥沃的大河流域和平原地区的说法相冲突，显然是不对的。

考虑到国内大多数学者也是主张中国自其第一个王朝，即夏的建立进入文明社会的，我们赞同麦克高希的主张。承认夏王朝是我们中国最早的文明古国，如此，我们才好说中国的古文明发生在公元前2000年以前。

二　何处探寻夏文明

造成国外学者（以及部分国内学者）不承认中国有一个夏王朝的，固然出于他们对中国历史及中国古代文献认识的局限性，但更重要的，恐怕还是我们未能从考古上让他们看到真正的夏文明，我们的考古工作者不知道从哪里去获取更多的夏代文明的信息。

位于今河南洛阳附近的偃师二里头遗址是我们发现的第一个可以证明夏王朝存在的考古遗址。那里还在继续挖掘的考古工地确实展现出一种王都气象，说它是一个“广域国家”的都邑并不为过。问题是，它到底是哪个朝代的、什么时候的都邑？早在二十多年前，一位来自圣路易斯华盛顿大学的美国学者陶普就曾说过，目前二里头遗址的种种发现，不过标志着中国北部地区青铜文化的开始，由于铭文资料的缺乏，无法判定这一文化为历史文献所提供的何许民族或朝代。换句话说，是他不能判定二里头属于文献记载的夏民族或夏王朝的文化。

我认为二里头是夏的一处都邑，且是夏代晚期的一处都邑。因为二里头文化的年代早不过公元前1750年，而文献也恰好记载了夏朝晚期已将其势力扩展到河洛一带。至于夏前期和中期的居处，尤其是它兴起的地域，我们还需要花大力气去加以寻找。

其实，只要我们将夏王朝纳入“四大文明古国”的视域，这个问题便不难解决。夏代国家或夏文明之所在，也应当和其他文明古国一样，处在我国大河流域肥沃的平原地区。在当时具体历史条件下，这应当就是我国的黄河中下游平原。这里地势广漠低平，河流湖泊纵横，土地肥沃，属于黄河冲积而形成的特殊的黄土堆积，最适宜农业的发展。如果说，稍早一些的仰韶文化时期，这里由于气候的温暖湿润，仍是一派河流纵横、沼泽遍布，尚未完成向平原地形的转换，因而在整体上并不完全适合人类居住的话，那么到了临近夏代的龙山时期，随着我国北方气候的转干转凉，促使这一地区新的河流阶地、冲积平原和河口三角洲迅速发育，湖沼面积急剧缩小，整个豫东鲁西平原变得更加适合于人类居住。由是，这里很快形成为一个四方辐辏、人口兴旺的经济文化发展的中心。

与此相呼应，文献记载我国夏朝的行政地域也正在此一带。当年王国维在其所著《殷周制度论》中就曾指出：“夏自太康以后以迄后桀，其都邑及他地名之见于经典者，率在东土，与商人错处河济间盖数百岁。”所谓“河济间”，便主要指今豫东鲁西一带黄河中下游平原。我自己也曾作有多篇论文，为王国维夏后氏居于古河济之间的论点进行补充论证。篇幅所限，不能一一论列。有必要指出的是，非但夏的地域在此一带，即文献所载禹治洪水的地域，也在这片地区。大禹治水绝不是对普天下大江大河的治理，他实在只是在疏浚自己所居住地域内的沟洫和小的河川，以排除那里常年遇到的洪涝灾害。此看近年发现的《豳公盨》铭便可知。过去徐旭生指出禹治洪水只发生在古兖州一带，是其也明白这个道理。

更为重要的是，今考古发掘亦可为夏兴起于古河济之间提供强有力的证据。按文献如《左传》等均有夏后相都于古帝丘即今濮阳的记载，称春秋卫国都城（即帝丘）是建立在过去夏后相所都的旧址基础之上。刚好，近年发掘的濮阳高城遗址亦显示出，其上面庞大的卫国都城正叠压在夏初（或稍早）开始建造起来的一系列夯土基址之上。濮阳为古河济地区的中心，这就十分清楚地表现了夏后氏曾居于豫东鲁西一带的史实。

我曾多次去过豫东鲁西一带，发现那里广漠的平原上存有不少土丘，当地人或称之为堌堆。经了解，它们均是先民们居住过的遗迹，其时代可上溯至夏代前后。为什么先民要居住在此土丘之上？原来是为了躲避时常泛滥的洪水。查阅文献，它们实在就是《尚书·禹贡》所说的“桑土既蚕，是降丘宅土”的“丘”。再将此现象与四大文明古国生长的自然环境加以比对，原来这些国家，包括两河流域、古埃及、古代印度，都有同样的情形。这已为这些地方的考古调查或发掘所证实。遗憾的是，我们众多探寻夏文化的考古工作者，却少有人对古河济间这些极可能反映夏代历史文化真相的古遗址去做认真的考察。现在，应是我们回过头来做这项功课的时候了。

三 夏朝建立与中国早期文明特征

根据文献记载，我国夏代国家乃是夏后氏首领大禹在组织广大民众参与治理水患并保持对他们集中统一领导的基础上建立起来的。其中较早的记载见于《国语·周语下》。其称，由于禹治水的成功，“皇天嘉之，祚以天下，赐姓曰姒，氏曰有夏，谓其能以嘉祉殷富生物也”，可以说把禹治洪水与夏代国家建立二者之间的关系表达得十分清楚。我们没有理由去怀疑《国语》这条记载。何况上引西周中期的《豳公盨》铭也早记载了禹治洪水之事，也是将禹治水与禹的“作配享民”、被立为下界之王和民之父母联系在一起的。一些外国学者继续沿用过去古史辨派的说辞，称禹治水与夏朝建立有关的说法是出于战国时人的编造，实在是没有道理。当然，西周时人的这样一些记忆与真正的夏初历史还是有一定距离的，但联系我们上节对夏代地域及禹时洪水发生地理环境的考察，相信有关历史记载并不是凭空制造的。

如果相信文献所载夏代国家的产生是历史真实，那么我们自应相信由此而推导出来的有关夏代政治经济结构的如下一些特征：

一则，夏应当是一个拥有广阔地域的由众邦联合而成的广域国家（“广域国家”采许宏说）。它既不是古希腊罗马那样的小型城邦国家，也不至于包罗了所谓天下九州那样大的规模，而只是古河济地区众多邦国的联合体。这是因为这个国家本来就是为着治理这一带泛滥的洪水而产生的。尽管如此，我们仍旧可以说夏奠定了中国上古三代国家的地域基础。

二则，夏代国家实行的是等级君主专制的政治制度。所谓君主专制，就是君主一人对他所管辖的地域拥有主权，并对这地区的居民实行专制统治，君主职位终身且可世袭。夏王是夏地域上的君主，是彼时“天下”的共主。但夏代国家又是由多个族邦组成的，每个族邦又都有自己的邦君，邦君在自己邦内行使职权，其职位也可以世袭，所以夏代实行的是等级君主联合专政的制度。这与古希腊罗马实行的共和制（民主共和或贵族共和）是根本不同的两种制度。

夏代国家的经济属自给自足性质，农业在经济中占据主导地位。禹治水的目的主要就是要解决低地农业的发展问题。这从上引《国语·周语》称禹治水“能以嘉祉殷富生物”、《论语》称“禹稷躬稼”“禹致力于沟洫”，可以得到很好的证明。古希腊罗马各城邦经济则完全是另一种风格。古希腊多山的土地并不十分肥沃，农产品的品种也较单一，并不是所有城邦都以农业经济为主，不少城邦是以手工业和商业著称。由于各城邦的生业与自然环境互不相同，需要进行交换才能满足各自物质生产和生活的需要，加上各城邦为爱琴海、东地中海包围或环绕这一自然环境，遂使得古希腊的商业、交通运输，包括海上贸易都十分发达。古希腊文明在很大程度上即是建立在商业文明基础之上的。

影响到社会经济形态，古希腊罗马奴隶制的发展便与那里的商业贸易行为有着密切的关系，奴隶买卖的盛行即是商贸发展的一个重要表现。中国古代奴隶制不发达，亦与中国古代商品经济不发达有关。中国古代社会从夏代开始便是以自给自足的经济为主，物质财富的生产者也主要是要附着在土地上的广大庶民，奴隶在社会生产和生活中并不起很大的作用。如果要谈到两地社会结构的差异，那么可以说，古希腊罗马社会的基本结构是：奴隶主、公民⟷奴隶、外邦人；中国古代社会的基本结构则是：国君、贵族⟷广大庶民。如今学者多循马克思的社会经济形态学说，称古代希腊罗马为奴隶制社会，而对于不同于古希腊罗马的中国夏商周三代应当叫作什么社会，目前大家还没有一个统一的认识。

（原载《中国社会科学报》2019年7月12日，第6版）

关于夏代国家产生的若干理论与实证问题

自20世纪70年代以来，有关夏代历史文化的讨论，一直是学术界关注的焦点。因为它涉及中国古代文明暨早期国家产生这样一个重大的问题。随着讨论的深入进行，如今，一些学者又将寻找夏文化的目光投放到了豫东鲁西一带，即古代的河济地区。应当说，这是一个新的研究动向。笔者始终关注夏代历史文化的讨论，并一直主张夏族及夏代国家产生于古河济之间。考虑到目前夏文化及有关夏史的研究中还存在着一些尚待厘清的理论与实际问题，现将一些有关夏代历史文化，特别是有关夏代国家产生的看法整理出来，以在互相切磋的基础上，促进讨论的健康发展。

一 为什么说夏是我国第一个早期国家

讨论这一问题应当从国家产生的标志谈起。有关国家产生的标志，仍应首先尊重马克思、恩格斯提出的关于国家形成的两个标志的理论，并以这两个标志来衡量中国古代国家的产生。这两个标志，一是“按地区来划分它的国民”，二是“公共权力的设立”。马克思、恩格斯是从国家与氏族社会的根本对立的角度来谈论这个问题的，其中恩格斯的论述尤其明确，他在《家庭、私有制和国家的起源》中指出，作为国家的具体体现，同过去相比，具有两个最基本的特征，即，

> 第一，它造成了一种已不再直截了当同武装起来的全体人民相符合的公共权力；第二，它第一次不依亲属集团而依共同居住地区为了公共目的来划分人民。①
>
> 国家和旧的氏族组织不同的地方，第一点就是它按地区来划分它的国民……第二个不同点，是公共权力的设立。②

所谓“按地区来划分它的国民”，是与氏族社会“依亲属关系”来组织它的居民相对立的。所谓“公共权力”，也是与氏族社会“居民的自动的武装组织”相对立的。它不仅包括“武装的人”，“而且还有物质的附属物，如监狱和各种强制机关，这些东西都是以前的氏族社会所没有的”③。这样两个体现国家本质特征的标志，完全是社会内部阶级分化和私有财产制度发展的结果。马克思和恩格斯在参考摩尔根《古代社会》有关论述的基础上，分别详细地讨论了古代希腊及古代罗马政治社会即国家产生的全过程，特别是如何按地区来划分它的居民的过程。由此可以总结出马克思、恩格斯在这个问题上的基本逻辑：国家既然是阶级分化和阶级矛盾不可调和的产物，而阶级分化势必会引起氏族社会内部各成员间血缘纽带的松懈。各氏族成员既失去与原氏族的血缘联系，就势必会导致出现不同氏族或胞族出身的人们的杂居。面对这种情况，新出现的政治组织对民众的管理就只能按他们的居住地区进行。这种按地区对民众进行管理的政治组织就是国家。正是在这个意义上，马克思和恩格斯才说，国家是“在氏族制度的废墟上兴起的”④。

应当说，马克思、恩格斯有关国家产生的两个标志完全符合人类社会发展的进程。实际上，不仅马克思、恩格斯是这样认识的，一些

---

① 《马克思恩格斯选集》第4卷，人民出版社1972年版，第110页。

② 《马克思恩格斯选集》第4卷，第166—167页。

③ 《马克思恩格斯选集》第4卷，第167页。

④ 《马克思恩格斯选集》第4卷，第165页。

现代人类学者也有这样的认识，他们给国家下的定义多遵循上述原则，如弗里德关于国家的定义即是：国家是为了维护社会分层而出现的，是一种借助于“超出血缘关系之上的社会力量建立的复杂机构”①。他对国家产生进程的描述也与恩格斯的思路基本相同，即认为分层社会内部的压力，导致了非血缘关系的政治和经济机构的重要性不断增加，这些机构的逐渐成熟、结合，便终于形成了国家。此外，美国考古学者亚当斯亦认为，国家是一种根据政治和地域界定的等级结构，而非立足于血缘关系或其他属性的社群。②

那么，马克思、恩格斯有关国家产生的两个标志是否适合中国古代社会的实际，或者说是否也可以用来衡量中国古代国家的产生呢？这个问题在目前中国学界是存在分歧的。不少学者认为，所谓“按地区来划分它的国民”，也就是地区行政组织的建立这一标志，并不符合中国古代社会的实际。因为在古代中国早已进入国家社会的夏商周三代，血缘组织并未消泯。它不仅依然存在，而且作为三代国家维系政权的基本力量，在社会生活中发挥着广泛的作用。据此，有学者认为，马克思、恩格斯提出的国家形成的两个标志，只是就古希腊和古罗马的情况作出的，对于包括中国在内的其他文明古国并不适用。

笔者认为，在有关中国国家起源与形成问题的讨论中，我们仍然应当毫无保留地坚持使用马克思、恩格斯提出的国家形成的两个标志，不可随意改动或轻言放弃。那么，我们又该如何理解我国夏商周三代仍然存在着各种血缘组织这一现象与我们使用这两个标志并据此判断夏商周三代已进入国家社会之间的关系呢？

应当说，这两者之间并不发生冲突。这一问题涉及对中国早期国家特殊性的理解。我们称夏商周三代为“早期国家”，是因为三代国家仍然保存着原始氏族社会遗留下来的许多东西。其中最重要的一点，就是原始社会早就存在的各种血缘组织，亦即遍布各地的许许多多氏

① ［美］乔纳森·哈斯：《史前国家的演进》，罗林平等译，求实出版社1988年版，第37—38页。

② 陈淳：《考古学的理论与研究》，学林出版社2003年版，第582页。

族，或族邦，它们并没有像古希腊和古罗马那样“被炸毁”，而是作为我国早期国家的基层社会组织被保留了下来。但是，夏商周三代既然是“国家”，也一定要具备作为国家的必要条件，不仅要有公共权力的设立，还应当有按地区对居民的划分，也就是按地区设立的一套行政组织。这种地区行政组织，笔者认为就是由各个地方彼此没有血缘关系的族邦构成的一套行政系统。这些族邦就单个来说，自然就是单纯的血缘组织，但它们既然被国家编织进一个共同体，彼此之间又没有血缘关系，并各自长期占有某一固定地域，那就只能是国家下属的行政单位。西周时期的文献《尚书·梓材》称：“王曰：‘封，以厥庶民暨厥臣达大家，以厥臣达王惟邦君。’”表明王的政令正是通过贵族及各族邦的邦君下达到其所管辖的臣民中，这正体现了各族邦是王权下属的行政单位的性质。需要强调的一点是，作为构成早期国家下属行政单位的各个族邦，一定是出自不同的血缘谱系，或至少不是出自同一个血缘系统。用中国古代文献表示不同血缘关系的术语来说，它们一定不属于同一个姓族。以夏代为例，其下属各个族邦，除与夏王保持同姓的诸姒姓氏族外，还有属于妫姓的有虞氏、属于己姓的昆吾氏、属于彭姓的豕韦氏、属于妊姓的有仍氏和薛氏、属于董姓的豢龙氏等等。商周的情况无疑也与之相同。假设若只是相同姓族的几个氏族结合在一起，那就很难说它们是“超越血缘关系”之上的政治组织，就不能称其为“国家”。至于单个族邦，就更不能称之为“国家”了，即使它们内部已经出现了某种社会分层的现象。

传说自“五帝”以来就是一个“天下万邦”的局面。那时“天下”有许多不同姓氏的氏族部落，也就是人们俗称的“族邦”。考古工作者通过聚落考古调查，发现与“五帝”时期相对应的龙山文化时期，各地的聚落经过分化和重组，已形成一组组“都、邑、聚”的结构，他们认为这每一组“都、邑、聚”都可以对应于文献提到的“天下万邦”的“邦”。按照现代人类学理论，这些内部已出现社会分层的“金字塔结构”的氏族邦方都可划入酋邦的范畴，而酋邦正处于国家社会的前夜，因此可以认为“五帝”时期亦正处于由原始氏族社会向文明社会过渡的阶段。然而遗憾的是，我们有相当多的学者却不赞同这样的说法，而认为“五帝”时期已经进化到国家社会的阶段。他们或是混淆“酋邦”与“国家”的区别①，或是将某些带有城邑的氏族邦方说成是“城市国家”或“城邑国家”。其实，即使我们不赞成国外人类学者的酋邦理论，也很难将上述“五帝”时期的“邦”“国”（文献为避汉高帝的讳，改称“天下万邦”为“天下万国”）说成是国家性质的政治组织。对此，笔者已在有关论著中作过较多辨析，此不赘述。② 按照马克思、恩格斯的国家产生的两个标志来衡量，这些由单纯血缘谱系构成的氏族团体，均很难说成是“国家”。同时，文献中也未见其时有不同姓氏的族邦组织在一个世袭王权之下的更高一级权力机构的迹象，只是在尧、舜、禹之后，才由禹治洪水导致将众多这样的族邦纳入世袭王权之下。这样，我们就只能将禹建立的世袭王权，即夏朝，作为我国第一个早期国家。

二 夏代国家产生的路径

关于夏代国家的产生，最适宜作参照的观点，莫过于恩格斯在其著名的《反杜林论》中提到的有关古代社会两种“统治与奴役关系”产生的理论。所谓“统治与奴役关系”的产生，实际就是国家的产生，因为国家的实质不外乎就是“统治与奴役”亦即阶级压迫的工具。恩格斯提到，这种统治与奴役的关系是通过两条路径实现的，其中一条路径，他是这样叙述的：

> （在许多民族的原始农业公社中）一开始就存在着一定的共同利益，维护这种利益的工作，虽然是在全社会的监督之下，却不能不由个别成员来担当：如解决争端；制止个别人越权；监督用

① 一些学者弄不清“酋邦”与“国家”的区别，以致称呼这个时期的氏族共同体为“酋邦国家”或“酋邦王国”。

② 参见沈长云《中国古代国家起源与形成研究》，人民出版社2009年版，第91—94页。

水，特别是在炎热的地方；最后，在非常原始的状态下执行宗教职能……这些职位被赋予了某种全权，这是国家权力的萌芽。①

这里提到的“原始农业公社”，可以大致比作古代从事农业生产的氏族部落，或中国学者习惯称呼的“族邦”，或一些中外学者理解的“酋邦”。恩格斯认为，在这些原始共同体内，有一些维护或管理共同体整体利益的职务，这些职务不得不由个人来承担。这些负有管理职责的人员（他们应是氏族部落中的领袖人物）一开始充当的角色，显然具有“社会公仆”的性质，但由于这些职位被赋予了某种全权，因而也可以视作国家权力的萌芽，这种萌芽当然还要继续生长，恩格斯接着指出，由于生产力的提高和人口的增长，促使这些单个的公社集合为更大的整体，并导致建立新的机构来保护共同利益和反对相抵触的利益。

这些机构，作为整个集体的共同利益的代表，在对每个单个的公社的关系上已经处于特别的、在一定情况下甚至是对立的地位，它们很快就变为更加独立的了，这种情况的造成，部分地是由于社会职位的世袭……部分地是由于同别的集团的冲突的增多，而使得建立这种机构的必要性增加了。在这里我们没有必要来深入研究：社会职能对社会的这种独立化怎样逐渐上升为对社会的统治；起先的社会公仆怎样在顺利的条件下逐步变为社会的主人……在这种转变中，这种主人在什么样的程度上终究也使用了暴力；最后，各个统治人物怎样集结成为一个统治阶级。②

这里谈到，各单个的公社为了保卫共同利益和反对相抵触的利益而结成更大的整体（相当于现时一些学者所说的“族邦联盟”或“酋

① 《马克思恩格斯选集》第3卷，人民出版社1972年版，第218页。

② 《马克思恩格斯选集》第3卷，第218—219页。

邦联盟”），这更大的整体当然又有了新的机构作为整个联合体的共同利益的代表。由于它们处在各单个公社（或酋邦）之上，处理着更大范围的事情（例如同其他部族集团的冲突、战争，或者更大规模的水利事业的修筑等），使得它们原有的管理职能逐渐发生了“独立化”倾向。这种倾向的进一步发展（例如权力的世袭化）更形成了对社会的统治。于是，原本是维护共同体集体利益的机构变成了凌驾于各单个公社之上的世袭权力机构，原本的“社会公仆”也变成了“社会的主人”，也就是压在公社其他各阶层人员之上并可以对他们行使暴力的统治阶级，由是导致一个带有专制主义倾向的国家的产生。

必须提到，对于原始共同体的某些社会职能的执行者可以通过自身权力的“独立化”变成与普通社会成员相对立的统治者集团，同时导致国家产生的论断，恩格斯是始终不渝地加以坚持的。直到1890年，晚年的恩格斯在致康·施米特的一封信中还说：“社会产生着它所不能缺少的某些共同职能，被指定去执行这种职能的人，就形成社会内部分工的一个新部门。这样，他们就获得了和授权给他们的人相对立的特殊利益，他们在对这些人的关系上成为独立的人，于是就出现了国家。”[①] 恩格斯所言内容与上述《反杜林论》中的话语几乎是一致的。

中国古代阶级压迫及国家的产生，主要走的就是恩格斯所指出的第一条“统治与奴役关系”产生的路径。不容否认，我国原始氏族社会的后期已经出现了社会分化，出现了财富占有不均和社会地位的不平等，有了富裕家族和贫困家族的区别。但是，那些富裕家族的族长实际上都是些氏族部落的首领，或他们的近亲。以后各个部族联合而成的更大集团（部落联盟、族邦联盟或酋邦联盟）的领袖人物一开始也是这样的情况。对于这个时期的各共同体的首领及其职事人员，我们还可以把他们归纳为“社会公仆”的范畴，因为直到国家产生以前，他们在很大程度上都还是在为共同体的利益执行着管理者的任务。试

① 《马克思恩格斯选集》第4卷，第482页。

看古文献对那些传说中的“圣贤”的描述：

> 黄帝能成命百物，以明民共财，颛顼能修之，帝喾能序三辰以固民，尧能单均刑法以仪民，舜勤民事而野死，鲧鄣洪水而殛死，禹能以德修鲧之功，契为司徒而民辑，冥勤其官而水死，汤以宽治民而除其邪，稷勤百谷而山死……（《国语·鲁语上》）

这些先圣先贤实际都是部落或部落联合体的首领。文献记载他们对共同体各种事物的管理是那样尽心尽责，恪尽职守，以至于不少圣贤都死在他们所任职务的任上，这显然符合原始共同体“社会公仆”的形象。然而，曾几何时，他们中的一些人或他们的后嗣子孙却变成了凌驾于普通民众之上的不可拂逆的专制君主，也就是“社会的主人”。这种变化的原因，想必不可用他们个人品质的优劣或致力于道德修养的勤惰来加以说明，而是如恩格斯所指出的，由于他们所承担的管理职能发生了对于社会的“独立化”倾向所致。用现在的话说，即是权力被异化的结果。

关于这一论点最清楚的证明莫过于我国历史上第一个专制王朝——夏的建立。上文已经提到，夏以前的中国尚是一个“天下万邦”的局面，各邦彼此独立，即便有时几个族邦为着某种共同利益结合成稍大一些的族邦联合体，有了像“五帝”那样族邦联合体的首领，但由于他们所承担的这种职位的“独立化”才刚起步，也未曾出现联合体首领的世袭制，因而直到夏以前，尚未有国家产生的事例。

促使夏代国家产生的契机是夏禹的治水。传说“五帝”中最后两位“帝”——尧、舜的时候，中原一带发生洪水，居住在洪水发生地域的夏后氏（它原来的名称叫有崇氏）的首领鲧及其子禹先后被尧、舜任命为领导治水的宗揆。鲧、禹如上引《国语》所述，本亦属于勤于职事的“社会公仆”。尤其是禹，孔子称他“卑宫室而尽力乎沟洫”（《论语·泰伯》），孟子说他为治水“八年于外，三过其门而不入”（《孟子·滕文公上》），韩非子更说他“身执耒臿以为民先，股无胈，胫不生毛，虽臣虏之劳不苦于此矣”（《韩非子·五蠹》）。但是，由于治水需要长时间大规模地集中人力物力，要对各族邦的人力物力进行调配、指挥和统一管理，在此过程中，禹难免要利用联合体赋予自己的职权对各邦施加更多的影响，甚或强制干预。这样一来，就势必使原来较为松散而缺乏约束力的联合体发生质的变化，促使联合体领导机构发生权力集中的倾向，并逐渐凌驾于各个族邦之上，以致最终过渡到使各族邦沦为自己臣属的具有专制主义性质的权力机构。而禹则因长期担任领导治水的职务在众族邦中树立了自己及其家族的权威，由原来的夏后氏部族的首领继任为部落联合体的首领，再发展成为君临众族邦之上的拥有世袭权力的夏代国家的君主。文献在谈到这一变化过程时说，由于禹治水的功绩，“皇天嘉之，祚以天下，赐姓曰姒，氏曰有夏，谓其能以嘉祉殷富生物也”（《国语·周语下》），可见禹确实是因为治水获得了对天下的统治权力。以上，便是夏代国家产生的道路。

三　有关夏代国家产生的若干实证问题

我国第一个早期国家——夏的产生，依据的基本上是传世文献资料，夏代本身并没有文字资料留传给后世，这些资料有关夏代史事人物的记载都属于后人对前代追述的性质。因此，一些学者难免对文献所记某些夏代史事产生怀疑，甚至怀疑到夏代在历史上的存在。除此之外，由于有关夏代文字资料的短缺，以及后人对夏代史事记忆的模糊性，又难免使当今学者对夏代历史的真相产生许多分歧。所有这些都给我们准确阐释夏代国家的产生并获取更多认同造成了困难，所以有关夏的一些实证问题还必须用相当大的力气来解决。

（一）夏是否为后人杜撰的朝代

早在20世纪30年代，就有学者对夏在历史上的存在提出过质疑。其影响最大者，一位是杨宽，他认为“夏史大部为周人依据东西神话辗转演述而成者"①；另一位是陈梦家，他认为夏史乃全从商史中分出，帝禹至帝癸之十四世，即商先公帝喾至示癸十四世，也就是说，夏史不过是由商先公的历史改编而成。②

这些学者质疑夏代存在的理由中最重要的一条就是夏代没有自己的文字，甲骨文字中也未见有夏代的踪迹。近年来，随着夏文化及夏史探研的展开，一些海内外学者重拾过去杨、陈两位先生的论点，再次提出夏非历史上存在的朝代。苏联学者刘克甫在《夏民族国家：事实还是传说》一文中谈到，一个民族国家要证实自己的存在，所依据的文献必须是书写的而非口传的，是当时的记录者写就的而非后来的，是用本民族的语言而非其他民族的语言写成的，而目前有关夏的种种证据，均不具备以上三个要素。③ 此论点实际仍是强调夏没有自己留下的文字资料，因而只能是传说而非事实上的朝代。

对于海内外学者的质疑，笔者曾在《夏代是杜撰的吗——与陈淳先生商榷》一文中作过辨析：第一，夏虽在很大程度上只能算是一种传说，但这个传说却非一般传说可比。它出自我国最早的文献《尚书·周书》，其中许多篇章不止一次地提到历史上的"夏"或"有夏"。这些篇章皆属《尚书》里的真"周书"，即记录周统治者的各种诰词或所发布命令的文件档案。此类文字所提到的史事即使不能遽定为真的历史，似亦不应轻易否定之。第二，甲骨卜辞之未见有关于夏的记录者，乃因为卜辞只是商代后期商王（及部分贵族）占卜活动的记录，内容只是商王（和部分贵族）其时遇到的各种政务和日常生活琐事。它们不是史书，也不是政论文章，不必非提到过去的王朝不可。但卜辞提到了夏后氏的后裔杞，因为商王在征人方的过程中到过杞，这实际也提供了夏后氏在历史上存在过的信息。此外，商末金文也有

① 杨宽：《中国上古史导论》，吕思勉、童书业编著：《古史辨》第7册上，上海古籍出版社1982年版，第281页。

② 陈梦家：《商代的神话与巫术》，原载《燕京学报》第20期，又节录转载于吕思勉、童书业编著《古史辨》第7册下，第330—332页。

③ 相关论点参见闫敏《洛杉矶"夏文化国际研讨会"英文本论文译述》，《人文杂志》1991年第4期。

关于姒姓杞国族的记录，可以与卜辞相互印证。第三，文献除记载夏后氏的活动以外，还记载了其时与夏同姓或与夏结为姻亲及在夏朝廷任职的其他一些氏族。通过考证，可知它们的居处都围绕在夏后氏族的周围，表明夏代也存在着一个如同以后商周国家那样的内外服结构，这在一定程度上也反映出文献所记夏代社会具有某种真实性。第四，考古发现相当于夏代晚期且在夏人活动范围内的二里头遗址已具有王都的规模，并出土有大量高等级的礼仪用品，其为夏晚期的都邑，应属较合理的推测。二里头遗址的存在及其附近的偃师商城的发现，实乃共同反映了夏商之际的历史鼎革。① 限于当时资料不足，这篇文章对相关论者的回应尚有未尽如人意之处。

可喜的是，随着新的考古资料的发现，夏在历史上的存在，亦正获得更有力的实证支持，其中最有力的证据来自河南濮阳高城遗址的考古发现。如《左传》《世本》《竹书纪年》中都有夏初夏后相都于濮阳帝丘的记载，其中《左传》僖公三十一年记叙到，春秋时期的卫成公刚迁都帝丘，便有卫国的祖先卫康叔托梦给他，说夏后相将他供奉给自己的“享”夺占了。此无疑反映了春秋卫国所迁居的这座都城是在过去夏后相所居都邑基础之上建立起来的这一史实。考古发现的高城遗址也显示出，春秋卫国都城正叠压在由夏初（或稍早时期）开始垒筑起来的一系列夯土城的基础之上。② 这些文献与考古发掘相互印证，清楚地反映了文献记载中的夏初这一段史实的可信性。

一些学者对夏代文字重要性的强调当然是毋庸置疑的，但对于像夏这样的早期国家，未必非通过当时留传下来的文字资料证明它的存在。美国学者乔纳森·哈斯指出：“鲜为人知的原始国家的情况都先于复杂文字的出现，因而，关于这些国家的唯一记载是它们的物质遗留物——即古代人们的活动和环境的物质遗留物。”因而他主张“通过考

① 参见沈长云《夏代是杜撰的吗——与陈淳先生商榷》，《河北师范大学学报》（哲学社会科学版）2005 年第 3 期。

② 河南省文物考古研究所等：《河南濮阳县高城遗址发掘简报》，《考古》2008 年第 3 期。

古学的方法接近早期国家"[①]。哈斯的说法更加实事求是，了解国外考古的人都知道，世界其他一些地方并不乏通过考古发掘发现并证实传说中古文明的例子。有鉴于此，依凭目前考古学所提供的材料，已经可以得出夏非后人所杜撰的朝代的结论。

（二）夏的疆域与其所在位置

作为一个国家，夏应当有自己的疆域，或所管辖的地域。然而长期以来，人们对此问题的认识却并不是十分清楚的。夏的疆域到底有多大？位于何方？夏又是怎样对这些地区进行管理的？这些问题亟须加以澄清。

如上所述，夏作为我国第一个早期国家，乃是在过去族邦联盟的基础上发展起来的，因而它的疆域已非过去单个的族邦或酋邦的规模所能比拟。那么是否可以据此推论，那些组织成夏国家共同体的族邦加在一起的地盘，就是夏的疆域呢？这样认识问题似有简化之嫌。因为那时的国家，包括夏商周三代，都有着与秦汉以后不同的国家结构。彼时整个国家分作内服与外服两个部分，内服族邦多为王的同姓或姻亲，分布在王族邦的周围，与王朝关系密切而亲近；外服族邦则因无这种关系而对王朝时叛时服，也就无法将其领地纳入朝廷固定的疆域范围。如今我们只能从夏比较能够固定管辖到的族邦，也就是夏的内服族邦入手，来谈夏的疆域问题。然而这样一个内服的圈子，并不代表着整个夏的疆域，只能说是夏疆域的核心组成部分。虽然如此，人们仍然可以借此了解到夏疆域所在的地理位置及其大致范围。因为按照内外服制度的架构，夏国家的其他外服族邦总是围绕在内服族邦的周围，整个国家的领土不过是在其核心领土的基础上（根据国家的强弱之势）向四周或多或少的扩张而已。

由此，我们可以进一步通过夏国家的内服诸成员来考察它的核心领土的位置。上文已经指出，三代国家的内服族邦一般应包含与王同

---

① ［美］乔纳森·哈斯：《史前国家的演进》，第 6 页。

姓的族邦，其次为与王或王的同姓互通婚姻的族邦，还有一些在朝廷任职并与朝廷保持密切关系（也可能为婚姻关系）的族邦。[①] 从文献可知，那时与夏王同姓（同为姒姓）的族邦至少有有扈氏、有莘氏、斟鄩氏、斟灌氏这几支，其中有扈氏在今河南郑州黄河以北的原武一带；有莘氏在今山东西部接近河南的莘县北；斟灌氏在今河南与山东交界的范县一带；斟鄩氏具体地点不详，但据《左传》哀公元年记载，它应与斟灌氏离得很近，或许在今豫东与鲁西交界处。至于夏的姻亲氏族的居处，有仍氏应当在今山东曹县；有虞氏在今河南与山东交界的虞城县；涂山氏的旧说在今安徽淮河以南的怀远县，恐嫌偏远，今山东曹县南有古地名涂山，似为涂山氏所在。还有称为“夏伯”的昆吾氏和任为夏车正的薛国族，他们分别在今河南濮阳和山东滕州市。通观这些被视为夏的内服族邦的居处，可知它们都分布在古代黄河下游及古济水流域一带，结合前面考定的夏前期都邑帝丘的地理位置，更可见这些内服成员基本分布在夏都的周围。王国维曾指出：“夏自太康以后以迄后桀，其都邑及他地名之见于经典者，率在东土，与商人错处河济间盖数百岁。”[②] 可谓得其要旨，“古河济之间”正是夏疆域核心地带的准确位置。

目前，考古界的部分学者也开始将寻找早期夏文化的注意力投放到了古河济地区。曾主持发掘濮阳高城遗址的袁广阔教授发表论文称，古河济地区确实与夏文化有关，古河济一带的考古遗址和考古发现证明，这里在距今4000年前，实率先进入早期国家阶段。[③] 这就从考古学角度给了我们有关夏早期国家与其疆域的说法以充分的支持，相信这个说法会取得越来越多学者的认可。当然，这里还必须辨析清楚古河济一带的考古发掘与二里头遗址的关系问题。如何理解二里头是夏代夏人活动范围内一处具有王都气象的重要遗址这一观点与古河济地

① 沈长云：《说“夏族”——兼及夏文化研究中一些亟待解决的认识问题》，《文史哲》2005年第3期。

② 王国维：《殷周制度论》，《观堂集林》卷10，中华书局1959年版，第451—452页。

③ 袁广阔：《古河济地区与早期国家形成》，《中原文化研究》2013年第5期。

区是夏疆域核心组成部分的说法之间的关系？二里头之具有王都气象者，只表明它是夏后期夏人的都邑，古河济一带则是夏人自始至终居住于其上的夏的本土。从可靠的文献上可以考见，包括二里头在内的豫西地区并无夏人早期活动的记录，只是到了夏的后期，夏人才将自己活动的范围扩张到了这里。这从二里头遗址，特别是它的后期，以及与它毗邻的新砦遗址及附近地区包含有大量来自东方，特别是在古河济地区的考古文化因素（如后岗二期文化及王油坊类型文化因素）中可以得到充分的证明。至于邻近的晋南之称作“夏墟”，不过表明它曾短暂居住过部分夏的居民或夏的遗民，与夏人原本居住的地域并没有多大关系。

（三）关于禹治洪水的真相

上文已经表明，我国第一个早期国家夏的产生，同它的第一位国君禹曾经领导治理洪水有关。但有关禹治洪水的真相，许多学者也并不是十分清楚的。一些人受疑古派学者顾颉刚等人的影响，甚至怀疑禹治洪水在历史上是否实有其事。在尊重事实与文献记载的基础上，对禹治洪水的故事包括古代是否真的发生过洪水、洪水的性质以及禹治洪水的真实内容等，有必要作出明确而合乎事理逻辑的解答。

我国古代许多文献都谈到尧为部落联盟首领的时候曾遭遇到巨大的洪水，因而命令下属鲧和他的儿子禹先后领导治理洪水，以救助众民。这个传说与近年发现的西周时期的铜器铭文《豳公盨》的记叙相互印证，不宜轻易否定。但如同世界其他许多地方的洪水传说一样，这个传说又不可避免地加进了许多人为的附会和神化内容，特别是夸大了洪水发生的范围和禹治水的功力。从正确认识历史的角度出发，我们必须对之进行清理。首先是洪水的性质。根据当时的气候环境和尧、舜、禹部族联盟的性质，我们认为彼时洪水必不会如某些人所描述的那样，是一场遍及天下九州的大洪水。彼时天下不可能每个地方都有洪水，尧（以及之后的舜和禹）也管辖不了天下那么多地方的事情。就气候环境的变迁而言，其时整个中国北方乃至更广大的地区其实是朝着干冷的方向发展的，这样的气候环境应不会造成各地普遍持续的大洪水。尧、舜、禹只是在他们自己领导的部族联盟的地盘内对洪水进行治理工作，而该地发生的洪水亦是气候以外其他自然环境的原因。① 实际上，过去很多学者也不相信尧时洪水有遍及天下九州的规模，徐旭生先生就曾指出，尧时洪水只发生在古兖州及其附近。② 他根据的是《禹贡》中两条有关大禹治水的文字，同时考虑到“当日的著名氏族差不多全在兖、豫、徐诸州境内”的事实。笔者认为徐先生的说法是对的，古兖州实际就是古河济之间，那里正是夏后氏及其同姓、姻亲盟邦居住的地方，也是尧、舜、禹部族联盟包含的范围。只是徐先生没能指出洪水发生在这一带的根本原因，并且，他相信禹和他的部族一开始就居住在豫西的外方山下，即今河南登封附近，这未免让人感到遗憾。

今天看来，当时的洪水发生在古河济一带的根本原因主要是这里的低洼地势。古河济地区位于华北大平原的中东部，处在西（太行山）东（泰沂山地）两个高地之间，境内河流纵横、湖沼遍布，兼处黄河下游，自古迄今无数水患都在这里发生，尧时洪水发生在这里并不足为奇。然而文献为何不记载它之前或之后的水患，唯独突出这次水患的发生？这要从古代气候环境的变迁及其带来的人口迁徙谈起。盖尧、舜之前更早的仰韶文化时期，这里尚未走出所谓气象学上的“大暖期”，兼以黄河下游的冲积平原在一些地方尚未成型，气候湿热，河流湖泊众多、沼泽遍布的情形较后世更为突出，因而选择在这里居住的人口并不多，除了一些较高地势之外，多数地区无人居住。仰韶文化遗址和大汶口文化遗址在这里分布的稀少状况，便可从某种程度上证明这一点。迨至龙山文化时期，这里的情况突然发生了很大变化，各地方的聚落增加了许多，一些地方甚至是成十倍、十数倍的增长，遗址的规模也随之扩大，甚至还出现了不少古城。原因何在？实因气候

---

① 笔者曾作有《论禹治洪水真相兼论夏史研究诸问题》（《学术月刊》1994 年第 6 期），将尧时洪水发生的原因主要归诸气候环境，现在看来是不对的，应予改正。

② 徐旭生：《中国古史的传说时代》（增订本），文物出版社 1985 年版，第 139—140 页。

变化所致。由于气候突然变干变凉，导致这里的湖泊池沼大面积萎缩，新的河流阶地、冲积平原和河口三角洲迅速堆积发育，这意味着环境提供给人类居住与生存繁育空间扩大了。反观周围其他一些地方，如陕西渭水流域和豫西部分地区，却因气候的干凉以及人们长期过度的开发，出现了生活与生产资料的相对紧缺与匮乏，并造成了这些地方的人口向古河济地区的转移，促成古河济地区发展成为一个四方辐辏、聚落繁庶的经济文化中心。而当大家纷纷聚集到此以后，却又发现这里的低洼地势极易发生洪涝灾害，为了生存和发展，人们又不得不付出极大的艰辛来对付反复出现的洪水，以解决在低地环境下从事农业生产的问题。现在人们到古河济一带进行考古调查，仍可发现大量当年为对付洪水留下来的居住遗址——丘，就是人们在一些较高地势上构筑居室，世代不离，经年累筑，致其不断增高而形成的聚居场所。考古专家称其产生大多在龙山文化时期，文献记载当时人们在洪水条件下曾反复地“降丘宅土”（《尚书·禹贡》），可作相互印证。这便是禹治洪水发生在那个时期的历史文化背景。

禹对洪水治理的方法，古今一致认为是“疏导”，即开挖沟洫，使大面积滞留在平原洼地上的洪水排泄到河水的干流或下游湖泊中去。日后孔子称禹功为“尽力乎沟洫”（《论语·泰伯》），可谓得其要领。这项技术在当时并非不可能，考古发掘所见其时古城内外的排水设施，以及规模巨大的城壕建筑，皆可为之佐证。后来各地出现的以各种沟渠道路规整起来的井田，想亦是禹开挖沟洫以防洪涝的遗制。总之，禹治洪水之事是可以信以为实的，中国早期国家的产生与禹治洪水的关系也是可以论定的。历史文献和考古发掘的结合，使得人们对夏代历史发展基本脉络的把握成为可能，对于夏文化乃至整个中国古代文明的探研亦具有重大意义。

（原载《中原文化研究》2015 年第 1 期）

目前夏史研究需要深入讨论的几个问题

夏是我国古代第一个早期国家，这对于目前多数学者来说，应是一个不成问题的问题。但是有关夏代国家的一些具体问题，学者中却还存有不少争议。例如夏是一个什么性质的国家？它有多大？在什么地域？它为什么会兴起在这个地域？它又是怎样产生的？它与传说中的禹治洪水有什么关系？禹治洪水的真相究竟如何？这些问题看似细微末节，却关系到对夏的历史的整体性与其真实性的认识。因为众所周知，迄至今日，学界还有一些人（主要是国外学者）对于夏在历史上的存在抱着怀疑态度，我们只有把这些若明若暗的问题弄清楚了，搞扎实了，才会对我们的文明探源工程起到实实在在的推动作用。

我个人自20世纪90年代起，曾对夏史上的一些问题写过几篇文章，所持论点与今学者不尽相同。鉴于当前夏史研究的新进展，我愿就上述问题提出自己的一些看法，以与大家切磋琢磨，求得问题的解决。

一　夏代国家结构与其所处的地域

时至今日，我想学者中已不会有人把夏当作以后秦汉帝国那样一个拥有天下九州的专制主义中央集权的大帝国了。目前多数学者愿意称夏是一个早期国家，那么所谓早期国家是一个什么性质的国家？具有怎样的国家形态和国家结构？

可以借鉴商周国家形态来说明这个问题。

文献显示商和西周都是一个“天下万邦（方）”的政治格局，“邦”或“方”实皆是各地一些半独立的氏族性质的方国，或称作“诸侯”。商和周原本也是其中的一个“邦”或“方”，不过是其中较大者，商周国家实在便是王族邦统治下的众多邦国的政治联合体。不过这众多邦国对于王邦的服从关系又有所区别：一般与王有着同族或姻亲关系的族邦居住在王都附近（即后世所说的“王畿”），也可以在朝廷做官，因而被称作内服；与王异姓的其他邦方住在王畿以外，称作外服。外服邦方间接地接受王的统治，视王朝势力的强弱而对王时叛时服。

夏应当与商周两个国家具有同样的政治结构，只是其统治下的邦国的数目可能要更少一些，所谓夏的“疆域”面积也更小一些。从文献记载来看，可以确定为夏的同姓邦国和姻亲邦国者有有扈氏、有莘氏、斟灌氏、斟鄩氏、有仍氏、有虞氏、涂山氏这么几个。其中有扈氏在今河南开封市黄河以北的原武一带；有莘氏在今山东菏泽地区的莘县；斟灌在今河南范县；斟鄩所在不详，按《左传》哀公元年的记载，它应当距离斟灌不远，而与有仍相近，而有仍氏在今山东曹县；有虞氏在今河南虞城县；涂山氏或说在今安徽怀远县，近有学者说它仍在山东菏泽地区。还有几个可能是夏内服成员的邦方，如昆吾氏、豕韦氏，也在豫东北一带。综观这些夏的内服成员的所在，可见夏的王畿的范围不出今豫东鲁西一带。这应当便是当年夏统治区的核心地域。

按照上述三代国家的政治结构考量，夏王朝的都邑也应在夏内服的范围之内，或者在诸内服族邦居中的位置。刚好，古代专门记述上古帝王及部分诸侯居住地的《世本·居篇》正记得有夏代诸王的居邑，其中提到禹居阳城，太康居斟鄩，后相居帝丘，帝杼居原，又居老邱，胤甲居西河，桀居斟鄩。这里面除阳城和原两个地方需要商榷外，其他几个地方皆在上举夏的内服范围之内。故当年王国维在其著名的《殷周制度论》中指出：“夏自太康以后以迄后桀，其都邑及他地名之见于经典者，率在东土，与商人错处河济间盖数百岁。”所谓“东土”“河济之间”皆指今豫东鲁西一带地区。其实，禹所都的阳城也应在东土，也就是今河南的濮阳。因为濮阳古亦有阳城的称呼[①]，并为以后夏后相的都邑（见下文），而夏后相距禹不过才三四代人的光景。今学者或指豫西的登封王城岗为禹都阳城之所在，按此地虽亦有阳城的地名，但一则这里的周围未见有夏时著名的氏族，二则与禹治洪水所处的地理环境不相协调，三则这里考古发现的城址与聚落的规模及分层结构都远不及濮阳，其非禹所居之都邑是显而易见的。

夏王朝统治的核心地区在古河济之间的说法是经得起检验的。文献显示这个地区夏的都邑与其周围的邦国有一个符合三代国家形态的政治格局，这本身就是夏王朝在这里存在的证明。除此之外，考古发现亦能提供夏王朝在这一带的证据。这一带，包括豫东北地区、鲁西聊城和鲁西南菏泽地区近年发现了一系列夏时期或其前后的古遗址和古城址。尤其是这里的古城址，可以说是整个中原地区密集度最高的。这使我们想起了《世本·作篇》等文献中“鲧作城郭”的记载。尽管说城郭的发明权不一定非要归功到禹父鲧的身上，然而古人不把城郭的发明权归之于别人而独归之于鲧，恐怕是与这里有众多夏代的城址有直接关系。这里特别应当提到的是河南濮阳发现的高城遗址。按文献如《左传》《世本》《竹书纪年》都有夏初夏后相都于濮阳高城的记载，其中《左传》僖公三十一年记叙道，春秋时期的卫成公刚迁居到帝丘，也就是濮阳这个地方，便有卫国的始封之君卫康叔托梦给他，说其供奉给自己的祭品让夏后相夺占过去了。此无疑反映了春秋卫国所迁居的这座都城是建立在过去夏后相所都的旧址之上的事实。刚好，考古发现的高城遗址也显示出，其上面庞大的卫国都城正叠压在夏初（或稍早时期）开始筑造起来的一系列夯土城的基础之上。[②] 由于目前

① 《战国策·魏策》。

② 河南省文物考古研究所等：《河南濮阳县高城遗址发掘简报》，《考古》2008 年第 3 期。

工作尚未完成，只挖掘出遗址北城墙下边一小段龙山时期的夯土墙，暂不能确定这下面的龙山城的规模到底有多大，但就考古工作者已勘测到该城址下面龙山时期的遗址面积已不下百万平方米这一数字看，其规模应不可小觑。如是，文献与考古发现相互印证，再清楚不过地反映了古代夏都就建立在古河济之间的濮阳这一史实。毫无疑问，这也应当成为夏代乃历史上真实存在的朝代的最坚实可靠的证据。我们呼吁有关方面重视高城遗址的继续发掘，以便早日揭开蒙在夏史身上的神秘面纱。

这里需要加以辨析的是二里头遗址与夏统治区域的关系问题。我们承认二里头遗址是夏文化的一处重要遗址，也可以说是夏的一处都邑。但从二里头遗址及整个二里头文化所处的时间范围与其具体发展情况看，我们又只能说二里头是夏晚期的一座都邑。从可靠的文献（指先秦时期的文献）上可以考见，包括二里头在内的豫西地区并无夏人早期活动的记录，只是到了夏的后期，随着夏的最后几个王向西的扩张，才有夏人将自己的活动范围移到了这里。这也是二里头遗址以及与它毗邻的新砦遗址及附近地区含有大量来自东方的文化因素（如后岗二期文化、王油坊类型文化因素）的原因。我们知道考古界的不少专家一直主张二里头文化整个就是夏文化，根本排斥在二里头以外存在夏文化的可能。这个主张看来并不符合实际状况。二里头文化与夏文化二者无论在空间上还是时间上都很难说是完全对应的，凭什么要在它们之间画上等号？就上举夏的都邑与夏时主要氏族部落的居处而言，它们几乎没有一处在二里头文化分布的范围之内，难道说它们都不属于夏文化的居邑，抑或文献有关它的居处的记述都属误记而不可信？我们这些先生忘记了夏已经是一个国家社会，并早已跨入复杂社会的门槛，这样一个社会所包含的众多氏族部落的遗存实很难被编织进一个单纯的考古文化的谱系。当代著名考古学者布鲁斯·炊格尔早就指出，考古学文化的概念只适合于研究小规模的、相对封闭的、较为定居的史前社会，对于复杂社会，由于其社会和经济的差异会造成文化上的多元性，因而考古学文化在观察这样的社会时就成了不适当的衡量手段①。这个道理，还请学者们三思。

二 夏族兴起与其时气候环境变迁的关系

夏族兴起的古河济之间主要指今豫鲁交界一带，包括今豫北及豫东的一部分地区、鲁西及鲁西南的一部分地区，这一带整个都是平原地形，属于由黄河冲积而成的华北大平原的一部分。由于地势低洼。水网过于密集、兼以古代地质沉积过程缓慢，因而远古时期这一带基本上是无人居住的。直到仰韶文化和大汶口文化时期，这里除少数较高的土丘之外，多数地区仍少有人居住。以是，这里新石器时代早中期遗址异常得稀少，仰韶文化及大汶口文化时期的遗址亦不算多，如豫东北属于古河济之间范围的濮阳县及濮阳市郊一带，只发现有5处仰韶时期的聚落。聚落规模亦小，濮阳市郊的戚城村遗址算是这一带最大的聚落，其面积只有15万平方米。此与同时期河南省其他许多地区，如豫西、豫中、豫南一些地区的仰韶聚落相比较，可说是相差甚远。河济之间其他几个地区，包括豫东鲁西、鲁西南菏泽地区的情况，亦是如此。其中如豫东的开封地区和商丘地区，甚至连一处仰韶文化的遗址都未曾发现（以上据许顺湛《五帝时代研究》的统计）。

迨至龙山时期，这一带的面貌却发生了根本性的变化。各个地方的聚落一下子增加了许多，遗址规模也在加大，尤其是作为史前聚落最高形式的城址一个接一个地涌现，城址的密度与规模明显超出了中原其他地区。

还以濮阳地区为例。据许顺湛先生《濮阳龙山聚落群的启示》一文介绍，龙山文化遗址在濮阳市所辖各区县的分布并不平衡，其中分布最密集的正是上面谈到的濮阳县及濮阳市郊周围，一共发现了20处龙山文化聚落，较仰韶时期增加了四倍！这里连同西边滑县靠得很近

---

① ［加拿大］布鲁斯·炊格尔：《时间与传统》，蒋祖棣、刘英译，生活·读书·新知三联书店1991年版，第126页。

的21处聚落，组成了一个总共包含41个聚落的大聚落群，其中心就是我们前面提到的发现有龙山城址的濮阳五星乡高城遗址。按许顺湛对聚落规模的层次划分，整个濮阳聚落群的结构如下：

特级聚落1处：濮阳县五星乡高城遗址，100万平方米；
一级聚落1处：濮阳县子岸乡文寨遗址，40万平方米；
二级聚落2处：1）市区南戚城村遗址，15万平方米；
2）濮阳县子岸乡齐劝遗址，10万平方米；
三级聚落37处：均在9万平方米以下。[①]

可见濮阳龙山遗址不仅数量比过去增加了，规模和层次也比过去大大提高了。尤其大规模城址（高城、戚城）的出现，这是过去不可想象的。如果重新将濮阳龙山时期遗址的数量、规模、层次结构与同时期中原其他地区比较一番的话，恐怕没有任何一个地方可以比得过濮阳的。

除濮阳外，古河济之间别的地区龙山时期聚落的增长情况亦是如此。如鲁西南的菏泽地区，其大汶口时期的遗址数只有8处，至龙山时期竟达120余处（据菏泽市历史文化与中华古文明研究会会长潘建荣提供的数据），变化之大较濮阳地区尤甚。

在谈到古河济之间别的地区龙山时期人口聚落空前繁庶的同时，我们也注意到河南、陕西、山东的其他一些地区，特别是过去仰韶文化十分发达的陕西关中、豫西等地，发现这些地方的社会经济与聚落人口却正走向衰落，或停滞不前。由于篇幅所限，不能在此一一列举这方面的统计数据，仅举出大家都很熟悉的曹兵武先生的一篇文章对此所做的概括性描述。这篇文章谈到史前黄河中下游一带聚落与人口发生的变动时说：

---

① 许顺湛：《濮阳龙山聚落群的启示》，中华炎黄文化研究会等编：《2000濮阳龙文化与现代文明学术讨论会论文集》，中国经济文化出版社2003年版，第224—226页。

> 大约距今五千年左右，中国几乎所有史前考古学文化发达的地区（特别是中原一带）都发生了一次剧烈的文化因素的增生、分化与重新组合运动……在遗址的分布上，不少仰韶时期的遗址被废弃不用。仰韶文化的中心区域比如关中、豫西等，龙山遗址较仰韶遗址大为减少，似乎经历了一次空心化运动；而一些仰韶时期人迹罕至的地方比如豫东与山东交界之处，豫东南、鲁西南和皖西北交界之处，到龙山时代则遗迹广布。①

这种情况，很容易使人想到，古河济地区的人口是从其他地区，尤其是豫西一带原人口稠密的地区迁徙过去的。查阅有关文章，学术界持这种观点的人亦复不少。如1987年由文物出版社出版的《考古文化论集（一）》所刊登的巫鸿先生的一篇论山东地区古文化发展的文章便谈道："（在山东地区龙山文化）青堌堆类型遗址广泛散布的鲁西平原，在大汶口早、中期还是一片少人或无人居住的湖区沼泽。龙山时期，这块地区逐渐干涸，众多的湖泊、湿地虽然仍旧存在，但已经成为进行渔猎、采集以及农业活动的良好场所……青堌堆类型的广泛分布，说明当时有相当数量的人口以较快的速度移入这个地区定居。根据这一类型的文化特点，可以推测这些居民很可能是从河南龙山文化地区，或主要是从河南龙山文化地区迁入的。"② 所谈虽是鲁西的情况，其他鲁西南及豫东也当是同样的情形。那么，造成其时人口及经济文化重心向古河济地区转移的原因是什么？对此，学者们也给出了解答：是自然环境变迁的结果。

据学者研究，在距今11000年左右，地球上的气候由冷变暖，进入地质学上的全新世，考古学上亦随之进入了新石器时代。而从距今8500年开始的全新世大暖期期间，人类更迎来新石器时代文化的高度

① 曹兵武：《从仰韶到龙山：史前中国文化演变的社会生态学考察》，周昆叔、宋豫秦主编：《环境考古研究》第二辑，科学出版社2000年版，第23页。

② 巫鸿：《从地形变化和地理分布观察山东地区古文化的发展》，苏秉琦主编：《考古文化论集（一）》，文物出版社1987年版，第176页。

发展。特别是在距今7000—5000年的一段时间，我国中原广大地区处在一个持续稳定的暖湿气候环境里，气温较高，雨量充沛，植物茂盛，最适宜于古人类的生存与繁衍。仰韶文化就处在这个时间段。不过，这只是对我国西部仰韶文化发达的地区而言，而在我国华北平原，特别是平原南部的豫东鲁西一带，却因这个时期湿热的气候，仍是一派川水横流、湖泊沼泽遍布的景象，尚未完成向今天这样的自然地理环境的转变，除少数地势稍高的岗丘以外，多数地方仍是不适宜于人类居住的。迨至距今5000年左右，地球上的气候突然起了变化，整体上转向温凉干燥，气温降低，降水量减少，喜暖的动植物也大量地减少。这种变化，对于我国北方及中原多数地区的古人类来说自不是什么好事，因为它导致了这些地区资源与能源的紧张。关中地区和豫西一带地方龙山时期人口的减少，据信即与此有关。但是对于地势低洼的豫东鲁西一带，这种变化却为之带来了生机。气候的干凉导致海平面的下降，致使河流下切，促使新的河流阶地、冲积平原和河口三角洲堆积的迅速发育，更导致这里湖泊沼泽的大面积减少。而这一切，又都意味着这里适合人们生活与生存的空间的扩大，促使着聚落与人口向这里的转移。据说，在距今4800—4300年的一段时间，气温有所回升，人们在华北平原的活动有所减少，但在距今4200年左右的龙山时代中晚期，气候又再次大幅度地变干变凉，促使这一地区的河道与海岸线基本固定下来，湖沼面积更急剧地缩小，整个豫东鲁西也变得更加适合于人类居住。①

环境考古学者们的这些考察，与文献记载以夏后氏为首的夏族在河济地区的兴起，许多著名氏族也都活动在这一地区，是完全相一致的，也与考古发现这里龙山时代的遗址与城址大量涌现的情形是相吻合的。它说明，当龙山时代的晚期，古河济之间及其附近地区确实已经发展成为一个欣欣向荣、四方辐辏的新的经济文化中心，这正是我

① 燕生东：《全新世大暖期华北平原环境、文化与海岱文化区》，周昆叔等主编：《环境考古研究》第三辑，北京大学出版社2006年版，第79—80页。

国第一个早期国家在这里兴起的历史地理背景。

三 禹治洪水真相及其与夏代国家产生的关系

在我国，禹治洪水的故事可以说是家喻户晓，禹治洪水而导致中国第一个早期国家夏的建立，也是多数人们认可的史实。我国古代典籍《国语·周语下》记载，由于禹治水成功，“皇天嘉之，祚以天下，赐姓曰姒，氏曰有夏，谓其能以嘉祉殷富生物也”，即是将禹所受到的上天赐予的对于天下的统治权归结于他治水的成功。其他一些典籍则更具体地记叙到，当我国传说时代中原地区最后两位部族联盟的首领尧、舜在位之时，天下发生了洪水，禹被举荐负责治理洪水并取得成功，舜遂将联盟首领的位置让给了禹，但禹却未将此首领的位置继续禅让给下一位贤人，而是传给了自己的儿子启，由此便产生了“家天下”的夏王朝。

按照我们今天的解释，禹之所以建立起中国第一个早期国家，乃是禹在治水过程中加强了对参与治水的各个部族人力物力控制的结果。由于治水的艰巨性与长期性，需要对各部族的人力物力进行统一调配、指挥和管理，在此过程中，禹难免利用联盟首领赋予自己的职权对各部族施加更多的影响，甚或强制、干预。然而这样一来，就势必使原来较为松散而缺乏约束力的部族联盟发生质的变化，促使联盟领导机构发生权力集中的倾向，并逐渐凌驾于各个部族之上，以致最终使各部族沦为自己臣属的具有专制主义性质的权力机构，而禹则因长期担任领导治水的要职，在各部族中树立起自己和自己家族的权威，由原来的夏后氏部族的首领继任为整个部族联盟的首领，再发展成为君临众族邦之上的拥有世袭权力的夏代国家的君主。

以上两种有关夏朝产生的说法在史实上并没有大的冲突，不过我们今天的解释似更科学一些，也符合马克思主义经典作家所阐明的古代阶级压迫暨国家产生路径的基本精神。近读日本九州大学教授宫本一夫所著《从神话到历史：神话时代夏王朝》一书，其中谈到禹治水与夏王朝的关系，也是说：“禹的治水需要强有力的后盾及政治力量才能实施”，

“禹也是夏王朝的创建者，这也说明治理洪水是在初期国家形成期的强力的王权之下得以遂行的事业”，所言与我们一致。不过宫本对于禹治水之事本身似乎抱有一些怀疑，他说：“如果这项治水事业是史实的话，也可以说明当时社会正处在向着国家阶段发展的过渡期。”① 看来，如果禹治洪水是历史事实的话，则中国早期国家的产生便不待更多的说明了。问题的关键还在于提供禹治洪水在历史上存在的证据。

宫本先生的怀疑不是凭空产生的。早在20世纪初，日本的白鸟库吉就曾提出过我国古代文献所载的尧、舜、禹皆非历史人物的观点。稍后，我国史坛以顾颉刚先生为首的“古史辨”学者更对历史上禹治洪水的真实性提出过质疑，认为文献所载禹的治水事迹皆出自神话，并非真实的历史；禹（包括他的父亲鲧）的身份属于天神，而非下界的人王；所谓禹的“布土”，“平治水土”均非人力可为；鲧、禹治水之说实起于战国，是战国水利事业的发达激起人们想象的结果。这些说法至今仍有着不小的影响。好在国内多数学者并不认同顾先生的主张，因为毕竟有那么多早期文献记得有关于禹治洪水的故事，想把它们一笔抹杀是不可能的。只是这些传说故事确实包含有不少神话的成分（这也是许多民族的早期历史共有的现象），需要我们认真地加以清理，以便弄清它真实的历史素地，弄清楚禹时期是否真的发生过洪水、洪水的性质，以及禹治洪水的真实内涵等一系列问题。

限于篇幅，这里同样不能对上述问题展开进行讨论，只能做些提纲挈领式的论述。为了回答疑古学者的部分质疑，我想从新近发现的西周中期青铜器《豳公盨》铭文谈起。这件出自西周贵族之手，带有训诫口气的铭文十分清楚地记叙了历史上发生的禹治洪水之事，等于向世人昭告，疑古学者所持的禹治洪水之事属于战国时人编造的说法完全是无端的臆说。铭文称：“天命禹尃土，陶山濬川”，一则表明，在周人心目中，禹不过是同周文王、周武王、商汤一样的受命之君，他通过治理水

① ［日］宫本一夫：《从神话到历史：神话时代夏王朝》，吴菲译，广西师范大学出版社2014年版，第25页。

患而有德于民，并非什么天神（如所谓“社神”，或“行神”）；再则表明，禹的治水方法为“濬川”，即疏浚小的河川，此与文献所载禹的“疏川导滞”的治水方法并无二致，而禹之采取这种治水方法，不过是要促使被淹没的土地尽快地干涸出来，以便重新布置给广大民众（即所谓“尃土”或“布土”），此种治水方法完全可以理解，并不神秘，亦非不可为。至于铭文中的“陶山”（“陶”字从朱凤瀚释），亦是说的对付洪水的另一种方法，即累土为丘，人居其上，以躲避汗漫的洪水。文献称“禹之时，天下大雨，禹令民聚土积薪，择丘陵而处之”①，即此之谓。这种方法亦很好理解，下面还将继续谈到这个问题。

《豳公盨》铭有关禹治洪水之事，固属后人对前代史事的追记，但它描述的禹治洪水的具体情节，却很符合禹所领导的夏族之人所居住的古河济一带的地理环境。此牵涉禹治洪水的真相。禹时洪水绝不是一场遍及天下九州，如同《创世纪》神话所描述的那样一种性质的洪水，它原本只发生在禹所领导的部族联盟居住的地域。当年徐旭生先生曾就《尚书·禹贡》有关内容指出，禹时洪水只发生在《禹贡》九州之一的兖州及其附近地区，古兖州即古河济之间。造成洪水的原因，亦非如一些人们所想象的，是其时气候发生了异常，致使气温升高，雨水持续增多。实际情况反倒是此时气候在朝着干冷的方向发展，绝不会有如一些文献所说的持续多年的大雨。禹所面对的洪水，实主要是兖州一带低洼的地势造成的。如前所述，这里处在西边的太行山与东边的泰沂山地两个高地之间的平原地带，境内河流湖泊遍布，稍微下些大雨，或上游来水充沛，便易出现水涝灾害，故历来河患皆在此一带发生。加上那个时候四周氏族部落很多都正往这里迁徙，造成这里人口空前的聚集，人们若要在这里站住脚跟并发展自己的经济，就不得不想办法对付这里经常发生的洪涝灾害。禹（和他的父亲鲧）治理洪水的传说，应当就是这里的先民们抗御洪水以求生存，从事并发展低地农业的真实写照。

有人会问，你能提供那时人们抗御洪水的证据吗？我们目前确实

---

① 《淮南子·齐俗训》。

还难寻找出那时人们所开挖的沟洫的遗迹，但是，彼时人们为躲避洪水而垒筑的居邑却在古河济地区到处都是，那就是这里至今仍然到处都存在着的大大小小被称作“某丘”或“某某堌堆”的遗址。据考察，这些土丘遗址绝大多数都建立在考古学上的龙山时期，也就是尧、舜、禹时期①，它们无疑便是那时人们对付洪水而修建的居邑。文献称，洪水过后，人们便又纷纷“降丘宅土”，重新从事正常的农业，即是对这类丘居用途的最好写照。这无疑也是从考古的角度证明了禹治洪水故事的真实性。总之，说禹治洪水导致了中国古代第一个早期国家的产生，是完全可以信以为实的。

实际上，与中国同样具有悠久历史的古代埃及、古代两河流域和古印度，当其文明初起的时候，也一样居住在大河流域的下游，其早期国家的产生也一样地与治理洪水有着密切关系。甚至在他们居住的河水泛滥的平原或河谷地区，考古发现也和我国古河济地区一样，存有许多当时人们为躲避洪水而垒筑的土丘遗迹。如北京大学拱玉书先生关于两河流域情况的一段介绍，言 20 世纪 30 年代开始，伊拉克考古工作者曾对境内古遗址进行过普查，在地图上标明了 5000 个遗址的准确位置，这些遗址大多数都是高出地面的土丘。他并且介绍到这些土丘形成的过程，说这里人们居住的房屋都是用泥土盖成的，需要不断翻修，每翻修一次，地面就增高一些，这样一代又一代，他们的住地就逐渐拔地而起，最后就形成了“丘”②。这与我们中国古代的两河流域——古河济之间，何其相似乃尔。学者如能结合中外具体历史实际，在这方面进行一些比较考古学的研究，将促进人们对中国古代文明及早期国家的产生有更深刻的认识。

（原载《中国社会科学院古代文明研究中心通讯》第 27 期，2015 年 1 月）

---

① 袁广阔：《豫东北地区龙山时代丘类遗址与城址出现原因初探》，《南方文物》2012 年第 2 期。

② 拱玉书：《日出东方：苏美尔文明探秘》，云南人民出版社 2001 年版，第 42、44 页。

说“夏族”

——兼及夏文化研究中一些亟待解决的认识问题

最近，在对前一阶段夏文化研究进行梳理的过程中，我们忽然发现有一个为许多学者所忽视，然而却是十分重要的问题，即什么是“夏族”？这个问题，应当说是认识夏文化的前提。过去夏鼐曾提出过“夏文化”的概念，说“夏文化应该是指夏王朝时期夏民族的文化”①，对此，许多从事夏文化研究的学者都是赞同的，既然如此，那就应该首先把“夏民族”或者“夏族”的概念弄清楚，看看他是一个什么性质的人们共同体，是由哪些居民所构成的。然而在实际研究中，我们却从未见有人认真讨论过这个问题。偶与一二考古界的朋友提及这个问题，大家也显示出一脸的疑惑，表示从未考虑及此。难道这真是一个可以置之不顾的问题吗？当然不是。这里面涉及有关夏文化及夏史研究的一些根本性问题。事实上，由于“夏族”概念的不清已造成人们对夏文化及夏代历史的诸多误会，我们实在有必要把“夏族”的概念弄清楚。

一

什么是“夏族”？是现代民族学意义上的民族吗？答曰非也。按照

---

① 夏鼐：《谈谈探讨夏文化的几个问题——在〈登封告成遗址发掘现场会〉闭幕式上的讲话》，《河南文博通讯》1978 年第 1 期。

马克思主义关于民族形成的理论，民族应是在超越了人们的亲属血缘关系及氏族组织所造成的地方局限性的基础之上，在更大范围内按地方行政区划组织起来的，具有共同地域、共同语言、共同经济生活、共同文化心理素质的人们共同体①，夏王朝时期的居民显然还没有进化到这个地步。大概正是考虑到这个因素，现在不少学者又或称“夏族”为“夏部族”。那么，什么是“夏部族”？是指夏后氏这一支氏族吗？当然也不是。尽管历代夏王皆出自夏后氏这一支氏族，但说由一支单一的氏族组成为一个国家，恐怕没多少人会赞成这个道理。何况大家说的可以和夏文化画上等号的二里头文化或河南龙山文化分布的偌大一片地区，亦非一个氏族的居民所居住得了的，至少还有其他一些与夏后氏同姓的姒姓族人居住在那里。那么，“夏族”是指与夏后氏同姓的诸多支姒姓氏族吗？好像是，却又不尽然。因为夏王朝统治时期，其统治区域内，即使在其中心统治区域内，都绝不会仅仅生活着一些只具有相同血缘关系的姒姓族人，至少还应当有一些与他们通婚联姻的其他异姓氏族。他们与诸姒姓族人错居杂处，共同繁衍生息，亦是夏后氏统治下的基本族众。如果谈“夏文化”，他们的活动遗存想必是不能排除在外的。

唯一的解答，“夏族”（或曰“夏民族”“夏部族”）是构成夏代国家主体的众多夏后氏的同姓与异姓氏族的统称。

之所以强调“夏族”是构成夏代国家主体的众多氏族，是考虑到了夏代国家的结构。这里涉及了三代国家的内外服制度问题。我们认为，构成夏代国家主体的那些氏族应该就是作为夏代国家内服成员的氏族邦方，所谓“夏族”主要应是指这些氏族。

按文献称我国夏商周时期乃是一种“天下万邦”的政治格局，如《左传》哀公七年：“禹合诸侯于涂山，执玉帛者万国。”《吕氏春秋·用民》：“当禹之时，天下万国，至于汤而三千余国。”（以上诸“国”字，本当作“邦”，乃后世避讳改，西周金文皆作“万邦”可证）王

① 沈长云：《华夏民族的起源及形成过程》，《中国社会科学》1993 年第 1 期。

朝直接统治的对象是众多大大小小的族邦。这些族邦，于夏代称作某某氏，如夏后氏、有莘氏、有虞氏、昆吾氏、斟鄩氏、斟灌氏之类；于商代甲骨卜辞称作某某方，如周方、鬼方、土方、羌方、井方、黎方之类；于周或称作某方，或称作某邦。其实“邦”“方”音同通用，皆氏族性质的血缘亲属组织。它们以其对王朝的服属关系的不同，可分为内服与外服两个部分。关于夏代的内外服划分及其所涉及的族氏，目前学者间尚未论及，这里可借商周时期内外服制度大致勾画之。

《尚书·酒诰》称：“自成汤咸至于帝乙，成王畏相，惟御事厥棐有恭，不敢自暇自逸，矧曰其敢崇饮？越在外服，侯甸男卫邦伯；越在内服，百僚庶尹，惟亚惟服宗工，越百姓里居（君），罔敢湎于酒。”这里谈到商的内服成员包括“百僚、庶尹、惟亚、惟服、宗工、百姓、里居（君）”，即朝廷上的各种官吏以及王畿内的宗族长（宗工）、贵族（百姓）等；外服则包括具有侯、甸、男、卫几种职衔的王畿以外的族邦首领。其中，外服邦方的首领较好理解，他们是居住在商王朝周边地区的邦方的首领，周初《大盂鼎》铭称其为“殷边侯甸”，正道出了这一事实。见于甲骨卜辞，商王朝中心统治区外确实有一大批各种名称的方国，它们对朝廷的服属关系，主要是建立在朝廷强大的武力威慑基础之上的，其中多数实际上是对朝廷时叛时服，因而这部分方国实难构成商代国家的主体，称它们作“商族”，恐怕有些难副其实。那么作为商代国家的主体，或者说构成商王朝骨干势力的那部分氏族，就只好求之于“内服”部分的氏族了。

所谓内服，自是相对于外服而言的王朝直接管辖地区的服属人员。这个地区又称作“王畿”，畿者近也，实即王都附近地区。《诗经·商颂·玄鸟》：“邦畿千里，维民所止。”这方千里左右的王畿，就是内服之地。这里面也居住着大大小小的族邦（包括商王所自出的王族邦），只不过他们与外服邦方的性质不同，主要由王的同姓和姻亲组成。这些族邦的首领同时担任着朝廷的公卿大臣，如《酒诰》所称之“百僚、庶尹”等朝廷官吏，即主要是由王的同姓与姻亲贵族充任的，故后人以为王畿内之都鄙，既属“公卿大夫之采邑”，亦属“王子弟所食邑”[①]。见于甲骨卜辞，在商朝“大邑商”周围居住的，首先即是一批被称作“王族”或“多子族”的商王同姓氏族。其中王族应出自历代商王的王室家族，多子族则是众多商王的兄、子之族。关于多子族的分布，学者曾综合有关考证指出，他们“皆集中在今豫西北，距当时的王都（今安阳）不远”[②]。因此把他们说成是商的“畿内诸侯”，似不会有何问题。这些子族的首领，亦担任着朝廷的各种官吏。殷卜辞中，他们往往以商王臣僚或领兵将领的身份出现，其中如“子禽”（《合集》335），卜辞又或称作“小臣禽”（《合集》5572）；“子妥”（《合集》2038），卜辞又或称作“小臣妥”（《合集》5578），皆可为之佐证。

除此类商王同姓外，王都周围又多居住着商王室或子姓贵族的姻亲氏族，卜辞称之为“多生”。“多生”可读为“多姓”或“多甥”，无论何种读法，皆可视之为与商异姓的商的姻亲贵族。他们亦受到商王的尊重，卜辞有“惠多生飨”，与“惠多子飨”对贞（《合集》27650），表明众商王的姻亲贵族与众商王的同姓贵族一起受到商王的燕享。卜辞又有“惠多生射”（《合集》24140—24143）的辞例，表明“多生”又能参与商王举行的祭祀典礼上的射仪。“多生”既能参与商王举行的燕享及射仪，则其与所率领氏族居住在距商王都不远之处可知。“多生”亦可担任朝廷官吏，卜辞又有“惠多尹飨”的辞例（《合集》27894），虽不能说“多尹”一定可以与“多生”画上等号，但至少包含了“多生”是没有问题的，“多尹”即商的各级官吏的统称。

这些商的同姓或姻亲族邦对商王室的服属关系当然属于另一种性质，它是在血缘亲属关系基础上的共同利害关系的结合。这种结合相对“外服”对朝廷的服从关系来说，自然要稳定得多，且一般并不需用武力来维持。相反，王室倒是把他们看成是朝廷的依靠力量，故而才有他们的首领在朝廷上担任各种臣僚的情况。总之，如果说商朝也

---

① 郑玄注《周礼·大宰》之语，见《周礼注疏》卷2《大宰》，阮元校刻：《十三经注疏》，中华书局1980年版，第646页上栏。

② 朱凤瀚：《商周家族形态研究》，天津古籍出版社1990年版，第66页。

有一个“商族”的话，那就是以上这些内服的氏族成员了。

西周的情况与此类似。在周人的故居周原及镐京、洛邑附近，首先居住着的是一批周室子弟及姬姓贵族，如人们熟知的周、召、毕、荣、毛、二虢、井、南（南宫）之类。他们同时也是周朝廷上的公卿大臣，这也是无须辞费的。值得注意的是，在这些姬姓贵族的居住地内，也错居杂处着一批非姬姓，但与姬周贵族保持着友好或通婚关系的其他姓氏的贵族。仅就周原地区而言，见于目前铜器铭文上的，就有琱氏、中氏、散氏、檀季氏、微氏、夷氏等多支非姬姓贵族。[①] 他们或是与同处周原的姬姓贵族，如井氏、华氏、虢季氏、函氏等结为婚姻，或是任职于西周朝廷，甚至世为朝廷要臣。此外，如见于文献中的西周早期的辛甲大夫，西周后期的兮伯吉父、樊仲山甫等，亦皆畿内异姓，既是周室姻亲，又任职于朝廷。《国语·晋语四》记周襄王以阳樊之田赐晋文公，阳人不服，仓葛呼曰：“樊仲之官守焉，其非官守，则皆王之父兄甥舅也。”樊为仲山甫采邑，地处王畿之内，其居民“皆王之父兄甥舅”，正道出了西周王畿所居住的居民族属的性质。不过西周的情形与商代稍有不同者，那就是西周王朝在一些边远的战略要地分封了一批周室子弟或姻亲去做当地居民的统治者，即所谓封建诸侯。他们的封地虽处在王畿之外，却较过去的外服邦方与王朝的关系已有所不同。此乃适应新的社会发展需要之举，这里可暂存而不论。

由上述商周时期内外服统治区域的划分，以及商周朝廷所依据的基本族氏力量的论定，再来考虑夏代的政治结构，进而推论夏代国家的基本氏族构成，即所谓“夏族”的构成，应当说就比较清楚了。我们认为，所谓“夏族”，第一，应当包含夏代夏后氏的同姓氏族；第二，应当包含夏后氏及其他姒姓氏族的姻亲氏族；第三，应当包含在夏代国家中担任过朝廷官职的贵族所在的氏族。其中第三项可与前两项有所重合，若前两项情况不明，此亦可单独作为判定某一氏族是否属于夏族的标准。

---

① 朱凤瀚：《商周家族形态研究》，第360—380页。

以下，我们就来清理一下文献提到的这些夏族。

关于夏代夏后氏的同姓氏族，《史记·夏本纪》称：“禹为姒姓，其后分封，用国为姓，故有夏后氏、有扈氏、有男氏、斟鄩氏、彤城氏、褒氏、费氏、杞氏、缯氏、辛氏、冥氏、斟戈氏。”[①] 这里面谈到与夏后氏同姓的氏族颇为不少，不过其中有些是夏灭亡以后夏后氏或其他姒姓氏族的改称，如杞氏、褒氏之类。所谓“分封”，是指姒姓族的分裂繁衍，这些分裂繁衍出去的各个氏族存立于世的时间并不以夏代为限，我们不好将它们都划归夏王朝那个时候的“夏族”。从文献上考察，比较说得准的在夏王朝时期就已存立于世的姒姓氏族大约有夏后氏、有扈氏、有辛（莘）氏、斟鄩氏、斟灌（戈）氏、缯氏几支。其中夏后氏为王所自出的氏族，它原本叫有崇氏，故夏禹的父亲鲧称为“崇伯鲧”，禹亦称为“伯禹”或“崇禹”。有扈氏即《左传》昭公元年提到的“夏有观扈”之“扈”，《国语·楚语》“观扈”颠倒作“五观”，而称之为夏启的“奸子”。以上《左传》《国语》二书与有扈氏并称的“观”实即斟灌（《史记》作“斟戈”），其与斟鄩氏当为一对兄弟氏族，《左传》于襄公四年及哀公元年记其于夏后氏与寒浞的斗争中曾发挥过作用。有莘氏亦夏的同姓，或说为启支子所封。[②] 缯氏据《世本》云，亦为夏少康少子曲烈所封。此外，《史记》没有提到的姒姓氏族还有寒氏，即《左传》襄公四年提到的“伯明后寒”（当为“寒后伯明”）所统率的氏族。寒为姒姓，西周晚期金文有“寒姒”其人可证。

夏的姻亲氏族，文献记载较为明确的，首推有仍氏。《左传》哀公元年记有仍为夏后相妻后缗的母家，无须赘言。有仍即有戎，文献或换言之，顾颉刚于此有考证。[③] 其次为有虞氏。哀公元年《传》文接

① 《史记》卷2《夏本纪》，中华书局1959年版，第89页。

② 宋衷注，秦嘉谟等辑：《世本八种·秦嘉谟辑补本·氏姓篇》，商务印书馆1957年版，第207页。

③ 顾颉刚：《有仍国考》，吕思勉、童书业编著：《古史辨》第7册下，上海古籍出版社1982年版，第324—329页。

着记叙道，少康亦为有过浇追杀，逃奔至有虞，“虞思于是妻之以二姚”。此外，涂山氏亦是夏之妻族，禹娶涂山是尽人皆知的史实。

在夏朝廷任过官职的氏族贵族，文献少有记载，可举者，一为昆吾氏，《国语·楚语》称其为“夏伯”；一为薛国族的首领奚仲，《左传》定公元年明确记载：“薛之皇祖奚仲居薛，以为夏车正。”

实际上，商人的祖先也曾任职于夏，《国语·鲁语上》记：“冥勤其官而水死。”韦昭注：“冥，契后六世孙，根圉之子也，为夏水官，勤于其职而死于水。”商之先世本与夏后氏错处于河济之间，文献记商亦出自有戎，《诗经·商颂·长发》即称“有娀方将，帝立子生商”，后演化为有戎氏女简狄吞燕卵而生契之故事。如是，则夏商均为有戎氏姻亲之国，宜乎商人祖先任职于夏朝廷矣。

总之，要说“夏族”，以上这些氏族是必须考虑进去的。

二

构成“夏族”的基本氏族范围既明，所谓“夏文化”的分布地域，自然就好弄清了。

让我们对以上氏族的居住地逐一进行考察。

先说夏后氏。我过去曾写过《夏后氏居于古河济之间考》[①] 及《禹都阳城即濮阳说》[②] 两篇论文，列举文献证据，证明作为夏后氏发祥地的崇山在汉济阴郡成阳县西北，当今山东鄄城县东南之豫鲁交界处；禹所都的阳城乃古之濮阳，在今河南濮阳以南，这两个地方正相毗邻。这个看法，至今未有改变。当然，我亦注意到，学者中有人对我的文章并不赞成。[③] 但在拜读彼文之余，我却发现其并未能回答我所提出的涉及我的论点的一些关键问题。如夏后氏王朝独与东夷交往频

---

① 沈长云：《夏后氏居于古河济之间考》，《中国史研究》1994 年第 3 期。

② 沈长云：《禹都阳城即濮阳说》，《中国史研究》1997 年第 2 期。

③ 见方酉生《夏王朝中心在伊洛和汾浍河流域考析》，《武汉大学学报》（哲学社会科学版）1996 年第 3 期；又《禹居（都）阳城考辨》，《江汉考古》1998 年第 1 期。

繁的问题、夏后氏祖先与颛顼、祝融的关系问题、作为先秦文献记载的崇山与汉武帝时始得名的崇山不是一事的问题、禹治水发生的地域问题、古濮阳亦称作阳城等问题，以及夏后氏的好几座都邑都处在东方的问题，这些问题如回避不谈，想是难以动摇我的论点的。此绝非“公说公有理，婆说婆有理”，联系到下文将要讨论的夏代其他重要氏族的居住地来看，有关夏后氏的居处问题将会更加明朗，因为这些氏族基本上都是分布在古河济之间，亦即夏后氏兴起的崇山及禹都阳城所在的豫鲁之交一带的。

以下，我们看夏代与夏后氏同姓的几支氏族的居处。

有扈氏。旧说在汉右扶风郡鄠县，即今陕西户县境内。今学者皆以为非，而认其与夏商时期的古顾（或作“雇”）国为一事，其地即《春秋》《左传》屡次提到的诸侯举行会盟的地点扈，在今河南郑州黄河以北的原武一带。

有莘氏。作为夏代的有莘邑，它的地望应如屈原《天问》所说的“成汤东巡，有莘爰极”，处在汤未灭夏以前的居邑的东面。《左传》僖公二十八年记晋楚城濮之战，有“晋侯登有莘之虚以观师”句，杜于“有莘”无注，但谓城濮在卫地，是其地望略与成汤东巡之有莘相合。《左传》桓公十六年亦有莘地，杜注称“莘，卫地，阳平县西北有莘亭”。此在卫地的莘邑当即与僖公二十八年所称之有莘之墟为一地，以今地按之，正在今山东西部接近河南的莘县以北。今学者或引《水经·河水注》，指有莘在今陕西合阳县[①]，查《水经·河水注》文明谓此有莘乃“太姒之国”，是此莘邑乃商末辛甲奔周后所受周人之封邑，非夏商时期有莘之故居。以上提到夏商时期的有莘，正处在夏后氏所居的崇山—阳城以东不远处，与之毗邻的今山东阳谷、东阿、茌平一带近年发现不少龙山晚期的古城，我们相信这些古城应当包含有有莘氏在内的夏后氏同姓的居邑。

斟灌氏。亦称作斟戈氏、斟观氏，在卫地，据称亦为夏后相所居

---

① 郑杰祥：《夏史初探》，中州古籍出版社1988年版，第77页。

住过。[①]《水经·河水注》："浮水故渎又东南径卫国邑城北，故卫公国也……又东径卫国县故城南，古斟观，应劭曰：'夏有观扈，即此城也。'《竹书纪年》：'梁惠成王二年，齐田寿率师伐我，围观，观降。'"按"卫公国"即春秋卫国都城，亦即濮阳，"卫国县"为东汉所置县名，西汉称"畔观"，即以后的观城县，在今河南范县境内。这里位于卫都濮阳东北，两地相距不过百十来里，因而相居帝丘[②]，又复居此，是很容易理解的。

斟鄩氏。据载，夏后太康、后羿及夏最后一个王桀都曾以斟鄩为都邑[③]，是斟鄩在夏史上地位亦颇重要。前人对斟鄩地望有两种说法，一为班固《汉书·地理志》的自注及颜师古所引应劭的注释，认为其在汉北海郡平寿县东南，即今山东潍坊境内，理由是平寿县境内有"斟亭"的地名；一是后来臣瓒对《地理志》的另一番注释，他认为班固的自注有问题，因为《尚书序》提到"太康失邦，昆弟五人，须于洛汭"，另外《战国策》及《周书·度邑》亦提到夏桀之居在伊洛一带，故斟鄩只能在汉河南郡河南城，即今河南洛阳一带寻找。实际上，此二说皆属于推测性质。以北海说为例，此处虽有斟城、斟亭，安知不是由斟姓后人移徙所带来的地名？且斟姓并不一定就是指斟鄩。至于臣瓒的说法，其所引《尚书序》之文本身就有问题，所谓"太康昆弟五人"云云不过是前引《左传》《国语》提到的作为夏后氏同姓的"观扈""五观"的演化[④]，先秦文献无有言及太康居于洛汭一带者。其所引《周书·度邑》篇亦有问题，篇中所称的"有夏之居"并非夏后氏之居，实指周人自己的居邑（周人自称有夏）。[⑤]又其所引《战国策》吴起之言，虽能证明夏桀一度居于"左天门之阴，而右天溪

① 范祥雍：《古本竹书纪年辑校订补》，上海人民出版社1957年版，第11页。

② 见古本《竹书纪年》，又见《左传》僖公三十一年。

③ 范祥雍：《古本竹书纪年辑校订补》，第10、15页。

④ 顾颉刚、童书业：《夏史三论》，吕思勉、童书业编著：《古史辨》第7册下，第195—220页。

⑤ 沈长云：《说〈逸周书·度邑〉"有夏之居"非夏后氏之居》，《上古史探研》，中华书局2002年版，第121—126页。

之阳，庐、睾在其北，伊洛出其南”的范围内，但这个地方是否就是指的“河南城”，看来还有些差距。且夏桀是否始终居于这一个地方亦是疑问，更不好说把这个地方同斟鄩画上等号了。今学者或谓偃师二里头就是夏都斟鄩，但二里头遗址的年代早不过公元前1850年[①]，其作为王都的时间当更在这之后，而太康在位的时间却早在这之前，是其绝非作为太康居邑的斟鄩可比。说来说去，我看，对于斟鄩地望的考察，最好还是求诸先秦文献本身。《左传》哀公元年的一段记载对斟鄩地望的提示最为清楚：“昔有过浇杀斟灌以伐斟鄩，灭夏后相。后缗方娠，逃出自窦，归于有仍。”学者论斟灌与斟鄩是一对兄弟氏族，从这段记载看，它们的居址是离得很近的，故有过浇能攻杀斟灌而后乘势伐灭斟鄩，并杀夏后相于此。这段记载还谈到二斟近于有仍，故相妻后缗能怀着孕从斟鄩的墙洞下跑出来逃归至有仍母家。有仍即有戎，顾颉刚先生考证它在鲁西，今山东曹县西北，这里离帝丘濮阳不算远，距斟灌亦不甚远。斟鄩既地处斟灌与有仍之间，它的地望在豫东北与鲁西交界处，是可以下断语的。看来夏初几个国王都曾居住在这一带。至于文献称夏末桀亦居斟鄩者，因桀晚年曾在这一带展开过经营，或是重新纠集老家势力对抗商人，故商伐夏桀的战争主要在这一带。下文于此还将有所叙述。

缯氏与寒氏的地望，文献没有给予明确的解答，但从文献所提供的他们的后人居住的所在来看，还是可以大致确定其应在豫鲁之交一带的。如春秋时期姒姓缯国在过去的琅玡鄫县，即今山东临沂。寒氏后人的居处亦在山东，《左传》襄公四年杜注称：“寒，国。北海平寿县东有寒亭。”平寿为西汉所置县，治今山东昌乐东南。

再看夏后氏的姻亲与国：

有仍氏。上文已指出，它在今山东曹县，不赘述。

有虞氏。徐旭生的《中国古史的传说时代》对其地望有很好的解

① 夏商周断代工程专家组：《夏商周断代工程1996—2000年阶段成果报告·简本》，世界图书出版公司北京公司2000年版，第76页。

说，具引如下："今河南极东与山东交界处的虞城县，秦与两汉全叫做虞县，自来也认为是虞国旧地，这与孟子所说相合（按：《孟子·离娄下》称'舜……东夷之人也'），并且与《墨子·尚贤中、下》两篇所载早期的传说'渔雷泽'的说法相合……虞城为有虞氏的旧地，大约自虞幕以后，一直到舜全在那里住。到商均才迁到附近的商丘。"①

涂山氏。《左传》哀公七年记"禹合诸侯于涂山，执玉帛者万国"，一般认为禹所娶涂山氏即此。杜注称此涂山"在寿春东北"，今安徽怀远县淮河南岸有小埠名涂山，杜注所指盖即此。然此地虽位在东方，距夏后氏王朝中心地却未免稍远，恐禹之所娶必不在此。今学者又或谓禹娶涂山为今河南西部伊水发源处之三涂山，此说仅凭猜测，并无文献依据。《吕氏春秋·音初》亦提到涂山氏，谓："禹行功，见涂山之女。禹未之遇而巡省南土，涂山氏之女乃令其妾待禹于涂山之阳。"据此，知涂山氏居处在禹"行功"即治水的区域之内，并在此区域与"南土"之间，殆即古河济之间偏南的地域，其具体地点待考。

此外，作为"夏伯"的昆吾在今河南濮阳，任为夏"车正"的薛国族在今山东滕州市南，这两个在夏朝廷内担任重要角色的氏族的居处，历来都没有异说。

这样看来，所有夏后氏的同姓、姻亲及担任着朝廷官职的氏族都围绕着夏后氏所居的阳城（即濮阳），分布在古河济地区及其附近。这个事实，不是我们巧为弥合的结果，作为夏家王朝的"内服"成员，本来就应居住在王朝的中心区域，其与商代"多子"族及"多生"族都围绕着"大邑商"分布是同样的道理。这种情形，反映了夏代同样存在着一个合乎早期国家构成的政治格局，而这样一种政治格局，则从一个侧面反映了文献有关夏代历史记载的真实性。相反，如果认为这些氏族居住得十分分散，甚至说它们有的居住到了豫西乃至晋陕边境，那就不合乎古代国家构成的规律了，这样描绘的夏代国家反而不是那么令人相信的。

---

① 徐旭生：《中国古史的传说时代》（增订本），文物出版社1985年版，第88页。

以上，便是我们所理解的“夏族”的居住范围，也是我们强调夏文化探寻的重点不应放在豫西或晋南地区，而应放到以濮阳为中心的古河济地区的理由。

三

我们的上述说法，未免与目前多数学者，特别是考古界的一些学者所持的二里头文化即是夏文化的说法相矛盾。作为一种考古文化，二里头文化分布在今豫西及晋南一带，尤以豫西的伊、洛、汝、颍诸流域为中心，而我们所说的“夏族”，包括夏后氏、夏的同姓、婚姻及在夏朝廷上担任职务的氏族，却没有一个居住在上述地域内，这个问题怎么解释呢？

我们并不否认二里头文化在考古学及历史研究中的重要意义，这种考古文化的某些遗址的确也反映了夏文化的某些内容，甚至是十分重要的内容。例如河南偃师二里头遗址，它的第三期文化层显示这里很可能是夏代后期一处具有都邑性质的遗址。结合它附近的偃师尸乡沟商城遗址反映的这座古城的兴建，更可以看出夏商之际的历史鼎革。这些，都在很大程度上揭示了文献所载夏代历史的真实性。我们尊重考古发掘的这些成果，有学者指责我们对考古学界对夏文化的探索采取了“一笔抹杀”的态度[①]，这样是既不符合事实，又有失学术研究风范的。

那么，说夏文化的中心区域在古河济之间与夏代晚期的都邑在河洛之上的偃师二里头这二者之间如何统一得起来呢？这个问题，在我们过去发表的文章中实际已作过简要解答。偃师二里头之所以成为夏代晚期的都邑，乃是夏王朝后期将自己的政治中心迁到了河洛一带的结果。查阅文献可知，一直到夏代倒数第四个王孔甲以前，基本上没

① 方酉生：《夏王朝中心在伊洛和汾浍河流域考析》，《武汉大学学报》（哲学社会科学版）1996 年第 3 期。

有夏后氏活动于豫西一带的记录（指先秦文献记录），这样的记录是从孔甲才开始有的。如《吕氏春秋·音初》篇记："夏后氏孔甲田于东阳萯山。"此萯山，《水经·河水注》引皇甫谧《帝王世纪》以为即东首阳山，在今偃师县以北处。又《左传》僖公三十二年记"崤有二陵焉，其南陵，夏后皋之墓也"，夏后皋为孔甲之子，其陵墓在崤山之南，是其活动已到达今洛河上游洛宁以北地区。从二里头遗址的内涵分析，它的第一期文化层还基本上是一个普通聚落的性质，其年代约相当于夏代中期。第二期文化层据最近的资料已有了较大规模的夯土基址群，也可以说它们是一些贵族的宫室建筑的基址，但是将其归结为一个帝都的遗存，恐怕还有些困难，特别是在该夯土基址群的一些院落内发现了成排的中型墓葬①，就更不好将此基址说成是王者宫殿一类建筑的遗存了。只是到了它的第三期文化层，即与夏王朝后期相当的发展阶段，它的各种发掘物，尤其是它的规模巨大而整齐的宫殿和宫城建筑，才真正显示出一个帝都的气象。二里头遗址诸文化层的这种性质的变化，正好与前述夏朝后期夏人将其势力伸展进河洛一带的历史记载相吻合。

不少学者已指出，在二里头文化中包含了不少来自东方的因素。尤其是在二里头文化第三期，由于大量东方文化的渗入，使得二里头文化前后两个阶段出现明显的差异。这些始见于二里头文化第三期的东方文化因素主要表现在礼仪用品和礼仪制度方面，如引人注目的大型礼玉（玉钺、玉璋之类）、卜骨中使用的钻灼方法、铜器上用绿松石饰的十字形或十字镂孔花纹、陶器或铜器上的饕餮纹饰等。还有值得注意的殉狗的葬俗，亦出现在二里头第三期文化层二号宫殿北墙内的大墓中。② 大家知道，这种葬俗在过去的豫西晋南是从未有过的，它只见于在这前后山东省境内及商文化（包括与二里头三期文化在时间上

① 中国社会科学院考古研究所二里头工作队：《二里头遗址宫殿区考古取得重要成果》，《中国社会科学院古代文明研究中心通讯》第5期，2003年1月。

② 中国社会科学院考古研究所：《偃师二里头》，中国大百科全书出版社1999年版，第157页。

紧密衔接的偃师商城）中。以上这些现象，我们认为都很好地印证了夏后氏在其统治的后期将势力伸展至伊洛一带的事实。

需要加以辨析的是，夏后氏的向西扩张只是其政治势力或统治范围的西移，并非意味着夏后氏及其他姒姓氏族的族人整体的西迁。即如夏王朝一度将其政治中心迁到了偃师二里头一带，也不过如同以后周人为了控制其新征服的东土地区，在不放弃原有的丰镐及岐周两个政治中心的基础上，再在东土设立一个“新邑”，因而在整个西周时期，周人的主要聚居地仍以关中渭水流域为主。想必当初夏王朝亦是在臣服了西方河洛一带的居民以后，同样在此设立了这么一个“新邑”，为此，他们可以在此设置若干官署，派驻部分军队，夏王及部分贵族亦可或长或短地往来于此。这就是为何二里头遗址出现一些东方文化因素，而这些文化因素的内涵又主要表现在上层礼仪用品及礼仪制度方面的原因。同样，我们亦可解释二里头文化出土的大量的生活用品——陶器为何仍主要沿袭本地自龙山晚期以来的器类、器形、器质及纹饰的风格，因为大批“夏族”居民并未迁移至此，当地居民仍主要是过去的土著。

这就是说，所谓“夏族”居民仍大多留住于原河济地区。我们作出这样一种判断，除上引考古材料外，还有文献的证明，那就是史载夏桀晚年仍主要在河济一带活动。如《左传》昭公四年记载“夏桀为仍之会”，表明夏桀曾在其东方母家有仍氏之处举行众诸侯的盟会。这次盟会，想必是夏桀为了纠集其本土原有族众以抗拒由夏王国分立出去的商族势力集团（商族首领原曾担任夏的职官，见前述）。然而这次盟会却开得不甚理想，因为“有缗叛之”。有缗在今山东金乡东北，去有仍不远，亦属古河济地区氏族的范畴，大约是它不愿再追随夏桀的路线，因而被安上了“叛变”的罪名并招致夏桀的讨伐。文献又称“桀克有缗，以丧其国”（《左传》昭公十一年），结果是桀对不用命的有缗进行讨伐，商汤的军队从而踵其后路，打败了夏桀的军队。

与这一点相印证的是商汤与夏桀作战的战场都位于东方，与有仍及有缗不远之处。文献称商汤的军队伐灭了夏的几个与国韦、顾、昆吾（皆在今豫东北地区）之后，便继续与夏桀展开了战斗。这些战斗进行的地点，有说在有戎和三朡的[①]，有说在郕和鸣条的（《吕氏春秋·简选》），其中有戎如上所述，即有仍，在今山东曹县；三朡在今山东定陶；郕在今山东鄄城；鸣条旧说在今山西夏县，今学者考证其应在河南封丘，按诸《孟子·离娄下》“舜生于诸冯，迁于负夏，卒于鸣条，东夷之人也”，是鸣条确实在东方而不当在夏县。与这一系列记载相呼应的是《国语·周语上》记述的所谓夏朝灭亡前的征兆出现的地点，其称：“昔夏之兴也，融降于崇山；其亡也，回禄信于聆隧。”回禄即吴回，亦即祝融，孙诒让曾有说，此不赘。“聆隧”或引作“亭隧”（《说苑·辨物》），或作“亭山”（《荀子·解蔽》）、“历山”（《尸子》），在今山东菏泽，与上引文献所言夏桀败亡的地点大致不差。再考虑到桀所奔的南巢历来都说在东南方向，夏后氏的嫡系后裔杞国亦在东方，还有许多姒姓氏族如鲍氏、费氏等后来亦散布在山东地区，则说夏桀晚年仍活动在他的族人所聚居的古河济之间是可信的。商人应是在东向扫平了夏桀之师后，再回头向西平定了夏在伊洛一带，包括在二里头新邑的残余势力。

如此看来，我们有关“夏族”的解释与二里头类型文化的考古发现并不产生什么矛盾。

四 余论

我们历来反对在夏文化与二里头文化或其他某种单一的考古文化之间画上等号，因为一个已经进入文明的王朝的居民绝不会由某一支单纯的族系构成。就上面提到的组成夏代国家的各个氏族的族姓及其历史渊源来看，它们是很难被编织进同一个血缘谱系的。这里面的夏后氏（及其同姓）属于姒姓，有虞氏属于妫姓，昆吾氏属于己姓，有

① 《史记》卷3《殷本纪》，中华书局1959年版，第95—96页。

仍氏属于风姓，薛国族为任姓，以上姓族在前辈学者那里或者是划归华夏集团，或者划归颛顼集团，或者归于祝融集团，甚至归于东夷集团。假使这各个氏族都留下自己的活动遗迹的话，我以为是很难用一种考古文化把它们容纳进去的。

本文就所谓“夏族”的概念谈到了目前夏文化研究亟待解决的一些认识问题，可以看出，对于夏文化的研究绝不仅是考古学或者历史学单方面的事情。我们提倡历史学与考古学的紧密结合，无论是考古资料还是文献资料，都不能置之不顾，不能说谁重要谁不重要。对于文献资料，必须注意按照历史文献学的基本要求，对之进行真伪、年代和史料价值的分析与鉴别，不能拿考古发掘的新材料同未经过这样处理的文献简单地“对号入座”。要将已得的初步认识同文献记载及考古发掘的资料反复比较，设若某一具体结论对这二者中的任何一方解释不通，那就要当心，要拿回重新认识，只有这样，庶几夏文化研究才能保持在正常的轨道上运行。

（原载《文史哲》2005 年第 3 期）

关于夏的地域

夏后氏居于古河济之间考

近年来，有关夏文化的讨论很热烈，其中论及夏文化分布地域，几乎众口一词，都指为在今河南西部，或者晋南一带。及读王国维《殷周制度论》，却发现王氏的认识与时下论者大相径庭，其论及三代都邑的分布对中国政治文化的影响时说："夏自太康以后以迄后桀，其都邑及他地名之见于经典者，率在东土，与商人错处河济间盖数百岁。"① 当时由于忙于别的写作，对王氏这一论点未暇深考，近日回过头来考察这一问题，觉得王氏所论实在有道理，虽然他对这一问题的表述有不严密之处，且对自己的论点未曾有过仔细的论证。目前夏文化的讨论已进行得很深入，一些同志似乎不愿意把对于夏文化的注意力引向豫西晋南以外的地区，以为这样做会导致把问题弄得更加复杂化，但问题的疑点明显摆在那儿，为尊重文献，尊重史实，我觉得申论夏后氏居于古河济之间的论点仍是有必要的。以下考辨，涉及夏代地理，也涉及夏后氏起源及其他一些相关问题，谬误之处，在所难免，诚望学者不吝批评指正。

一　从夏与东夷的关系谈起

我国古代以洛邑为天下之中，以此为坐标，划分天下为"四土"，非华夏族居民居于这四土者，分别称之为东夷、西戎、南蛮、北狄。

① 王国维：《殷周制度论》，《观堂集林》卷10，中华书局1959年版，第451—452页。

虽然文献中或有蛮、夷、戎、狄等戎号混称的情形，但大致的区分还是有的。其中东夷居于今山东省地区及淮水流域，西戎分布在陕、甘一带，北狄主要分布在今山西省境内及河北北部，南蛮则分布在今河南省南部乃至江汉流域。华夏族自以居住在“中土”的为多，但也有分布在“四土”而与蛮、夷、戎、狄错居杂处者。大约直到战国以前，文献中反映的古代人文地理的情况基本上是这样的。

夏后氏是否属于华夏族，这个问题留待别的地方去解决，但夏后氏这支部族的活动地域，却可由其接近于东夷、西戎、北狄或者南蛮而得其大概方望。查先秦文献有关夏人活动的记载，除鲧、禹这两位夏的先王另作别论外，主要见于《左传》《竹书纪年》及《楚辞·天问》，而遍查这几部书中记录与夏后氏发生交往的具有戎、夷名号的氏族，则几乎惟见有东夷。如古本《竹书纪年》记：

> 后相元年，征淮夷、畎夷；二年，征风夷及黄夷；七年，于夷来宾。
>
> 少康即位，方夷来宾。
>
> 柏（伯）杼征于东海及三寿，得一狐九尾。
>
> 后芬三年，九夷来御。
>
> 后荒元年，以玄珪宾于河，命九（夷）东狩于海，获大鸟。
>
> 后发元年，诸夷宾于王门，再保庸会于上池，诸夷入舞。
>
> 后桀伐岷山，进女于桀二人，曰琬、曰琰。

《左传》襄公四年及哀公元年的两段夏史佚文不具引，过去有人怀疑这两段文字出于后人伪托，然观其记夏后氏与东夷往来事与《竹书纪年》及《楚辞》相表里，知其必有所据。如是，有夏四百余年间，活动地域必近于东夷。其都邑，也必定主要分布在“东土”，而不会跑到西土去。

长期以来，研究夏文化的同志对这样一个明显而重要的线索多置之不顾，他们或者反复论证夏后氏自古以来就居住在晋南的“夏墟”，却忘了“夏墟”这个地方是戎狄的世居地，若夏人居住在这里，必然会像以后的晋人那样，“戎、狄之与邻”，“拜戎不暇”，却不知为何，文献中绝无戎狄与夏后氏交往的记载；又或者反复论证夏后氏向来居住在豫西，却又忘了豫西亦近于晋南，并且近于羌人活动的地区，若夏人活动于此，应当与狄人，或者与被称为西戎的羌人发生交往，如日后商汤一度居于这个地区的西亳，文献即记载那时“自彼氐羌，莫敢不来享，莫敢不来王”，却不知为何所有文献全无夏与羌戎交往的记载。

我们注意到，有的学者已经比较客观地承认夏与东夷关系密切的事实，却不知为何仍然认定夏人及夏文化自兴起以来就一直处于西方。如果说文献中确有少数几个地方提到夏代晚期居于河洛平原，因而使我们的同志作出上述判断的话，那么，对于文献中涌现的大量与夏人活动有关的东方都邑及东方氏族部落名称（见下文），我们更不应熟视无睹。古代共同体的规模都不是很大，我们不能设想夏后氏居于豫西（或晋南），却始终专与东方的夷人打交道。有人认为夏王朝已有相当大的规模，至少也有与以后的殷商王朝差不多的规模，然而甲骨文中的殷商王朝却是除了与东夷打交道之外，也同样与西边的羌方、西北边的土方、邛方、鬼方打交道，而夏人则从不见与西北方向的部族打交道，何况商人居住的安阳至郑州一线更在豫西和晋南以东。我们不能把这种现象归于文献缺略的缘故，因为我们不能解释为何文献独于夏与东夷的关系记载得那样详细，却于夏与其他各族往来的记载全都缺略。总之，我们难以对上述矛盾现象作出解释，为实事求是计，我想还是把对夏人及夏文化研究的注意力转向“东土”为好。

二　夏代都邑及有关地名辨正

古文献中记载夏代都邑最系统的材料是成于战国时期的《竹书纪年》，王国维言“夏自太康以后迄于后桀，其都邑率在东土”的结论，应该主要就是建立在他所辑录的《古本竹书纪年辑校》的基础上。[①]今开列其中有关夏代都邑（禹都除外）的条目如下：

太康居斟鄩。

后相即位，居商（帝）邱。

相居斟灌。

帝宁（杼）居原，自原迁于老邱。

胤甲即位，居西河。

桀居斟鄩。

以上夏代各王所居都邑共有六个地方。其中斟鄩的地望说解较分歧，留待后面解决，先从相居帝邱说起。这个地方就是春秋时卫国的都城，今河南省濮阳县，古今对此无异说，因为有《左传》僖公三十一年卫成公梦康叔的一段话作佐证，兹不赘言。《纪年》又谓相居斟灌。斟灌或径称灌，《水经·河水注》对其地望亦解说得较为明白："浮水故渎又东南迳卫国邑城北，故卫公国也……又东迳卫国县故城南古斟灌，应劭曰：'夏有灌扈，即此城也。'《竹书纪年》：'梁惠成王二年，齐田寿率师伐我，围观，观降。'"按"卫公国"即春秋卫国都城，"卫国县"为东汉所置县名，西汉称"畔观"，即以后的观城县，在今河南范县境内。这里正紧邻卫都濮阳东北，因而相居帝邱，又复居此，是很容易理解的。

帝杼所居之原，论者多指为《左传》隐公十一年提到的苏忿生之田所在的原邑，在今河南济源市西北。但这个说法并没有什么根据，徒以地名相同而已。今本《纪年》谓少康之时已迁居原，考少康及其子杼都曾不断地经营东方，而济源在离东方较远的太行山南麓，不知他们为何反要将都邑从帝邱迁往更远的西方？文献提到少康的妻族是

① 王氏《辑校》作于1917年闰二月，同年晚些时候作成《殷周制度论》，二文均发表在广仓学窘出版的《学术丛编》中，后者有关夏代都邑的论点显然与前者有关。

有虞氏，少康曾一度在纶居住，这两个地点也都在东方。窃以为帝杼所居之原当是离帝邱及有虞氏较近的另一原。《左传》僖公三十三年郑皇武子曰："郑之有原圃，犹秦之有具囿也"，原圃当为原地之圃，这个地方在河南中牟附近。在它北面，还有一个地名叫原武，大概也与原有些关系。更重要的是，帝杼又由原迁到了老邱，老邱所在，诸家一致认定在今河南开封县境，此地与原圃正相毗邻，由是证明帝杼所居之原当为原圃之原。

帝杼以下五六世的居邑，文献无说。至胤甲之时，《纪年》乃谓其居于西河。查先秦文献中的西河，一般指两个地区，一为战国时期的魏地，在今陕西与山西交界处的黄河以西的一段地区，属旧同州府。《礼记·檀弓》郑注："西河，龙门至华阴之地"，[①] 战国吴起曾为魏西河守，即是。另一个西河为春秋卫地，其时黄河自今河南滑县以下北流，由此经浚县至内黄的一段适当卫之西境。《史记·孔子世家》记卫灵公问孔子："蒲可伐乎？"对曰："可。其男子有死之志，妇人有保西河之志。吾所伐者，不过四五人。"[②] 蒲邑在春秋属卫，是时，卫公叔氏欲以蒲叛，而其男子皆无战意，妇人则欲保守西河，是西河为卫之西境至为明确。又《太平御览》卷 83 引《竹书纪年》："河亶甲整即位，自嚣迁于相"，而《吕氏春秋·音初篇》谓"殷整甲徙宅西河"，是以西河为河亶甲所迁之相，而相正在河南省内黄东南。由以上两个西河地望的分析，可以比较出夏后胤甲所居之西河必不在旧同州府境内，因为这个地区不仅离夏人中心区域太远，而且在夏商乃至西周时期皆属未开化的戎人出没的地区。卫之西河则正与夏后氏昔日所居之帝邱、斟灌等地相近，故胤甲所居势必在此。今之学者或以西河为"河南洛阳至陕西华阴"一带的称呼，这个说法于古无稽，大约是由误解了郑注《檀弓》中龙门的地望，把河上的龙门当成了伊阙龙门的缘故。

---

① 《礼记正义》卷 7《檀弓》，阮元校刻：《十三经注疏》，中华书局 1980 年版，第 1282 页下栏。

② 《史记》卷 47《孔子世家》，中华书局 1959 年版，第 1923—1924 页。

《纪年》没有明确谈到帝启的居邑，但谈到了启征西河（《北堂书钞》引），其他文献则谈到了启征有扈，《墨子·耕柱篇》还提到“启使蜚廉折金于山川，而陶铸之于昆吾”，以上西河、有扈（即顾，在今河南原武）、昆吾（在今濮阳）皆在今河济之间，故启之居邑在此一带亦无可怀疑。

这样，夏代都邑就只剩下一个太康居斟鄩的问题要讨论了。《纪年》对此的记载为：“太康居斟鄩，羿亦居之，桀又居之”，是斟鄩关系到夏早晚两代君主的都邑。关于斟鄩的地望，历来主要有两说。一说在汉北海郡平寿县东南，今山东潍坊市市区境内，根据是班固《地理志》的自注及师古所引应劭的注释，这两位东汉学者说，平寿县境内有地名“斟城”或“斟亭”，应是故斟鄩的遗迹。另一说指为汉河南尹近洛的地方，根据是以后臣瓒对《地理志》的另一番注释，他认为班固的自注有问题，因为《尚书序》提到“太康失邦，兄弟五人须于洛汭”，另外《战国策》及《周书·度邑》亦提到夏桀之居在伊洛一带，故斟鄩只能在河南近洛的地方。近时学者各以文献或古文字资料对上述二说加以补充论证，或据杜注《左传》昭公二十三年等处记载，谓河南巩义市西南有地名鄩中，其附近有鄩水，还有鄩谷、鄩城等地名，认为夏代斟鄩应在今河南巩义市境内；或据山东潍坊市所辖的临朐县境内发现铭有“寻仲”的西周晚期铜器，而坚持斟鄩在北海的旧说。今按，此二说皆值得商榷，因为无论是班固、应劭，抑或是臣瓒的旧说都属于推论性质。以北海说为例，此处虽有斟亭、斟城，安知不是出于后人附会，或者出斟姓后人移徙到此带来的地名。所谓鄩氏铜器，最多也只能证明此地周末有寻氏居住，而不能证明夏代斟鄩在此。至于臣瓒的说法，他所引证的《书序》本身就有问题。《国策》及《周书·度邑》虽能证明夏桀之居一度在伊洛，但并不能证明夏桀始终居于伊洛，更不能证明斟鄩在伊洛。近人所提到的巩义市附近的鄩中、鄩水、鄩城等地名，乃是因为春秋时期周大夫鄩肸旧邑在此的缘故，是否与夏代斟鄩有关，连杜预本人也未作过这方面的推测。我认为，对于斟鄩地望的考察，最好还是就先秦文献本身提供的资料作出判断。《左传》哀公元年的一段记载对斟鄩地望提示得最清楚："昔有过浇杀斟灌以伐斟鄩，灭夏后相。后缗方娠，逃出自窦，归于有仍。"学者论斟鄩与斟灌是一对兄弟氏族，从这段记载看，它们的居址是离得很近的，故有过浇能攻杀斟灌而后乘势伐灭斟鄩，并杀夏后相于此。如前所述，斟灌在今河南与山东毗邻的范县境内，则斟鄩当在此附近寻找。这段记载还谈到二斟近于有仍，故相妻后缗能怀着孕从斟鄩跑出来逃归有仍母家。有仍，文献中或作"有戎"，顾颉刚先生考证它在鲁西，今山东曹县西北，这里离着帝邱不很远，古代济水正从它旁边流过。斟鄩既处在斟观与有仍之间，它的地望在豫东北与鲁西交界一带，也是可以下断语的。

总之，就古本《竹书纪年》的记载来看，夏的都邑确实是"率在东土"，并且是在古河济之间的。当然我们不能单就《竹书纪年》一种材料为夏的都邑作出结论，王国维的话也非完全准确，如上引《国策》吴起对魏王的一番话、《逸周书·度邑》所述周武王的一番话，还有《国语·周语》中伯阳父所谓"伊洛竭而夏亡"云云，皆指出"有夏之居"在伊洛一带，这是不能否认的。然而细分析这些话里谈到的"有夏之居"，实在都是夏末桀的居处，并非夏代前期，亦非夏代中期夏人的居处。大约自夏末孔甲开始，夏人或因某种原因，一度迁徙至伊洛平原，《左传》及《吕氏春秋》等文献可提供这方面的消息。不过，到后桀末年，恐又因经营东方等原因回到东方老家，故文献称桀复居斟鄩。这方面的具体史实，限于篇幅，就不赘引了。

三　崇山、阳城的地望

鲧、禹为夏后氏先人，他们的居处，应与夏人活动地域，尤其是夏初地域直接有关。《纪年》《世本》称"禹居阳城"，其他一些文献称禹为"崇禹"（《逸周书·世俘》），称禹父鲧为"崇伯鲧"（《国语·周语下》），而"有崇""崇伯"的称呼又是与"崇山"的地名联系在一起的（《国语·周语上》："夏之兴也，融降于崇山"），故崇山、阳城的地望成了考察夏人活动地域的又一关键。

查“禹居阳城”的说法，最早见于《竹书纪年》。这个记载又与《孟子》所谓“禹避舜之子于阳城”有些相近，但无论是《孟子》，抑或是《纪年》本身，对阳城的地望都无解说。在这稍后的《世本》乃云：“禹居阳城，在大梁之南”（茆泮林辑本，据《太平御览》卷155及王应麟《地理通释》引），这可以说是有关阳城地望最早的解说。据此，可知阳城在今河南开封一带，与日后夏杼的居邑原和老邱正相邻近。

但是，今天的学者对《世本》这条记载多持怀疑态度，他们认为句中“在大梁之南”几个字是汉代学者宋衷的注语，其可信程度应打折扣。我们认为，这种怀疑是多余的。即令“在大梁之南”这几个字属于宋衷的注，也应是宋衷所引用的先秦古籍中的话语。因为大梁是秦以前的地名，汉以后就改称为浚仪了。《御览》所引用的《世本》及其注语的原文作：“夏后居阳城，本在大梁之南。于战国大梁魏都，今陈留浚仪是也。”我们看这句话中的后半部分是汉晋时期的人们在给大梁的地望进行注释，故“夏后居阳城，本在大梁之南”必是汉晋以前人们的断语。因此，就连皇甫谧这样的学者对阳城在大梁之南的说法也是相信的，其《帝王世纪》中的“禹避商均浚仪”（《后汉书·郡国志》注引）一语，无疑便是据《世本》而言的。

从禹避商均时的情势分析，禹居阳城在大梁之南的说法亦较符合实际。舜为有虞氏首领，夏与有虞氏的关系是大家都知道的，而有虞氏正在今豫东。文献言舜卒于鸣条，此鸣条在封丘以东，正当今开封以北。文献又言舜子商均居于商（谯周《古史考》、《国语》韦昭注），即今商丘，亦较近于大梁以南之阳城。反之，如将颍川阳城甚或“泽之阳城”指为禹的居邑，就未免离舜活动的区域太远了。

今天不少人信从禹都阳城在颍川的说法，查这种说法不见于较早的古籍，《汉书·地理志》颍川郡阳城下也没有“禹都”的字样。东汉末年赵岐给《孟子》所作的注是有关这种说法最早的记载。他这样注释的依据无从知晓，大约他心目中的禹是一位高尚其身的隐士，而东汉时期这类名士很多隐居在名山大壑之中，所以他想到了当时的阳城山，说禹藏在了阳城附近的“嵩山下深谷中”，这个说法的可信程度是值得怀疑的。其后韦昭在给《国语·周语上》“夏之兴也，融降于崇山”作注时又提到禹居阳城在嵩山附近。他把崇山认作是汉时的嵩高山，既然夏的兴起是与崇山联系在一起的，他因而想到了嵩高山下的阳城，说“夏居阳城，崇高所近”。这样，崇山、阳城这两个与夏有关的地名似乎有机地联系在一起了，这正是今日许多学者对颍川阳城说深信不疑的依据。

其实，韦昭将《国语》崇山当作嵩高山是错误的。嵩高山即今河南嵩山，它的古名叫太室山、外方山，在先秦时代，尚未有人将太室或外方称作嵩高山的，更不用说称作崇山了。“嵩高”一词来源于《诗经·大雅·嵩高》，本是作形容词用，用来形容岳山（在雍州）的高峻貌的，诗曰：“嵩高维岳，峻极于天”，意思很清楚。后来汉武帝礼登太室山，易名太室为嵩高中岳，于是河南才始有了嵩高山的山名，后来又简称为嵩山。这件史实，早已由顾颉刚、王玉哲诸先生揭发出来，不知我们的论者为何仍然坚持将嵩高山认作先秦时的崇山。

从《国语》这句话可以看出，夏所兴起的崇山与祝融关系很密切，祝融氏在什么地方活动呢？《左传》昭公十七年上说：“郑，祝融之虚也”，这是因为祝融后裔之一的邻国被郑灭掉了。但祝融后裔有八姓之多，每个姓又有不少国族，据考证，祝融八姓的后裔们绝大多数居于今河南山东交界一带，只有一个妘姓的邬国族，向西迁到了偃师附近。芈姓的楚国族是后来迁到江汉流域去的，在早也居住在豫东北的楚丘一带，芈姓夔、越则是楚迁江汉以后的别封。因此，就连相信夷夏东西说的徐旭生先生也不得不把祝融集团划入帝颛顼的系统中，而所谓颛顼之虚正好是夏后相一度所居的帝邱。我们今天讨论与夏人兴起有密切关系的崇山的地望，不在颛顼及祝融氏活动中心的豫鲁交界一带去寻找，反而在它的西边，甚至晋南一带寻找，岂非东西异途！

那么，崇山究竟在哪里呢？司马相如《大人赋》有言：“历唐尧于崇山兮，过虞舜于九嶷”，这里提到的尧的葬地崇山应即祝融氏降而兴夏的崇山。此崇山得名很早，《墨子·节葬下》：“昔者，尧北教乎八狄，道死，葬蛩山之阴”，蛩、崇音同通用，蛩山即崇山是很显然的。《山海经·海外南经》云：“狄山，帝尧葬于阳，帝喾葬于阴”，《水经·瓠子水注》：“《山海经》尧葬狄山之阳，一名崇山。”据郭注《山海经》及《水经注》，此崇山在古瓠子河流经的汉济阴郡成阳县西北，当今山东菏泽以北，正在豫鲁交界处。我们知道，尧与鲧、禹的传说是密切相关的，故尧的葬地崇山与作为夏后氏发祥地的崇山应是一致的。就崇山与祝融氏的关系来说，上引《山海经·海外南经》在谈到尧的葬地狄山（崇山）之后，又紧接着记叙了“南方祝融，兽身人面，乘两龙”等有关祝融氏的传说，这也进一步证明了《国语》崇山与帝尧葬地相一致的看法。

既然真正崇山所在被判明是在豫鲁之交的古河济之间，则禹都阳城不当在豫西或晋南一带寻找，而应贴近于《世本》所指出的“大梁以南”的地望，岂不是更清楚了吗。

四 “夏墟”非夏后氏之墟

今天讨论夏文化的同志还有许多是把晋南（或晋西南）当作夏人活动的重要地区之一的，他们的主要根据即是这一带有“夏墟”或“大夏”的古称。文献称“大夏”和“夏墟”在“汾浍之间”，或在故安邑，还有一些别的说法，要之在西周晋国的封域及其附近。这无疑表明，在这些同志的心目中，“大夏”即是夏后氏建立的王国，“夏墟”则是夏后氏活动的故墟。

上述看法非自今日开始，然而我们要说，所谓“大夏”并非夏后氏建立的国家，“夏墟”亦非夏后代或夏土朝活动的故墟。在我国先秦时期的古文献中，实际上有好几个不同时间、不同地域，乃至不同性质的共同体都曾具有“夏”的称呼，我们不应该把它们混为一谈。就晋西南的这个“大夏”而言，《左传》昭公元年记载：“昔高辛氏有二子，伯曰阏伯，季曰实沈，居于旷林，不相能也，日寻干戈，以相征讨。后帝不臧……迁实沈于大夏，主参，唐人是因，以服事夏商。”高辛氏迁自己的儿子于大夏，说明这个“夏”在高辛氏以前就已有了。传说高辛氏（帝喾）是尧以前的人物，禹后来因治水成功，被皇天嘉奖而赐姓曰姒，氏曰有夏，时间比这晚多了。这个“夏”既为实沈所居，后来唐人又继而因袭了夏这个地方，而当唐人的地方势力建立起来后，又不得不转首服事于中土的夏商两个王朝，此亦可见唐人因袭的“夏”与夏后氏王朝不是一回事。

关于唐人取得实沈夏国地盘的经过，《逸周书·史记》云：“昔者西夏性仁非兵，城郭不修，武士无位，惠而好赏，屈而无以赏。唐氏伐之，城郭不守，武士不用，西夏以亡。”《逸周书》称唐人所伐的大夏为西夏，是因为大夏所处的地域在当时中土的西边。这里灭掉大夏的不是商汤，也不是后羿，而是唐氏，可见它绝非夏后氏或夏王朝。《逸周书》中的这篇文献是在总结一些古国被灭亡的历史教训，它在谈到西夏国如此这般地被灭亡的教训时，还同时提到了夏后氏国家被灭亡的事实，其文曰：“好财货珍怪，则邪人进，邪人进则贤良日蔽而远，赏罚无位，随财而行，夏后氏以亡。”可见因进邪蔽贤，赏罚不当而招致灭亡的夏后氏是不同于西夏的另一个夏国。

唐人的国家在晋南建立起来以后，一直延续到周武王之世，当周武王灭商的前后，也把唐人的国家给灭了。后来成王将唐这块地方的土地人民赐给了唐叔虞，《左传》昭公十五年记周景王的话说：“叔父唐叔，成王之母弟也……阙巩之甲，武所以克商也，唐叔受之，以处参虚，匡有戎狄。”定公四年，子鱼所述周初分封的情况亦说：“分唐叔以大路、密须之鼓、阙巩、沽洗，怀姓九宗，职官五正。命以唐诰，而封以夏墟，启以夏政，疆以戎索。”由此两段话并结合前面的材料分析，所谓“夏墟”“参墟”也就是唐人的故地。因为唐人长期居于大夏之地，唐国的废墟自然也称为“夏墟”。《左传》还提到周公要求唐叔“启以夏政”，“夏政”实际也就是唐人之政，非一般人所说的夏后氏之政。尤其值得注意的是，周公还要求唐叔对原来唐国的居民“疆以戎索”，即强制以戎人的法律，这是因为被封给唐叔的唐国原有居民都是戎人的缘故。唐叔受封的“怀姓九宗”，即是九个宗族的媿姓鬼方族人，而鬼方族人向来是被视为戎狄的，由是可知这个“夏墟”原有的居民虽然住在被称为“夏”的地区，但他们实际都非华夏族人。

唐人或称作陶唐氏。晚出的文献把唐或陶唐认作是尧的号，而生出唐尧的称呼，这是不对的。尧是东方有虞氏的首领（见《国语·周语下》），与西方的陶唐氏没有关系，顾颉刚曾指出：“在《左传》上，尧没有唐号，唐亦不言尧后。”（载《古史辨》第一册）《鹖冠子》中有“尧伐有唐”之语，可证尧与唐是两回事。殷墟卜辞中有缶（匋）、唐二个方国，学者考证，它们的地望皆在晋南（《殷虚卜辞综述》），可能即是陶唐氏这个称呼的来源。总之，晋南的“夏墟”与夏后氏以及尧、舜部落没有关系是证之有余的。

作为这个论点的旁证，我们还注意到，在较早时期的古籍中，都没有明确谈到晋南地区有夏后氏或尧、舜部落的居邑。徐旭生先生对此考察后说：“后人多信尧、舜、禹均建都于今山西省的西南境，但西汉人尚无此说。就是《汉书·地理志》河东郡安邑、蒲反、平阳三县下，班固自注也无唐、虞、夏等类的话……说尧、舜、禹都在这一带建都，大约最先是皇甫谧这样说。”（《中国古史的传说时代》）现为论者引用来证明夏后氏居于晋南的所谓《世本》中的一句话“禹都阳城，避商均也，又都平阳，或在安邑，或在晋阳”，我们感到它与其他较早文献很不协调。且一个大禹，既都河南，又忽都于河东三个相隔不很近的地方，殊为不可解之事。这句话只见于《史记·封禅书》正义所引，前清时期较好的《世本》辑本，如雷学琪和茆泮林的辑本都未收辑。近人或疑这句话中的“避商均也”以下是宋衷的注，我们则认为“避商均也”以下可能是张守节据皇甫谧《帝王世纪》所加的缀语，因为《史记·夏本纪》集解引皇甫谧也有“禹都平阳，或在安邑，或在晋阳”之语，文字与上同出一辙。据我们查阅，除皇甫谧以外，其他一些明确谈到尧、舜、禹都平阳，或都安邑的文字，时间都早不过后汉。这些后起的说法属于地名的层化，看来是可以下断语的。

五　夏后氏源于颛顼氏族

还可以举出一些夏后氏居于东方的证据，例如：

——夏的同姓，《史记·夏本纪》所谓夏分封的姒姓氏族，其可考者几乎都分布在东土。如有扈氏，在今河南原武；有莘氏，在今山东莘县[①]；杞氏，在今河南杞县；缯氏，旧说在今山东临沂，近年在山东临朐县发现曾国铜器，缯国或应在此处；费氏后裔亦在山东，金文《费敏父作孟姒鼎》出于邹县可证；斟灌、斟鄩见于上文，均在今豫北与山东交界处；其他如寒氏、鲍氏，虽不在《本纪》夏分封之列，但皆为姒姓氏族，并在今山东省境内。

——夏的婚姻和与国，如有虞氏、有仍、有鬲、昆吾、豕韦，以及尝为夏车正的薛国，亦几乎全在东土。

——禹治洪水，洪水发生的地域主要在河济之间的兖州。关于这一点，徐旭生的分析也是客观的，他发现《禹贡》兖州下有两条资料都是与治水有关的。其一为“桑土既蚕，是降丘宅土”，明白地说到洪水平治后，原来宜桑的土地可以养蚕，人民从高地下来住到平地上；另一处为“作十有三载”，更是说的禹湮洪水十三载之事。然而徐先生却认为禹的居处在洪水根本冲不到的外方山下，一个与洪水毫不相干的民族的首领却成了传说领导治水的英雄人物，岂非不可理解之事！

长期以来，人们受“夷夏东西说”的影响，对上述这些夏后氏居于东方的证据视而不见，或见而不作实事求是的分析。实际上，夏后氏的渊源到底是在东方，还是在西方，或是在别的什么地方，是应当重新考虑的。在先秦两汉的文献里，除了黄帝这个东西南北中各地的人们都把它奉为始祖的人物外，夏后氏的最近祖先是颛顼，无论《国语》《纪年》《世本》、大戴和小戴的《礼记》、《史记》《汉书》都这

---

① 《天问》“成汤东巡，有莘爰极”，是有莘在汤居邑以东。《左传》僖公二十八年，晋侯登有莘之虚，有莘为晋楚城濮之战地。桓公十六年亦有莘地，杜注在阳平县西北，即今山东莘县北。至于《水经·河水注》所提到的郃阳附近的有莘邑，当是辛甲奔周以后所居。

样说，看来是不能否认的。颛顼之墟号为帝丘，在今濮阳，这个地方正好在鲧、禹及夏后氏各王居住地区的中心。颛顼的后裔为祝融，文献又称祝融氏降于崇山而兴起夏。我们认为探讨夏后氏的渊源应从传说中的颛顼部族入手，相信这个说法是可以站住脚的。但是，认为夏后氏起源于西方的同志却把夏后氏与西方的戎族（具体地说，是与西方的羌戎）联系在一起。他们的主要根据，一则是《史记·六国年表》中有“禹兴于西羌”的说法，二则是《潜夫论·五德志》等书称禹为“戎禹”，既“兴于西羌”，又被以“戎”的称呼，禹非戎族之先人为何？这些同志实际上都是采用了顾颉刚先生的考证而言的，然而顾先生其他许多考证都很精当，这两处考证却是有问题的。所谓“禹兴于西羌”之说，明显是由《荀子·大略篇》“禹学于西王国”而来的，时间稍后的《韩诗外传》及刘向《新序》也都有这个说法。考《荀子》所谓“西王国”，实在指的是一个人的名字，而非“西方的王国”之谓，因为《荀子》在“禹学于西王国”之前还有“尧学于君畴，舜学于务成昭”两句，君畴、务成昭指的都是人名。《韩诗外传》引此，除了这几个人名外，还有“黄帝学乎大填、颛顼学乎禄图、帝喾学乎赤松子……汤学乎贷子相、文王学乎锡畴子斯、武王学乎太公、周公学乎虢叔、仲尼学乎老聃”，等等，他们也都是古圣贤之师的名字。由此看司马迁“禹兴于西羌”之语，显然有问题。且“兴于西羌”一语并非等于“生于西羌”之谓，查史迁在《六国年表》中的这段话是：“或曰‘东方物所始生，西方物之成熟’，夫作事者必于东南，收功实者常于西北，故禹兴于西羌，汤起于亳，周之王也以丰镐伐殷，秦之帝用雍州兴，汉之兴自蜀汉。”从文义分析，“禹之兴”与汤、周、秦、汉等的兴起都是用来说明“西方物之成熟”或“收功实者常在西北”的，若就此推衍这条谚语上半句的意思，则只会得出禹汤周秦汉的始生地全在东南的结论，恐怕我们的同志也很难同意这个结论。因此，我们认为，对“禹兴于西羌”这句话作断章取义的引用是不适宜的。

至于所谓“戎禹”的解说，问题就更大了。这个“戎”字用在禹字的前面，既不能作“西戎”“羌戎”的戎字解，也不能作“大”字解，而是“有戎氏”（或“有娀氏”）的“戎”。请再仔细体会《潜夫论》中的这段原文：“（少昊氏）有才子四人，曰重、曰该、曰修、曰熙……后嗣修纪，见流星，意感生白帝文命戎禹。”按“修纪”，其他文献作修己。《帝王世纪》等有鲧妻修己吞薏苡而生禹之说。这位修己明是少昊氏的女裔孙，出身于少昊氏四叔之一的修氏族，己姓（《世本》氏姓篇，少昊之后有己姓者），她生下的儿子怎么会是戎人呢？

根据文献，少昊氏族与帝颛顼之间的关系是很密切的，《山海经·大荒东经》说：“少昊之国，少昊孺帝颛顼于此”，孺训为乳，似颛顼一度依附于少昊氏族，故《帝王世纪》言“颛顼生十年而佐少昊”。因此之故，有关颛顼的传说往往与少昊的传说混为一谈。这位修己，就很可能与《史记·秦本纪》中提到的颛顼氏族的苗裔孙女修为一事（颛顼后裔亦有己姓），在那里面，女修又成了出身于少昊氏族的伯益的祖先。有鉴于此，我们对于夏后氏出身于颛顼与出身于少昊这两种说法当不至于感到相互龃龉。

实际上，《潜夫论》所说的“戎禹”的“戎”字，应该就是“修己”的修字。修、戎二字皆从心纽，古音是一致的。有戎即有仍，顾先生对此有过很好的论证，而有仍正是夏后氏世代的姻亲国族。顾先生在其很精悍的短文《有仍国考》中即极力证成这一说法，却不知为何在另外一些文章中把这东方的有戎与西方的戎族联系在一起，岂非惑于戎名的混淆不清乎？

总之，夏后氏出于颛顼氏族是不容否认的。不过这“出生”二字，并非一定理解为后者是前者的父系子嗣。文献屡言“颛顼产伯鲧”，所谓“产”，往往指的是母系血缘关系。否则，像黄帝、颛顼有那么多的后代，又不属于一个姓，就不好理解了。传说中奉颛顼为祖先的，除夏后氏之外，还有有虞氏、祝融氏，以及后来迁到西方的秦人等，大约除有虞氏之外，其他皆非父系关系。我们看有虞氏也是夏后氏的婚姻氏族之一，它的首领尧、舜与夏后氏的祖先鲧、禹，以及秦人祖先伯益、皋陶（那时他们居住在垂，也叫作犬丘，在今山东曹县附近）

等曾组织为强大的部落联盟，这个情况正符合古代部落联盟一般都由近亲氏族组成的原则。这个奉颛顼为共同祖先的部落集团长期活跃于黄河下游的河济之间，历史上的许多著名传说都与它们有关。过去讲传说时代的学者把颛顼或者划归华夏集团，或者划归东夷集团，从我们的梳理看来，这两种划分似乎都可不必，虽然看起来颛顼与东夷的关系密切一些。我们把颛顼集团作为非夷非夏的一支势力看待，正好避免了落入“夷夏东西”旧说的窠臼。

六 有关夏文化探索的思考

由考古学界开始的夏文化探讨，从1959年算起，已进行三十年有余了。今天看来，这场探讨的收获也主要体现在考古学方面，就是从地层和年代关系上，明确了河南龙山文化与商代二里岗文化之间存在着一种独具特色的文化遗存，考古学界将它命名为“二里头文化”。怎样认识这种文化的性质，不仅对于考古学界，而且对于历史学者，都是需要认真进行思索的。但是我们不同意目前一些人把它简单地归于夏文化的说法。这是因为，按多数学者的理解，夏文化指的是“夏王朝时期夏民族（即夏后氏部族）的文化”，既然如此，就要求二里头文化的年代和分布地域与夏王朝时期夏部族活动的年代与地域相一致，而就目前我们所了解到的二里头文化的内容来看，这两者都很难说够得上一致了。从年代上看，二里头文化的时间跨度约在公元前1900年至前1500年内（仇士华等《有关所谓“夏文化”的碳十四年代测定的初步报告》，《考古》1983年第10期），而夏王朝存在的时间，按学术界通行的说法为公元前21世纪至前17世纪。从地域上看，二里头文化（包括所谓“东下冯类型”）主要分布在河南中、西部的郑州附近及伊、洛、颍、汝诸水流域及山西南部的汾水下游一带（《中国大百科全书·考古学卷》），这与我们前面考证的夏后氏主要活动于河济之间的结论也不一致。我们最多只能承认，在二里头文化所跨越的某一段时间内，在它的某一个地区，可能包含有夏后氏活动的遗迹（因为夏后氏曾一度西迁至伊洛一带），而不赞成上述笼统的提法。

我国历史上的夏商时代，中原地区分布着许多大大小小的氏族部落，这些氏族部落的规模应是比较狭小的。那个时代的早期国家由一些近亲氏族联合组成，这些早期国家的规模，包括所谓“夏王朝”“商王朝”，其活动地域也是有限的。现在谈到的“夏民族”，如果是指历代夏王所出生的那支夏后氏部族来说，它的活动地域必不至于同时跨有数条河流域那样大的面积；如果是指包括夏后近亲氏族的联合体而言，则我们前面考证的情况表明，它们也都主要活动在河济之间及其以东的鲁西地区。因而无论从哪一个角度来说，也都不能得出二里头文化即夏文化的结论。

按照我们的逻辑，探讨夏文化的重点不应当放到豫西或晋南地区，而应当放到以濮阳为中心的古河济地区。从文献上看，这一地区曾经是许多著名氏族的发祥地，除夏后氏之外，还有与夏同姓的有莘氏、有扈氏、昆吾氏、豕韦氏、大彭氏、乃至商人、楚人、秦人的祖先都曾在这里生息繁衍过，他们必然给后人留下很丰富的文化遗存。我们应该对这一地区的古文化认真进行探索。然而遗憾的是，由于这一地区日后屡遭洪水淹没，许多古遗址或古代文化遗存被埋在地下深处，给考古工作带来很大的困难，目前除很少几个地点外，今濮阳地区及封丘、开封一带夏代前后的考古文化还基本上是一片空白。虽然如此，我想事情总还是可以做的，因为这一带总还剩下若干未曾受洪水侵袭的堌堆（即当时的高丘）和个别古城址，它们可以提供并且实际上已经提供了有关古文化的信息。问题的关键还在我们自己的识别。我们注意到，考古界已有同志将濮阳地区划为先商文化分布区①，如果这一说法成立的话，我们认为，这里的所谓先商文化应该就包含有夏文化在内。这不仅因为“先商”与夏代在纪年上是一致的，还因为濮阳地区本来就是夏人活动的一个中心。王国维在《殷周制度论》中始则曰：

---

① 邹衡：《论菏泽（曹州）地区的岳石文化》，文物出版社编辑部编：《文物与考古论集》，文物出版社1986年版，第114—136页。

“夏自太康以后迄于后桀与商人错处河济间盖数百岁”，继则曰：“虞夏商皆居东土，故夏商二代文化略同。”因而说先商文化的分布区同时包含有夏文化是有充分理由的，或者可以更准确一些地说：先商文化在河济间所分布的地区实际上是夏商二族（以及居住在这里的其他民族）共同创造的文化。

（原载《中国史研究》1994 年第 3 期）

禹都阳城即濮阳说

关于禹都阳城的地望问题，一段时间以来，一直是学者讨论的焦点。不过学者对于阳城地望的论定，大都离不开豫西晋南这两个地区。我在日前发表的《夏后氏居于古河济之间考》及《论禹治洪水真象兼论夏史研究诸问题》二文①，对此问题独不取现行诸家的说法，而宁愿采取《世本》宋衷的注，认禹都阳城在大梁（今河南开封）之南。我之所以采取这个说法，主要是出于不赞成现在一些人将夏后氏的始居地定在豫西晋南的考虑。现在看来，这个选择虽然大体上符合禹居于东方这个总的设想，但所谓“大梁之南”的具体位置，却似离夏后氏居住的河济之间的地区稍远了一点。近日翻检文献，发现古河济地区的中心濮阳在古代早已有了阳城的称呼，因复计禹都阳城应该就是古代的濮阳。考虑到近年来濮阳周围连续发现龙山时代的古城，特别是最近与豫、冀二省交界的鲁西北的阳谷、茌平等处发现的一连串龙山晚期的古城址群，更使我们感到将禹都阳城定在濮阳不仅是符合实际的，而且能够给人们认识这些不断出现的古城以新的启迪。为了纠正旧说，也为了增加新的认识，我愿将现在的想法提出来，以就正于各位从事夏文化研究的学者。其中有些前文论述过的问题，这里尽量从略。

① 分别见《中国史研究》1994 年第 3 期和《学术月刊》1994 年第 6 期。

一 由古代洪水论及禹都阳城的所在

我国古代以阳城命名的地方实在是多矣，除了人们常常提到的颍川阳城、泽州阳城、大梁以南的阳城之外，仅笔者所知，就还有今河南商水以东的楚之阳城、今河南方城以东的秦所置之阳城、《战国策·燕策二》提到的燕国南部的阳城及《齐策四》提到的卫之阳城，此外，《水经·河水注》提到今山东茌平附近有杨墟故城，俗亦谓之阳城。

要在如此众多的阳城里面断定哪一个是禹所都的阳城，自然还要考虑到它们与夏后氏，特别是与禹的活动是否相关或具有某种特殊的联系。在这方面，我想，鲧、禹对于洪水的治理无疑应是一项重要的考察内容。因为无论是鲧还是禹，他们的治水都必定是为了保护本部族的人们不受洪水的侵袭。换言之，鲧、禹部族居住的地域必当在易于遭受洪水侵袭的范围之内。那些远在洪水发生地域之外的地区，自不应是我们考虑的“禹都”或禹所居的范畴。从这个角度出发，我们认为，今天许多人们提到的处在豫西晋南的颍川阳城、泽州阳城，以及一些人认为是禹都的汾浍地区的“唐城”，都不必是禹所都的阳城，因为无论是豫西或者是晋南，都与古代洪水发生的地域不相干连。颍川阳城处在嵩山之下，乃一片丘陵地区，颍水方从山中发源流经那一带地方，怎么说也不会造成对人类构成极大威胁的洪水。泽州阳城地处晋东南山区之中，想亦与洪涝灾害不发生干连。至于被称作唐城的今山西翼城地区，虽处在汾浍两条河流之间，但那里的地势实际也是丘陵起伏的地带，并且从总的说来属于黄土高原范畴，要说在这周围造成一片汗漫无际的洪水景象，确也有点儿离谱。总之，要说禹所居之阳城在上述这几个地方，都势必与禹治洪水的故实发生冲突。我们不能设想一个与洪水毫不相干的氏族部落的首领会被众人推举出来担任治水的领袖。即令我们设想禹是一位为全民着想的大公无私的人物，因而会不仅以本部落的利益为念而心存广大遭受洪涝灾害的黎民们的安危，我们也无法解释禹（以及他的父亲鲧）由何而来的治水的经验，以及众人凭什么要推举他作为治水的指挥这样一类问题。

实际上，古代洪水最易发生的地区只有一个，那就是古河济之间的兖州。我们曾经论证过古代洪水发生在这一地区的理由，一是这里的地势处在东西两个高地之间，广平低洼而又河流纵横，且降水量又多于西部黄土高原，最易受到水潦的侵袭；二是这里的人烟稠密，文物繁盛，传说时代著名的氏族几乎都集中在这里及其邻近的豫、徐二州（徐旭生语），以此之故，洪水才在古代人们的心目中留下深刻的记忆；三是古代文献上也确实记载着洪水在这一带发生，不但是战国秦汉以后的河患屡屡发生在这一带（如《史记·河渠书》《平准书》所述），并且就是尧、舜、禹时期的洪水，也清清楚楚地被记录着发生在这一地区。其中最有力的证据，便是《尚书·禹贡》于古兖州条下的两处文字，一处记载着“桑土既蚕，是降丘宅土”，明是讲洪水平治以后，原来宜桑的土地又得以继续养蚕，人们亦从避水的高丘回到平地上来居住，此非禹平治洪水以后的情形而何？另一处言“作十有三载”，更与传说中“禹湮洪水十三年”之事相应。以上两条证据，是由已故徐旭生先生揭发出来的①，我们认为很有见地。除此之外，我们又在其他古文献中检得禹治洪水发生在古河济之间的证据。其一为《吕氏春秋·爱类》篇：“昔上古龙门未开，吕梁未发，河出孟门，大溢逆流，无有丘衍，平原高阜，尽皆灭之，名曰鸿水，禹于是疏河决江……”此言古代洪水发生在河出孟门以下的平原广野。孟门所在，《战国策·魏策一》记吴起对魏文侯之语云：“殷纣之国，左孟门而右障釜，前带河，后被山”，知孟门必在纣都朝歌以东。朝歌为今河南淇县，淇县以东，正大河流经之地。再往东，即古濮阳地区。适与上言洪水发生在河济之间的说法相应。过去学者或以《左传》襄公二十三年记齐伐晋所经之孟门当此孟门，但从文献看来，这两个孟门显然不是一事。元吴师道《补注》引《史记索隐》的说法便曾指出，此孟门“在朝歌东北”。查《史记·吴起列传》“殷纣之国”下《索隐》引刘

① 徐旭生：《中国古史的传说时代》（增订本），文物出版社1985年版，第140页。

氏曰："纣都朝歌，今孟门在其西。今言左，则东边别有孟门也。"《索隐》及吴师道对《魏策》的补注是完全正确的。我怀疑朝歌以东的孟门实际就是文献中经常提到的大伾。孟、伾二字皆发唇音，古音相近。大伾在今淇县以东之河南浚县城东，其处黎阳东山上有宋人镌刻的"大伾伟观"四字，至今尚存。河北大伾即是平原广野，与《吕氏春秋·爱类》所述孟门地势及地望全然相同。

还有一条关于古四渎的记载也可印证禹治洪水在河济之间的说法。按《史记·殷本纪》引《汤诰》云："古禹、皋陶久劳于外，其有功于民，民乃有安。东为江，北为济，西为河，南为淮，四渎已修，万民乃有居。"此四渎中的"河"，当指古本《竹书纪年》提到的启所征的"西河"，乃黄河自今滑县北流一段；济水在北者，应指济水下游北过今济南以下的一段；东为江的"江"，乃古沂水，在今山东省境内。[①] 这四渎流经的地域，全在古代的"山东"（崤山以东），《史记·封禅书》"四渎咸在山东"可证。故武帝时河决于观（即古斟观，在濮阳以东），《史记·平准书》称"山东被水灾"；河决瓠子（在濮阳以北），《平准书》亦言"是时山东被水灾"。这就说明了尧、舜时期洪水发生的地域与秦汉以后黄河泛滥所淹没的地区是一致的。

洪水发生的地域既明，我们再来考察禹都阳城的问题，便是自然地要把古都濮阳确定为禹所都的阳城了。濮阳所在，不仅当古河济之间的中心，而且恰是洪水冲击的要害部位。据说昔日共工与颛顼争为帝，那处在河水上方的共工氏族（在今河南辉县）便曾振滔洪水，要为害居住在下游濮阳的帝颛顼，故颛顼怒而诛之。而今鲧、禹居住在这屡次成为洪水冲击目标的地方，也势必要为本部族的生存肩负起与洪水作斗争的重担。当然，在濮阳东北面的杨墟故城也有阳城的称呼，其地亦在河济范围之内，故而也有可能是禹所都的阳城，但它处在河济地区的东北边缘上，且无濮阳那样文物繁庶和具有重要的地理位置，

① 参阅石泉《古文献中的"江"不是长江的专称》，中华书局编辑部编：《文史》第6辑，中华书局1979年版，第81—90页。

相比较之下，我们认为，还是濮阳为禹都阳城的可能性更大一些。

二　阳城的得名及其与崇山的关系

古濮阳在今濮阳市以南约20公里处，即春秋战国时期的卫国的都城。濮阳之称作阳城，史有明证。《战国策·齐策四》记苏秦劝齐闵王伐宋之说辞云："夫有宋则卫之阳城危，有淮北则楚之东国危……"此阳城，《史记·田齐世家》作"阳地"，《集解》谓"阳地，濮阳之地"。结合《国策》称"卫之阳城"一语，是阳城指战国卫都濮阳已是十分明确的了。

作为卫都的濮阳在古黄河的东面，汉武帝时期，河决瓠子，由黄河分出的瓠子河即由其北面流过。这自是战国以后的情形。在此之前，则有古濮水自西向东地由其南面流过。濮阳之称，乃因其地处濮水之阳，故濮阳又或迳称作阳城（或阳地）。

前已言及濮阳地处河济之间的中心，适当洪水冲击的要害部位，故其作为禹都的可能性是很大的。但它作为禹都的更直接的原因，却是这里与夏后氏的祖居地崇山密迩相近的缘故。按夏后氏始称有崇氏，因其治水有功，"皇天"嘉奖它，才改称为夏后氏。故禹的父亲鲧称为"崇伯鲧"（《国语·周语下》），禹也一度被称为"崇禹"（《逸周书·世俘》）。有崇氏的称呼，又来源于古崇山，《国语·周语上》"夏之兴也，融降于崇山"可证。因而历来探讨阳城地望的人，都往往从考察崇山的位置入手。不过各地崇山的地名亦非一处，这就须要将崇山与阳城二者联系起来进行通盘考虑。昔日三国韦昭给《国语·周语上》"夏之兴也，融降于崇山"所作的注说道："夏居阳城，崇高所近"，便是采用的这种做法。虽然他所考证的阳城与崇山的地望都与实际不符（见下文），但他使用的这种方法是值得肯定的。正因为如此，今日许多学者才对韦昭所指出的崇山、阳城的地望深信不疑。

韦昭所说的崇高山即今河南登封以北的嵩山。他认为嵩山即夏后氏族兴起的崇山，因为崇、嵩二字古通，嵩为崇之或体，并且更重要的是嵩山脚下有一座古代的阳城（即颍川阳城），所以他毫不犹豫地将嵩山下面这片地方当作了夏后氏的发祥地。但是他忘记了河南的这座嵩山（崇高山）只是汉代才起的名字①，在先秦时代，它只叫作太室山或外方山，而记载夏后氏族兴起于崇山的文献却是在春秋战国时期成书的《国语》，所以《国语》所记的崇山绝不会是今河南西部的嵩山，与嵩山相近的颍川阳城也必不会是禹所都的阳城。

至于今天一些人们提到的今山西襄汾县附近的崇山（塔儿山），它的得名实在是更晚，我们只是在清代顾祖禹的《读史方舆纪要》中才看到它的名称，所以就更难当虞夏之际的古崇山了。有人将它附近的唐叔虞的故地称作唐城，又进一步改称之为阳城（以唐、阳古字通），亦不过出于当世学者的一种推想，并无文献的依据。

那么，古崇山究竟在什么地方？司马相如《大人赋》说道："历唐尧于崇山兮，过虞舜于九嶷"，这里提到的作为尧之葬地的崇山，显然便是夏后氏所兴起的崇山，因为尧与夏后氏的关系是众所周知的。此崇山的得名很早，《墨子·节葬下》："昔者，尧北教乎八狄，道死，葬蛩山之阴。"蛩、崇音同通用，这里的蛩山即崇山，应是很清楚的。此崇山，又或名曰狄山（崇、狄亦音近），《山海经·海外南经》："狄山，帝尧葬于阳，帝喾葬于阴。"《水经·瓠子河注》："《山海经》尧葬狄山之阳，一名崇山。"凡此，皆证明崇山的得名应早在先秦时代。它的具体地望，据郦道元的《水经注》，乃在古瓠子河流经的汉济阴郡成阳县西北，当今山东鄄城县东南附近，正处在我们推论的夏后氏居住的河济之间的范围之内。在它附近，还有与舜相关的历山、陶墟、雷泽等遗迹，我想，这些记载，恐怕不是偶然的巧合。

作为旁证，上引《山海经·海外南经》在谈到尧葬狄山之事的后面，又紧接着叙述了"南方祝融，兽面人身，乘两龙"等有关祝融的传说，这也间接印证了《国语·周语上》所谓"夏之兴也，融降于崇

① 崇高山得名于汉武帝礼登太室山。参阅王玉哲《夏文化研究中的几个问题》，中国先秦史学会编：《夏史论丛》，齐鲁书社1985年版，第4—6页。

山”的说法。须要指出的是，今天竟有人把上述文献中提到的作为尧之葬地的崇山与我们前面提到的山西翼城附近俗称作塔儿山的崇山混为一谈，对此，我们实在不知该怎样评论为好。姑不论《水经注》中已明确指出此崇山的地理位置在豫鲁之交的古河济地区，即以祝融传说所分布的地区来说，大家也知道，那是与晋南毫不相干的。

崇山的地望既明，禹都阳城的位置亦好论定了。毫无疑问，这个阳城就是古河济之间的中心，并与崇山相去不远的古都濮阳。崇山所在的今山东省鄄城县东距古濮阳不过50公里左右。它们在地理上连成一片，即都处在豫鲁冀交界的华北大平原的中部，并皆坐落在自西向东流过的古濮水之阳。这样，作为禹都的阳城就与夏后氏兴起的发祥地崇山有机地结合起来了，我们认为，这样的论定是完全合理的。

三　由颛顼之虚到禹之所都

濮阳又名帝丘，这个“帝”指的是帝颛顼，传说颛顼曾居于此地，因而人们又把它称作颛顼之虚。

既名颛顼之虚，又为禹之所都，这二者之间岂不冲突？我们说，这二者非但不发生冲突，而且正是因为濮阳做过颛顼的居住地，才更有理由被确定为夏禹的都城。

这原因不是别的，乃缘于夏后氏是颛顼的后人。《墨子·尚贤中》即言：“伯鲧，帝之元子也。”鲧为禹之父亲，这是没有疑义的。伯鲧之称，乃崇伯鲧之省，亦很切合夏后氏祖上的身份。《墨子》以后的文献，诸如《国语》《世本》、古本《竹书纪年》、大戴和小戴的《礼记》，还有《史记》《汉书》等并言大禹的父亲鲧是颛顼的后人，或言“颛顼产鲧，鲧产文命（禹）”，或言“颛顼五世而生鲧”，或言夏后氏“祖颛顼而宗禹”，总之，鲧、禹及夏后氏族是颛顼氏的后裔可以说是众口一词，相信是靠得住的史实。既然如此，作为颛顼后人的夏后氏居住在其祖上的故居地，还有什么不好理解的呢？

或者要问，文献又称有虞氏是颛顼的直系后裔、而有虞氏与夏后氏并不属于同一个姓族，这与夏后氏为颛顼后裔的说法又怎么协调起来呢？这确实是一个问题。有虞氏为颛顼后裔的说法不误，西周初期，周王室封舜的后代胡公为陈国的诸侯，《左传》昭公八年便公然说道："陈，颛顼之族也。"春秋末期，陈国贵族的一支在齐国逐渐取得政权，《左传》的作者预言陈氏在齐国必将获得更大的发展，其原因便是他们的远祖可以追溯到颛顼那儿，并且继颛顼之后的有虞氏的历代首领幕、瞽叟、舜都有很好的德行的缘故。那么，有虞氏与夏后氏同为颛顼后裔的说法又怎么统一起来呢？原来，古代称某为某之后，也包括母系的血统。有虞氏与夏后氏虽同为颛顼之后，但有父系和母系血统的区别。我们看夏后氏日后又与有虞氏结为婚姻（《左传》记夏少康娶虞思之二女为妻），古代同姓不婚，如有虞氏的父系出自颛顼的话，那么夏后氏与颛顼的关系当就属于母系血统。古代重母系，这并不妨碍夏后氏与颛顼的亲密关系。况且，我们从夏后氏与有虞氏具有婚姻关系这一角度考察，夏后氏亦应居住在河济之间，因为有虞氏（包括虞舜）的世居地正在今豫鲁交界的虞城县。文献称舜为"东夷之人"，说他"生于冯诸，迁于负夏，卒于鸣条"（《孟子·离娄下》），又说他"耕历山，渔雷泽，陶河滨，作什器于寿丘，就时于负夏"（《史记·五帝本纪》），这些，都是东方的地名，在先秦及西汉早期的文献中都是有案可查的。后人将它们一一搬到晋南河东地域，是不足为凭的。这一点，在许多学者那儿都有明确论述，兹不多言。

历史上，濮阳又有"昆吾之虚"的称呼（《左传》哀公十七年）。即言"颛顼之虚"，何又出了个"昆吾之虚"呢？"昆吾之虚"与夏禹所都又有什么关系呢？这个问题，也值得认真探索一番。

为了说明这个问题，我们又必须提到颛顼氏的另一支著名的后裔祝融氏。祝融为颛顼之后，这在《左传》中也是有明确记载的。后来楚人认祝融为自己的祖先，同时又称自己是"帝高阳（颛顼）之苗裔"。这祝融氏族后来得到很大的发展，据说共繁衍出了八支族姓，号称"祝融八姓"。其为首者为己姓，大概是祝融的直系，而己姓中最著名的一支氏族便是昆吾。春秋时楚人称昆吾为"皇祖伯父"，即承认昆吾是颛顼——祝融系统中的首领。由此关系看来，这位首领一度继承其祖颛顼的基业而居于旧颛顼之虚，也是说得过去的。

除昆吾外，祝融八姓中的其他姓氏的人们也大多围绕着濮阳地区而居于今豫、鲁、苏北一带。对此，徐先生亦有考证，我们也不必多言，但指出他考证的地方有些过于笼统。就是对于有些分布较远的氏族，应该指出它们是以后才迁到这些地方去的。如芈姓的夔、越，明是楚国南迁后（楚最早居于今河南楚丘一带）再从楚国分离出去的；妘姓的郐国和邬国也是在祝融以后若干代才迁到今河南密县和偃师境内的。《国语·郑语》韦昭注于此说得很清楚，他说："陆终第四子曰求言，为妘姓，封于郐。郐，今新郑也。邬、路、偪阳，其后别封也。"这里谈到郐的居地不在今河南密县，而在它东边的新郑，并且指出邬、路、偪阳是陆终四子求言以后的"别封"。据说陆终是祝融的孙子，可见今偃师境内的邬聚是祝融后裔辗转迁徙而后到达的地方。

有意思的是，夏后氏与祝融氏的关系也非同一般。前面我们已提到《国语·周语上》"夏之兴也，融降于崇山"这句语，表明祝融与夏的兴起有直接的关系。但这句话终嫌过于隐约，到底夏后氏与祝融氏的关系特殊在什么地方，有待进一步探讨。我现在提出一个大胆的设想，即夏后氏的姒姓实属于祝融八姓中的一姓，不知能否得到学界同仁的首肯。我们注意到《国语》提到的祝融后裔的八支族姓中，有一支叫斟姓。史伯说它"无后"，其实，它就是夏后氏的同姓斟灌氏和斟鄩氏的姓。斟灌者，斟姓之灌；斟鄩者，斟姓之鄩也。故斟灌、斟鄩或单称灌氏（戈氏）与鄩氏。然而夏后氏为姒姓，其同姓怎么又改属斟姓了呢？查《世本》中又有祝融六姓之说，其一为斯姓，斯姓显然就是斟姓。《荀子·解蔽》中有"桀蔽于末喜、斯观"，杨注引韩侍郎云："斯或当为斟。斟观，夏同盟国。"斯与姒古音相近，二字皆发齿音，斯在支部，姒为之部，此二部字可以合韵，故姒姓可写作斯姓，因而祝融八姓之一的斟姓实际也就是姒姓。这样解释，似乎有些单凭推理的成分，但非如此，不能解决二斟与夏同姓的问题，也不好解释祝融氏降于崇山而兴起夏的说法。

如此说来，濮阳作为昆吾之虚与作为夏都亦不相矛盾了。盖昆吾氏作为祝融之嫡系后裔始居于此，不久以后，他又迁到了旧许。《左传》昭公十二年："我皇祖伯父昆吾，旧许是宅"，"旧许"即今河南许昌，故夏后氏复又得以住在昆吾居住过的濮阳。而昆吾氏与夏后氏得以先后居于颛顼故地，正因他们都是颛顼的后裔。我曾经说过，古代河济之间是我国文明发祥的一个中心地区，由濮阳先后被作为颛顼故居，到昆吾故居，再到夏禹的王都，都可以看作是这一地区文明兴盛的证据。这是我们发掘古史时不应忘记的基本史实。

以后，文献又曾谈到夏后相居于帝丘濮阳（《左传》僖公三十一年）。在他之前的夏后启的居邑，文献无说，但言其"征西河"（《北堂书钞》引《竹书纪年》），又或言其征有扈（即顾，在今河南原武），《墨子·耕柱》并言及"启使蜚廉析金于山川，而陶铸之于昆吾"。以上西河、有扈、昆吾皆在今河济之间①，是启居于濮阳一带亦属可能。太康所居的斟鄩，我们考证它在今豫东北与山东交界的范县至曹县之间②，也近于濮阳。总之，夏初所都，或在濮阳，或在其附近，这与我们现在论定的禹都阳城即濮阳的说法，可以说是一脉相承的。

四　对于阳城建造的推测

禹都阳城既然是一座城，这就牵涉它是何时建造和由谁建造的问题。从古代传说和现今考古发掘的情况看来，似乎可以认为它的建造就在禹以前不久的龙山时代的晚期，而它的建造师则当是禹的父亲鲧。

从目前考古发现的我国中原地区最早出现的古城堡来看，它的产生时间一般都早不过四千多年前的龙山时代的中、晚期。如淮阳平粮

① 此西河乃春秋卫地。《史记·孔子世家》记卫灵公问孔子："蒲可伐乎?"对曰："可，其男子有死之志，妇人有保西河之志。"蒲于春秋属卫，而《史记》称之为西河，是西河为当时卫、鲁、齐、宋等国对古代黄河自今滑县以下向北流经的一段地域的称呼。

② 拙文《夏后氏起源于古河济之间考》，《中国史研究》1994年第3期。

台古城的建造年代为距今 4355 ±175 年[①]，登封王城岗的建造年代为距今 4000 ±65 年[②]。这与我们推测的禹都阳城的建造时间是很接近的。

无独有偶，我国古代传说也把城郭的发明者归结为生活在这个时代的鲧。古文献如《吕氏春秋》《世本》及《淮南子》都谈到鲧作城郭的事，说明这是古人一致的看法。当然，以我们今日的眼光看来，像城郭、宫室这类建筑都应当是人们长期经验的积累，并且是由简单的夯筑工艺渐次发展而来的，将其归结为某一个人的发明未必合适。但是，我们也不能指摘古人这种说法没有道理，如果把鲧当作那一个时代及使用城郭的那一带居民的代表，这种说法也是符合实际的。现在我们要问，为什么古人会选中鲧作为城郭的发明者的代表呢？

回答这个问题，还是要从鲧治洪水的故事谈起。

我们前面已经论证过，古代洪水发生的地域主要就是在以河济地区（即古兖州）为中心的黄河中下游平原，这里正是传说中的尧、舜、禹部落联盟生息繁衍的故居地。当年，鲧始受命担任治理洪水的总揆，这绝不是偶然的。一则，因为鲧、禹所在的有崇氏部落适当洪水冲击的要害部位，鲧为了本部落人民的安全，自然积极承担起这项治理洪水的重任。二则，众人之所以推举鲧出来担任这一关系全体部落联盟居民安危的使命，亦是基于对他的领导治水的能力的某种信任，因为他在带领本部落人民对洪水的斗争中毕竟积累起了一些经验。这经验不是别的，正是许多书上谈到的"土湮"的办法，即用筑造堤防的方法来挡住洪水的侵袭。诚如学者指出的，筑造堤防与筑造城墙，乃是一而二，二而一的事。堤防亦须夯筑，不过是将夯筑的四方形的城墙伸展为沿河的长堤而已。因而有关鲧用堤防湮治洪水与鲧作城郭这两项传说正可以相互发明和相互补充。由此来看鲧发明城郭这项记载，就当是其来有自的了。

过去，大家在提到鲧作城郭的时候，却多数忽略了鲧筑造城郭的

---

① 河南省文物研究所等：《河南淮阳平粮台龙山文化城址试掘简报》，《文物》1983 年第 3 期。

② 河南省文物研究所等：《登封王城岗遗址的发掘》，《文物》1983 年第 3 期。

另一层意义。按古人筑造城郭的目的，自有防御敌对部族侵袭的意义，但亦同时具有防止洪水侵袭的意义，尤其是在河流纵横的广袤的平原地区，其防止人们被水飘没的作用更为明显。在历史上，利用厚实的城墙抵御洪水的事例是屡见不鲜的。最明显的例子，是公元前 485 年的赵襄子利用晋阳城挡住了智伯引汾水对赵氏的淹没。据说当时城墙只高出洪水三个版筑，但仍巍然屹立（《史记·赵世家》）。赵氏由此转守为攻，并因而联络韩魏二家灭掉了智氏。近时人们熟悉的，则有 1991 年河南安徽一带发生特大洪水时，安徽寿县民众在洪水的围困下，依靠寿州古城的保护，照常安居乐业的例子。报载这次洪水在城北距离城头也只有一两米高，可城内居民在此洪水的围困下居然安全无恙地渡过了七八十天，直至洪水退去。由是，我们又可以想到淮阳平粮台发掘的那座与鲧的年代相差无几的古城，它处在广漠的豫东平原上，不仅拥有高而厚实的城墙，而且整座城堡还坐落在一个三至五米高的土台上（现时发现的中原一带的古城差不多都营造在这样的土台或土丘之上），其具有防止水患的作用是不言而喻的。联系上述实际例子，我们认为鲧作为城郭的发明者，在其故居常常遭受洪水威胁的情况下，建造起这样一座城郭来保护本部族的居民，当是十分自然的事情。

由于河济地区日后屡遭洪水淹没，当地许多古代遗迹都被淤埋于地下，以致使我们现在无法看到当年鲧所修建的这座濮阳古城的遗迹，但我们相信，它的存在是必无疑义的。从现今考古发掘的情况看来，目前在濮阳的南面已发现有淮阳平粮台和郾城郝家台两座古城；在它的西北，也发现有安阳后岗的古城；在其西南，则有辉县孟庄的古城[①]；其东面，更有近日发现的山东阳谷和茌平两县的龙山至商周时期的古城群[②]。以上几处古城，都距离濮阳不远。尤其是山东阳谷景阳冈发现的古城，时代与鲧、禹生活的年代最为近似，地点亦最接近濮阳，两者相距不到 100 公里。报纸上说，这座龙山时代晚期的古城南北长

① 袁广阔：《辉县孟庄发现龙山文化城址》，《中国文物报》1992 年 12 月 6 日，第 1 版。

② 《阳谷发现黄河流域最大龙山文化城址》，《光明日报》1995 年 4 月 17 日，第 1 版。

约1150米，北端宽约230米，南端宽330米，中部宽约400米，全城面积约35万平方米，可以说是目前发现的黄河流域面积最大的龙山文化古城。在它的附近，还发现了数座面积较小的龙山文化城，以它为中心构成一组城址的群落。此外，经初步勘探，在与阳谷毗邻的茌平县又发现一组由五处古城构成的另一龙山文化城的组群，其中最大的面积亦达33万平方米。

有关专家指出，像这样集中且又是成组群地发现的龙山时代的文化城，在全国范围内尚属首次。他们认为，这种组群式的龙山文化城，地处冀豫鲁交汇这一古史发展极为重要的舞台，对研究我国古代国家的产生、文明的起源，都具有特别重要的意义。

专家们的意见是值得重视的，特别是他们将这次发现的龙山古城置于豫鲁冀区系文化中的见解，与我们的论点可谓不谋而合。翻阅历史地图即可发现，所谓冀豫鲁区系文化正处在古河济之间的位置；时值龙山文化晚期，也正与尧、舜、禹的时代相当；要说这一地区孕育出来的古代国家，则非我国古史记载的虞、夏王朝莫属。而这里发现的古城，应当就是虞、夏王朝（或尧、舜、禹部落联盟）所属的各部落（或氏族）聚居的中心。其中的阳谷古城址的所在与夏后氏的同姓斟灌（在今山东范县）、有莘（在今山东莘县）更相毗邻，或许它就是这两个族氏之一所建造的古城邑。有鉴于此，我们何得谓同处冀豫鲁交界地区的古濮阳不会有鲧所修建的古城呢？目前，包括冀南、豫北地区对于龙山时代的考古发掘尚未大规模展开，但愿不久的将来，考古工作者会揭开濮阳古城上面覆盖的厚厚的淤泥层，使这座中国最早王朝的都城能重新呈现在探寻夏文化的人们的面前。

（原载《中国史研究》1997年第2期）

夏族兴起于古河济之间的考古学考察

关于夏族的起源，是历史学与考古学共同关注的重大课题。它牵涉中国第一个国家夏的建立，在当前史学界与考古界共同参与的中国古代文明探源工程中占据十分重要的地位。然而，这个问题在学术界又是一个长期争论不决的问题。仅近代以来，各位古史专家在这个问题上的看法就十分分歧，归纳起来主要有三说，即豫西说、晋南说和古河济之间说。还在 20 世纪初，王国维在《殷周制度论》中就曾提出："夏自太康以后以迄后桀，其都邑及他地名之见于经典者，率在东土，与商人错处河济间盖数百岁。"① 20 世纪 30 年代初，"古史辨派"大家顾颉刚亦曾表示过与王国维大致相同的观点。虽然他对禹的看法与众不同，说禹是天神，与夏没有关系，但并不否认夏的存在。其在 1933 年所写的《春秋战国史讲义》考证了文献所提到与夏有关的地名后指出："夏王国的政治中心在河南，他们的势力范围，大部分在山东，小部分在河北、山西。他们享有了黄河的下游和济水流域的全部。"② 与他们的观点相对立的是傅斯年的说法。傅斯年在同年发表的《夷夏东西说》中，将夏商周三代先后出现的各个部族分作东西两系，认为夷与商属于东系，夏与周属于西系；并据此划分以论夏域，称夏之区域"包括今山西省南部汾水流域，今河南省之西部、中部，即伊

---

① 王国维：《殷周制度论》，《观堂集林》卷 10，中华书局 1959 年版，第 451—452 页。

② 转引自王煦华《顾颉刚关于夏史的论述》，中国先秦史学会、洛阳市第二文物工作队编：《夏文化研究论集》，中华书局 1996 年版，第 126 页。

洛嵩高一带，东不过平汉线，西有陕西一部分，即渭水下游”[①]，是其主张兼具晋南与豫西两说。但傅斯年有关夏地域的主张很快遭到杨向奎的反驳。杨向奎认为三代政治中心之所在并非永远固定在一个点上，“中夏以前，夏之政治中心在今山东，其势力及于河北河南，晚夏则移居于河东及伊洛，东方仍有孑遗”，[②] 可见其基本主张与顾、王二氏仍大致相同。当然，也有赞成傅说者，徐旭生就是其中的代表，所论见于他1943年发表的《中国古史的传说时代》。[③]

20世纪50年代一段时间里，夏的问题较少有人提及，直到50年代末考古学界介入，学术界才开始对夏投入较多的关注。现学术界一般认为，考古界对夏文化有目的的调查与发掘，是从1959年徐旭生率队前往豫西进行“夏墟”考古调查开始的。徐旭生认为，在目前所见有关夏都邑所在的近三十条来自《左传》《国语》及古本《竹书纪年》的史料中，只有两个区域与夏的关系特别密切，一是河南洛阳及其附近，尤其是颍水上游的登封、禹县等地；另一个即是山西西南部汾水下游一带。[④] 这个认识无疑来自过去的傅斯年，其对日后夏文化的探索无疑也起到了重要的指导作用。但是，这种作用却表现为正反两方面：一方面，因为夏代后期夏人的政治中心确实移到了豫西一带，所以在这个认识的指导下，人们在豫西一带发掘出了像偃师二里头这样的夏代后期的大型聚落遗址，这在某种程度上证实了夏的存在。但是，另一方面，由于他把对夏文化的探索限定在豫西晋南一带，对于文献中所显示的夏人早中期活动的地域即豫东鲁西一带一概忽视之，又造成大家对夏代历史文化认识上的许多空白。即如夏族的兴起及夏后氏国家的建立这类问题，由此便没有了着落。由于二里头遗址影响的巨大，一些学者干脆在二里头文化与夏文化之间画上等号，这样将考古文化

---

① 《庆祝蔡元培先生六十五岁论文集》，原载《中央研究院历史语言研究所集刊》外编第1种，1933年1月；参见傅斯年《民族与古代中国史》，河北教育出版社2002年版，第31页。

② 杨向奎：《夏民族起于东方考》，《禹贡》第7卷第6、7期，1937年6月，第61—79页。

③ 徐旭生：《中国古史的传说时代》（增订本），文物出版社1985年版，第109页。

④ 徐旭生：《1959年夏豫西调查“夏墟”的初步报告》，《考古》1959年第11期。

与历史文化混为一谈，更难免造成一系列认识上的混乱。其实二里头文化早不过公元前1850年，夏族的兴起是公元前21世纪的事情，二者在时空两个方面都是扯不到一起的。

关于夏族起源晋南说，近年来曾有王玉哲、刘起釪等学者为文申论过这一主张。[①] 不过目前看来，此说面对的困难似乎更大一些，因为它无法解决晋南地区的二里头文化类型（即东下冯文化）的时代较晚与其主张的夏兴起于晋南这种说法之间的矛盾。不少学者认为，夏即使与晋南发生关系，也当是后来的事情。

我个人在十年前曾在王国维与杨向奎论点的启发下，先后撰写过《夏后氏居于古河济之间考》和《禹都阳城即濮阳说》两篇文章，认为夏后氏早期居住的地域在古代的黄河及济水流域之间一带，禹所都的阳城即古河济地区的中心濮阳。[②] 文章在《中国史研究》上发表后，曾引起学术界的关注，但也招致一些学者的反对。[③] 然而对于这个论点，个人至今坚持不渝者，以文献记载确实只能得出这个结论。想必多数学者，特别是众多考古学者不赞成我的论点的原因，主要是我的文章只顾及谈文献，而未提供多少考古学方面的证据。当今学术思潮讲的是考古发掘与文献资料双重证据，拿不出考古发掘的证据，不仅缺了一条腿，还有抹杀人家考古发掘成果之嫌。因自埋头于学习与研究有关夏时期及其以前的考古发掘的资料。在此期间，我申请的国家社科基金课题“中国古代国家的起源与形成研究”也鞭策我加紧这方面的研究。现在，我愿意把自己的研究结果呈请从事夏文化研究的诸位先生审阅。作为一位历史学者，诚恳希望听到来自考古学界的批评，切磋琢磨，实现考古与历史的整合。

---

① 王玉哲：《夏文化研究中的几个问题》，中国先秦史学会编：《夏史论丛》，齐鲁书社1985年版，第1—18页；刘起釪：《由夏族原居地纵论夏文化始于晋南》，田昌五主编：《华夏文明》第1集，北京大学出版社1987年版，第18—52页。

② 沈长云：《夏后氏居于古河济之间考》，《中国史研究》1994年第3期；《禹都阳城即濮阳说》，《中国史研究》1997年第2期。

③ 方酉生：《夏王朝中心在伊洛和汾浍河流域考析》，《武汉大学学报》（哲学社会科学版）1996年第3期；方酉生：《禹居（都）阳城考辨》，《江汉考古》1998年第1期。

一 禹都阳城在濮阳的考古学观察

我过去认为禹都阳城即濮阳的论点主要有以下几则：1. 古代濮阳（在今濮阳以南）有阳城之称，先秦古籍《战国策》可为之作证；2. 此阳城所在与文献所记夏后氏兴起的崇山（今山东鄄城东南）密迩相近，这也可以通过包括《墨子》《山海经》在内的较早文献得出结论；3. 文献盛称大禹治水，而禹治水之域主要在古河济一带的兖州，这是包括徐旭生在内的古史专家皆承认的史实。禹之治水，实主要为本部族人民的生存发展考虑；4. 濮阳又称作帝丘，为帝颛顼所居，而据诸多先秦古籍，鲧、禹及夏后氏系颛顼氏族的后裔；5. 夏初的夏后相居住在古濮阳，此在《左传》等书中有明确的记载，这是有关夏初诸王居住地的最早的文献记载。由颛顼到禹再到夏后相皆居住在古濮阳，这不是偶然的；6. 夏后氏的其他一些同姓及姻亲氏族皆居于以古濮阳为中心的古河济地区及其附近。①

以上皆属从文献中得到的禹都阳城在濮阳的证据。我那时对考古学还不太熟悉，提不出更多禹都在濮阳的考古学方面的证据，但我始终是重视考古发掘成果的。记得当时古河济地区发现了不少龙山时期的古城，包括山东阳谷和茌平发现的龙山时期的古城群、河南辉县孟庄发现的龙山古城，联系到以前在此不远处发现的安阳后岗古城、淮阳平粮台古城及郾城郝家台古城等，我曾在文章中指出，这一带发现的如此多且密集的龙山古城，应当就是文献记载的虞夏王朝或尧、舜、禹部落联盟所属各部落聚居的中心，既然它们都围绕在古濮阳的周围，我们凭什么说与它们处于同一地理环境的古濮阳不会有当时人们所修建的古城呢？我因而预言，“但愿不久的将来，考古工作者会揭开濮阳古城上面覆盖的厚厚的淤泥层，使这座中国最早王朝的都城重新呈现

① 参见拙作《禹都阳城即濮阳说》，《中国史研究》1997 年第 2 期。

在探寻夏文化人们的面前”[1]。

令人高兴的是，时隔不久，考古工作者的发掘果真将我的这个预言变成了现实。2005 年 11 月，在我有幸参加的中国社会科学院古文明研究中心及河南省博物院联合举行的“文明探源：考古与历史的整合”研讨会上，便传来了考古工作者不久前在濮阳的一个村子发现了东周卫国都城，并在卫都城址的下面发现有一座龙山时期古城的信息。主持这项发掘工作的袁广阔研究员在会上介绍说，这座古城是在濮阳东南约 10 公里的五星乡高城村发现的，高城原本叫作高阳城（高阳为帝颛顼的别称），龙山城被叠压在春秋卫国都城之下，具体位置在卫都北城墙的下面。通过简单挖掘，已发现龙山城的夯土结构，根据夯土中含有龙山早、中期的陶片，推测其建造时间在龙山中晚期。[2]

近日，有关濮阳高城古城遗址的信息又进一步被刊登在北京大学古代文明研究中心所编的《古代文明研究通讯》上面，其称遗址的夯土城是濮阳市文物保管所在 2002 年对该遗址进行的考古钻探中被发现的。其后，从 2005 年 4 月至 2006 年 6 月，河南省文物考古研究所与濮阳市文物保管所联合组成的调查小组对遗址再次进行调查与试掘，初步探明该遗址为一处面积约为 916 万平方米的古城址。这 916 万平方米当是春秋战国时期卫国都城的面积。从古城某些部位的叠压情况看，其产生的时代当更早。其中，在该城北城墙西部至中部所开挖的 T1、T2、T3 三个探方中不同时期的夯土内，都出土了较多龙山时期的陶片，结合西墙北部钻探及南墙小面积试掘也都探出过龙山陶片的事实，可以判断这里曾经存在过一处面积较大的龙山文化遗址。对于春秋卫都下面叠压的更早时期的夯土城的年代，目前虽无法最后确定，但由 T2 内分布于最内侧的夯土呈深灰色、夯层内无夯窝且分层较厚，并其被外侧所有夯层叠压、地层叠压关系最早、夯土内含有较多龙山早期或仰韶晚期陶片、其他陶片亦不晚于龙山时期等现象看，可以断定此

---

① 参见拙作《禹都阳城即濮阳说》，《中国史研究》1997 年第 2 期。

② 以上为笔者参加研讨会所听取的袁广阔研究员的发言记录。

探方内的夯土时代最早。文章最后在谈到高城遗址发现的意义时指出，有关“文献记述和传说中的帝丘及卫国都城，应当就是现今所发现的高城遗址，它不仅为研究卫国历史提供了可靠的资料，同时也为研究五帝之一的颛顼以及夏商历史提供了重要线索”[①]。

袁广阔及有关先生在北京大学所编《古代文明研究通讯》上所发表文章的介绍和分析都比较客观，结论也是不错的，但有一点不足，就是没怎么涉及这座龙山古城与夏的关系（《通讯》上文章有一句谈到濮阳“也是夏后相的都城”）。其实，从文献与考古的结合看，我们更应该考虑到它是夏初的一座都邑，很可能即是禹所都的阳城。一则，古濮阳有阳城的名称；二则，该城的年代属龙山中晚期，其下限与人们认定的夏初纪年正相符合；三则，文献记载与考古发现的结合在这座古城的性质判断上体现得更加密切。上引《左传》僖公三十一年记载卫成公梦康叔曰，称“相夺予享”，不仅表现了这里曾经是夏后相居住的一座城邑，而且表现了春秋卫都是在过去夏都旧址上兴建的事实，这与考古发现春秋卫都叠压在龙山城之上的现象若合符节。至于学者称它为颛顼所居的帝丘，也不与我们认濮阳为禹都阳城的说法相冲突。如前所述，文献记载鲧、禹实为颛顼的后裔，如称“颛顼产鲧，鲧产文命，是为禹”[②]，或称夏后氏“祖颛顼而宗禹”[③]，或称“颛顼五世而生鲧，鲧生高密，是为禹”[④]。或许是颛顼氏修建阳城在先，禹和夏后相接着又把它充作了自己的都城。

除濮阳龙山古城的发现外，考古发现的龙山时期濮阳一带的聚落群也能提供濮阳作为夏初都邑的证据。实际上，对于龙山时期濮阳一带在聚落形态上特别突出的地位，是由许顺湛最早提出来的。1987年，濮阳西水坡发现了仰韶时期三组蚌砌龙虎图案，一时引起轰动，有关

① 河南省文物考古研究所、首都师范大学、濮阳市文物保管所：《濮阳高城遗址考古新发现》，北京大学古代文明研究中心编：《古代文明研究通讯》第33期，2007年6月。

② 《大戴礼记·帝系》。

③ 《礼记·祭法》。

④ 宋衷注，秦嘉谟等辑：《世本八种·雷学淇校辑本·帝系》，商务印书馆1957年版，第2页。

方面随即举行了“龙文化与中华民族”的学术讨论会。2000 年，这里举行第二次学术研讨会，许顺湛出席会议并提交了论文，论文的题目是《濮阳龙山聚落群的启示》[①]，内容不是谈龙山文化，也不是谈仰韶时期的濮阳，而是谈龙山时期的濮阳，他感到濮阳一带龙山时期的聚落群是更值得研究的事情。

据许顺湛的介绍，龙山文化遗址在濮阳市所辖各区县的分布并不平衡，其集中分布的地区主要是在濮阳县周围，这里连同濮阳市区共发现了 20 处龙山聚落，加上西边滑县与濮阳靠得十分近的 21 处聚落，组成了一个总共包括 41 个聚落的大聚落群，其中的中心聚落就是我们前面提到的发现有龙山城的濮阳五星乡高城遗址，其面积竟达到 100 万平方米。按照许顺湛对聚落规模的层次划分，整个濮阳聚落群的结构如下：

特级聚落 1 处：濮阳县五星乡高城遗址，100 万平方米。

一级聚落 1 处：濮阳县子岸乡文寨遗址，40 万平方米。

二级聚落 2 处：市区南戚城村遗址，15 万平方米；濮阳县子岸乡齐劝遗址，10 万平方米。

三级聚落 37 处：均在 9 万平方米以下。

从聚落群的这种规模与层级结构出发，许先生提出各小型聚落（三级聚落）应是一些氏族部落的居地；二级聚落可能是“邑”一级的中心遗址，特级聚落和一级聚落应考虑是古国的国都遗址。如是，濮阳聚落群显示了一个“都、邑、聚”结构齐全的古国或古代酋邦的存在。

当许先生这篇论文发表的时候，濮阳高城尚未进行正式发掘，人们并不知道高城遗址下面覆盖着规模庞大的春秋卫国都城及其更下面的龙山古城，但许先生已从该聚落群的不同寻常的规模及周围地区的考古发现感觉到这一带地下可能有这样一座龙山古城，他说：

> 与濮阳紧临的山东阳谷发现有古城，在安阳的后岗、辉县的

① 许顺湛：《濮阳龙山聚落群的启示》，中华炎黄文化研究会等编：《2000 濮阳龙文化与现代文明学术讨论会论文集》，中国经济文化出版社 2003 年版，第 224—226 页。

> 孟庄、新密的古城寨、淮阳的平粮台等地，都发现了龙山时期的古城。这就是说在濮阳龙山聚落群的四周都有同时期的古城发现，说明当时的社会并不安全，各部族之间并不是和平共处，都有防御设施。但是濮阳这样一个庞大的聚落群，具有古国性质的大聚落群，居住在四面强敌之中，没有防御设施是不可理解的。因此，不排除在濮阳龙山聚落群中发现古城的可能性。[①]

笔者过去也曾提出濮阳地区应该有古城的设想，这个设想除了依据文献有关夏初虞夏诸部在这一带活动的记载外，也考虑到濮阳四周发现龙山时期古城的情况。[②] 此见考古学者与历史学者可谓不谋而合。所不同者，许先生主要是考虑到古代濮阳与帝颛顼的关系，我则除了考虑到帝颛顼在此居住外，更多地考虑到夏后氏也在这里居住过，考虑到禹都阳城与濮阳的关系，以及《左传》有关夏后相的居地就是以后的卫都濮阳的记载。

现在结合新近发现的濮阳龙山古城，再来分析濮阳龙山聚落群所包含的历史意蕴。不妨先将濮阳聚落群与中原同期其他聚落群做一番比较。

针对学术界不少人认为禹都阳城在今河南登封的看法，笔者曾经指出过河南颍川地区的登封阳城不能认作是禹都的理由。因为这里距离夏兴起的崇山位置过远，被人认作是崇山的今登封市的嵩山或嵩高山先秦时期只称作太室山或外方山，而未有崇山的名称。另外，这里的地势环境也与禹治洪水之事不相干连，我们不能设想一个与洪水发生没有关联的地方的部落首领会领导民众进行大规模的治水活动。并且文献记载当时一些著名的氏族部落都不在这个地方。而今我们从聚落考古的角度观察，这里不能视作禹都的理由或许更为充分，因为这里龙山时期的聚落遗址的数量和规模并不十分突出，在与河南各地同

① 许顺湛：《濮阳龙山聚落群的启示》，中华炎黄文化研究会等编：《2000 濮阳龙文化与现代文明学术讨论会论文集》，第 224—226 页。

② 参见拙作《禹都阳城即濮阳说》，《中国史研究》1997 年第 2 期。

期聚落群的比较中只能算作一般，不能体现出王都气象。[1] 在这一点上，濮阳聚落群明显比登封具有优势。我们查阅了河南龙山时期所有聚落及学者所划分的各个地区聚落群的资料，可以看出，像濮阳聚落群这样包含有如此众多的聚落，其中心聚落达到如此大面积的规模并同时建有古城，其下属各聚落的等级划分又如此分明的河南龙山时期考古发现，似乎再找不出第二个。

从聚落群所包含的聚落数及其内部结构的比较上看，如以许顺湛提供的河南省各地龙山时期聚落群的划分作依据，[2] 可知河南各地只有确山聚落群（位于豫南）一地的聚落数（46 处）超过了濮阳聚落群。但这个聚落群却没有大型聚落，其最大的一处聚落驻马店市郊的刘阁乡党楼遗址只有 17.5 万平方米，仅及许氏的二级聚落标准，余皆为不及 10 万平方米的小型聚落，是其尚未形成“都、邑、聚”的金字塔形聚落结构。在这一点上，其与濮阳聚落群不可同日而语。濮阳聚落群拥有超过 40 个以上的聚落，又各大中小型聚落的金字塔形结构层次分明，这是其他聚落群无可比拟的。

若比较各聚落群中心聚落的规模，濮阳五星乡高村聚落遗址亦不让同时期中原地区任何一处聚落遗址。查阅有关资料，知河南全省龙山时期上百万平方米的遗址只有两个，一个是三门峡市郊的小交口遗址，其面积 240 万平方米，为陕县聚落群之首，也是同时期河南山东两省最大的聚落遗址；另一个是濮阳五星乡高城遗址。但遗憾的是，三门峡小交口遗址未曾发现有城址，这个地区的其他聚落遗址也未发现有城。濮阳五星高城聚落遗址的面积据过去的估计为 100 万平方米，在河南省所有

---

① 按许顺湛据杨育彬主编《中国文物地图集·河南分册》的统计，登封市所辖各乡镇只有 13 处龙山时期的聚落（包括王城岗所在的八方聚落遗址），其中没有一级聚落，二级聚落只有一处（10 万平方米），余皆为 9 万平方米以下的小聚落。（许顺湛：《五帝时代研究》，中州古籍出版社 2005 年版，第 254 页）不过，近年来，经考古工作重新探索，这里聚落的数量和规模都比过去有所扩大，其中在王城岗小城迤西发现了据说有 30 万平方米的大城，遗址面积也被重新估定为 50 万平方米（《河南登封王城岗遗址 2002、2004 年发掘简报》，《考古》2006 年第 9 期）。然这些新发现尚存有一些疑问，所谓“大城”实际只发现了其北面的一段墙体。即令新发现的这些数据属实，登封龙山聚落群也只能是一个势力不大的群体。

② 许顺湛：《五帝时代研究》，第 240—264 页。

聚落遗址中排第二位，虽不及三门峡小交口遗址，但它建得有城。目前，濮阳城的考古发掘工作尚未结束，我们无法得知春秋濮阳城下面压着的这座龙山古城的准确数据，仅凭估计，其规模应不会太小，或许会是目前河南山东两省发现的龙山古城中最大的一座。我们看目前已经公布的河南省发现的龙山古城与其所在遗址面积之间的比例关系，一般是城址面积约占整个遗址面积的一半，或稍多一点。如郾城郝家台，城址面积 3.28 万平方米，所在遗址面积 6.5 万平方米；新密古城寨，城址面积 17.65 万平方米，所在遗址面积 27 万平方米；淮阳平粮台城址与所在遗址面积均为 5 万平方米；辉县孟庄，城址面积 12 万平方米，所在遗址面积近 30 万平方米；登封王城岗，城址面积 30 万平方米，所在遗址 50 万平方米（据新的发掘与调查数据）。此外，最近发掘的焦作徐堡龙山古城，其城圈的面积与所在遗址的面积分别为 20 万平方米及 40 万平方米，也是前者占后者的一半。[①] 按照这个比例关系，濮阳龙山古城的面积至少应在 50 万平方米以上，为河南山东两省所发现龙山古城之首。当然这只是一个大致的估计，高城龙山遗址 100 万平方米的面积也是一个大致的估计。从上述高城遗址的发掘情况看，可能实际情况要比这更大一些，作为一个王朝的都城，尽管它处在王朝的初期阶段，50 万平方米的规模还是小了一点。我们期待着考古发掘的最终结果。

总之，从濮阳发现的古城址及濮阳聚落群的聚落数量、规模与层级结构看，濮阳可视作夏初禹所都的阳城，是没有什么问题的。

二 从聚落形态的发展变化看夏共同体在古河济地区的兴起

以上只是对夏后氏居住在濮阳地区的分析。但夏后氏只是夏共同体的一个氏族，是这个共同体占统治地位的酋邦，并不等于整个夏族，夏共同体或曰夏族是以夏后氏为首的多个与夏后氏同姓及与夏后氏通

---

① 毋建庄等：《河南焦作徐堡发现龙山文化城址》，《中国文物报》2007 年 2 月 2 日第 2 版。

婚的氏族部落组成的，如人们所熟悉的有扈氏、有莘氏、斟灌氏、斟鄩氏、有仍氏、有虞氏之类。它们都围绕着夏后氏所居的古濮阳城，居住在古河济地区及其附近。[①] 那么，考古发掘资料能否提供整个夏族共同体在古河济一带兴起的证据呢？这需要从古河济地区及其附近聚落形态的发展变化谈起。

古河济之间及其附近地区主要指今豫鲁交界一带，包括今豫北及豫东的一部分地区、鲁西南及鲁西的一部分地区。今天这一带整个都是平原地形，属于由黄河冲积而成的华北大平原的一部分。由于它处在东面的泰沂山地及西面的太行山地两个高地之间，地势十分低洼。又由于黄河下游河段及其众多支流在这里流过，造成境内河网密布、湖沼池泽众多的自然环境。特别是在远古时代，气候较今湿热，这种河流湖沼众多的地理环境更显突出。仅鲁西南的菏泽地区，见于先秦两汉文献记载的湖泽就有大野泽、孟渚泽、雷夏泽、菏泽、蒙泽等，流经这一地区的河流则有古河水、古济水、古濮水、古滩水、古沮水、古菏水以及其他一些小的河流。由于地势低洼及水网过于密集，古代地质沉积过程又十分缓慢，因而远古时期这一带基本上是人类无法居住的。直到仰韶文化及大汶口文化时期，这里除少数地势较高的土丘之外，多数地区仍少有人居住。以是，这里新石器时代早中期的遗址异常稀少，仰韶文化及大汶口文化时期的遗址亦不算多。在豫北属于古河济之间范围内的濮阳县及濮阳市郊一带，只发现有 5 处仰韶时期的聚落。聚落的规模亦小，濮阳市郊的戚城村遗址算是这一带最大的仰韶聚落，其面积只有 15 万平方米。此与龙山时期这一带聚落密集的情况自不可同日而语，就是比起同时期河南省其他许多地区，如豫西、豫中、豫南一些地区仰韶聚落繁庶的情况，亦差之甚远。豫东的情况与豫北相类似，尤其与鲁西南接壤的开封市及商丘市两个辖区，加起来亦不到 10 处仰韶文化遗址，并同样均是小型遗址，构不成聚落群。[②]

---

① 沈长云：《说“夏族”——兼及夏文化研究中一些亟待解决的认识问题》，《文史哲》2005 年第 3 期。

② 参见许顺湛《五帝时代研究》，第 226—228 页。

位于鲁西南的菏泽地区亦是同样情形，有关文章介绍这里只有 8 处大汶口文化遗址，且均属大汶口文化的晚段。[①] 菏泽以北与冀豫两省交界的山东聊城地区，大汶口时期的遗址亦不算多，如发现有众多古城的茌平周围地区，只发现有 6 处大汶口文化遗址，而发现的龙山时期的遗址则多达 30 余处。另一个以发现多处龙山城著称的聚落群阳谷县周围，也只发现有 4 处大汶口文化遗址，发现的龙山文化遗址为 19 处。[②] 总之，整个豫东鲁西古河济之间及其附近地区，直到仰韶—大汶口文化时期，尚处于人口较少，聚落不发达的状态，这是可以下断言的。

然而到了龙山时期，这一带的面貌却发生了根本性的变化。各个地方的聚落一下子增加了许多，遗址规模变大。尤其作为史前聚落最高形式的城址接踵涌现，城址的密度与规模超过了中原其他地区，还有成组的城址出现，成为本地区龙山文化的一大亮点。

目前这一带的龙山古城主要发现在鲁西聊城地区，共两组 8 座城址。一组在阳谷县，以景阳冈古城为中心，包括其附近的皇姑冢古城和王家庄古城。其中景阳冈古城的面积达 38 万平方米，[③] 位于阳谷县东南张秋镇景阳冈村周围；皇姑冢古城在它的东南方向 8 公里处，面积约 6 万平方米；王家庄古城在景阳冈东北约 10 公里处，面积约 4 万平方米。[④] 另一组发现在茌平及其附近的东阿县，包括教场铺古城、尚庄古城、大尉古城、乐平铺古城和王集古城。其中教场铺古城的面积稍大，约为 5 万平方米。[⑤] 在其北面 19 公里处的尚庄古城 3 万余平方米，东北 3 公里处的大尉古城 3 万平方米，东北 6 公里处的乐平铺古城 3500 平方

① 陈洪波：《鲁豫皖古文化区聚落分布与环境变迁》，《考古》2007 年第 2 期。

② 参见张学海《论山东地区的龙山文化城》，陈昆麟编著：《鲁西文博论丛》，齐鲁书社 2000 年版，第 43—44 页。

③ 山东省文物考古研究所等：《阳谷县景阳岗龙山文化城址调查试掘》，《考古》1997 年第 5 期。

④ 参见张学海《论山东地区的龙山文化城》，陈昆麟编著：《鲁西文博论丛》，第 30—31 页。

⑤ 中国社会科学院考古研究所山东队等：《山东茌平教场铺遗址龙山文化城墙的发现与发掘》，《考古》2005 年第 1 期。

米，东南3公里处位于东阿县境内的王集古城3.7万平方米。[①] 这两组古城中，尤以景阳冈古城最为引人注目：不仅其面积远大于其他古城，且其内部的结构非同一般：城内筑有一大一小两座夯土台址，大者面积达9万平方米，小者约1万平方米。学者推断前者为宫殿基址，后者为祭祀建筑基址。它应当是当时一座古国或酋邦的都邑。

像阳谷、茌平这样以成组形式出现的古城址，在国内龙山时期的聚落考古中，是从未有过的。城址的数量与密集程度，在国内各个地区也是首屈一指的。就景阳冈这座古城的规模与其内部结构而言，除了山西陶寺遗址以外，也少有哪个地方的古城可与之比肩。其潜在的历史意蕴，还有待深入探讨。[②] 其实不仅聊城的这两组古城，将眼光再放大到整个古河济地区，这里发现的古城址的规模与数量也是其他地区无法比拟的。上文已经谈到濮阳发现有龙山古城。鲁西南的菏泽地区，据张学海先生介绍，也有曹县的春墓岗及定陶的仿山两处古城，只不过未曾发掘而已。[③] 再加上稍远一点的位于豫北安阳地区的后岗龙山古城及新乡辉县孟庄古城，整个古河济地区共有13座龙山城，真可称得上是国内古城址最为集中的地带。这些古城都围绕着濮阳这个夏初的帝都，其距濮阳的直线距离，远不过一百多公里，近者只有几十公里。如此情况的布局意味着一个什么样的政治格局，应是不言而喻的。

除古城址外，一般龙山时期的聚落在这一带的密集程度也是令人瞩目的。尽管这一带许多地区由于处在日后的黄泛区，历来的洪水泛滥使不少古代遗址被淤泥淹埋于地下以致未能被发现，但仅就已发现的龙山时期的遗址而言，这里聚落遍布与集中的情况已是相当可观。上面介绍的濮阳地区的聚落遗址群可以说是一个典型。除此之外，鲁西南菏泽地区龙山时期聚落的密集程度亦值得一提。据李玉凤《菏泽地区的龙山文

---

① 参见张学海《论山东地区的龙山文化城》，陈昆麟编著：《鲁西文博论丛》，第29页。

② 张学海认为阳谷古城群与以舜为首的有虞氏的地望大体一致，可备一说。见《东土古国探索》，《华夏考古》1997年第1期。

③ 张学海：《山东史前聚落时空关系宏观研究——苏秉琦学术思想在山东考古的再实践》，宿白主编：《苏秉琦与当代中国考古学》，科学出版社2001年版，第227—245页。

化概述》介绍，目前菏泽地区发现的古遗址近三百处，其中新石器时代的遗址占三分之一还多。[①] 也就是说，这里新石器时期遗址的数量起码在一百处以上。这些新石器时代的遗址基本上都应是龙山时期的遗址，因为这里没有太早的新石器时期遗址，少数几个大汶口文化遗址同时也含有龙山时期的文化。笔者 2006 年春曾受菏泽市历史文化与中华古代文明研究会之邀，到菏泽地区考察其古文化遗址，亲自感受到该地区古文化遗址遍布的情况。这些古遗址大都坐落在一些大大小小的堌堆上面。所谓堌堆，即一些高出地表的小土丘。今天这些土丘的面积因各种历史原因已显得不是很高大，但据说过去的面积与高度却往往十分可观。如梁山县的青堌堆，在 1958 年的面积就还有 32 万平方米。[②] 它们分布在菏泽所辖各个区县，尤以该地区中部的曹县、定陶、鄄城及菏泽市区为多。其土质呈灰黑色（不同于周围由黄河泛滥造成的黄沙土），正与《尚书·禹贡》所记"河济惟兖州……厥土黑坟"的土质状况相同。考察所见，这些堌堆从上到下都包含有不少龙山时期的陶片，显然都属于龙山时期的遗址。也有的同时含有岳石文化的陶片，说明其同时包含有龙山文化与岳石文化的内涵。据称，这样的堌堆遗址在整个菏泽地区共有数百个，仅该会会长、时任菏泽市人大常委会副主任的潘建荣先生在菏泽市政区图上为笔者标示出来的就已达到 120 余处。不过，其中有些较大型的遗址似是"堌堆"这个概念容纳不下的，如上举曹县西北的春墓岗遗址，张学海先生认为那里曾经有过的几处夯土台原是连接成一线的首尾长达千余米的夯土城的城墙。如是，则这里应是一处在较为广阔而又较高的地势上建造起来的有相当规模的城址。如果说这座龙山古城址也是建造在堌堆之上的话，那么这个堌堆的面积着实可观。

对于聊城地区龙山时期的聚落状况，因目前尚无法得到所有该地区龙山遗址的统计资料，只能据其中一些个案作出估计，如上引张学

---

① 李玉凤：《菏泽地区的龙山文化概述》，山东大学历史系考古教研室编：《纪念山东大学考古专业创建二十周年文集》，山东大学出版社 1992 年版，第 188—197 页。

② 中国科学院考古研究所山东发掘队：《山东梁山青堌堆发掘简报》，《考古》1962 年第 1 期。

海文章提到，该地区的茌平聚落群有龙山遗址 30 处，阳谷聚落群有龙山遗址 19 处。想必整个聊城地区龙山时期的聚落遗址不会在邻近的山东菏泽及河南濮阳两个地区之下的。

现在，可以对古河济地区（及其附近）仰韶与龙山两个时代的聚落遗址做一番数字比较。对于豫北，笔者选取濮阳、新乡、安阳、鹤壁四个地区做统计对象；对于豫东，选取开封、商丘两个地区做统计对象；鲁西南以菏泽地区做统计对象；鲁西以聊城下面的两个聚落群做统计对象。其中豫北及豫东的统计，都以许顺湛《五帝时代研究》所划分的聚落群下所辖聚落为依据；鲁西南及鲁西，则以上面的分析作依据。先看豫北及豫东地区，如表 1：

表 1 **豫北及豫东地区聚落**

地区		聚落数	
		仰韶时期	龙山时期
豫北	濮阳地区	5	20
	安阳地区	10	35
	新乡地区	10	37
	鹤壁地区	10	42
豫东	开封地区	无	11
	商丘地区	无	36

再看鲁西南及鲁西地区（部分），如表 2：

表 2 **鲁西南及鲁西地区（部分）聚落**

地区		聚落数	
		大汶口时期	龙山时期
鲁西南菏泽地区		8	120
鲁西	茌平聚落群	6	30
	阳谷聚落群	4	19

可以看出，古河济之间及其附近地区的豫北及豫东一带，仰韶时期与龙山时期聚落遗址之比是35∶181，而鲁西南及鲁西部分地区大汶口时期与龙山时期聚落遗址之比是18∶169，二者合计，整个古河济之间及其附近地区仰韶—大汶口时期与龙山时期的聚落遗址之比为53∶350。需要指出的是，上列数字仅仅表示这个地区仰韶时期与龙山时期聚落的比例关系，并不表示这个地区的所有聚落数，因为这一带尚有许多古代遗址由于历年洪水泛滥被深埋于地下而未被发现。同时，豫北及豫东一些未在作者认定的聚落群范围内的聚落亦未收集在这个数字之内。仅此而论，已能反映出龙山时期这一带人口与聚落大量增长的情况，这应当是古代夏族在这一带兴起的考古学上的有力证明。

三　气候变迁、人群迁徙与古河济地区经济文化中心地位的确立

我们说龙山时期这一带人口与聚落有了大量增加，只是表明龙山时期即夏代国家产生前后这里社会发展的兴旺程度，并不一定意味着这里的人口与聚落密度一定比其他地方要高（也不一定比其他地方低）。但是，这里人口与聚落增长的速度却是任何其他地方都不能比拟的，它反映这里是当时社会发展、经济增长最具活力的地区，是吸引人们前来进行开拓与发展的最为适宜的地方。对于这一点，同样可以列出其他一些地方的有关数据进行比较。

目前多数人们都认为中原地区是中国古代文明的发祥地，这是不错的。但所谓“中原”所指范围过大又过于笼统，到底何处是中国古代第一个早期国家的发祥地，还应仔细考究。为此，相当部分学者又将探索的眼光集中于中原的豫西地区，也就是日后二里头类型分布的伊洛汝颍一带地区。这里龙山时期的聚落不能说不发达，但是有一个根本问题，就是与过去仰韶时期的聚落相比较，这里基本上没有什么长进。也以许顺湛对这一地域所做的统计为依据，其统计出这一地域所包括的郑州、洛阳、三门峡、平顶山及许昌几个地区仰韶时期聚落

群拥有的聚落数共有449处（郑州80、洛阳167、三门峡153、平顶山43、许昌6），其中大型聚落（特级聚落与一级聚落）共26处；龙山时期这一地区拥有的聚落数为471处（郑州77、洛阳167、三门峡141、平顶山52、许昌34），其中大型聚落共24处。一看便知道，这里龙山时期的聚落比仰韶时期并没有明显增长，其中大型聚落甚至还有所减少。

高江涛同学的博士论文《中原地区文明化进程的考古学研究》对上述地区两个时期的聚落分布亦进行了研究。他是比较倾向于将中国第一个早期国家的起源地放置在豫西一带的，但其研究的结果却同样表明这里龙山时期的聚落较前一个时期没有什么增长。他的文章使用了“区聚落”这一概念，据称指一些较大流域内组成的聚落群，认为豫西自仰韶至龙山时期聚落遗址分布最密集也最具有代表性的区聚落有三个，即伊洛区聚落、颍河区聚落及弘涧区聚落。现将他所统计的这些区聚落仰韶时期及龙山时期的聚落表列如下（见表3）：

表3　**仰韶时期及龙山时期的聚落**

区聚落名称	遗址总数		特大型聚落		大型聚落		中型聚落		小型聚落	
	仰韶时期	龙山时期	仰韶时期	龙山时期	仰韶时期	龙山时期	仰韶时期	龙山时期	仰韶时期	龙山时期
伊洛区聚落	229	304	5	5	24	30	31	30	169	239
颍河区聚落	94	128	1	2	3	5	14	14	76	107
弘涧区聚落	141	120	6	3	10	6	15	9	110	102
合计	464	552	12	10	37	41	60	53	355	448

从表3中可以看出，豫西一带具有代表性的三个聚落区仰韶时期与龙山时期的聚落总数差别并不是很大，而其中的大型聚落与特大型

聚落则两个时期大致持平，中型聚落在龙山时期还有所减少，所增长者，多为小型聚落。总的看来，高江涛博士与许顺湛先生的统计提供的信息基本是一致的，龙山时期豫西一带的人口聚落较前一阶段并没有明显的增长。这与笔者前面阐明的豫东北、鲁西、鲁西南一带龙山时期聚落较前一个时期成倍、成十倍增长的情况适成鲜明对照，可以说是处在停滞的状态。

倘若再仔细进行分析，还可以发现豫西一些地区的人口与聚落不仅没有增长，反而有所倒退。如高江涛博士提到的弘涧区，其龙山时期聚落总数由仰韶时期的141处减至120处，尤其是其中的特大型聚落，由6处减至3处；大型聚落，由10处减至6处，几乎减了一半！我们知道，这一带本是仰韶（中晚期）聚落最为繁盛的地区之一，著名的仰韶村遗址就在这里，还有传为黄帝所居的铸鼎原亦在这里，然而到龙山时期却走向衰落了。伊洛区龙山时期的遗址总数虽然有所增长，但其中心地区伊洛平原的聚落数却在减少，由仰韶时期的105处减至95处，高江涛博士的论文指出了这一点。[①]

像豫西弘涧区这样龙山时期的人口与聚落较前一个时期衰退的地区，还有其西邻陕西关中地区。按许顺湛的统计，该地区西安、铜川、宝鸡、咸阳、渭南5个辖区仰韶时期共有44个聚落群，聚落总数为1162处，其中特级聚落32处，一级聚落39处，而到龙山时期，这5个辖区下面的聚落群只有31个，聚落总数竟减至691处，其中特级聚落与一级聚落亦分别减至15处和25处。[②] 我们知道，关中地区也是传统的仰韶文化的主要分布区，其聚落群及聚落的分布都较其他地区密集，然而到龙山时期，它却如此急剧地走向衰落。

于是我们发现，在整个黄河中下游范围，当仰韶文化与龙山文化交替之际，从西到东，其聚落与人口结构发生了一次根本性的变动，西边一些传统的人口稠密区和文化先进地区的人口与聚落在急剧地减

① 高江涛：《中原地区文明化进程的考古学研究》，博士学位论文，中国社会科学院考古系，2006年，第114页。

② 许顺湛：《五帝时代研究》，第285、328页。

少，东边接近黄河下游一带地区的聚落与人口在急剧地增加，像是发生了一次大的人口转移。

原来笔者认为这种人口与聚落的变动只是自己的发现，然而最近读到一些学者所写的环境考古的文章，才知道学术界早有人在笔者之先揭示了史前黄河中下游一带这场聚落与人口的变动。其中曹兵武先生的文章便提到：

> 大约距今五千年左右，中国几乎所有史前考古学文化发达的地区（特别是中原一带）都发生了一次剧烈的文化因素的增生、分化与重新组合运动……在遗址的分布上，不少仰韶时期的遗址被废弃不用。仰韶文化的中心区域比如关中、豫西等，龙山遗址较仰韶遗址大为减少，似乎经历了一次空心化运动；而一些仰韶时期人迹罕至的地方比如豫东与山东交界之处，豫东南、鲁西南和皖西北交界之处，到龙山时代则遗迹广布。①

另有学者的文章则更具体地指出，豫东鲁西一带是在龙山晚期聚落才空前繁荣起来，与此同时，海岱地区过去聚落较为发达的鲁东南一带，到龙山时期则聚落发现较少，整个海岱地区的文化、经济、政治中心由鲁东南转移到鲁西、鲁西北平原一带。②

如此看来，向着豫东鲁西一带平原低地进行人口与聚落转移的，不仅有西边原仰韶文化中心的关中、豫西一带地区，也有东边原大汶口文化时期及龙山早期聚落发达的鲁东南地区。古河济之间及其附近地区显然成了一个四方辐辏、人文荟萃、聚落繁庶的经济文化中心。

造成西、东两个方向的人口与经济文化重心向河济一带转移的原因，学者们也做了认真严肃的探讨。总的说来，这种原因可归结为自

---

① 曹兵武：《从仰韶到龙山：史前中国文化演变的社会生态学考察》，周昆叔、宋豫秦主编：《环境考古研究》第二辑，科学出版社 2000 年版，第 23 页。

② 燕生东：《全新世大暖期华北平原环境、文化与海岱文化区》，周昆叔等主编：《环境考古研究》第三辑，北京大学出版社 2006 年版，第 80、82 页。

然环境的变迁：一方面，由于人们对过去某些宜居地区长期过度的开垦与利用，造成了这些地区生活资料特别是生物资料的相对紧张与短缺；另一方面，由于气候的变化，造成各地区适合于人类生存与发展的适宜度也发生了很大的变化。一些地区在新的气候条件下提供给人类新的资源不再十分充裕，另一些原来不那么适宜于人类居住的地方，则因气候的变化，变得有利于人们的生存与发展，有利于提供给人们更多的物质资料。这后一类充满新的生机的地区，无疑便是我们所说的古河济之间及其附近地区。

根据学者研究，在距今 11000 年左右，气候由冷变暖，地质时代进入了全新世，考古学上亦随即进入了新石器时代。而从距今 8500 年开始的全新世大暖期期间，人类迎来了新石器时代文化的高度发展。尤其是在距今 7000—5000 年左右的一段时间，中国中原广大地区处在一个持续稳定的暖湿气候环境里，气温较高，雨量充沛，植物茂盛，最适宜于古人类的生存与繁衍。仰韶文化就处在这个时间段。不过，在这段时间，华北平原，尤其是在豫东鲁西一带，却因为这个时期的湿热气候，仍是一派川水横流、湖泊沼泽众多的景象，尚未完成向今天这样的自然地理环境的转化，除少数地势稍高的丘岗以外，多数地方仍不适宜于人类居住。迨至距今 5000 年左右，地球上的气候突然起了变化，整体上转向温凉干燥，气温降低，降水量减少。华北平原暨中原一带许多地方的孢粉资料表明，这些地方出现了栎等喜暖类阔叶树种减少，耐干凉的树种如松树等类植物增加的现象。喜暖湿的动物种类也减少了。同时，这种气候还导致了华北平原上湖泊沼泽的大面积萎缩，从而使得渤海湾的海浸停止，出现海平面下降，海水开始后退等一系列地质地理变化。①

这些变化对于中国北方及中原多数地区的古人类来说，也许并非

① 曹兵武：《从仰韶到龙山：史前中国文化演变的社会生态学考察》，周昆叔、宋豫秦主编：《环境考古研究》第二辑，第 26—28 页；燕生东：《全新世大暖期华北平原环境、文化与海岱文化区》，周昆叔等主编：《环境考古研究》第三辑，第 79 页；宋豫秦等：《中国文明起源的人地关系简论》，科学出版社 2002 年版，第 201 页。

好事，它导致了这些地区资源与能源的紧张。关中与豫西一些地方当龙山时期聚落与人口的减少，据信即与此有关。但是，对于地势低洼的豫东鲁西一带，这种气候与自然环境的变化却为之带来了生机。海平面的下降，引起河流侵蚀基准面的相应下降，导致河流下切，新的河流阶地、冲积平原和河口三角洲堆积的迅速发育，更导致这些地区湖泊沼泽的大面积减少。而这一切，又都意味着人们在这一地区生存空间的扩大，意味着聚落与人口向这些地区的转移。据说，在距今前4800—前4300年的龙山时代中期，气温有所回升，人类在华北平原的活动有所减少，但在距今4200年左右，气候又再次大幅度地变凉变干，促使这一地区的河道与海岸线基本固定下来，湖沼面积也更急剧地缩小，整个豫东鲁西变得更加适合于人类居住。① 加上这里一望无际的平原地形及原有湖泊河流的丰富的水产资源，吸引东西两个高地的人们纷至沓来，在这片广阔富饶的土地上繁衍生息，从事垦辟，从而使该地区的人口与聚落空前迅速地繁荣起来。

总之，从气候与环境的变化促使黄河中下游一带聚落人口结构相应发生的变化看，当龙山时代的晚期，古河济之间及其附近地区已经发展成为一个欣欣向荣、四方辐辏的经济、社会与文化的中心。这种发展趋势是当时任何一个地方不可比拟的。这与文献记载以夏后氏为首的夏族在这一带兴起，许多古代著名氏族在这一带活动，是完全相一致的，也与考古发现这里龙山时代的城邑星罗棋布，比较各地最为密集的状况是相吻合的，从而也构成了中国古代第一个早期国家在这一带兴起的历史地理背景。

四　余论

以夏后氏为首的夏族共同体兴起于古河济一带的结论，与时下不

---

① 燕生东：《全新世大暖期华北平原环境、文化与海岱文化区》，周昆叔等主编：《环境考古研究》第三辑，第79—80页。

少学者尤其是考古学者的主张发生冲突，他们主张夏自来就居住在西方，二里头文化就是夏文化，如果说二里头文化的上限包括不了夏人早期的活动遗迹，那也应在二里头文化的前身、豫西一带的龙山文化遗址中去寻找夏早期活动的踪迹。然而，正像前面已经指出的，将一个考古文化与一个王朝的历史文化混为一谈，不仅有违于史实，在理论上也是站不住脚的。目前国外一些学者已经对国内考古界一些学者在夏共同体或夏文化与二里头文化之间画上等号的做法提出批评，指出这种做法已落后于国际考古学的新进展，这是值得注意的。尽管我们不同意他们中的一些人对中国历史上的夏朝采取的一笔抹杀的态度，① 但我们对于夏及夏文化的探索的确存在着理论与方法上的问题，以致授人以口实。如陈淳博士的论文所引，国际学术界像柴尔德（Vere G. Childe）这样的考古学家早已指出，完全用类型学而不用社会学因素来对待考古文化，有着把同一集团生活的不同方面划分为不同文化的危险。布鲁斯·炊格尔（Bruce G. Trigger）也认为，考古学文化概念只适合于研究小规模的、相对封闭的、较为定居的史前社会，对于复杂社会，由于其社会和经济的差异会造成文化上的多元性，因而考古学文化在观察这样的社会时就会变成不适当的衡量手段。② 笔者认为，这个批评是切中要害的。前面也已指出，二里头文化与夏文化无论在时间上还是空间上都是很难完全对应的。根据文献记载，组织成夏代国家的那些氏族部落（即所谓“夏族”）确实很难被编织进一个单纯的考古文化的谱系。既然说夏已进入文明社会，那么，一个已经进入文明时代的复杂社会是绝不会与一个单纯的考古文化相对应的。我们最多只能承认二里头文化所跨越的某一个时间段（如它的三四期），在它的某些地区可能包含有部分夏人活动的遗迹，而不赞成二里

① 参见沈长云《夏代是杜撰的吗——与陈淳先生商榷》，《河北师范大学学报》（哲学社会科学版）2005 年第 3 期。

② 参见陈淳、龚辛《二里头、夏与中国早期国家的研究》，《复旦学报》（社会科学版）2004 年第 4 期；［加拿大］布鲁斯·炊格尔：《时间与传统》，蒋祖棣、刘英译，生活·读书·新知三联书店 1991 年版，第 126 页。

头文化即是夏文化这样笼统的提法。最近，李学勤先生来我校历史文化学院作演讲，也专门谈到考古学文化与古代王朝相互之间关系的问题，认为一些学者在这二者之间画上等号是不合适的。他明确表示，像岳石文化分布的一些地区，文献上明明提到了夏的一些部族在那里活动过，怎能把它们排除在夏文化的范围之外呢？

目前有关夏代历史文化的探讨，已经成了中国古代文明及国家起源研究的一个亟待突破的关键。由于我们迄今尚未发现可以肯定是夏朝留下来的文字资料，要将夏的有关历史记载，首先是它的一些基本史实考察清楚，使传说变成信史，无疑是一件任务十分艰巨的事情。这件事情当然主要应当通过考古发掘来进行。但要达到论证的目的，则必须使考古与历史研究双方有机地结合。现在，我们通过二里头遗址的发掘，对于夏作为一个国家规模的政治实体的存在，在认识上已经不成问题；对它存在的时间的下限，通过偃师尸乡沟商城的发掘及其与二里头遗址关系的比较，也可以说已基本清楚了。这两项认识，都是靠了文献与考古材料的有机结合。然而，对于夏代前期，尤其是夏兴起的认识还是相当模糊的，有关历史记载许多还没有得到证实。本文提出夏前期夏族活动于古河济之间，禹及夏后相所都之城在古河济地区的中心濮阳的论点，也是建立在考古资料与历史文献相互结合的基础之上的。如果要想在夏代国家起源问题的研究上把事情做得更深入和更细致，唯有使考古与历史更加紧密地结合起来，才能取得突破，取得令人信服的成绩。

（原载《历史研究》2007 年第 6 期）

关键是要弄清楚夏的地域问题

目前夏史研究众说纷纭，不少人质疑夏代在历史上的存在，这当然是不对的。但是，我们的研究者未能给持怀疑态度的人们以满意的回答，未能从根本上解除大家的疑虑，这也是一个不容忽视的问题。一些人自己的研究没有到位，包括对文献所载夏的地域在何处，都未能弄清楚，就急急忙忙地拿着错误的历史信息与某种考古学文化相比对，这样给出的夏文化或夏代历史，怎么能让人相信呢？

当今的历史研究，要求历史学与考古学二者紧密结合。既要充分借助文献记载的历史信息将考古材料有机地转化为史料，同时也要充分借助考古资料，补充、印证或是修订文献所载的某些历史信息。这就要求我们对文献与考古资料都要进行充分、认真、仔细的研究，不能出于自己的某种偏见，不管文献学与考古学本身的规则，随意找出一两条文献与某些考古材料“对号入座”。如果对于文献或者考古资料的理解出了问题，那是无论怎么结合也得不出正确结论的。

关于夏的地域，王国维早就有过专门论述。他在所著《殷周制度论》中明确指出：“夏自太康以后以迄后桀，其都邑及他地名之见于经典者，率在东土，与商人错处河济间盖数百岁。”他所说夏的都邑及“他地名”，前者可理解为夏的政治版图，后者可视为夏的诸侯国所在地域。这两者都在“东土”，具体地说在古河济之间，也就是今河南东部及山东西部一带。王氏说他这些结论均来自经典，主要是《左传》《国语》和古本《竹书纪年》，尤其是《竹书纪年》。他在这之前曾对古本、今本《竹书纪年》做过大量研究工作，他的这些说法应是有坚实的文献基础。之后，杨向奎又作《夏民族起于东方考》，进一步申明，中夏以前，夏之政治中心在今山东，其势力及于河北、河南。与王氏稍微不同的是，他主张夏晚期的势力已移居到河东及伊洛，不过“东方仍有孑遗”。顾颉刚对夏地域也有不少论述，其与弟子史念海合著的《中国疆域沿革史》也主张，夏代中期以前，夏王朝的政治中心在今山东省，势力范围则涉及河北、河南，至夏代晚期才西移到伊洛河流域。凡此，可见前辈学者对于夏所在地域的认识基本是一致的，即认为夏的大部分时间是在今河南东部及山东西部一带，至其晚期，则有可能将势力西移至今河南西部的伊洛一带，但东方仍保有其部分原有势力。

然而，我们今天一些主流学者对夏所处地域的看法，却与上述史学界推崇的老先生的意见全然相左！毋庸讳言，我这里说的“今天一些主流学者”，主要是指考古界的一些学者，他们一直以为夏的地域一开始就在豫西晋南，从而把这一地区同时代的考古文化（王湾三期文化、二里头文化）视作夏文化，以至于历史学者在东方论夏史，考古工作者在西方挖夏文化，这是我们极不愿看到的事情。

难道是老先生们的意见错了吗？不是。是我们今天的学者出了问题，出在对文献的史料价值没有一个判断标准和没有对文献认真钻研上。

即以夏都邑所在问题而言，文献记载夏的第一个都邑是禹都阳城，而最早记载阳城地望的是《世本》。其专记古帝王都邑的《居篇》说：“禹都阳城，在大梁之南。”大梁是战国时魏惠王的都邑，在今河南开封南；《世本》为先秦时期的著作，这些都没有任何问题。可是我们的一些主流学者却偏要相信三国时期韦昭为《国语》所作的一个注，说禹都阳城在汉代的嵩高山下，即今河南登封境内。到底我们应该相信先秦时期的文献，还是魏晋时人的说法？应当是不难判断的一个问题，何况韦昭的这个注解本身也存在着不少错误。篇幅所限，不再详加辨析。

接下来谈所谓启都。文献其实并没有关于启都的记载，可是一些学者却硬说文献记录了启都，并称启都在阳翟，即今河南禹州市。根据是这里有一个传说中的钧台，可以与《左传》“夏启有钧台之享”相印证。然而，这些学者引以证明阳翟有钧台的所有文献，要么是伪书（今本《竹书纪年》），要么就是晚出之书，其早不过两晋时期。不知为何先秦、秦汉古籍一句都没有提到钧台在阳翟这样的话，甚至《汉书·地理志》中也没有类似的记载，有的却只是启活动在今河南东部濮阳到原阳一带的记录。这样一种对待文献的态度，怕也是难以取信于人吧！

再接下来是太康所都斟鄩的问题。《竹书纪年》称“太康居斟鄩，羿亦居之，桀又居之”，斟鄩关系到夏早晚两代君主的居邑。然而斟鄩的地望，早期文献并没有特别说明。《汉书·地理志》班固自注说它在今山东潍坊附近，又因距中原太远而难以取信于人。一些学者于是抓住这一点，硬说斟鄩在今河南洛阳附近的巩义市，根据是这附近有地名鄩中，还有鄩水、鄩谷、鄩城之类。殊不知这些以鄩为名的地名，皆因春秋时期周大夫鄩肸在此居住，与夏代斟鄩没有任何关系。其实文献中自有关于斟鄩的线索。按《左传》哀公元年称：“昔有过浇杀斟灌以伐斟鄩，灭夏后相。后缗方娠，逃出自窦，归于有仍。”稍加考证，便可查出斟鄩在斟灌（今河南范县）与有仍（今山东曹县）之间，只是这些学者懒得去探寻或故意忽略它罢了，因为这与他们的设计不合。这难道也是对待文献的正确态度？

其他几个夏的都邑，如相所居帝丘、帝杼所居老邱、帝孔甲所居西河，均在豫东濮阳至开封一带，这连坚持夏在豫西晋南的学者也不否认。结合上述几个夏都的考证，可见夏的都邑几乎全在豫东鲁西，也就是当时的古河济之间，王国维的说法是完全正确的。

至于夏的诸侯，包括夏的同姓与异姓的居处，也就是王氏所说的“他地名”，也都在东方的豫东鲁西一带，与夏都如插花般错杂在一起。对此，我曾按照王氏所示，对它们一一加以考证，以见王说之不诬。篇幅所限，也不在此展开。

当然，现今学者的这些观点在很大程度上继承了前辈学者徐旭生、邹衡等人的说法。我对徐旭生、邹衡等先生的学问自是十分钦佩，但在夏文化地域这个问题上，却不敢苟同他们的某些说法。例如称《逸周书·度邑》所谓“有夏之居”为夏后氏之居处，这就很成问题。这里的“有夏之居”当为“有周之居”，乃周人在斟酌自己所选东都位置的一句话语。我曾为之专门写过一篇短文讨论此事。杨宽所著《西周史》论周都洛邑时，也是这个看法。他还引用了屈万里的说法，也与此相类似。可见，此说并非我一人之私见。

还有一句来自《国语·周语》的“昔伊洛竭而夏亡，河竭而商亡”，论者亦以之作为夏在伊洛一带的证据。按称“河竭”“伊洛竭”云云，本身就值得怀疑。即令承认夏有“伊洛竭”之事，按照文意，也只能认为夏晚期势力在伊洛一带，并不能证明夏早期、中期在伊洛一带。前面也已谈到，夏在晚期已经将其势力西扩至伊洛一带，或许二里头遗址便是夏西移所建立的都邑。但是夏的早期、中期是否在豫西，则没有任何文献可资证明。

总之，笔者认为，有关夏的地域是当前夏史或夏文化研究一个亟待解决的问题。如果对此问题无一个正确的认识，我们怕是永远无法说清夏在历史上的存在这个问题的。

（原载《中国社会科学报》2019 年 5 月 27 日，第 5 版）

再论夏后氏起源于东方

——与主张二里头文化即夏文化的先生商榷

有关夏代历史文化的探索，如果从1959年徐旭生的“夏墟”调查算起，已走过60个年头了。然而迄至今日，这个曾经让人十分期待的探索却越来越使人感到迷茫。因为按照目前一些考古学者给出的探索路径，即认为二里头文化即夏文化，根本说明不了夏的历史文化问题。不仅说明不了夏的起源问题，也说明不了夏的都邑所在及有关氏族分布的问题，更解释不了夏代国家的产生及有关禹治洪水等一系列问题。以至于搞了这么多年的考古发掘，仍坐实不了一个夏王朝的存在。海外学者不买账，国内学者也意见分歧。现在，应当是我们对这样的探索进行反思的时候了。

其实，根据文献记载，夏的地域应当是在东方，而我们的考古学者却致力于在西方挖掘夏的历史。这是我们极不愿看到的历史与考古相冲突的现实。

我相信夏后氏起源于东方，因为我看到王国维《殷周制度论》中“夏自太康以后以迄后桀，其都邑及他地名之见于经典者，率在东土，与商人错处河济间盖数百岁”这句著名的论断。经过研究，我认为王国维这个说法是可靠的，并为之写了好几篇论文来阐述这个主张。二十年过去了，我有关夏后氏起源于东方的学术观点没有改变。不仅没有改变，反而信之弥坚。鉴于当今不少学者，尤其是一些考古学者仍在那里重复着二里头文化即夏文化的说法，或想方设法要补苴这个说法，我感到有必要重申我有关夏后氏起源于东方的主张，以与坚持二里头文化即夏文化的先生商榷。

一　文献记载，夏都邑及其重要地名皆在东方

这里所说的文献，基本上都是先秦时期的文献，包括《左传》、古本《竹书纪年》、《世本》这些可靠的先秦文献。

其有关夏的都邑，如表1：

表1　**文献所见夏代都邑统计表**

夏后	都名	地望	出处
禹	阳城	在大梁（今河南开封）之南	古本《竹书纪年》、《世本》①
太康	斟鄩	在斟观与有仍（今山东曹县西北）之间	古本《竹书纪年》、《左传》②
后相	帝丘、斟观	今河南濮阳、河南范县	古本《竹书纪年》、《左传》
帝杼	原、老邱	今河南济源、开封	古本《竹书纪年》
胤甲	西河	今河南内黄一带	古本《竹书纪年》③
桀	斟鄩	同太康所居	古本《竹书纪年》

① 《世本·居篇》："禹都阳城，在大梁之南。"（《汉书·地理志》臣瓒注引）或以为这后一句是后汉宋衷给《世本》所作的注文。但汉代大梁已改称浚仪，大梁只是战国时的地名，是此句当为《世本》原文。结合文献记载梁惠王迁都大梁后不久即举行逢泽之会，他在会上"乘夏车，称夏王"（《战国策·秦策四》）等史事，则禹都阳城在大梁之南在梁惠王时期便已为世人所公认。今人称禹都阳城在河南嵩山，所据仅是三国韦昭对《国语》的一条注释，其可信性是颇值得怀疑的。

② 《左传》哀公元年："昔有过浇杀斟灌以伐斟鄩，灭夏后相。后缗方娠，逃出自窦，归于有仍。"是斟鄩在斟灌至有仍之间。斟灌在今河南范县，有仍在今山东曹县西北，今学者无异说，则斟鄩所在位置可定在今山东菏泽地区某地。有称斟鄩在今河南洛阳一带者，所据仅是《正义》引臣瓒的一条注释，不足为凭。

③ 按《太平御览》卷83皇王部引《纪年》曰："河亶甲整即位，自嚣迁于相。"而《吕氏春秋·音初》篇则谓："殷整甲徙宅西河"，是西河即为河亶甲所居之相，即今河南内黄东南。再参以《礼记·檀弓》郑注及《史记·孔子世家》等，可确认西河在今河南内黄一带。《纪年》未谈到启的居邑，但记有"启征西河"等语（《北堂书钞》卷13帝王部引），是启亦应居住在内黄附近。

有关夏的同姓与姻亲氏族之所在，亦列为表2：

表2 **夏人同姓与姻亲氏族居地统计表**

同姓		姻亲	
族名	今地	族名	今地
有扈	今河南原武①	有虞	今河南虞城
有莘	今山东曹县西北莘冢集②	有仍	今山东曹县③
斟鄩	见表1	有缗	今山东济宁金乡
斟观	见表1	涂山	今安徽怀远

其他夏时期的著名氏族，如任为夏车正的薛国族，在今山东滕州市；后羿所在的有穷氏，初在今河南滑县，后迁至今山东德州；有寒氏，即寒浞所在的氏族，据称在今山东潍坊；有鬲氏，据称也在德州；号称为夏伯的昆吾，在今河南濮阳；祝融之后的豕韦氏，在今河南滑县；鬷夷氏，在今山东定陶，等等。

以上所列夏的都邑、夏时期夏的同姓氏族和姻亲氏族、其他著名氏族，的确基本居住在古代黄河与济水之间一带地区，可见王国维所说不诬。

这一地区，大致也就相当于《禹贡》九州的兖州这片区域。这样

① 有扈所在，《汉书·地理志》混同于汉右扶风郡内的古鄠地（在今陕西户县），自唐孔颖达始疑之。近王国维、陈梦家、刘起釪诸先生陆续考证，以为当在今河南省原武一带，即《左传》庄公二十三年“诸侯盟于扈”之扈。其说证据确凿而不可易。

② 有莘所在，当在汤所居亳邑以东，《楚辞·天问》“成汤东巡，有莘爰极”是其证。《左传》僖公二十八年“晋侯登有莘之虚”，杨伯峻据《春秋舆图》考证有莘在今山东曹县西北之莘冢集。曹县即汤所居之亳邑。或据《水经·河水注》以为有莘在今陕西郃阳附近，此地有故有莘氏邑名。然郦道元于此明言“故有莘邑”为“太姒之国”，是其为周初辛甲奔周以后所居。故不取。

③ 有仍氏，顾颉刚说即有戎氏，在今山东曹县。见氏著《有仍国考》，吕思勉、童书业编著：《古史辨》第7册下，上海古籍出版社1982年版，第324—329页。

一种领土规模，应当符合我国第一个早期国家的实际。①

并且，其同姓氏族与姻亲氏族的分布，也基本同于以后商周时期的内外服划分这样一种政治格局。试看周时的王畿，也就是他的内服境内，也都集中居住着周的同姓贵族、所谓的“王子弟”及他们的姻亲氏族；商的大邑商周围，也集中居住着所谓“多子族”及他们的姻亲“多生”族。这样一种氏族分布的格局，实反映了夏代国家的存在是一个客观事实，绝非出于人为的杜撰或设计。

而这一切，都是与当今学者将夏文化探索的重心放在豫西晋南的做法相背离的。我们声称二里头文化即夏文化的学者，至今很难找到一处夏的都邑或夏的重要诸侯国在豫西晋南的某处，这岂不是令人十分尴尬吗？当然也有人不顾事实地称夏的某处都邑或夏的某某氏族在豫西某处，但那实际都是站不住脚的。如称禹都阳城在今河南登封，或称太康所都斟鄩在今河南偃师二里头之类。试问到底有哪一部先秦文献有这样的说法呢？这是我想请教坚持二里头文化即夏文化的先生的第一个方面的问题。

二　禹治洪水事在东方，谈夏的历史不能不谈禹治洪水之事

对于夏代历史文化的探讨，人们还不难发现这么一个现象，就是

---

① 现学者或坚持认为《禹贡》九州就是禹所建夏王朝实际的地域，这是不符合实际的。试看商时期直接统治的地域，也不过与今河南省的规模不相上下，即便算上四周臣服于商的所谓侯、伯等外姓方国控制的地域，也不过占有今河南、河北和山东大部分地区，及附近省区之部分地域（参见宋新潮《殷商文化区域研究》，陕西人民出版社 1991 年版，第 218—221 页），何至在它前面的夏朝就已拥有了九州那样广大的地域！实际上，顾颉刚及史念海先生早就指出所谓九州是战国时人按当时列国分布设计的一幅未来天下的图景，尤其是史念海先生，其所著《论〈禹贡〉的著作年代》（载《河山集》第二集，生活·读书·新知三联书店 1981 年版，第 391—415 页）不仅指出《禹贡》中所反映的只是战国时之形势，而且指出该书的作者应该就是魏国之人，其成书年代应在梁惠王初即位至迁都大梁之间。其说确不可易。这里言夏时领土规模相当于《禹贡》九州中的兖州一个州，除考虑到与商时领土规模的比较外，也参考了王国维上述夏都邑及他地名率在东土，与商人错处河济之间的说法。古“河济之间”即是兖州。

我们的主流学者，主要是一些考古学者，不怎么愿意谈论禹治洪水的问题。

然而这个问题是回避不了的。一则，禹治洪水事大量见诸文献记载，包括地下出土文献。目前最早提到禹治洪水事的就是出土文献（《豳公盨》），其时间早到西周，大家都公认。我们不能对之采取历史虚无主义。再则，禹治洪水是与夏代国家的产生联系在一起的。《国语·周语下》言，由于禹治水的成功，“皇天嘉之，祚以天下，赐姓曰姒，氏曰有夏，谓其能以嘉祉殷富生物也”，说得很清楚，所谓“祚以天下”，就是皇天把天下的统治权交给大禹，让他建立起夏的国家。没有禹治洪水，便没有夏王朝，便无所谓夏代历史文化，何来现在的夏文化研究！

我们注意到，日本宫本一夫著《从神话到历史：神话时代夏王朝》一书，也是将禹的治理洪水与中国早期国家的建立联系在一起的，因为他认识到“洪水的治理需要强有力的后盾及政治力量才能实施”。尽管他认为这只是传说，需要通过考古学的事实来加以证明。①

那么，我们要做的，就是要通过认真的研究，特别是通过考古学的发现与研究，使禹治洪水之事由传说变成信史，并从而论证夏代国家在历史上的存在。

我相信禹治洪水事在历史上的存在，首先是因为禹的治水发生在东方，更主要发生在古河济之间，这正好与夏王朝所在的地域相一致。

这需要了解禹治洪水到底是怎么一回事，即禹治洪水的性质。

禹治洪水不是治理大江大河，不是去凿通这些江河上各个险要之处；也不是对整个天下九州水涝灾害的治理，这些，确实出自后人由于对禹的尊崇而加在禹身上的神话。考虑到那时的生产力水平和部族分立的状况，禹实在只是对他的部族，或他所在的部族联盟一带发生的洪涝灾害进行治理。其治理方法不过就是开挖一些沟渠之类，将这

① ［日］宫本一夫：《从神话到历史：神话时代夏王朝》，吴菲译，广西师范大学出版社 2014 年版，第 25 页。

里长期积滞的洪水引走，让它们尽快排泄到低洼的湖泊和河道中去，以便平治出更多的土地让人耕种。故人们称禹的治水为平治水土，孔子谈到禹的治水而称之为“禹致力乎沟洫”，新发现的《豳公盨》铭文也仅称禹治水为“濬川”。这样一种对洪水的治理是完全可以信以为实的。

关键是洪水发生的地域。从历史记录看，我国古代最易发生这样的洪涝灾害的地区乃是黄河中下游一带，特别是河南郑州以下至山东西部一带，也就是夏人居住的古河济地区。从地形环境看，这一带地势低洼，处在东西两个高地（太行山和泰沂山地）之间，河流湖泊众多，确实最易发生洪涝灾害。更重要的是古代文献留下了禹治洪水在这一地区的记录，就是《尚书·禹贡》中的两段文字。这两段文字都在《禹贡》的兖州条下，一处说“桑土既蚕，是降丘宅土”，明是讲洪水平治以后，原来宜桑的土地又可以养蚕，人们都从高丘上下来，住到了平地上；另一处讲“作十有三载”，正与传说中“禹湮洪水十三年”相呼应，皆明确显示禹治洪水在古代的兖州。此由徐旭生先生最早检出，就在他的《中国古史的传说时代》中，应当说是很有见地的。

既然夏的地域主要是在古河济之间，禹治水之域亦在这个地方，两者相互印证，证明夏王朝确实是起源于东方，我们还有什么理由说夏文化主要是在豫西晋南一带的二里头文化分布的地域呢？其实，豫西一带基本上都是山地，晋南也多为山地和丘陵，虽或遇山洪暴发，却是难以造成平原低地那样滞留不去的洪涝灾害。也就是说，若论禹治洪水之事，就必然与夏文化分布在豫西晋南的说法相冲突。我想，这大概正是主张二里头文化即夏文化论者忌谈禹治洪水的一个根本原因。然而讲历史又不能不实事求是，讲夏的历史更不能回避此实质性问题。此为我向有关论者请教的第二个问题。

三　希望考古学与历史学结合，共同攻克夏代历史文化探研的难题

我们否认将二里头文化整个地说成是夏文化，是因为按照目前考

古学与历史学研究的成果，二里头文化无论在时间跨度上还是地域分布上都无法与夏的历史文化很好地对应起来（二里头文化的最新测年早不过前1750年，与夏王朝在公元前21世纪至前17世纪无法相对应，此不具论）。但我们并不否认二里头文化的某些遗址与夏朝的历史文化确有直接的联系。例如偃师二里头遗址，我们认为它应当是夏人晚期向西发展过程中建立的一处都邑，这从文献记载上、时间关系上，以及考古文化的传播上都可以说得过去（早期夏文化应主要在后岗二期文化所分布的地区，后通过新砦类型影响到二里头文化）。但是，二里头文化延续的大部分时间及所分布的大多数地区都无法与夏文化相对应。

有鉴于此，我们呼吁学术界，包括考古学界应当从实际出发，把对夏文化探索的重点放到东方，也就是放到豫东鲁西一带来。因为这里既是文献所载夏代都邑及夏诸侯居住地分布的主要地域，也是禹治洪水所涉及的主要地域。只有在这个地方挖出来的东西，大家才会认为是夏文化。

我们高兴地看到，目前已有一些考古界的学者这样做了，例如首都师大的袁广阔教授。他原在河南工作，负责发掘豫东北一带先秦时期的考古遗址，如今又涉足鲁西南一带地方的考古工作。他通过自己多年的考古实践，已经认识到这一带就是过去夏文化分布的主要地域。他的考古工作的成果及调查结果，也正在支持夏的历史文化发生在东方的看法。例如他在21世纪初主持发掘的濮阳高城遗址，便很好地证明了这里曾经是夏后相居住过的都邑帝丘。[①] 如果说到用考古材料证实夏的存在，我认为这是最直接有效的一项证据。

---

① 按文献如《左传》《世本》《竹书纪年》都有夏后相都于帝丘即今濮阳的记载。其中《左传》僖公三十一年记，卫成公刚迁居到帝丘，即有卫国的始封之君卫康叔托梦给他，说其供奉给自己的祭品让夏后相夺占去了。此无疑反映了春秋卫国所迁的帝丘城是建立在过去夏后相所都的旧址之上的事实。刚好，近年发现的濮阳高城遗址也显示出，其上面庞大的卫国都城正叠压在夏初（或稍早时期）开始建造起来的一系列夯土城的基础之上，这就十分明确地证实了濮阳高城就是过去夏后相的都邑。参见河南省文物考古研究所等《河南濮阳县高城遗址发掘简报》，《考古》2008年第3期。

我们还注意到，在黄河下游，也就是豫东鲁西一带分布着很多龙山至以后历史时期的遗址，其中不少是建筑在所谓“丘”的地形之上，以至于那里留下了许多称作“某丘”的地名，如帝丘、封丘、铁丘、商丘、楚丘、青丘、犬丘、安丘、陶丘、廪丘之类。也有称作某某堌堆的。据袁广阔考察，这些丘或堌堆作为当时人们的居址，大多始建于龙山时期，因而我们推断它们应当便是上述《禹贡》兖州所记叙的“降丘宅土”的丘，是人们当年为对付洪水特别选择的居址。这些，也都部分证明了古代洪水曾在这一带发生和禹治洪水的事实。我们希望能找到更多的禹治洪水的证据。过去李济先生也曾在这一地区展开过发掘，他曾发掘出郑州和安阳地区相当于早商甚或更早时期的沟洫网络[①]，这似乎也可以看作是禹开挖沟洫的遗绪。其他考古工作者还发现过一些夏代遗址，如20世纪八九十年代，山东考古所的张学海先生曾在鲁西一带开展工作，发现过一批相当于夏时期的古城古遗址，有的，也可以与上举夏时期地方诸侯的居邑对得上号（如有莘氏所在的曹县附近的莘冢集）。凡此，不必一一列举。但很显然的是，这类发现还是很不够的，还需要考古界继续在这一带展开工作。我们相信，只要考古界与历史界学者通力合作，互相借鉴，认真研究夏文化的内涵及其分布的地域，再做发掘，从而将夏代历史文化的探寻推向一个新的高度，是完全有可能实现的。

（原载《跨界与交流：历史学与考古学的对话论文集》，济南，2018年6月）

① 李济：《安阳》，刘梦溪主编：《中国现代学术经典·李济卷》，河北教育出版社1996年版，第618—619页。

“九州”初谊及“禹划九州”说产生的历史背景

“九州”这个词汇，自其产生起，直到今天，都是用来表达我们国家的疆域或领土范围的。“九州”问题涉及我国古代疆域史及早期中国特别是夏代历史的一系列有关问题。然而目前学术界对于“九州”问题，包括对于我国早期国家疆域的认识，似乎还比较混乱。例如，“九州”这个概念到底产生在什么时候？早期文献中的“九州”与后来文献中出现的各种“九州”概念，是否是同一回事情？所谓“禹划九州”与“《禹贡》九州”中的“九州”，在内涵上又都是一致的吗？最后，所有文献中的“九州”果真就是大禹划定的九州，抑或可以认为是夏时期真正的领土范围吗？如其不是，那么它们各自产生的背景又是如何？本文将就这些问题发表一些个人不成熟的意见，以就教于学界同行，请大家批评指正。

一　“九州”来历与其最初含义

目前所知最早记载有“九州”这个词汇的文献，是春秋时任为齐灵公正卿的叔夷所作的《叔夷钟》铭。叔夷是宋穆公的后代，他在夸耀自家先祖的辉煌时，提到了商汤的伟业，说：“虩虩成唐（汤），有严在帝所，敷受天命，刻伐夏司（祀），败厥灵师，伊小臣惟辅，咸有九州，处禹之堵（土）。”即是说汤接受上帝的天命，翦伐夏王朝，打败了夏的军队，在伊尹的辅佐下，全部占有了禹所统治过的九州的土地。文意很清楚，九州，原本就是禹建立的夏王朝拥有的土地。那么，这里的九州，是否就是人们常常提到的“禹划九州”故事中的九州呢？长期以来，不少人正是这样在这两者之间画上等号的。粗看起来，这种做法似无不妥，然而细加分析，这个认识却是存在很大问题的。

首先，“禹拥有过九州”与“禹划分过九州”并不是同一个概念。钟铭“九州”实际只同于稍早时期文献中使用的“九有”“九囿”“九围”等用语①，其所表达的都是同一个意思，与所谓“禹划九州”并没有关系。我们先来看文献中出现的这些用语的情况：

> “古帝命武汤，正域彼四方，方命厥后，奄有九有。”（《诗经·商颂·玄鸟》）
>
> “汤降不迟，圣敬日跻，昭假迟迟，上帝是祇，帝命式于九围。”又“武王载旆，有虔秉钺……九有九截。”（《诗经·商颂·长发》）

上引毛诗中的“九有”“九围”，郑氏《笺》皆曰“九州也”。郑氏笺注当然是不错的，但还没有接触到事情的根本。按《玄鸟》“方命厥后，奄有九有”一语，《文选·册魏公九锡文》注引韩诗作“方命厥后，奄有九域”，是“九有”即“九域”，“有”不过是“域”的假借字。“九有”在以后文献中又写作“九囿”，这是为了表意，更接近于“九域”的意思。至于“九围”的“围”，则当是“囿”字之误。实际上，“州”亦“有”“囿”“域”诸字的音变，“九州”不过是“九有”“九域”在文献中的另一种写法。《国语·鲁语》“共工氏之伯九有也”中的“九有”，《礼记·祭法》便写作“九州”。这里要提请大家注意的是，《鲁语》及《祭法》中称霸“九州”或者“九有”的共工氏是生活在禹以前时代的人物，故“九州”或者“九有”作为某种地域的代名词，绝不是只使用在禹治水及其以后，不是说因为禹治

---

① 文献中最早出现“九有”“九围”诸用语的是《诗经·商颂》，学者多认其为春秋宋人所作，下距《叔夷钟》作成的时间不是很远。

洪水才有了“九有”或“九州”，故“九有”亦即“九州”与禹的治水分州并没有必然的联系。

实际上，包括《商颂》《国语》《叔夷钟》铭诸文献中使用的“九有（域）”“九围（囿）”或者“九州”，都只是一个笼统的国土概念，它并不是说夏商时期已经有了具体的九个州的土地，而是泛指天下东、西、南、北、中，以及东北、西北、东南、西南各个角落的地域，如此而已。“九有（域）”应该是由过去“四或（域）”的观念发展而来的。西周统治者称自己的国土为“四土”，或称“四国”。“四国”即四域，亦即四个方面的地域。古文字中“四国”的“国”字写作“或”，即地域的“域”字，“四国”不当作“四个方国”理解，否则，文献如《尚书·多方》中的“四国多方”这句话就解释不通了。“四国多方”只能理解为四个方面地域的众多方国。其时尚有一个“中或”的概念，指中部地域，也称作“中土”，是统治者居住的地方（多指都城，如何尊中的“中或”）。不过统治者泛称自己的统治地域，仍喜欢用“四土”或者“四域”。由“四域”发展到“九域”，是人们地理知识增强的表现。

从文献上看来，三代国家的君主对于自己的国土，大概都只有“四土（四域）”或者“九土（九域）”这么一个笼统的概念。他们只觉得天底下所有的地盘都是自家的土地，所谓“普天之下，莫非王土”，至于这王土的四至或者“九有”的边界，那是很难说清的。一开始，他们甚至连上述“九有”的国土概念或许都谈不上，而只具有“四方”的地理知识，作为对“四方”进行补充的“四隩”，即东南、东北、西南、西北四个方位的观念，在他们的头脑中大概还未形成。[①]甲骨卜辞中商王屡屡占卜其东土、西土、南土、北土的受年，于商人自己所居，则称其为中商，卜问“受中商年”，不见其有表示九个方域的词汇。周武王灭商，周人亦只称某某方国是吾东土、吾南土或吾北土，加上自己过去所居的西土，是早期周人亦只有“四土”的观念。[②]

① 顾颉刚先生根据西周时的诗歌及《尚书·周书》仅言及“四方”而不见有“九州”的用语，认为周人其时尚未有九分天下的观念。见下引顾氏《州与岳的演变》一文。

② 见《左传》昭公九年。

表明古人已经具有四方四隩观念（包括“中”的观念）的最早的文献，到目前为止，还就是上述《诗经·商颂》中的那两篇诗歌。在这种情况下，说禹真的把自己的国土划分成了九个州，无论是按方位还是按实际地理进行的划分，都是很难让人相信的。

目前学者受过去疑古思潮的影响，对于禹治洪水一事多抱有疑虑，有的甚至对整个夏王朝的存在亦持否定态度。这种态度当然是不对的。对此，我已写过多篇论文反对这种说法，因不属本文论证的范围，不拟赘述。然而，对于禹时洪水发生的地域、禹治洪水的方式，乃至禹建立国家的范围，许多文献却又太过于夸张以至于让人难以信以为实。这自然是古人对禹过于尊崇，以致将其神化，把本来是真的历史弄成了神话所致。这些，都是我们当前研究夏文化应当着力纠正的。窃以为禹时洪水发生的地域，实际也就是夏王朝所在的地域。当年王国维指出，“夏自太康以后以迄后桀，其都邑及他地名之见于经典者，率在东土，与商人错处河济间盖数百岁”①，是言禹建立的夏朝仅仅在古河济之间，也就是《禹贡》九州中的兖州一带。刚好，以研究我国传说时代著称的徐旭生认为禹治洪水所在的地域也主要是在古兖州，他说：“如果详细考察我国的地形，各代河患的沿革，以及我中华民族发展的阶段，就可以明白洪水发生及禹施工的地域，主要的是兖州。豫州的东部及徐州的一部分也可能有些小施工。此外北方的冀州，西方的雍、梁，中央豫州及南方荆州的西部，山岳绵亘，高原错互，全不会有洪水。”② 我曾综合他们的意见，指出禹治水不过是为了保护自己本部族的利益而已，所谓治水也不过是开挖沟洫，疏浚一些小的河川，治理那个地方的洪涝灾害，绝不会有他跑到九州的各个地方去治理洪水并凿通各条大江大河之举。所谓禹的划分九州，与禹的治水并没有关系。“分州”之说只能视为后人在新的历史条件下，为了某种政治需要，借用过去资料憧憬出来的一种说法。早期文献中的“九州”与禹所划的

---

① 王国维：《殷周制度论》，《观堂集林》卷10，中华书局1959年版，第451—452页。

② 徐旭生：《中国古史的传说时代》（增订本），文物出版社1985年版，第139页。

“九州”也根本是两回事情，不得混为一谈。

二 “禹划九州”说产生的历史背景

“禹划九州”一说最早见于《左传》襄公四年，其记魏绛对晋侯之语曰：“昔周辛甲之为大史也，命百官，官箴王阙。于虞人之箴曰：‘芒芒禹迹，画为九州，经启九道。民有寝庙，兽有茂草，各有攸处，德用不扰……’”魏绛是晋悼公时的卿士，他为了谏止晋侯的喜好田猎，拿所谓虞人之箴劝告晋侯，说过去禹画（即划）九州，将人和野兽分开居处，使互不干扰，是德的体现。魏绛说，这虞人之箴是周初太史辛甲主持制定的，如此说，西周初期就已有禹划九州的说法了。

然而魏绛的这段说辞并不可信，其称周太史辛甲命百官云云便明显是个托词。因为辛甲所在的西周初期，周人根本就还没有九州的观念，更不用说有九分一国疆域的想法了。上文已经指出，直到春秋中期的宋襄公之时，其国人所作《商颂》诗中才有了将自己商朝祖先的国土视作由九个区域组成的观念，而西周时期只有“四方”“四土”或“四国（域）”的观念，其时文献中也找不出有言“九土”“九域”或“九州”的例子。

这个看法，其实顾颉刚先生也早已说过，他在所著《州与岳的演变》一文中，即通过对周时文献用语的追溯，总结出“那时的天下观念，抽象言之则为‘四方’，具体言之则为‘侯甸’，没有想到可以用九数来分割的”①。这里，顾氏不仅指出了周人尚无九分国家的观念，而且指出周人统治的天下只是由一些称作“侯甸”的地方单位组成的。这后一种看法，实际是说周人尚未形成后世国家才具有的“领土”观念。我们看这些被周人统治而称作某某侯甸的地方单位，皆是一些半独立的邦国或方国，并不是王朝直接统治的对象，并且它们之间往往隔着不小的距离，甚至还隔着一些无人居住的“隙地”，在这种情况下，就更难说

① 顾颉刚：《州与岳的演变》，《顾颉刚选集》，天津人民出版社1988年版，第323页。

在周人的头脑中会产生国家可以对地方作出某种行政区划的观念了。

不过，我们在赞同顾先生上述说法的同时，对于他继之得出的禹划九州的观念出现在春秋时期这一结论，仍感觉有些勉强。顾先生是将《左传》襄公四年这段记载与《叔夷钟》铭以及《商颂》诗中的有关话语进行比较得出这一结论的，他认为魏绛引虞人之箴中“茫茫禹迹，划为九州”这句话正可以与钟铭所述商汤“咸有九州，处禹之堵（土）”相互贯联，并可得到《商颂》诗中歌颂汤受天命拥有“九有”“九围”等诗句的佐证，而这所有的文献作成的时代都不晚于春秋中叶，因而他判定春秋时期的人们确实有了分天下为九州的观念。这里，顾先生的错误在于将襄公四年“禹划九州”的“九州”与《叔夷钟》铭中的“九州”概念完全混为一谈了。我们上文已经指出，《叔夷钟》铭中的“九州”只是一个笼统的国家疆域的概念，指的是国家东、西、南、北、中、东南、西北、西南、东北九个方域，不是具体的作为国家行政区划的九个州。所谓“分州”是说对于国家领土的划分，“划九州”就是要将国家划分为九个具体的州，这显然已经超出了原来“九州”的意义。这样一种划分天下为九州的观念不仅不会产生在西周时期，即使春秋时期大概也还产生不了。因为春秋时的所有诸侯国似乎也都还未形成为后世的领土国家，各国内部也都还未摆脱过去封建贵族各自拥有世袭领地的格局，也未开始实行普遍的行政区划。这样一种观念想必要到开始实行中央集权制度的战国时期才会发生。这也就是说，整个《左传》襄公四年记魏绛的这段话，实际也是《左传》作者的一种托词，是《左传》作者将自己时代的观念加之于前人的产物。

《左传》相传为与孔子在世时间差不多的左丘明所作。但也有不同意见。今学者从《左传》内容分析，多数认为它的成书年代在战国前期。[①] 如是，正好可以与我们有关禹分天下为九州的观念出现在战国时

---

① 如杨伯峻，其认为《左传》成书在公元前403—前389年之间，见氏著《春秋左传注》，中华书局1990年版，第41页；赵光贤认为《左传》最初作为一部纪事体的史书，成书最迟在公元前430年后不久，见氏著《左传编撰考》，载所著《古史考辨》，北京师范大学出版社1987年版，第187页。

期的想法相互吻合。我们看战国时期，不仅一些主要的诸侯国都发展成了领土国家（即有了明确边界线的国家），并且都实行了或正在实行对于自己国家的行政区域的划分。同时，就整个战国时期的形势而言，从战国初期一开始，便大致形成了由一些强国或地方势力九分天下的格局（这一点可参看顾颉刚先生的有关论述）。由此来看待我们有关禹划天下为九州的观念出现在战国时期的设想，应当说是合乎实际的。此亦是“分州”说产生的历史背景。

三 《禹贡》九州所包含的历史意蕴

《尚书·禹贡》作成于战国中后期，并很可能成于魏国人之手，这应该是目前多数学者有关《禹贡》成书的看法。[①] 这个看法不是来源于别处，而是来源于《禹贡》一文。

从文章内容分析，《禹贡》虽然也是在讲“分州”，如《书序》所说的“禹别九州”，但重点却落实到要建立起各州对中央朝廷的贡赋制度，即序文下面所说的“任土作贡”上面。这从《禹贡》的篇名也能体会出来。《禹贡》说各州的山川形势，主要在于打通各州对中央朝廷的贡道，通过建立起各地对中央王朝的贡赋体系，最终实现各地方诸侯包括各蛮夷对中央的服属关系（即所谓“五服”），以至于“九州攸同”，“声教讫于四海”。这样一些内容，与其说是在追溯历史，不如说是在描绘作者根据所处社会的现实背景，构想出的一幅实现国家大一统的理想蓝图。这样一种大一统的构想，只能出现在战国中期以后。

战国前期，七雄并立的局面刚刚形成，社会上似乎还未出现列国统一的迹象。但是从战国中期开始，中国历史便开始出现了大规模统一的前奏。一些通过兼并战争发展起来的大国，已不满足于自己诸侯

① 史念海：《论〈禹贡〉的著作年代》，载氏著《河山集》第二集，生活·读书·新知三联书店1981年版，第391—415页。

国的身份地位，他们想要取得和周天子同等的地位，要自称为王，还要其他诸侯来朝见自己，向自己进贡，并且憧憬着实现统治天下九州的梦想。这里面最早具有这种雄野心志的大国君主无疑便是当时的魏惠王了。他是中原华夏各国君主中最早称王的一位。仗着魏国初年积攒下来的雄厚国力，他长期以老大自居，首先是以过去霸主晋国的继承者自居。本来韩、赵、魏已三分晋国，他夸耀魏的国力，却自称“晋国天下莫强焉”①，根本不把赵、韩放在眼里。因为这个缘故，《禹贡》就安排了原来晋国所在的冀州为九州中的首州，并安排各州的贡品都贡献到冀州。冀州不出贡品，却有资格享受贡品，其地位相当于过去的王畿。他以拥有九州的夏禹自比，兀自将魏的国都迁到从楚国手中得来的大梁，因为大梁这个地方相传是禹建都过的阳城②。接着，他又谋划着在大梁附近的逢泽召开各诸侯国都来参加的逢泽之会，他本人则在这次会盟中“乘夏车，称夏王”③，以示魏要像夏禹一样做协合天下万邦的盟主。在这种背景下，他手下的众臣搞了这么一篇有关禹划九州的文章，细述禹建立起来的包罗整个天下的贡赋体系及所谓“五服”制度，以影射魏惠王的伟业，乃是理所当然的事情。

由于魏惠王在位长达 51 年，《禹贡》作成于他在位的什么时期，还有必要再做仔细的推敲。窃以为这篇文献的具体作成时间当在魏惠王迁都大梁至逢泽之会这段时间，即公元前 362—前 343 年之间。因魏人的霸业只是在这一段时间才达到高峰。之前八年，特别是魏惠王初即位时期，其弟公仲缓在韩、赵两国的支持下，曾与之发生争夺继位权的斗争，西边的秦国亦屡次发起对魏国的战争，惠王的权势尚未十分稳固。只是在迁都大梁以后，魏惠王采取一系列政治外交手段，首先稳定住与韩、赵二国的关系，同时加强与齐、秦两大国的往来，继之迫使宋、鲁、卫等一干小国与韩国一起前来朝见自己，才致使魏的

① 见《孟子·梁惠王上》。

② 《世本·居篇》：“禹都阳城，在大梁之南。”茆泮林辑本，据《汉书·地理志》臣瓒注引，又《御览》一百五十五引，又《地理通释》引。

③ 见《战国策·秦策四》。

霸业臻于极盛。加上他又定都在过去禹都阳城这个地方，遂使他产生继承禹的一统九州的幻想。

再就《禹贡》描述的天下九州划分的具体情况而言，这样的划分也正合乎魏惠王那个时期列国势力分布的大致情形。首先是位于两河之间的冀州，它是赵、魏、韩三国主要的地域，这当然合乎《禹贡》设计的逻辑。其次是河济之间的兖州，它实际包含了魏国新占领的一片靠近大梁的地域；此外也包含了卫国的地域，但卫当时不过是魏的附庸，《禹贡》作者将之安排在冀州之后，也是很自然的事情。接下来的青州位在东方，主要是齐的地域。齐国南面到淮水以北的地区称作徐州，大致就是泗水流域的一片地区，居住着鲁、宋等一干称作“泗上十二诸侯”的小国，当时也都是魏的势力范围。淮水以南的东部沿海地区称作扬州，是越国的领土，当时越国势力已不如前，但仍存在，不过在魏惠王去世后不久，它便灭于楚国了，这也从一个方面反映了《禹贡》的制作应在魏惠王时期。越国以西今两湖地区称作荆州，是楚国的地域。楚国北面、黄河以南的中原地区被列为豫州，这应是考虑到东周王朝的存在，要给它一个落脚的地方。实际上周附近还有部分韩国的土地。楚国西面的巴蜀地区称作梁州，其时尚有地方政权存在，并与魏国有着人员的往来，只是在魏惠王去世以后，蜀国才被秦国所灭，蜀地也才被纳入秦国的版图，其所以占得九州一席之地，也可以说明《禹贡》制作在魏惠王时期。最后是地处西方的雍州，属秦国。

在《禹贡》之后，文献中还出现过一些不同的九州说，如大家经常提到的《职方氏》九州、《吕氏春秋》九州及《尔雅·释地》九州等。学者判定它们出现在《禹贡》之后，主要是认为它们所提到的一些新的州名或较《禹贡》去掉的一些州名，是依据了以后历史变化才做出的改动。如诸书中没有了《禹贡》中的梁州，乃是因为巴蜀后来被秦人兼并了的缘故；《吕氏春秋》与《尔雅》出现了幽州，则是因为战国后期燕国向东北方向发展，新开辟了一大片胡地的缘故。新出土文献《容成氏》亦记有一套九州系统，其中也没有西南方向的梁州，看来其成书也应放在《禹贡》之后。学者将《容成氏》中其他内容，例如其中提到的诸多氏族名称及所谓“禅让”之事持与《墨子》《庄子》等战国晚近书籍相比较，也多认为《容成氏》成书应在《禹贡》之后，或在公元前300年左右。[①] 此无疑对我们有关《禹贡》成书年代的推定，更多了一个支持。

［原载《西华师范大学学报》（哲学社会科学版）2019年第1期］

---

① 易德生：《从楚简〈容成氏〉看〈禹贡〉的成书年代》，《江汉论坛》2009年第12期。

禹治洪水问题

论禹治洪水真象兼论夏史研究诸问题

目前先秦史学界及考古学界对夏文化的讨论很热烈，但有一个问题让人不得其解，就是对于大禹治水的事不怎么涉及。我们过去讲夏史，总是从大禹治水开始的，少了它，就很难把夏史讲清楚。现在讨论夏文化，避而不谈这个问题，我认为也同样难于把夏文化弄清楚。大禹治水故事不仅牵涉古代洪水事实的有无，而且牵涉夏后氏渊源和夏文化分布、夏代物质文明和国家产生等一系列重要问题，不可不花气力弄清楚。故不惮其繁，作如下考辨，以就教于研究夏代历史的学者。

一　论禹治洪水为信史并论洪水发生的地域

从前的文献讲洪水为《创世纪》所描述的那种充斥九州的洪水大泛滥，讲禹治洪水为在整个九州土地上的“导江”“导河”，讲长江、黄河的各处险要为禹开凿水道留下的遗迹（即所谓“禹迹”）。这类洪水故事属于神话是没有疑义的。过去疑古学派对这类神话进行分析，指出不能把它们当作实实在在的史实看待也是对的。但是即如顾颉刚先生那样的以怀疑旧史著称的学者，也相信洪水传说有其产生的背景，或某种现实的依据。他认为禹治洪水与南方土地卑湿所造成的积水泛滥有关（顾氏一度认为禹为南方民族神话中人物，见其《讨论古史答刘胡二先生》，载《古史辨》第一册），这与今日某些学者根本否认洪水故事是不可同日而语的。

我们认为，历史上，当夏代或夏代以前，我国中原大地上确实发生过不止一次的洪水，殷墟甲骨文字便可提供这方面的证明。我们发明文字的祖先把昔日的“昔”字写作𦣻，作会意结构，意谓洪水之日；又把水灾的“灾”字写作巛，像川水被壅为害。这些都说明商代以前是发生过洪水的，且深深地留在了当时人们的记忆中。

说夏代或夏代以前有过这样一场洪水，还有气候条件的变迁为佐证。据竺可桢考证，在距今5000年至3000年的一段时间内，中国大部分时间的年平均气温较现在高2℃左右。[①] 由气候的变暖导致雨量的增加，使得某些地区发生洪水是说得过去的。可以比较得出，这段温暖期适当夏朝及其前后。

关键是洪水发生在什么地方。我们认为，这样一场留在人们记忆中的洪水必是发生在当时居民比较稠密，因而给人们带来较大威胁的地方。这个地方应该就在中原一带。上言商人对此次洪水记忆犹新也体现出这个意思，因为商人的祖先也是生活在黄河下游一带的。从这个角度讲，我们不赞成有些学者把洪水发生的地域指为江南（如吴越、江汉、江淮一带）的说法，因为当时那一带除少数几个点外，大多是些蛮荒之地。然而中原一带也是有很大范围的，不可能到处都有洪水。我们认为古代洪水只是发生在河济之间，即《禹贡》十三州的兖州及其附近地区。因为兖州以西，自今河南中部起，就入于豫西山地；西北，过太行山脉，便入于晋东南山地。这些地方都属于黄土高原，既不会有河水泛滥，也因其雨量的稀少，不致造成大的洪涝灾害。即令夏季山洪暴发，也不过使山谷局部地区受到威胁，与大片土地上持续的洪涝灾害不是一事。兖州以东，入于山东丘陵，也不会有洪涝灾害。至于兖州东北的黄河下游，自大陆泽以下，河分九派，一片泽国，已是无人居住的地区，更谈不上什么灾害问题。只有这兖州地区，处在东西两个高地之间，地势低洼，降雨量又较西部黄土高原丰富，最易受到水潦的袭击。加上这里大小河流纵横，首先有河济二水成夹角围

---

① 竺可桢：《中国近五千年来气候变迁的初步研究》，《中国科学》1973年第2期。

绕着流经兖州地区，河济之间又有一条濮水（即《诗经》所谓“桑间濮上”之濮），此外还有灉、沮一类小的河流，一旦发起洪水来，百川之水便先自溢出。故而古代河患的记录几乎全是在这一地区。总之，论古代洪水发生的地域，唯有此处最是可能。

除以上地理形势的分析外，古代文献亦留下兖州与禹时洪水相关的记录。近代专门研究传说时代的徐旭生先生指出，在我国最早的地理专书《禹贡》中，唯有兖州条下的文字有两处专门讲到了洪水之事：一处说“桑土既蚕，是降丘宅土”，明是讲洪水平治之后，原来宜桑的土地又可以养蚕，人民从高地下来，住到了平地上，非禹治洪水后的情形而何？另一处讲“作十有三载”，正与传说中的“禹湮洪水十三年”相呼应。因而他的结论是“洪水发生及大禹所施工的地域，主要的是兖州”①。这个看法是很有见地的。

不过，也有人认为洪水发生的地域在今山西西南部的汾浍流域，理由是这一带靠近河水的地方存在有不少沮洳，它们应是古代洪水的遗留。另外，这里是传说中的“夏墟”，又有尧、舜、禹在此建都的传说，这正好与夏族祖先鲧、禹在此施工相互合拍。② 我们认为，汾浍下游的沮洳是否与古代洪水有关，目前还难下断语；像临汾、运城等地的河谷盆地，是由远古断层陷落而形成的，地势较窄，似乎难以造成汗漫无际的洪水景象。从文献记载看来，晋南一带并未发生过大的洪水，那里的降水量偏少，发生洪涝灾害的可能性是很小的。至于把这个地方说成是尧、舜、禹活动的中心，这只是晚起的说法。对此，徐旭生先生也有过仔细的考察，他说：“后人多信尧、舜、禹均建都于今山西省的西南境，但西汉人尚无此说……说尧、舜、禹在这一带建都，大约最先是皇甫谧这样说。”③ 使读者最感困惑的是这个地方具有的“夏墟”的称呼，早在《左传》中就已是这样称呼唐叔受封的晋西南地区了。然而我们的考证表明，所谓“夏墟”并非夏后氏之墟，乃是

① 徐旭生：《中国古史的传说时代》，广西师范大学出版社 2003 年版，第 161 页。

② 马宗申：《关于我国古代洪水和大禹治水的探讨》，《农业考古》1982 年第 2 期。

③ 徐旭生：《中国古史的传说时代》，第 141 页。

世居晋南的西夏（或称大夏）族人的故墟，他们属于“戎人”，与居住在东方的夏后氏不是一事。[①] 如是，所谓禹施工在晋南的说法全属误会。

事实上，无论是尧、舜，还是鲧、禹，他们的居住范围都在河济地区，或在其附近。尧、舜的居处和葬地，已有前人解说，不赘。此稍微详细地谈谈禹居阳城及鲧、禹族居地崇山的地望问题。

查“禹居阳城”的说法，最早见于《竹书纪年》，这个记载又与《孟子》“禹避商均阳城”的说法有些相近。但无论《孟子》，抑或《纪年》，对阳城的地望都无解说。在这稍后的《世本》乃云“禹居阳城，在大梁之南”，这可以说是有关阳城的最早的解说。据此，可知阳城在今河南开封以南，与日后夏杼的居地老邱正相邻近。但今天的学者对《世本》的这条记载多持怀疑态度，他们认为句中的“在大梁之南”几个字为宋衷的注语。我们说，即令如此，也应是宋衷所引用的先秦古籍中的话语。因为大梁是秦以前的地名，汉以后就改名浚仪了。所以就连以后皇甫谧这样的学者对阳城在大梁以南的说法也是相信的，其《帝王世纪》中的“禹避商均浚仪”，无疑便是据《世本》而言的。查开封以南有古城名“启封”，始建于春秋之世，至今有城墙遗迹尚存，附近并有新石器时代遗物出土。启封者，启之封疆也，这座古城的得名，显然与禹居阳城有关。战国时期，启封作为魏都大梁南面的屏障，曾在军事上发挥过重要作用，疑所谓“阳城”的名义，就是指大梁以南（在南曰阳）的意思。

至于崇山的地望，今人多据韦昭《国语注》指为河南中部的嵩高山，即今之嵩山，因为嵩山脚下有一座颍川阳城，似乎可以和嵩山相互印证夏后氏的居地。然而嵩高山的嵩字虽可与崇山的地名发生联系，但“嵩高”的得名却只始于汉武帝（见《汉书·郊祀志》等），先秦时代的嵩山称为太室山，或外方山，因而这个说法是错误的。论者忽略了司马相如《大人赋》中早已提到的作为尧之葬地的崇山，此崇山，

① 沈长云：《夏后氏居于古河济之间考》，《中国史研究》1994 年第 3 期。

《墨子·节葬下》称之为蛩山，《山海经·海外南经》称之为“狄山”，可见其得名甚早。它的地望乃在古瓠子河流经的汉济阴郡成阳县西北（今山东菏泽北），正在兖州刺史部管辖之内。其距大梁以南的阳城亦不算太远，显然就是作为有崇氏根据地的崇山。

有关禹都阳城和崇山的地望在古兖州的根据，还可以找到一些，限于篇幅，就不赘述了。这项考证，与过去王国维提到的“夏自太康以后以迄后桀，其都邑及他地名之见于经典者，率在东土，与商人错处河济间盖数百岁”① 的结论正前后相应，因此我们相信它是站得住脚的。如将我们考证的夏后氏居地与上面提到的洪水发生的地域相互合观，不难发现这二者之间也是互相吻合的。由此亦透示出禹治洪水故事的某些真实性。

二　论禹治水对中华文明进程的影响

大禹因治水成功获得各氏族部落的拥护，不久以后，大家选他做了继尧、舜之后的虞、夏部落联盟的首领。再不久，当禹去世以后，他的儿子启又因了禹的功烈，建立起夏后氏族的“家天下”，即后人所称的“夏王朝”。这是《尚书》和《史记》记叙的禹治水以后的历史，也是目前多数人们接受的史观。如果我们承认这种史观的话，按照逻辑，自然要得出禹的治水对于中华文明进程产生巨大影响的结论：大禹治水促进了我国第一个作为政治组织的王朝的建立，也就是促进了我国文明社会的产生，至少它作为一种象征或标志是起到了这样的作用的。

然而，我们的论者一方面在那里讲述禹和他的儿子如何建立了夏王朝，另一方面却对禹治洪水的事情不那么认真涉及。即令过去的教科书，对禹治水的意义估计也是不足的。这就有必要也在这方面下功夫作些分析。这样做，也可以加深对洪水真相的认识。

① 王国维：《殷周制度论》，《观堂集林》卷10，中华书局1959年版，第451—452页。

首先，我们从对物质文明的影响来看这个问题。为了说明这个问题，又得从洪水的性质和禹治水的方法说起。

关于这场洪水的性质，古今也有许多不同说法。实际上，只要仔细分析一下文献，就可知这场洪水的起因不过是由于雨水的大量增加，导致这一地区大小河流水势的上涨；同时这里低洼的地势，又使连绵不断的淫雨造成的积水无法排泄出去，因而它是一场典型的洪涝灾害。文献如《墨子·三辩》引《夏书》曰："禹七年水"、《荀子·富国》言"禹十年水"、《庄子·秋水》言"禹之时，十年九潦"、《淮南子·齐俗训》言"禹之时，天下大雨"，都是讲的这样一种性质的水潦。我们近年在河南、安徽看到的洪潦灾害实际上也和那时的情景差不多，只不过彼时水潦发生得更加频繁罢了。对于这种水潦的治理，大约涉及不到对大江大河施行大的手术，所以有人把禹治水解释为治理黄河，看来是不能成立的。

今天多数学者都认为禹治洪水采取的是疏导，这是不错的。然而是怎样一种疏导？是疏导黄河，或者如孟子所谓的"疏九河，瀹济、漯，决汝、汉，排淮、泗？"以当时使用木石工具的条件，显然不可能。这种"导江""导河"的说法，正是当年疑古学派重点批驳的对象。愚意禹的疏导不过是疏导积水而已。对于像豫东那样广平而低下的平原地区发生的水潦灾害，疏导那里大片滞积的洪水，使之及早排出，实为治理工作的头等要务。这也是我们在近年洪潦灾害中所体会到的。而要疏导积水，唯一的办法就只有开挖沟洫，所以后来孔子论大禹的功绩，十分恰当地把他的治水说成是"尽力乎沟洫"①。学者论我国最早产生的沟洫都是为了排水，如此正与大禹开挖沟洫的目的合拍。想那时利用骨制的或石制的耜在黄土冲积平原上开挖这类沟洫并非不可为的事，因而我们相信孔子的说法。只是后人为了张扬禹的神力，才把开掘沟洫夸大成开掘诸条江河。

那么，禹在当时采取的那样一种治理水潦的方法又怎样和物质文

① 《论语·泰伯》。

明的进程联系在一起呢？这还得再对我国农业文明的起源和发展作一番简单的追溯。

众所周知，我国是世界农业的起源地之一，早在距今七八千年前，先民们就培育出了世界最早的粟和水稻。但是，我国农业的发展，却经历着十分艰辛的道路，这是因为我国自然环境，包括地形与气候条件十分复杂。我们的国土上虽然也有长江、黄河这样的大河，但它们并不像古代两河流域和尼罗河那样很早就给人们带来灌溉之利，相反，却因为它们的“喜怒无常”，使得人们对它们常抱着戒惧心理。以黄河流域而论，虽然先民们为着取水的需要不得不找些靠近水源的地方住下，但对平原低地大河流经的地区，早先却是绝不敢问津的。他们多选择山麓和丘陵靠着大河支流的地方，如渭河、汾河、洛河、泾河等河流的台地上，此外也选择在太行山各处流泉出山口的冲积扇上作为定居地。像著名的磁山遗址、裴李岗遗址及仰韶文化的绝大多数遗址，都属这种性质。学者们对我国原始居民从事的农业归类，称之为“山地农业”。

然而所谓“山地农业”受水害的危险虽可免除，其得河水灌溉之利却属不易，他们基本上就是靠老天降下的一点雨水维持作物生长的需要，可是上述黄土高原地带的降水量却偏偏少得可怜。加上先民们耕作技术的原始，收获量自然十分有限。这就促使山地农业向更加适合农作物生长的平原多水地区转移。我们打开中国历史地图集中的黄河流域新石器时代遗迹分布图，即可看到那上面标志的年代较早的仰韶文化遗址基本不出今日京广线以西的山区，东部山东丘陵亦有年代较早的大汶口文化，而广大豫东平原分布的，则几乎唯有晚起的龙山文化遗址。这岂非表明，从事山地农业的人们对于豫东平原的开发，就始于龙山时代开始之际。

我们设想先民们刚下到这片处女地进行开发之时，气候尚相对地干燥，人们没有遇到很大麻烦，由是四方氏族纷纷迁往这温柔富贵之乡。但是，要使这里的文明保持并发扬下去，使这里的人们能够长期立足，总得从根本上消除这里的水患威胁，如果没有一套有效地防止洪水的措施，这柄悬在人们头上的利剑迟早是要降临到头上的。尧、舜、禹时期碰到的那场洪水，或许是前此所发生的洪水中最大且距文明时代最近的一次。由此来论禹治洪水的意义，自然要把解决低地农业的生存和发展放在首位。这个问题的解决，自然也就成了我国农业发展史上的里程碑。

从史实上看，自从禹治理好了这一带的洪水后，河济之间乃至整个豫东平原就因文明的继续发展成了夏商周三代人口最繁庶，政治、经济、文化最发达的地区之一。夏商二代立国的基础，或者说他们的王畿，便主要在这一带。前言王国维已指出夏自太康迄于后桀凡数百年间与商人错居于河济之间。商朝建立后，虽“不常厥邑”，然其所都之亳、隞、相、奄、邢、殷等，亦不出这片王畿，或在其周围。即如盘庚以后二百七十三年，虽固定都邑在太行山下的洹水之上，而其诸王往来行幸之地，率以东南地域为主。至于西周、春秋，我们看《诗经》所采的十二国风中，竟有近一半的土风来自这一地区。直至战国、秦、汉，兖州一带的富庶仍是全国数一数二的。孔子过卫，曾为之发出过“庶矣哉”的感叹。应当说，所有上述文明的表象，都是建立在禹以后这一地区农业发展的基础之上的。

当然，禹对农业发展的贡献并不止表现在保障农田的不被水淹上，由于治水而兴建的一套排水系统又可兼作灌溉系统，因而在这个基础上，又很自然地发展起沟洫农业。学者间或以为后世文献记载的井田，便是禹发明的沟洫农业的遗制，这种看法不是没有道理的。我们看商代甲骨文中的田字写作田、田、田等形，无疑便是原野中经过疆理的有着沟洫或道路纵横其间的早期井田的形象。井田后来发展到全国很多地区，春秋时的文献称它作“衍沃”（《左传》襄公二十五年），说明它是很肥沃的。可以认为，它反映了三代农业生产的最高水平。以此，人们把发明沟洫农业的大禹看作是三代农业文明的象征，也是顺理成章的。

谈到禹治水与夏后氏国家产生的关系，我们想至少有以下几点是值得考虑的：

第一，国家组织必须建立在一定的物质文明基础之上，夏王朝作为我国出现的第一个国家，它必然产生在我国文明发祥最为充分的地区。因而从为夏后氏国家奠定物质基础的角度讲，大禹治水是起到了关键作用的。

第二，经典作家曾经指出，东方国家的政治组织往往是由对公共事业的管理发育起来的。禹的治水，对于居住在河济之间的广大部族来说，无疑是一项公共事业。由于要组织各氏族部落的参与，同时也要对各氏族部落施加更多的影响甚或强制，势必使原来松散而比较缺乏约束力的联盟机构过渡到凌驾于各部族之上的权力机构。这个权力机构在禹时即已建立，所以才有“禹合诸侯于涂山，执玉帛者万国”，“禹致群神于会稽之山，防风氏后至，禹杀而戮之”等传说，也才会有启以禹之子继承父位的事情。

第三，由禹治洪水的性质分析，当时形成的国家必不至于有如后世大一统帝国那样大的版图，也不会是像近日一些人们所倡议的是一种小型的城邦。那些不受洪水影响的东西方高地的氏族部落大约不致加入这个在治水联盟基础上形成的国家。估计初成立的“夏王朝”应是以河济之间的兖州为中心，包括邻近的冀鲁豫交界和豫鲁苏皖交界的一些地区，这个地区实际涵盖了当时主要的著名氏族，如有虞氏、有扈氏、昆吾氏、有仍（戎）氏、豕韦氏、有莘氏、斟灌氏、斟鄩氏、有鬲氏、有寒氏，及商人和秦人的祖先氏族，等等。

以上有关大禹治水对我国文明进程影响的分析，难免含有主观成分。但是，只要承认大禹治水的真实性，就应当承认这种分析是基本合乎逻辑的，也只有按照这样一些分析来观察夏代历史，才会使夏代历史显得充实且较可信。

三　目前夏史研究中的几个问题

上面两节，已经表现了我们对于夏代历史的许多问题具有和目前夏史（或曰夏文化）研究中一些流行观点的不同看法。其中有些问题是根本性的，我们觉得有必要在这些问题上进一步阐明自己的观点，以便集思广益，使夏史研究更加健康地发展。

一是关于夏后氏的渊源问题。我们这里不用“夏族”这个笼统的提法，理由见下文自明。目前学者多信从夏后氏起于豫西晋南的说法，这与王国维指出的，而为我们进一步阐明的夏后氏居于河济之间的结论截然相悖。从禹治洪水的角度看，我们认为这个说法是明显站不住脚的。因为无论豫西，还是晋南，都与洪水发生的地域不相关联，一个与洪水不相关联的氏族参与并领导治水，岂非咄咄怪事？即使辩解说领导治水的只是这个氏族的首领，那么他治水的经验从何而来？其他氏族首领凭什么推举他任治水的指挥？

长期以来，人们受“夷夏东西说”的影响，对这个显而易见的矛盾无暇顾及。实际上，夏后氏的渊源到底应在东方，还是在西方，是应当重新考虑的。夏后氏并不同于以后自称为“华夏”的以周人为首的部落集团。《左传》中，周人把夏后氏的先王当作与自己不一个族类的异族看待（僖公三十一年），周人所作的青铜器铭文里，更称夏后氏的后裔杞为“夷”（《史密簋》），因而夏后氏到底属于“华夏”还是属于“夷”是应当重新考虑的。在先秦两汉的文献里，除了黄帝这位东西南北中各地的人们都把他奉为始祖的人物外，夏后氏的最近祖先是颛顼，无论是《国语》《纪年》《世本》、大戴和小戴的《礼记》《史记》及《汉书》都这样说，看来是不能否认的。颛顼之虚号为“帝丘”，在今濮阳，这个地方正好与鲧、禹及夏后氏各王的居住地区相一致。颛顼的后裔为祝融，文献称祝融氏降于崇山而兴起夏（《国语·周语上》），而祝融氏所派生的氏族（所谓祝融八姓）在早也多居住在今豫鲁苏交界一带。根据这些情况，我们认为探讨夏后氏的渊源应从传说中的颛顼部族入手。

文献中提到有“禹兴于西羌”（《史记·六国年表》），还有所谓“戎禹”（《潜夫论·五德志》）的称呼，学者或以之作为夏后氏起源于西方（西羌）的证据。其实，这“戎禹”的称呼不过表示禹与有戎氏（即有仍，属己姓，在今豫鲁之交）的姻亲关系；“禹兴于西羌”，亦不过《荀子·大略》等书中屡屡提到的“禹学于西王国”的讹传，“西王国”本是一个人名，并非“西方的王国”之谓。这些，我们在有关文章中已作了辨析，不再细谈。

二是关于夏代考古文化的问题。目前考古学界在地层与年代关系上，基本明确了在豫西晋南地区存在着一种介乎河南龙山文化与商代二里岗文化之间的考古文化遗存，并将其命名为“二里头文化”。但是许多人径直将二里头文化称作“夏文化”，这是我们不能同意的。因为下这个结论，必定要求二里头文化的年代与分布地域同夏王朝时期夏后氏（及有关氏族）的活动年代与地域相一致，而就我们了解的情况看，这两者都很难说得上一致了。二里头文化的时间跨度约在公元前 1900 年至前 1500 年内①，而夏王朝存在的时间，按学术界通行的说法为公元前 21 世纪至前 17 世纪。因此，学者之间展开了到底二里头文化的哪几期文化层属于夏文化的争论。其实，学者们忽略了另一个更为重要的问题，就是传说中的夏后氏的主要活动地域，也与二里头文化的分布地域不相一致。我们这样说，似乎从根本上动摇了几十年来考古界对于夏文化探讨的思想基础，然而科学研究的要求就是实事求是，因此，对于目前考古界个别同志似乎急于按“二里头文化即夏文化”认识给夏文化讨论画上句号的做法，我们认为是不妥的。

回想当初徐旭生先生带领考古所的同志着手进行夏文化的考古调查时，一开始就选择了豫西晋南两个地区作为重点考察对象。为什么要作这样的选择？因为徐先生认为，在他从《左传》《国语》、古本《竹书纪年》等文献里收辑到的“仅只不到三十条关于夏后氏都邑的记载”中，就只有这两个区域“应该特别注意”②。徐先生的选择确立了三十年来夏代考古调查的方向，然而徐先生的这个选择是否准确，却是值得商榷的。在他写的《中国古史的传说时代》中，我们可以看出，

---

① 仇士华：《有关所谓“夏文化”的碳十四年代测定的初步报告》，《考古》1983 年第 10 期。

② 徐旭生：《1959 年夏豫西调查“夏墟”的初步报告》，《考古》1959 年第 11 期。

他的这个认识与他相信傅斯年的“夷夏东西说”是有关的。到底夏后氏的都邑是否只集中在豫西和晋南，本来就有不同的说法，例如王国维同样根据古本《竹书纪年》及其他经典的记载，得出夏后氏都邑率在河济之间的结论。我们认为，在未对有关夏代都邑的不同说法展开充分讨论的情况下，就忙着确定考察重点，并将其固定下来，显然是不妥的。

从本文的论证看，要求得夏代都邑的真正所在，不仅要靠后人对这些都邑本身的论释，还应当参照一些其他方面的记载，如有关夏后氏族的渊源、夏后氏同姓与姻亲部落的活动及其地望，以及像禹治洪水这类传说故事等，并且还要对这诸种记载加以综合分析，尽量做到在它们之间的融会贯通。根据这个原则，我们认为，只有将夏后氏都邑定在河济之间较为合适。除了上面已经对夏后氏渊源、禹治洪水的地域作出的考证外，我们还可以谈到，夏的同姓，如《史记·夏本纪》所谈到的夏“分封”的姒姓氏族有扈氏、有莘氏、杞氏、缯氏、斟灌、斟鄩氏，以及其他姒姓氏族，如寒氏、鲍氏等，多在今河南东部及山东西部一带；夏的婚姻和与国，如有虞、有仍、有鬲、昆吾、豕韦，以及尝为夏车正的薛国，亦几乎全在东土；就是传说中协助大禹治水的伯益和皋陶的氏族当时也是居于东部的犬丘的。如是等等，皆可以与夏后氏居于河济之间的结论相互印证。

如果相信这个结论的话，那么，探讨夏文化的重点也应放在以濮阳为中心的古河济地区。这里是上述许多著名氏族的发祥地，包括以后商人、楚人、秦人的祖先也都曾在这里生息繁衍过。他们在当时都可能参与了虞夏部落联盟，而后又曾作为夏后氏国家的成员，从而在这一带留下很丰富的文化遗存。所谓夏文化应是以上各部族共同创造的文化。虽然这一地区由于日后屡遭洪水淹没，使许多古遗址和古文化遗迹被埋在地下深处，给考古工作带来很大困难，但既然文献表明夏文化的中心只在此处，那就应当靠克服困难去开展这项工作。我们注意到，考古界已有同志将濮阳地区划为先商文化分布区，所谓的“先商文化”，实际就应是包括先商在内的以夏后氏为首的诸部族共同创造的文化，也就是夏文化。王国维在他的《殷周制度论》中说：“虞夏商皆居东土，故夏商文化略同”，即是我们这项认识的依据。

总之，夏史研究需要认真商榷的问题尚多，本文就大禹治水传说引出对一些问题的看法，自知肤浅，不过作引玉之砖，还望在这个研究领域出现更新的气象。

（原载《学术月刊》1994 年第 6 期）

《𤼈公盨》铭与禹治洪水问题再讨论

禹治洪水问题，自20世纪20年代“古史辨”派兴起以来，一直是学术界讨论的热点。这主要是由顾颉刚先生自20年代中至50年代后期发表的一系列文章引起的。在这些文章中，顾先生对历史上禹治洪水的说法提出了质疑，认为文献所记禹治洪水之事皆属神话，并非真的历史；禹本身亦为天神，而非现实社会的人王，只是到了战国以后，由于时势的变化，他才由某些伪史家的造作，由神变成了人，并与传说中的夏朝发生了关系，成了领导治水的英雄。

顾先生的说法新颖而多考证，博得了不少人的青睐，也引起了一些学者如王国维、张荫麟、郭沫若等对他的批评。但顾先生一直坚持己见，并不断对之加以补充论证。由于顾说的影响，至今仍有不少人对禹治洪水事持将信将疑的态度。在当前进行的有关夏代历史及中国早期国家问题的讨论中，一些学者对禹治洪水之事或是轻描淡写，或是干脆略去不提，便是这种思潮的反映。不久前新公布的西周时期的铜器《𤼈公盨》上铭有关于禹治洪水的内容，这本来可以端正人们对于禹治洪水的认识，为解决这桩历史公案提供契机，但由于顾先生的说法仍在一些学者的头脑中占有根深蒂固的位置，竟使这些学者仍循着顾先生的思路将铭文解释成了禹作为天神主宰山川土地的神话，这是十分令人遗憾的。

笔者过去曾著有《论禹治洪水真象兼论夏史研究诸问题》一文①，

---

① 沈长云：《论禹治洪水真象兼论夏史研究诸问题》，《学术月刊》1994年第6期。

以后又陆续写了一些关于夏史的文章，窃以为搞清楚禹治洪水的问题，不仅关系到我国历史上夏代的有无，而且关系到我国古代文明及早期国家的产生走的是什么样的道路，以及早期国家社会形态等一系列重大问题，不可不重视，因自深入研讨，并取来《𤔲公盨》铭文，反复与有关文献相互比对，属为此文，以与同行专家切磋琢磨，并求指教。

一　顾颉刚否认禹治洪水说法之商榷

在辩论《𤔲公盨》铭文有关内容之前，我想先清理一下顾先生否认禹治洪水说法的主要论点，看他的这些论点及论证方法是否坚实可靠。顾先生这方面的论述甚多，但最具代表性的还是他 1923 年发表在《读书杂志》上的《讨论古史答刘胡二先生》，1939 年发表在《说文月刊》上的《鲧禹的传说》，以及 1957 年发表在《文史哲》上的《息壤考》这几篇论文。①

今就此数文撮述他有关禹治洪水的主要论点如下：

第一，禹（包括他的父亲鲧）在早期的文献中均为天神，因为他们都受命于上帝，是上帝命令他们到人世间来平治水土的。

第二，禹的功绩是“敷土（铺放土地）”“甸山（排列众山）”“平水土”，这些，均非人力可为，故可认为是禹的神职的体现。再考虑到文献屡称禹“主名山川”，则禹不过是一位“主领山川的社神”。

第三，鲧、禹治水之说（包括鲧的筑造堤防和禹的疏水）产生皆晚，“战国以前的书上不大看见有筑堤之事”，“疏水灌溉”之事亦是兴起于战国。在这之前文献只是说禹用“湮”“塞”即向天帝借来息壤填塞洪泉的神话。这表明禹是在战国才由天神变为人间的治水英雄的。此转变实是战国形势激荡的结果。由于战国时期有了堤防之作，又有了疏水灌溉之举，人们惩于堤防之弊而感于疏水灌溉之利，遂生

① 以上《讨论古史答刘胡二先生》及《鲧禹的传说》分别收辑在吕思勉、童书业编著《古史辨》第 1 册、第 7 册下，上海古籍出版社 1982 年版，第 105—150、142—194 页；《息壤考》发表在《文史哲》1957 年第 10 期。

出了将疏通水道给人带来利益的功劳归到禹的身上，而将壅防百川造成祸害的罪责归到鲧的身上的故事。

第四，禹与夏本无关系，《诗》《书》中不见有“夏禹”的称呼，至战国中期始有“夏禹”的记载。将禹与夏联系起来，乃是“战国伪史家维持信用的长技”，是他们为了称说“三代圣王”而将尧、舜、禹置于夏商之上的结果。

以上四点，均有可商榷之处，但以其中第三点问题较为明显，且为顾氏认识之所以出现偏差的出发点。让我们从这点谈起。

首先，顾先生说战国以前无堤防之作亦无疏水灌溉之举，便全不是事实。

可以从大家都很熟悉的邵公谏厉王弭谤之语谈起。邵公称：“防民之口，甚于防川……是故为川者决之使导。”这里面提到的“防川”，难道不就是筑造堤防防止川水的事吗？“为川者决之使导”，不也就是疏通川水以治理洪涝灾害吗？此载在《国语·周语上》，时代背景为西周，是西周已有了堤防之作与疏川之举。如以《国语》为战国时人以当世之事拟前代史事者，那么，今发现的西周时期的《燹公盨》铭同样可证明那时已有了疏水灌溉一类事情。铭文称赞禹的业绩包括“濬川”一项，虽不好凭此语便定下禹治洪水属信史，但说西周时人已有了抗御洪水这个方面的本领，还是可信的。至于春秋，更有不少位于东方低地的诸侯国普遍建筑起了堤防。文献提到陈国有“防”[①]，宋国有“堤”[②]，周都洛邑附近亦有“堤”。[③]《诗经》中还提到周南地区有所谓“汝坟”[④]，注称“坟”为“大防”，即大的堤防。此外，开挖沟洫一类与疏水有关的事情亦不乏文献记载，如《左传》襄公十年记“郑子驷为田洫”，襄公三十年又记“子产使……田有封洫”。尤其是《春秋》庄公九年冬记鲁国曾有过“浚洙”之事，杜注：“浚，深之，

① 《诗经·陈风·防有鹊巢》。

② 《左传》襄公二十六年。

③ 《左传》昭公二十六年。

④ 《诗经·周南·汝坟》。

为齐备”，是言鲁人挖深洙水以防备齐人的侵袭，则已类似《𤼈公盨》铭所称“濬川”的工作。凡此，见筑堤与疏浚河川之类水利工程在春秋时列国中已普遍举行，而顾先生谓战国时期才见有筑堤与疏水灌溉事，显然是不足为信的。

顾先生对古代水利工程的保守看法，不过是为了否认历史上鲧、禹治水的业绩：既然我国古代直到战国以前都没有人工治水之事，何来夏时鲧、禹的治水？因而所有关于鲧、禹治水的说法便只能归之于神话，归之于人们倚靠上帝所赐息壤来对付洪水的美好愿望，而不是真的历史事实。

但顾先生实在是低估了我国古代先民的创造力，且不说文献记载禹治洪水之事应当如何理解的问题，就从考古发现的角度，我们也完全可以提供夏商甚或更早时期的先民们已经具备了修筑堤防与开凿灌溉（或排水）沟渠能力的证据。首先是灌溉水渠的开凿，据李济先生《安阳》一书，他当年领导安阳发掘工作的过程中，便在安阳及郑州两地发现有颇具规模的用作灌溉用的地下沟网的遗迹。其中安阳的沟网，他认为是由盘庚迁殷以前的早商居民开挖的，而郑州发现的这种“地下建筑”的时代比安阳更早。[①] 由是，推测夏代人们已经具备了开挖沟洫的技术，当不是毫无根据的臆测。至于筑堤的技术，我们甚至可以提供比夏代更早的这方面的考古发掘的证据，这就是良渚文化所在地区最新发现的考古遗迹。据称，考古工作者在良渚古城的北部和西部发现了一个庞大而复杂的可能是用作防洪的水利工程，其中在塘山一带的工程为双重坝体，两坝体间距20—30米，可能是渠道，其他一些地点则为长短不一的水坝，均为人工堆筑。考古工作者认为，“这些大小不等的坝体可能共同构成了良渚古城外围庞大的防洪水利工程，将来自古城北部山地的洪水导向遗址群的西南部，防止山洪对古城的直

① 李济：《安阳》，刘梦溪主编：《中国现代学术经典·李济卷》，河北教育出版社1996年版，第618—619页。

接冲击”[1]。据测定，这项水利工程距今的年代为4800—4900年，早在夏代之前。尽管它不是处在中原地带，推测中原的夏代初期也应当具有修筑此类工程的能力，想必不会引起大家的异议罢。

按徐旭生等古史专家的意见，古人使用的防制洪水的长堤，实际就是四面展开的城墙。现在中原各地，尤其是黄河中下游一带，考古发现的夯筑成的龙山时期的古城，已不下数十座，有的面积达到上百万平方米或数百万平方米，其墙体展开来，已有数千米至万米，如将所有这些古城的墙体连缀起来，其规模将更可观。再考虑到其中许多古城都附带得有围绕城墙挖成的濠沟，如此来估计夏时人们所具有的筑堤与开挖沟渠的能力，更是不可小觑。岂能将那时人们的抗洪之举，一概归之于上帝息壤的帮助！

顾先生第二个不能令人同意的观点，是他认为禹治洪水的传说全都是神话，不承认其中包含有可信的历史，不承认它们是历史在人们现实记忆中某种形式的反映。

现今有关禹治水的传说最早见于《诗》《书》中的几篇西周时的文献。顾先生起初解释这几篇文献中提到的禹的“敷土”为“铺放土地”，解释禹的“甸山”为“排列众山”，然后发表感想说：“若禹确是人而非神，则我们看了他的事业真不免要骇昏了。人的力量怎能铺土陈山?”[2] 后来，他看到了《山海经》《淮南子》等书中有关鲧、禹用上帝所藏息壤填塞洪水的神话，觉得这一信息能够更好地诠释禹的神性，复又改说：“禹用息土填塞洪水，遂造成各山，这便是所谓‘敷土’‘平水土’和‘甸山’。”[3] 这个看法，他一直坚持到中华人民共和国成立以后，直到1957年，他还在《息壤考》一文中重申了自己的这一主张。在所有这些文章中，他都一直在强调禹的“神性”，强调禹治

① 刘斌、王宁远：《良渚遗址的考古新发现》，《中国社会科学院古代文明研究中心通讯》第22期，2012年1月。

② 顾颉刚：《讨论古史答刘胡二先生》，顾颉刚编著：《古史辨》第1册，上海古籍出版社1982年版，第111页。

③ 顾颉刚：《鲧禹的传说》，吕思勉、童书业编著：《古史辨》第7册下，第161页。

水的传说是神话，丝毫未有过这些故事也包含有某些历史真实方面的考虑。

顾先生对于神话原也有自己的见解，他曾说："古人对神和人原没有界限，所谓历史差不多完全是神话。"① 如果他沿着这一思路，去仔细发掘古代神话中所包含的许多真的历史，便不致引发以后一系列的争论了。但是，他的这一思路不知何故却转到了另一个方向，成了他论证古史人物原本都是神，是人们奉祀的各种天神地祇乃至凶兽魍魉的出发点。他提出这些古史中人物（包括鲧、禹）皆是后来作伪的人们将上述神祇"人化"的产物，提出要"打破古史人化的观念"（同上），这就显得有些偏颇了。古史传说中既有被"人化"的神，也有被"神化"的人，顾先生只强调了由神演化为人的一面，忽略了由人演化为神的另一方面，致使他对古代神话所包含的真的历史视而不见，这实在是一种局限。

我们不否认禹治洪水故事带有神话的性质。就上文提到的《诗》《书》这几篇最早的有关禹的文献记载看，便确实显现出了禹的某种"神性"，如下面这几句诗歌：

> 奕奕梁山，维禹甸之。（《诗经·大雅·韩奕》）
> 信彼南山，维禹甸之。（《诗经·小雅·信南山》）
> 丰水东注，维禹之绩。（《诗经·大雅·文王有声》）

"甸"训"治也"；"绩"即事迹、足迹之迹；梁山、南山（终南山）、丰水皆在今陕西境内。这几句诗出自周人之口，是说周王畿内这几处著名的高山大川都经过禹的治理。显然，他们都是在张大禹的神力。试想，如此高山大川，又不在夏统治的范围内，怎么能够用人工进行治理！如果不是把它们当作神话，实在无法解释。但即使是这样，我们也仍然可以窥见里面包含的肯定历史上禹治洪水之举的成分，因

① 顾颉刚：《答刘胡两二先生书》，顾颉刚编著：《古史辨》第1册，第100页。

为治理高山大川和平治水土总还可以发生某些联系，诗作者不过是对禹的平治水土做了过分夸饰和神化而已。

和这几篇诗的年代大致相当的另外几篇文献则显示了禹的更多的“人性”，如《诗经·商颂·长发》：“洪水芒芒，禹敷下土方。”《书·吕刑》：“皇帝清问下民……乃命三后恤功于民……禹平水土，主名山川。”这里谈到了禹的平治水土及主持对各地山川的命名，谈到了禹治洪水成功后给下界造成了许多可耕的土地（即“敷土”，这句话的解释见下文对《𤼈公盨》铭文的考证）。尽管这些语句仍未彻底摆脱“神性”，但已感觉它们主要是在讲历史了，是把禹治洪水当作真的历史故事加以叙说了。我们看当年顾先生对《诗》《书》中这些涉及禹治洪水的字眼进行解释时，也无法将禹的“平水土”说成是某种神职，便透露出其中消息。

进入战国，有关禹治洪水的各种说法更多了起来，人们对禹治水的神化不是减少，而是更加剧了，出现了禹的“导山”“导水”、凿通龙门及划定九州等带有神味的新的夸张其辞的说法，更出现了禹用息壤填塞洪水的神话。当然，对于这些神话，我们也能一一寻出其所由产生的根源，就是对所谓“息壤”说，也知道它不是平白无故地冒出来的，而是与以前禹的“布土”“平水土”的说法有着密切的关系。这些，我们也将在下文讨论《𤼈公盨》铭文中一并加以说明。总之，所有关于禹治洪水的传说，无论其带得有多少神话色彩，我们都可以寻出它原本所具有的历史素地，绝不可说它们仅仅是神话，与真的历史毫无干系。

顾先生第三个值得商榷的地方，是他仅仅因为文献称禹是受上帝命令来到下界治理洪水的，便断定禹是天神而非属于人。

顾先生所举的文献，一是《尚书·洪范》：“天乃锡禹洪范九畴，彝伦攸叙”；二是《尚书·吕刑》：“皇帝……乃命三后恤功于民：伯夷降典，折民惟刑；禹平水土，主名山川；稷降播种，农殖嘉谷。”他说：“（《吕刑》中的）皇帝既是上帝，他所命的三后当然含有天神性，合之于《洪范》所言，禹的治洪水，平水土，由于上帝的命令，自无可疑”，言下之意，是说禹的平治水土，乃是受上帝（即天）之命所为，正表现了禹属于天神而非属于人。[①] 他还引《诗经·商颂·长发》“洪水芒芒，禹敷下土方……帝立子生商”，说：“看这诗的意义，似乎在洪水芒芒中，上帝叫禹下来布土，而后建商国，然则禹是上帝派下来的神，不是人。”[②]

顾先生的这个推理，在当时就遭到一位叫刘掞藜的学者的反驳，他说：“若以为禹是神，不是人，则……《商颂·玄鸟》有‘……古帝命武汤，区域彼四方’……汤又何尝是人呢？由《大雅·文王有声》言‘文王受命，有此武功’，《皇矣》亦说‘帝谓文王，无然畔援……帝谓文王，予怀明德……’看上帝给命与文王，又和文王这样地对语，然则文王也是神，不是人么？”[③]

刘掞藜用商的先王汤、周的先王文王同样受到上帝“命”的例子，来说明禹与商汤、周文王同样属于人王的道理。这个论证应当说是合乎逻辑的。顾先生对之不得不加以应答，但回答得十分勉强。他说了两条商汤、文王不是神而禹是神的理由：一是“武汤文王的来踪去迹甚是明白，他们有祖先有子孙……至于禹，他的来踪去迹不明，在古史上的地位是独立的”；二是禹的故事具有普遍性，因为“他不是周族的祖先而为周族所称，不是商族的祖先而亦为商族所称”。这两个“理由”都明显站不住脚。文献记载禹作为夏的开国之君，自有其传授世系，不得说他是一位“独立的”神。尽管这个夏的世系还需要加以证明，但至少禹的父鲧子启的说法已见诸早期文献，不得谓“全出于伪史”。《国语·周语》称禹父为崇伯鲧，他自己则叫作崇禹；“崇禹生开（即启）”的说法亦见于真《周书·世俘》篇，这些较早的文献岂能都说成是“伪史”！至于禹的故事为商周后人所称，也完全是很正常之事。人们之称道禹，是称颂禹的功德，而非因他是自己的同族祖先。

---

① 顾颉刚：《讨论古史答刘胡二先生》，顾颉刚编著：《古史辨》第1册，第109页。

② 顾颉刚：《与钱玄同先生论古史书》，顾颉刚编著：《古史辨》第1册，第62页。

③ 刘掞藜：《读顾颉刚君〈与钱玄同先生论古史书〉的疑问》，顾颉刚编著：《古史辨》第1册，第83—84页。

文献记周人称道商的祖先汤及其他圣王，商的后人称道文武周公，这样的例子不在少数，他们也都是在称颂商汤文武周公的业绩，为何一提到禹，便说他是神仙呢?

其实，说天（或上帝）命禹、天命商汤、天命文王……都反映了周人思想中的“天命论”意识。周人认为，夏商周三代之君皆是接受了天的使命，才拥有对天下万民统治的权力的，他们之所以能够被授予这样的“命”，乃是因为他们都有德于民，做了有功于民的事情。禹之所以被命为下界众民的统治者，也是因为他受到了天给予他的平治水土的使命，有德于民的缘故，这在新发现的《豳公盨》铭文中有很好的说明。这里天（或上帝）是主宰人世间的至上神，而包括禹在内的三代统治者则是下界的人王，区分得十分清楚，岂能说下界人王因为接受了上帝给予的“命”便也成了天神!

顾先生文章更重要的一个问题，是他否认禹与夏的关系。

顾先生说:“禹与夏的关系,《诗》《书》上没说,《论语》上也没说，直至战国中期方始大盛,《左传》《墨子》《孟子》诸书即因此而有了‘夏禹’的记载。”他因此断言道，将禹与夏联系起来，“是战国的伪史家维持信用的长技”。①

对于顾先生在这个问题上使用的论证方法，当年张荫麟先生曾有过批评，称顾氏仅凭着《诗》《书》《论语》未言及夏与禹的关系便作出禹与夏无关的断语是在使用“默证”，且违反了默证适用的限度。因为他所举的《诗》《书》《论语》中的这些篇章，或者“无说明禹与夏关系之可能”，或者“无说明禹与夏关系之必要”。② 我们认为张荫麟的这个批评是有一定道理的。《诗》《书》《论语》或因某种具体原因没谈到禹与夏的关系，焉知禹与夏就一定没有关系！这里，我们愿举出与《诗》《书》同时代的古文字资料中言及禹与夏关系的正面材料，作为对顾先生的回应。这篇古文字资料乃大家熟悉的《叔夷钟》铭

---

① 顾颉刚:《讨论古史答刘胡二先生》，顾颉刚编著:《古史辨》第1册，第117—118页。

② 张荫麟:《评近人对于中国古史之讨论》，顾颉刚编著:《古史辨》第2册，第271—278页。

（或称《齐侯钟》），其中言及禹与夏的关系的一段为：

> 虩虩成唐（汤），有严在帝所，敷受天命，刻伐夏司（祀），败厥灵师，伊小臣惟辅，咸有九州，处禹之堵。

以上，基本据郭沫若之释。郭文题为“夏禹的问题”，收在其《中国古代社会研究》一书中。其中的“夏”字，原隶作頣；“刻伐”二字，他以为同于他书中的“剪伐”；“司”与祀通。他据此而指出：“‘剪伐夏祀’与‘处禹之堵’相条贯，则历来以禹为夏民族之祖先之说，于金文上已得一证。”①

此钟铸作的时代，郭指出，是在齐灵公末年，时当春秋中叶。可见顾先生说夏与禹发生关系是在《论语》之后的战国时期的论点，是完全站不住脚的。

我们注意到，顾先生在写《鲧禹的传说》时，也引用了《叔夷钟》这段铭文，不过，他却有意略去了其中的“刻伐夏祀，败厥灵师，伊小臣惟辅”几句，改用省略号代替。我们认为，这样有意地删改文献中不利于自己论点的做法是十分不妥的。顾先生此文发表在郭文之后，他不可能看不到郭的释文。或者他对郭的释文有意见，然而我们又未见顾先生自己对之有新的解释。这只能说顾先生是在有意识地掩盖自己文章中的漏洞。

《叔夷钟》铭并不仅仅限于证明春秋时人已有了禹为夏民族祖先的观念，还可以证明《诗》《书》中其他一些提到禹的篇章也包含了这样一种观念。

先来看《诗经·商颂》中有关篇章。《商颂》为商族后人所写的诗，《叔夷钟》铭也为商族后人所作（据铭文，叔夷是宋穆公之孙），因而他们对商先世的看法应该是一致的。《商颂》中的《殷武》称：“昔有成汤，自彼氐羌，莫敢不来享，莫敢不来王，曰商是常。天命多

① 郭沫若：《中国古代社会研究》，人民出版社 1954 年版，第 275—276 页。

辟，设都于禹之绩，岁事来辟。”其首章言汤建立了商对天下的统治，这等同于《叔夷钟》铭提到的成汤剪伐夏祀而咸有九州①，故而其下言“多辟”各建都邑于其上的“禹之绩”，便显而易见也是汤从夏人手中接收过来的九州的土地，是《商颂》亦正显示出禹与夏不可分割的关系。

既然“禹绩”是禹所奠定的夏王朝曾经领有的天下九州的土地，那么《诗》《书》中其他一些篇章提到的“禹绩”当然也可作如是观。如《书·立政》，“其克诘尔戎兵以陟禹之迹，方行天下，至于海表，罔有不服”，这里，周公谈到，希望成王能治理好军队，以登上禹对天下九州的统治地位，虽然句子中没有“夏”的字样，然而谁能否认这“禹迹”便是禹为夏奠定的九州疆土呢？我们看《立政》上文已经提到，作为“古之人”的“有夏”曾经拥有过对天下的统治，只是由于夏最后一位国王桀的“暴德”，才被商人取代了他们的统治；后来由于商的最后一位国王受（即纣）施行暴政，又才被周人再次取代了天下共主的统治资格，因而这里周公希望周成王能够顺利踏上的“禹迹”，便只能解释成为“有夏”曾经拥有的对于天下九州的统治。

《商颂》制作的年代，据王国维研究，是在“宗周中叶”；② 《立政》作为可信之《周书》，其制作年代也应在西周，是西周之人早已将禹与夏联系起来，并以禹作为夏对天下统治的奠立者，顾先生说直到战国中期以后，造伪者才将禹与夏联系起来，实在是疑古过甚的说法。

以上，我们对顾先生有关禹治洪水问题的一些错误主张进行了梳理，这种梳理实际也表现了我们对禹治洪水问题的大致看法。我们认为，在历史上相当于夏建立以前那个时期，在夏人居住的地域（不是整个天下九州），确实有过先民们在他们的首领禹（或鲧、禹父子）的带领下，展开过对水患的治理，这应当是以后所有禹治洪水故事（包

① 这个意思在《商颂·长发》中表现得更为清楚，其言“武王载旆，有虔秉钺……九有九截，韦顾既伐，昆吾夏桀”。武王指商汤，征伐夏桀及韦顾昆吾等于“剪伐夏祀”，“九有九截”等于“咸有九州”。

② 王国维：《说商颂》，《观堂集林》卷2，中华书局1959年版，第117页。

括神话故事）发生的渊源。夏代国家即是在禹治水的基础上建立起来的。当然，我们的认识也还需要进行补充论证：一是要证明夏在历史上的存在，二是要提供夏代先民与洪水抗争的证据。关于前者，我过去曾写过一系列文章，力证夏非周初人杜撰的朝代，并其始居地域就在过去王国维所指出的古河济之间。[①] 鉴于本文已拉得太长，这里不拟重复叙述，但有一项可以坐实夏王朝在历史上确实存在，且就在古河济之间的考古发现不得不再次提及，这就是近年考古工作者在河南濮阳高城遗址发现的夏前期的都城。濮阳为春秋卫国都城，亦为传说中的帝丘。《左传》僖公三十一年载，刚迁居到这里的卫成公梦见卫康叔对他说："相夺予享。"这句话显示了卫成公把居邑安在了夏初夏后相居住过的地方。所幸，卫成公所居的这座春秋卫国都城最近被考古工作者探寻出来了。值得关注的是，人们发现这座规模巨大的卫国都城最里面的一段夯土墙，竟然是龙山中晚期，也就是夏朝建立前后那个时期的墙体，并且还发现了城墙下面压着的大面积的龙山时期的居住遗址。这些发现适与上述文献记载相互印证，证明了春秋卫国都城确曾做过夏初时期夏后相的居邑。此考古发掘的简报已经发表，简报作者称，高城考古遗址的发现，"不仅为研究卫国历史提供了可靠的资料，同时也为研究五帝之一的颛顼以及夏商历史提供了重要线索"[②]。明眼人可以看得出来，这里尽管没有明确指出高城遗址曾经为夏后相所居这一史实，但实际表达了和我们一致的看法。

濮阳地当古河济地区的中心。这里地势低洼，池沼湖泊遍布，河流纵横，是传说中洪水发生的地区[③]，也是以后历朝历代河水泛滥最集中的地区。我们因此可以断言，鲧、禹的治水实在就是为了本部族居民的生存与发展。当然古河济地区不止生活着禹所在的夏后氏一个部

① 王国维：《殷周制度论》，《观堂集林》卷10，第451—452页。

② 河南省文物考古研究所等：《河南濮阳县高城遗址发掘简报》，《考古》2008年第3期。

③ 关于此点，当年徐旭生先生曾根据古代河患的沿革及《禹贡》中有关记载指出："洪水发生及大禹所施工的地域，主要的是兖州。"见所著《中国古史的传说时代》（增订本），文物出版社1985年版，第139页。

落，还有一些别的氏族部落，包括夏的同姓与异姓，他们也都为了共同利益而在禹的带领下开展对洪水的斗争。我们看文献记载的夏时期一些著名的氏族部落，如有扈氏、有莘氏、斟灌氏、斟鄩氏、有虞氏、有仍氏、昆吾氏、豕韦氏等，他们所居住的位置，也都分布在古河济地区，而以濮阳为中心，这也从一个侧面显示了夏朝在历史上的真实存在。

夏代先民与水患作斗争，自然会留下不少遗迹。就目前的考古发现来看，这些遗迹最明显的，便是他们留存至今的居邑。这些居邑很显然都是他们抗御当时的水患而建造的。一类是丘。就是选择当地较高的地势，在上面层层地加高居住面，或利用废弃建筑物之类生活垃圾，逐渐反复地垫高所居住的地面，最终堆积成的一个土丘。人们居住在上面，可以防止洪水的漂没。迄至今日，古河济地区仍有许多被称作某某丘（或某某堌堆）的地名，考古发现它们差不多全是龙山那个时期的遗址。我曾到鲁西南的菏泽地区调查，看见这些遗址满是龙山和岳石文化的堆积物，有的可厚达十余米，说明当时人们曾长期居住在上面，以防止不时来临的洪水。另一类是比丘面积大的城。就是利用宽厚结实的夯土墙把洪水挡在外面，以保障城内居民不受洪水的侵袭。城一般也建造在较高的台地上，但比丘类居邑能容纳更多的居民，也更安全，可能是部族首领居住的地方。今豫东鲁西，也就是古河济地区已发现一系列龙山那个时期的古城址（包括上面所提到的濮阳古城），其数远较周围其他地区的多而且集中，应该是可以说明问题的。和这项考古发现相印证，我国先秦时期的文献如《世本》等记“鲧作城郭”，不称别人而独称鲧发明城郭，再联系到不少传说将制作堤防抵御洪水的事迹也归到鲧的头上，则夏族先民通过建造城邑（也许还有堤防）来抗御洪水，是毋庸怀疑的。总之，说禹（包括他的父亲鲧）在他们生活的那个时期率领自己的部族治理或抗御过所居地区屡屡发生的洪水，绝不是空穴来风，而是有相当的事实做根据的。

二 《𤔲公盨》铭文有关治水内容之诠释

《𤔲公盨》的出土地点不得而知，就其形制、花纹及铭文字体来看，它应是西周中期的作品。这件器物的重要意义，李学勤先生已经指出，就是它提供了大禹治水传说在文物中的最早例证。[①] 这当然是不容否认的。但我认为，它有关禹及禹治洪水故事的具体记叙却更值得我们关注。《𤔲公盨》铭是目前所见文献（包括地下出土文献及传世文献）中最早且最没有神性的这方面的故事记录，因而也最接近于历史真实，我们应当结合夏史暨夏文化研究，对之仔细地进行研究。

目前，已有不少学者，包括几位著名的古文字专家对《𤔲公盨》铭进行过考释，这为大家今后的进一步研究无疑打下了基础。不过各位专家对铭文的理解却并不一致，在一些关键字词的释读和解释上，还存在着不少分歧。特别是有的专家仍按过去顾颉刚先生对禹治洪水故事的认识套路，坚持把铭文相关内容往神话故事上引，这使笔者不得不步各位专家的后尘，也要对铭文来一番认真的清理，乃至于要班门弄斧地发表一些个人的见解。为紧扣主题，本文不拟对铭文全部内容进行考释，仅选择其中涉及禹治洪水的关键字词做一些必要的考察，以厘清禹时先民与水患作斗争的真相。

（一）释“𤔲公”

𤔲字的释读，如同李学勤先生所谓，对于理解全铭的性质颇有关系。因为铭文全篇所记，实际都是𤔲公一个人的训导之语，所以我们首先有必要弄清楚𤔲公的身份，才好更准确地把握铭文的主旨内容。不过李先生将此字释读为遂，称𤔲公为遂公，却不可取，还是应当相信多数学者的意见，将这个字释读为豳，𤔲公即豳公，如此，对于很多事情的理解将更为通顺。

① 李学勤：《论𤔲公盨及其重要意义》，《中国历史文物》2002年第6期。

这个字中的豨与豕当为一字，豨豨亦可写作豩。古文字中有这两个字作形旁互相通用的例子，如豪字古文作豪（见《说文·豨部》）。𤆡下面的“火”字形旁，后讹作“山”，于是便成了豳字。𤆡或添“支”字形旁，写作𤈦。𤆡或𤈦都属会意结构，过去徐中舒先生曾解释这个字说：“金文《趞鼎》有‘作豳自冢司马’语，豳作𤈦（《静簋》，《豳王盉》同），乃豳之繁文。此从二豨与从二豕同意，‘豨，河内名豕也’（《说文·白部》）。此从火不误。从支者，象持杖驱捕之意，即用火焚林而田猎取野猪的形象，非常明白清楚。”① 徐先生的说解十分到位。作为补充，《诗经·豳风·七月》中提到豳地确实有不少野猪，“言私其豵，献豜于公”即其证。

豳公即豳地的公，上引《七月》诗中的“公”就是一位豳公。诗末“跻彼公堂”句，说的也是豳地的庶民到得豳公的堂上。过去《毛传》及其他一些诗的训释者称《七月》是“周公陈王业也”，说这里面的豳公是公刘或大王，看来都是臆说。这首诗明显出自西周庶人之口，诗作者嗟叹自己一年四季的劳动生活之艰辛，也连带诉说上层贵族，包括“公”和“公子”加给自己和自己家庭的各种压迫之苦，这些，都很难与什么“王业”拉上关系，诗中的豳公也很难和时人心目中的公刘、大王相比拟。

豳在金文中又称作“豳师”。铭文记朝廷在其地设有武职“戍”（《善鼎》）和“冢司马”（《趞簋》），这似乎是因为其地迫近戎狄，需加强武备的缘故。铭文又记王曾率领吴、吕两个畿内的诸侯会合豳师与䓣师的邦君一道举行射礼（《静簋》），是显示出豳国族的邦君（也就是豳公）与王室特别亲近的关系。实际上，豳公这个称呼，也体现了他不同一般的贵族身份。李零先生疑豳公为王室大臣②，是有道理的。我们这样强调豳公的身份，是要说明他作为周朝廷的重臣与他在《𤆡公盨》铭文中所讲述的内容的一致性。我们看铭文中豳公一再强调

---

① 徐中舒：《先秦史论稿》，巴蜀书社1992年版，第116页。

② 李零：《论𤆡公盨发现的意义》，《中国历史文物》2002年第6期。

禹的德行，强调禹受“天命”为民平治水土而被立为王，吁民“好德”“克用兹德”，这正与周统治者向来标榜“天命”，提倡“敬德”的做法是相吻合的。这也证明周人心目中的禹，一定是和周文王、周武王及商汤等受命之君一样，是一位人世间贤德的君王。

豳公为遂公的说法，可能出于误解。豳读为遂音是没有问题的，《春秋》经、传也有遂的国名（见庄公十三年），问题是这个遂国没有任何来历，一不知其族姓，二不知其爵位，杜预注仅仅提到它的所在位置，说“遂国在济北蛇丘县东北”，即今山东肥城市南，大概只是一个东夷小国。《左传》昭公三年记舜后有“虞遂”其人，昭公八年又记虞遂曾受到商的分封，直到周初的胡公满。学者或解此虞遂为商所封的“遂公”，此实误解。文献中从未有“遂公”的称呼。这个解释最早来源于唐张守节为《史记·陈杞世家》所作的《正义》，其可信度很差的。对此陈槃先生已在所著《春秋大事表列国爵姓及存灭表撰异·有虞》条下指出，《左传》文中的“遂”乃人名，不得解为封国名。[①] 看来张守节正是将人名的遂误当作国名，然后又与《左传》庄公十三年的遂国牵合在一起，才造成上述解释的错误。

（二）释“尃土”

铭文开头称“天命禹尃土，隓山，叡川”，用了“尃土”“隓山”“叡川”六个字来概括禹平治水土之事。我们先讨论“尃土”的含义。

“尃土”同于文献中的“敷土”“傅土”“布土”，各家说法基本一致。“敷土”或“布土”，学者又多解释成“布放”或“布置”土地，亦有通俗解释成“部署与规划土地”的（李零）。前引顾颉刚先生《讨论古史答刘胡二先生》释作“铺放土地”，亦同于大家的解释。

“布放土地”或“铺放土地”，只是字面上的解释，可是禹治水却为何牵涉布放土地？布放土地与治水的关系如何？禹又是怎样布放土

① 陈槃：《春秋大事表列国爵姓及存灭表撰异》，上海古籍出版社2009年版，第1327—1328页。

地的？学者或是语焉不详，或是回答得不那么令人满意。顾先生当年对此倒是有所解释的，他说“布土”就是用土地来填塞洪水。他是根据《诗·长发》“洪水芒芒，禹敷下土方”，以及《楚辞·天问》“洪泉极深，何以置（填）之”这两条材料给出的上述解释。后来，他看到了《山海经》《淮南子》诸书有关鲧、禹用上帝所藏息壤（或称息土，即一种能不断生长的土壤）去堙塞洪水的描述，复又进一步说：“鲧（禹）治洪水的方法是用息壤去堙塞，这便是所谓‘布土’（‘敷土’）。”如顾说，禹的“布土”只是一种用上帝给予的息壤去填塞洪水的方法。这种解说将禹治洪水完全归之于神话，是我们所不取的，因为它未曾揭示出禹治水故事所包含的真的历史素地。再则，将禹治水的方法简单地归为堙塞，也与传说中禹用疏导的方法不符。如《燹公盨》铭文，其在“布土”之下明言禹治水用的是“濬川”的方法，按顾先生的解释，岂不前后自相矛盾！

我们注意到，今学者在对《燹公盨》铭“敷土”的解释上仍有照搬顾先生的上述说辞的。如裘锡圭先生，他在文章中便明确地说：“禹的‘敷土’，其原始意义应指以息壤堙填洪水。”[①] 裘先生之所以采取顾先生的这种解释，大概是为了与他下文对“隓山”的解释保持一致。他将“隓山”解释为“堕山”，说“敷土”与“堕山”都属于“堙庳”的做法。但裘先生似乎未考虑到，所谓“堙庳”仍与“濬川”的说法是相矛盾的。同一篇铭文，不可能既说禹治水是用“堙庳”的方法，又用“濬川”的方法。

仔细体会铭文及诸书所言禹的“敷土”或“布土”，知其并不是指某种具体的治水方法，而是讲上帝给予禹的一项与治水同时需要完成的使命，或者说是需要通过治水最终达成的一项根本性任务。它与治水相辅相成，用今天通俗的话讲，就是指通过治水，重新恢复与布置给下民以耕作的土地。

我们看文献记禹从事的事业，或仅称之为“治水”，或仅称之为

---

① 裘锡圭：《燹公盨铭文考释》，《中国历史文物》2002年第6期。

“平土”“布土”，或合二者而称之为“平水土”“平治水土”。这便是说禹的事业既包含有治水，又包含着平土与治土（“布土”或训为“治土”）。其根本目的，则是为着众民能安居乐业，从事正常的农业生活。故文献又称禹是一位从事耕稼并因此而有天下的国王（《论语·宪问》“禹稷躬稼而有天下”）。禹实在就是这样一位典型的农业国家的领导者，并没有什么特别神秘之处。

然则禹的治水与平土（布土）到底是一种什么关系？为何古人不是指别的从事耕稼的国王，而是指禹为平治水土的治水英雄？

文献提示给大家的禹治水与平治土地之间的关系，乃是禹在被淹没的洪涝地区采取了疏浚的方法，在用此法将低洼之处的积水引向更低处的湖泊或河水的干道之后，整个大面积滞积的洪水自然跟着被排出，于是原来被淹没的土地一一露了出来，人们便可以在上面重新从事农业耕作。这样重新露出或干出来的土地，甚至有可能比过去还有所扩大，亦似对土地重新布置了一番。这便是所谓“布土”。

此说解非我一人之臆呈，请看下列文献：

> 昔上古龙门未开，吕梁未发，河出孟门，大溢逆流，无有丘陵、沃衍、平原、高阜，尽皆灭之，名曰“鸿水”。禹于是疏河决江为彭蠡之障，干东土，所活者千八百国。（《吕氏春秋·爱类》）
>
> 舜之时，共工振滔洪水，以薄空桑。龙门未开，吕梁未发，江淮通流，四海溟涬，民皆上丘陵，赴树木。舜乃使禹疏三江、五湖，辟伊阙，道瀍涧，平通沟陆，流往东海。鸿水漏，九州干，万民皆宁其性。（《淮南子·本经训》）
>
> 古者沟防不修，水为民害。禹凿龙门，辟伊阙，平治水土使民得陆处。（《淮南子·人间训》）

我们先暂时不考虑这几条材料所提到的禹施工的具体位置，仅从禹施工的方法与其所导致的结果看，便可以很清楚地看出，正是禹所使用的疏导方法，才导致被淹没地区的土地最终得以干出，从而使民众最终也得以“陆处”。这样的结果，难道不可以说成是禹在给人民重新“布土”？

还有一些类似的记载，如《孟子·滕文公上》称“禹疏九河，瀹济、漯而注诸海，决汝、汉，排淮、泗而注之江，然后中国可得而食也”；《孟子·滕文公下》称禹治洪水，“掘地而注之海……然后人得平土而居之”。所谓“平土而居之”“中国可得而食也”，皆是通过禹疏导洪水而后实现的，“平土”与“布土”亦是一个意思。《孟子》这两段话又与近年出土的竹书《容成氏》十分类似，那上面也是说禹掘通了各地的江河湖泽，使注之海，然后天下九州一个个地“始可居也”。竹书作者显然也认为九州的土地是禹通过疏浚各地的积水逐一给布下的。

上述文献对禹平治水土的具体描述在总体上应是可信的，但有一点必须指出，就是它们把禹治水的范围都说得太广大了，把禹治水的能力也夸张得太厉害了。禹不可能在天下九州的范围都展开治水，天下九州在那时也不能都有洪水，禹更不可能有凿通龙门、伊阙的神奇之举。这些，都是人们出于对禹的崇敬而夸大禹的伟业的结果，也出自人们不明白古代社会的性质而对尧、舜、禹那个时期发号施令的性质及所施范围的不切实际认识的结果。

实际上，禹时洪水发生的地点主要是在《禹贡》九州中的兖州。上言徐旭生先生已很明确地指出了这一点，这是很不错的。只是徐先生没有交代清楚禹与洪水之间的关系，没有说清禹何以成为这场治水的首领人物，却令人遗憾。徐先生承认，当尧、舜、禹的时代，中国还是个氏族林立的社会。大家头上既然还没有一个统一的国家组织，所行之事便主要是为着本部族的利益，然则禹（包括鲧）的治水，也主要是为了使本部族的人民不受洪水的侵袭。可是按徐先生给出的鲧、禹所任为首领的夏后氏（原称作“有崇氏”）的居处，却在“黄河以南的外方山根”，这却未免与他指出的禹时洪水发生在“伏牛、外方、太行各山脉东边的大平原”，也就是古兖州及附近地区的说法相矛盾。今学者多持与徐先生相同的看法，认禹所居的都邑在今河南登封市的阳城。然而这一代地处山区，不知何以会有汗漫的洪涝灾害发生！因此我们考虑禹时夏后氏的居处，只能是如当年王国维先生所指出的，在古河济之间，也就是古代的兖州。如此来看禹的治理洪水，便觉更加可信了。

如上所述，那时古河济地区还居住着许多其他氏族的居民，可以称得上是人口众多，生业繁庶。这当然也是人们要在这里努力抗御洪水的原因。为何这里有如此多居民呢？这却与那个时候气候环境的变迁有关。研究古气候环境的专家指出，从距今5000年左右开始的时候，我国许多地方的气候发生了一次大的转变：从过去较为温暖湿润的气候向干冷的方向转变。气候的转变导致一些地方的地理与生态环境也跟着发生变化。一些原来人口繁庶的地区出现了资源与能源的紧张。关中与豫西一些地方人口的减少，据信即与此有关。但是，对于地势原本低洼，到处是湖泊沼泽的古河济地区，这种气候变化却使之变为适合更多人群居住的地方。因为气候干冷使得海平面下降，导致河流侵蚀基准面也相应下降，新的河流阶地、冲积平原和河口三角洲堆积迅速发育，更导致这些地区湖泊沼泽大面积地减少。这一切，又都意味着这一地区耕地面积的扩大，意味着聚落和人口向这一地区的转移。据说，在距今4800—4300年的龙山时代中期，气温有所回升，人类在华北平原的活动有所减少，但在距今4200年左右，气候又再次大幅度地变干变凉，促使这一地区的河道与海岸线基本固定下来，湖沼面积也更急剧地缩小，整个豫东鲁西变得更加适合于人类居住。①

那么，古河济之间为何又屡屡发生洪灾呢？既然禹时气候在转向干凉，又怎么会出现降水量的增加以致引起洪涝灾害呢？我们说，气候的变迁乃是一个长时段的发展趋势，并不妨碍某些年份某些地方的雨量突然会有所增加。更重要的是，导致这里发生经常性的洪涝灾害的根本原

① 以上参见曹兵武《从仰韶到龙山：史前中国文化演变的社会生态学考察》，周昆叔、宋豫秦主编：《环境考古研究》第二辑，科学出版社2000年版，第26—28页；燕生东：《全新世大暖期华北平原环境、文化与海岱文化区》，周昆叔等主编：《环境考古研究》第三辑，北京大学出版社2006年版，第79—80页。

因并不在气候的变化，而在于这里低洼的地势。如遇连绵大雨，四周高地的雨水一下子都涌向这里，河川水势顿涨，一时排泄不畅，便很可能造成一派汪洋的洪涝景象。因而人们要想在这里长期立足，保持与发展自己的文明，就得从根本上解除这种水患的威胁。由此来论禹领导的这场与洪水所作斗争的性质，实际就是要解决低地农业的生存与发展的问题。这是禹和古代夏族先民对我国农业所做出的杰出贡献。

于此，我们对于《山海经》诸书有关禹用息壤来平治洪水的神话也有了新的认识。所谓“息壤”，原本就是古河济地区由河水冲积或淤积而成的土壤。盖每次洪水之后，由于河水的淤积（因河水中带有大量泥沙），所露出的土地，都较过去的面积有所增长。这本来是黄河中下游平原形成的自然原因，可是由于禹对洪水进行了疏通，促使其尽早退去，给人的感觉，倒像是禹用了一种神奇的能够不断生长的土壤止住了洪水。这应当便是禹用息壤治平洪水故事的来历。其实，在顾先生所著《息壤考》一文中，也提到有地质学家张幼丞先生谈到了这一现象，他说：“世界上有两种显著的因素可以造成息壤，一种是水，一种是风。例如崇明岛是一千年前由于水的逐渐冲积而成，北方的黄土层则是风力造成。”张先生的说法可信但不周全，因为“北方的黄土层”不只是风力一个原因造成的，其黄河中下游的黄土平原部分，亦主要同于崇明岛，是由河水的冲积造成的。遗憾的是，顾先生对于这样一种“息壤”形成的科学解释并没有听进去，却反而将张先生认为“不属于此类”的一些地方传闻的土地石头的突然坟起当作了息壤神话产生的事实基础，这就使他失去了对文献所载“禹布土”重新正确认识的机会。

（三）释“𨻰山”

𨻰字从阜，从二又二土，会意。学者或释为“隋”，即“堕”（裘锡圭），或释为“随”（李学勤），或释为（陶），即“陶”（朱凤瀚）。我以为前两种释读都是值得商榷的。

释作“隋”者，将该字比作《说文》中的“陊”（即堕）字。但

“陸”据许书明显是个形声字，与该字作会意结构不可混为一谈。为解决这个矛盾，裘先生认为“陸”所从之“左”是由铭文此字右边的形旁“圣”讹变的结果。然而这个说法的根据何在呢？且如裘先生所说，“堕山”就是用手使“阜”上之土往下堕落，也就是“堕高堙庳”的意思，可是文献中“堕高堙庳”明明是共工和禹父鲧所使用的方法，已被禹视作“非度”（见《国语·周语下》），这怎么与铭文中禹所使用的“濬川”的治水方法相协调呢？禹一边疏浚河川，一边又向下堕土来堙塞河川，岂不互相矛盾吗？

李先生释此字为“随”，以“随山濬川”与文献（《书序》）中用语全同，从而强调盨铭与传世文献密切的关系。这确实是应当引起重视的。但关键问题是随字的释读仍然是依据了“陸”字的字形与其音读。《包山楚简》有作“随从”的“随”字，但与《说文》“随”字形体有着不小差别，与《燹公盨》铭“陸”字也有所差别。我怀疑《书序》称“随山濬川”，只是战国秦汉间人出于自己对禹治水故事的理解而对“陸山濬川”的一种误读。《书序》说“禹别九州，随山濬川”，“别九州”实为后起的观念。

朱凤瀚先生将这个字释作“陶”。他说：“《说文解字》：‘陶，再成丘也。’成，重也。‘再成丘’就是双重之丘。本铭此字，从阜，从双‘圣’会意。‘圣’从土从又，示以手累土。上下作双‘圣’，自有双重之意，与以上字书所云‘陶’之字义相合。”① 这应当是唯一正确的释读。两周金文中曾数见此“陶”字，如《五祀卫鼎》，其“陶”字的写法便与此完全一致。《不其簋》中亦有此字，只是其中所从之二“又”改从二“勹”，而写作[illegible]形。这个字又同于春秋时期《齐鞄氏钟》中“鞄”字的上半部分，而此“鞄”字在同时期的《𩋐镈》铭文中又写作[illegible]。凡此，可以考见“陶”字形前后因袭变化之轨迹。或以为《不其簋》铭中的陶字是从二“勹”，而非从二“又”，不得用来解释铭文中的[illegible]字。实际上，古文字中的“勹”字

① 朱凤瀚：《燹公盨铭文初释》，《中国历史文物》2002年第6期。

形旁本来就是表示用手包住的形状，故常连带画出手臂及手爪之形。如军字、旬字、匀字、匌字、訇字，其所从之“勹”，便多写作勹的形状（也有写作勹形的），所以陶字所从的二“又”，与从二“勹”实际上是没有区别的。

陶释作陶，还可以用殷墟甲骨文中的𨸏字来加以补充说明。李学勤先生认为甲文此字可视作金文陶字形的渊源，这应当是不错的。然而甲文中此字实是人们熟知的𡉚或𡉚的异体字。张政烺先生对这个字曾有过考释，将它释作“裒”字。[①] 裒发“勹”的音，与“陶”的音读正完全相同。按张先生的说法，“裒”之义为“聚土”，这也与“陶”的“累土”之义相同。如是，甲文𨸏字与铭文陶字在形音义三个方面都一脉相承，陶释作陶是完全说得过去的。

不过，朱先生对“山”的解释，却是我不赞成的。他称：“‘陶山’即‘陶山’，陶在这里应该读作‘导’，陶、导上古声、韵并同，皆定纽、幽部韵。《尚书·禹贡》言禹‘导岍及岐，至于荆山’，《史记·夏本纪》作‘导九山：汧及岐至于荆山，’是‘导’即‘道’，开山凿道。故《禹贡》亦言：‘九山刊旅’，即九山皆刊除成道。”这个说法是有问题的。一则，《豳公盨》铭中的陶（即陶）字在那时是否读作定纽幽部，即今天陶字的发音，尚难于给出肯定的回答。如上所述，“陶”直到春秋时期的《𬶍镈》铭文仍念作“勹”的发音，𩠐叔即鲍叔，是没有疑问的。其何时分化出定母幽部字的读音，还是一个待探讨的问题。二则，“导山”的说法系晚出，它与其他有关凿通各地山路，以及“随山刊木”，开辟九州贡道之类说法，均是在禹治洪水故事基础上衍生出来的与“分州”说有关的另一类故事系统，不能与禹治水本身混为一谈。文献称禹因为治理好洪水而拥有“九州”之地，这个“九州”一开始只是泛指普天下所有的地盘，义同于《诗经》所称的“九有”“九域”（《叔夷钟》铭中的“九州”亦是这个意思）。只是到了战国以后，人们才根据当时政治地理划分的格局，将“九州”

① 张政烺：《卜辞“裒田”及相关诸问题》，《考古学报》1973 年第 1 期。

落实成一个个具体的“州”，才从而有了凿通各地贡道的说法。这一点过去顾颉刚先生已有说，还是应当肯定的。

那么，盨铭“陶山”到底应当如何理解呢？我以为，所谓“陶山”，其实是讲加高当时民众为躲避洪水而居住的丘邑的一种做法。“山”即是“丘”，古河济一带居民常将他们居住的土丘也称作山。如鬲丘，亦称作历山；楚丘，亦称作景山；昆吾之丘，亦称作昆吾之山；《山海经》屡次出现的“青丘”，同书《南山经》又称作“青丘之山”。而“陶”字有“累土”之义，又有“再成丘”的解释，故“陶山”亦即“陶丘”，便是累土使丘加高的意思。今豫东地区的定陶县有地名仿山，来源甚古，《定陶县志》对它的描述亦是“积壤之高，仿佛如山”。可以想见，当初人们正是凭借着这些人工垒筑的山丘抵御那不期而至的洪水的。请看《淮南子》中下列两条材料：

> 禹之时，天下大雨，禹令民聚土积薪，择丘陵而处之。（《淮南子·齐俗训》）
>
> 舜之时，共工振滔洪水，以薄空桑……四海溟涬，民皆上丘陵，赴树木。（《淮南子·本经训》）

这些丘陵，需要人不断地“聚土积薪”，这种做法，应当便是所谓的“陶山”了。考古发掘证明，今豫东鲁西一带古夏人居住的区域，正到处都分布着先民留下来的称作某丘的遗址，而这些称作某丘（或俗称做某某堌堆）的遗址形成的年代，也大都在夏建立前后的龙山时期。前面已经谈到，这些土丘均是在一些较高的地势上，通过层层加高原有的居住面，最终累积而成的。这种情形，亦正同文献及古文字所称的“聚土”或“累土”。在这一带长期从事考古发掘工作的袁广阔先生对之已有十分详尽的介绍，不妨把他的论文找来一读。[①] 这里，

① 袁广阔：《豫东北地区龙山时代丘类遗址与城址出现原因初探》，《南方文物》2012年第2期。

我还想起《国语·周语》对禹治洪水的描述，那上面称禹治水的方法是“高高下下，疏川导滞”，《豳公盨》铭的“陶山”与下文“濬川”合在一起，不正符合《国语》描述的“高高下下”的治水方法吗？

据了解，与中国上古文明同样历史悠久的古代两河流域、古埃及和古代印度，在他们文明初期的时候，人们在河水经常泛滥的平原或河谷地区的居址，也多建造在一些人工垒筑而成的土丘之上。这方面的材料不能具引，只引述世界史研究学者拱玉书有关古代两河流域历史考古的一段介绍以做参考。他说，从 20 世纪 30 年代开始，伊拉克考古工作人员对伊拉克境内的遗址进行了普查，到 1949 年为止，已经在地图上标明了 5000 个遗址的准确位置，它们大多数都是高出地面的土丘。他并且谈到这些土丘形成的过程，称：由于这里人们居住的房屋主要是用泥土盖成的，需要经常翻修，方法是把旧房铲平，在原来的位置上再造新居，每翻修一次，地面就要增高一些。这样，人们一代又一代，一个世纪又一个世纪地居住在同一个地方，他们的住地也就逐渐地拔地而起，最后就形成了“丘”。① 这与我们中国古代的两河流域——古河济之间的情况，何其相似乃尔。

（四）释“濬川”

“濬”字的解释，各家无歧义。“濬”今作“浚”，“濬川”即疏浚河川。不过有一点必须提及，就是禹当时的濬川，绝不会是以后文献所夸称的那样，对天下九州的大江大河都来一遍疏通，那时的人们大概也不具备对大江大河直接进行施工的能力。另外，禹时的洪水也不是普天之下都遇到的大洪水，历史上根本就没有过普天之下各地同时发生的大洪水，禹只是因为自己所居住的那片区域地势低洼，常发水涝而采取的这样一种既消除洪涝灾害，又保护和扩大耕地的疏浚积水的措施。其施工的对象只限于一些小的河川，或大河的支流，当然也包括开挖一些排水渠以引走积水。故《论语·泰伯》言禹治水而指其

---

① 拱玉书：《日出东方：苏美尔文明探秘》，云南人民出版社 2001 年版，第 42、44 页。

“尽力乎沟洫”。这就是禹治洪水原本的真实情况。

三 结语

通过以上对禹治洪水问题的清理，以及对《𤼈公盨》铭文有关禹治水内容的考订，可以引导出我们对禹治洪水问题的总的认识：

第一，古文献有关禹治洪水故事的记叙基本上是可信的，尽管这些记叙或多或少地带得有夸张乃至神化禹的后人添加的成分，但只要去除这些虚夸的成分，仍可以看出其在历史上真实存在的素地。

第二，禹治洪水的地域只是在古代的河济之间，即我国历史上夏族居住的地域。禹治水的目的乃是通过治理这一地势低洼地区经常发生的洪涝灾害，保障这一地区民众的生命财产安全，同时解决这一地区低地农业的发展问题。

第三，禹治水的方法是“疏水”，即通过开挖排水沟渠将广漠平原上的积水排走，以恢复被淹没的耕地。在这个过程中，引导人们累高所居住丘邑上的积土，亦是抗御洪水侵袭的做法。

第四，禹是居住在古河济地区的夏后氏部族的首领，他正是在率领自己氏族及居住在这一地区的所有氏族部落共同抗御洪水的过程中，通过加强对各部族人力物力的控制，发展成为这一地区共同的部落集团的首领，并从而建立起夏后氏王朝的政权的。

目前，我国史学界、考古学界正在进行中国古文明起源的探讨，这项工作的一个重点，即是探讨我国第一个早期国家夏的形成过程。本文对禹治洪水问题的清理，无疑是有助于这一探讨的。希望本文能够得到大家的批评和指正。

（原载《国学学刊》2014 年第 1 期）

再论禹治洪水兼及夏史诸问题

2016年8月5日，美国《科学》杂志发表了以中国学者吴庆龙为首的科研团队的论文，题为《公元前1920年的洪水爆发为中国传说中的大洪水和夏朝的存在提供依据》（以下简称“吴文”）。吴文引起国内外学界及社会的广泛关注。不少学者认为，虽然吴文揭示的史前中国黄河上游积石峡地区因地质灾害造成的大洪水或许是事实，但将之与文献所载禹治洪水之事联系在一起，并用以说明夏朝在中国历史上的存在，却缺乏足够证据。更有少数学者袭用“古史辨”派的说法，称禹治洪水是一种神话，禹建立的夏朝，也值得怀疑。与上述学者看法不同，笔者认为禹治洪水及夏朝的存在都是不容置疑的，并且夏朝的建立确实与禹治洪水有直接关系。今愿结合吴文并吸取近年新发现的考古资料，对有关问题再作必要的论证。

一　禹在兖州治洪水

我国古代文献，包括地下出土文献有关禹治洪水的记载汗牛充栋。这些记载上至西周，下迄春秋战国，称得上是我国最早的一批历史文献，说其所记禹治洪水故事无关史实，都是人们凭空制造出来的神话，恐怕这本身就出自一些人的凭空想象。过去“古史辨”学者称禹治洪水故事只是战国水利事业发达在人们头脑中的反映，然而不久前新发现的西周时期的《豳公盨》铭文，则否定了这种说法。铭文称“天命禹布土，陶山濬川”，说明西周时期已广泛流传着禹治洪水的故事，岂待战国时期再来编造禹治洪水的神话！

商人也早已知道前朝发生洪水的故实。甲骨卜辞中的“昔”写作㫺，作会意结构，意谓洪水之日；“灾”写作𡿧，像川水被壅为害，这些都表明商代以前发生过洪水，且深深留在了人们的记忆之中。

关键是要弄清禹所遭遇到的这场洪水的性质及其发生地域。根据文献记载，禹的治水实不过是对其所居住地域发生的大面积洪涝灾害进行的排涝、开挖沟洫以便疏通积水的工作，即如《豳公盨》铭文所说的“濬川”、《论语·泰伯》所说的“尽力乎沟洫”一类性质的工作。由此论及洪水发生的地域亦即禹部族之居处，必在黄河中下游平原一带地势低洼之处。即处于西边的太行山及东边的泰沂山地两个高地之间，并处在古代黄河与济水之间，按《禹贡》九州的划分属于古兖州。这里不仅地势低洼，而且河网密集，湖沼遍布，一旦发生洪水，境内百川之水便先自溢出，易造成长期不去的水涝。故而古代河患的记录几乎全是在这一地区。

除以上地理形势的分析外，古代文献中亦留下了兖州与禹时洪水相关的记录。此为以研究传说时代著称的徐旭生先生的发现。其称，在我国最早的地理专书中，唯有“兖州”条下有两处专门提到古代洪水之事：一处说“桑土既蚕，是降丘宅土”，明是讲洪水平治以后，原来宜桑的土地又可以养蚕，人民从高地下来，住到了平地上；另一处讲“作十有三载”，更是与传说中“禹湮洪水十三年”相呼应。因而他得出结论，“洪水发生及大禹施工的地域，主要的是兖州”。

二 禹治洪水真相

禹时洪水发生的原因还没有定论。学者一般分析禹时洪水的产生，往往习惯于从气候环境的变迁上寻找原因。笔者过去的文章也是这样一种思路，“由于气候的变暖导致雨量的增加，使得某些地区易于发生洪水”，以为这能与文献有关禹时连年多雨的记载相互印证。然而近年环境考古却指出，禹所在的公元前2000年前后，整个中国北方地区是向干凉的气候环境发展的，这就使许多学者的说法失去科学依据。

吴文正好在这一点上提出解决问题的新思路：禹所遭遇的洪水来自黄河上游，来自甘青交界处的积石峡地区因地质灾害形成的堰塞湖的溃决。作者通过计算指出，这场体积为 110 亿—160 亿立方米的史前溃决可以轻易向下游传播 2000 公里以上，“当这场洪水到达黄河下游平原时，很可能造成天然堤坎的溃决，从而引发多年的大范围的洪水泛滥”。

笔者注意到，对吴文提出批评意见的学者，对黄河上游出现的这次洪水溃决并没有表示怀疑，他们反对的，主要是吴文将其与夏朝及大禹治水联系起来，要证明二者的真实性。由于吴文相信夏文化就是分布在豫西一带的二里头文化，而二里头文化据最新^{14}C 测年最早不过公元前 1750 年，与其宣称的史前洪水发生在公元前 1920 年有很长一段时间差距，并且豫西一带也找不到古代洪水发生的痕迹，因而吴文所主张的这种联系难免受到人们的质疑。

其实，二里头文化与夏文化之间并不能简单地画等号，二里头遗址显示出都邑气象，最多也只能说明它是夏代晚期的一座都邑。我们认为它或是夏朝后期向西扩张建立的一处别都。夏禹治水的区域不是在豫西，而是在古河济地区，即今河南东部、山东西部一带黄河中下游平原。这里是古代洪水泛滥的地区，考古发现这一带至今仍存有许多与洪水相关的遗迹。这里有许多称作“某丘”的地名，如帝丘、犬丘、商丘、陶丘、铁丘之类。所谓“丘”，就是比周围高一点的土丘，当地人也称之为堌堆。古人为躲避洪水，往往居住在上面，故而留下许多古人居住的遗迹。据考察，它们大多产生在洪水发生时期，也就是龙山时代晚期，或夏朝建立前后的时期。甚至彼时的一些城址也多建筑在其上，它们显然具有某种防御水患的功能。

值得指出的是，以这种方式躲避洪水并不只是中国古人的专利，古代两河流域、古埃及、古印度人居住的大河流域下游，也都存有许多人们为躲避洪水而垒筑的土丘遗迹。如在伊拉克境内的两河流域，考古工作者曾发现多达 5000 个居住遗址，其中大多数都是这类高出周围地面的土丘，它们的垒筑方式与我国古河济之间的土丘完全一致。

三　夏朝建立与禹治水关系密切

我国古代文献一致认为，夏朝的建立与大禹治水密不可分。如《国语·周语下》称“皇天嘉之，祚以天下，赐姓曰姒，氏曰有夏，谓其能以嘉祉殷富生物也”，便是将禹接受天命拥有对天下的统治权，归结为他通过治水使万物重新获得生机。按今天的解释，则是禹通过领导治水，集中使用参与治水的各部族的人力、物力，并在这个过程中加强了自己和家族的权力，最后使这种权力演化为凌驾于各部族之上的具有专制性质的统治权，由是导致夏朝的产生。

无论何种解释，都体现出禹治洪水与夏朝建立存在前因后果的关系。由此可以推论，夏朝的地域，应是和禹治洪水涉及的地区相一致。也即夏朝的地域，应在古河济之间，而不是豫西或晋南，至少夏朝前期的地域应是如此。

早在20世纪20年代，王国维在《殷周制度论》中就指出：“夏自太康以后以迄后桀，其都邑及他地名之见于经典者，率在东土，与商人错处河济间盖数百岁。”尽管后世文献有“尧都平阳、舜都蒲坂、禹都安邑”之说，王国维仍坚持认为，“自五帝以来政治文物所自出之都邑，皆在东方”。他对皇甫谧《帝王世纪》上述说法给出的解释是：“盖洪水之灾，兖州当其下游，一时或有迁都之事，非定居于西土也。”

王国维称夏的都邑及他地名率在东土，应是根据《左传》《国语》《竹书纪年》《世本》等典籍记载。其中谈到夏代诸王的居邑（即都邑），包括禹居阳城、太康居斟鄩、后相居帝丘、帝杼居原以及老邱等，除禹居阳城有争议外，其他地点都在古河济之间的范围内。其实，禹所居的阳城也应在东土，即今天河南濮阳。濮阳古代称阳城，并为夏后相的都邑。今学者或指豫西的登封王城岗为禹居阳城之所在，此地虽亦有阳城之地名，但这里一则未见夏时著名氏族，二则与禹治洪水所处的地理环境不类，三则考古发现的城址及聚落规模远不及濮阳，其非禹所居的都邑显而易见。

重要的是，上述文献所载夏的都邑，有的已与考古发掘相印证。特别是作为夏后相都邑的帝丘。《左传》《世本》《竹书纪年》都有关于夏后相居于帝丘记载，其中《左传》僖公三十一年记叙，春秋时期的卫成公迁居到帝丘，即濮阳，便有卫国的始封之君卫康叔托梦给他，说其供奉给自己的祭品让夏后相夺占。这无疑反映了卫国所迁居的都城建立在夏后相都邑旧址之上的史实。考古发现的这座位于濮阳高城的春秋卫国都城，正叠压在包括夏初在内的更早时期的一系列夯土城之上。由于目前工作尚未完成，只挖掘出遗址北城墙下面一小段龙山时期的夯土墙，不能确定龙山城规模到底有多大，但就已勘测的龙山时期遗址面积不下百万平方米这一数字看，规模不可小觑，其为夏朝都邑当不成问题。这反映了夏后相所居在帝丘濮阳这一史实。毫无疑问，这也应当成为夏代乃历史上真实存在的证据。

主持高城发掘的考古专家袁广阔同时主持过古河济之间一系列龙山时期古城址或古遗址的调查与发掘。在他看来，这些古城址与古遗址多数与洪水有关。他还认为，分布在这一地区的后岗二期文化与文献所载早期夏人活动地域相吻合，这从考古研究角度给予夏朝地域主要在古河济之间的说法有力支持，也给予古时洪水发生在黄河中下游平原、禹通过治理洪水促进夏朝产生的说法有力支持。

（原载《中国社会科学报》2016 年 11 月 8 日，第 6 版）

走下神坛的治水者：再说夏后氏居于古河济之间

在中国历史上，禹治洪水的故事可谓家喻户晓。大禹治水在很大程度上导致中国第一个早期国家夏的建立，也是多数人认可的事实。根据《尚书·尧典》等古文献的记载，当我国传说时代最后两位部族联盟首领尧、舜之时，天下发生洪水，禹被举荐为治理洪水的总揆，并取得成功，舜遂将联盟首领的位子让给禹。但禹未将权力传给下一位贤人，而是传给了自己的儿子启，由是产生了“家天下”的夏王朝。上述夏代国家产生的过程，自属旧史的说法。按照当今学者的解释，禹之所以建立起中国第一个早期国家，乃是他在治水过程中加强了对参与治水的各个部族人力物力控制的结果。由于治水的艰巨性与长期性，需要对各部族的人力物力统一进行调配、指挥和管理，在此过程中，禹难免要利用联盟首领赋予自己的职权对各部族施加更多影响，甚或强制、干预。这样一来，势必使原来比较松散和缺乏约束力的部落联盟组织发生质的变化，促使联盟领导机构出现权力集中的倾向，并逐渐凌驾各部族之上，以致最终成为使各部族沦为自己臣属的具有专制主义性质的权力机构。禹则因为长期担任领导治水的职务，在众多部族中树立起自己及其家族的权威，由原来的夏后氏部族首领继任为部族联盟首领，再发展成君临众族邦之上、拥有世袭权力的夏代国家的君主。

一　诸多文献载有禹治洪水故事

以上两种有关夏代国家产生的说法并无本质区别，在史实上也不冲突。不过，后一说法似更近情理，也符合马克思主义经典作家所阐述的古代奴役与压迫关系亦即国家产生机制的基本精神。日本学者宫本一夫所著《从神话到历史：神话时代夏王朝》，在谈到禹治洪水与夏王朝产生的关系时认为："禹的治水传说告诉我们，治水事业在农业社会之中意义重大，洪水的治理需要强有力的后盾及政治力量才能实施"，"禹也是夏王朝的创建者，这也说明治理洪水是在初期国家形成期的强力的王权之下得以遂行的事业"。不过，宫本对禹治洪水之事似乎抱有一些怀疑，他说："如果这项事业是史实的话，也可以说明当时社会正处在向着国家阶段发展的过渡期。"①

宫本的怀疑是可以理解的。早在 20 世纪初，日本白鸟库吉就曾提出尧、舜、禹皆非历史人物这一主张。稍后，我国以顾颉刚先生为首的疑古学者更对禹治洪水的真实性提出不少怀疑。他认为文献所载禹的治水事迹皆属于神话，并非真的历史；禹及其父亲鲧皆属天神，并非下界的人王；所谓禹的"布土""平治水土"，均非人力可为；鲧、禹治水之说实起于战国，是战国时期发达的水利事业激起人们想象的结果。这些说法至今仍有不小影响。不过，国内多数学者并不认同顾氏的主张，毕竟诸多早期文献载有禹治洪水的故事，想把它们一笔抹杀是不可能的。只是这些故事确实包含不少神话成分，需要认真加以清理，以便弄清其真实的历史素地，弄清禹时期是否真的发生洪水、洪水的性质，以及禹治洪水的真相等问题。

① ［日］宫本一夫：《从神话到历史：神话时代夏王朝》，吴菲译，广西师范大学出版社 2014 年版，第 25 页。

二 《豳公盨》铭文可证实禹治洪水

近年发现的西周中期青铜器《豳公盨》铭文，有助于廓清疑古学者的部分怀疑。这件出自西周贵族之手、带有训诫意味的铜器铭文，十分清楚地记叙了禹治洪水的故事，等于向世人昭告疑古学者所持的禹治洪水出于战国时人假托的说法为无端臆说。铭文首称“天命禹敷土，陶山濬川”，一则表明，在周人心目中，禹乃是同周文王、周武王、商汤一样的受命之君，他通过治理水患而有德于民，而非什么天神；再则表明，禹的治水方法为“濬川”，即疏浚小的河川，此与文献所载他“疏川导滞”的治水方法并无二致。禹采取这种治水方法，不过是要促使被淹没的土地尽快显露出来，以便重新分给广大民众（即所谓“敷土”或“布土”）。至于铭文中的“陶山”，则是对付洪水的另一种方法，即累土为丘，人居其上，以躲避洪水。《淮南子·齐俗训》称“禹之时，天下大雨，禹令民聚土积薪，择丘陵而处之”，即此之谓。

《豳公盨》铭文有关禹治洪水之事，固属后人对前代史事的追记，但它描述的禹治洪水的具体情节，却很符合夏代国家兴起的那一带地区的地理环境和考古调查的情形。禹时的洪水绝非一场遍及天下九州的洪水，它只发生在禹领导的部族联盟居住的范围内。按徐旭生先生的说法，这个地域即是《禹贡》“九州”之一的古兖州及其附近地区。至于出现洪水的原因，一些人认为当时气候发生了异常，导致气温突然升高。其实并非如此。按照现时环境考古学者的测定，彼时气候在向干冷方向发展，绝不会有持续多年的降水量增多的情形。禹时的洪水其实主要是古兖州一带低洼的地势造成的。这里地处黄河下游平原，地势低平，多河流、湖泊，极易发生洪涝灾害。加之当时很多氏族、部落正往这一地区迁徙，这里的聚落与人口空前繁庶，人们要在这里站稳脚跟，就必须想办法对付经常发生的洪涝水患。可以设想，鲧、禹治理洪水的传说，不过是这里的先民抗御洪水以求生存，从事并发展低地农业的写照。

三 禹治洪水真实可信

禹领导的夏族人居住在古兖州一带，这是毋庸置疑的。王国维先生曾在《殷周制度论》中指出："夏自太康以后以迄后桀，其都邑及他地名之见于经典者，率在东土，与商人错处河济间盖数百岁。"古"河济之间"即古兖州，这个地区近年来发现了一系列夏时期或其以前的古遗址和古城址，尤其是濮阳高城的发掘，可以说坐实了《左传》等古文献所载的夏后相居邑的具体位置。鉴于濮阳古代亦有阳城之称，说它是禹都阳城所在，亦非毫无理由的猜测。学者甚为重视的二里头遗址，按其繁盛的时间，不过是夏代晚期夏势力向西扩展所建立的一处居邑，并不妨碍古河济地区一直是夏活动地域的说法。更为重要的是，今豫东鲁西一带，即夏人居住的古兖州，至今仍有许多被称为"某丘"或"某某堌堆"的古遗址。经考察，它们绝大多数形成于考古学的龙山时期，即尧、舜、禹时期，应当就是当时人们躲避洪水而居的邑落。这也很好地证明了禹治洪水的真实性。总之，禹治洪水导致中国第一个早期国家的产生，是完全可以信以为实的。

在世界历史上，与中国同为四大文明古国的古埃及、古代两河流域及古印度，当其文明初起之时，同样居住在大河流域下游，其早期国家的产生同样与治理洪水有密切关系。在他们居住的平原地区和河谷，也同我国古河济地区一样，存有人们为躲避洪水而垒筑的许多土丘。学者如能结合中外历史实际，在这方面做一些具体的比较研究，将使人们对中国早期国家的产生有更深刻的认识。

（原载《中国社会科学报》2015 年 4 月 29 日，第 5 版）

禹是天神还是人王

——对顾颉刚一个疑古主张的质疑

作为古史辨派旗手，顾颉刚曾经发表过一系列对旧的古史系统进行批判或质疑的主张。这些主张从总体上说，确实是抓住了旧的古史系统的要害，对促进新史学的诞生及建立新的古史体系，教给人们科学的研究古史的方法，都具有十分重要的意义。不唯过去，即使到了今天，也是我们把握古史的关键。为此，我曾在十多年前写过一篇《古史辨派的史学遗产与中国上古史体系的建设》[①] 的小文，对上述观点做过较为详细的阐述。但是，这篇文章也同时指出，我们对于古史辨学者的疑古精神及某些主张的肯定，并非意味着对他们的所有主张及他们对一些具体历史问题的看法也都一概承认。他们中的一些人确实有"疑古过勇"的毛病，这些，在我们建设新古史体系的过程中，都应当一个个地加以清理，予以纠正。毋庸讳言，这"疑古过勇"的毛病，很大程度便是指古史辨派的几位先生对于夏王朝在我国历史上存在的否定。其中最具勇气的是杨宽与陈梦家二人，杨宽称"夏史大部为周人依据东西神话辗转演述而成"[②]；陈梦家说夏史乃全从商史中分出，即由商先公的历史改编而成[③]。顾颉刚虽不怀疑夏的存在，但却

---

① 沈长云：《古史辨派的史学遗产与中国上古史体系的建设》，《史学集刊》2006 年第 4 期。

② 杨宽：《中国上古史导论》，吕思勉、童书业编著：《古史辨》第 7 册上，上海古籍出版社 1982 年版，第 281 页。

③ 陈梦家：《商代的神话与巫术》，原载《燕京学报》第 20 期，又节录转载于吕思勉、童书业编著《古史辨》第 7 册下，第 330—332 页。

否认夏的建立者禹作为现实的人王的存在，更否认禹治洪水等与夏朝建立有关的一切史事的历史真实性。在顾先生的笔下，禹仅仅是一位天神，他的治水也是神话，并且这个神话也只是后人杜撰出来的。众所周知，文献记载夏的兴起和夏的史迹，主要就是禹治洪水的这件事情。顾先生这样做，无异抽掉了夏史最主要的内容和夏之所以存立于世的主要支撑，这当然是我们不赞成的。

目前，有关夏在历史上是否存在的问题成了国内外学者关注的焦点，我感到自己有责任对顾先生的这些说法作出一些梳理，一些辨析，以利于我们的文明探源工作。

一 顾颉刚“打破古史人化的观念”与其否定禹为人王的主张

1923 年，顾先生在其《答刘胡两先生书》中提出了他“在推翻非信史方面”的四项标准：1. 打破民族出于一元的观念，2. 打破地域向来一统的观念，3. 打破古史人化的观念，4. 打破古代为黄金世界的观念。[①] 这之中的 1、2、4 几项，应当说都是十分有见地的，也博得了学者们的首肯，唯独这第 3 项，却引起了不少争议。所谓古史人化的观念，是指人们将古代神话中的人物视作现实社会中的人，将神话故事视作真的历史。顾颉刚认为这种观念不利于建设新的古史，必须要打破。由于这篇文章同时又提到要对禹的有关传说进行清理，因而可以推论出，这个“打破”实际上是针对禹的史事而言的。顾先生认为禹原只是神话中人物，有关他的事迹，包括禹治洪水之事，也都是神话，而今人们却将他视作现实社会的人王，将他的治水看作是真的历史，也就是将禹这位神话中人物“人化”了。为了恢复真正的历史，必须打破视禹为人王的观念。

① 顾颉刚：《答刘胡两先生书》，顾颉刚编著《古史辨》第 1 册，上海古籍出版社 1982 年版，第 99—101 页。

顾先生为了论证禹原本是神而不是人，花了不少笔墨。他接下来所写的《讨论古史答刘胡二先生》[①]，便用了整整四个章节来阐释禹是神而不是人的道理。这四章是：禹是否有天神性？禹与夏有没有关系？禹的来源何处？尧、舜、禹的关系是如何来的？这之中，又以第一章“禹是否有天神性”为重点，顾先生为了证明禹的天神性，列出了文献显示的周人有关禹的四个认识作为证据：第一，禹平水土是受的上帝之命；第二，禹的“迹”是很广的；第三，禹的功绩是“敷土”“甸山”“治水”；第四，禹是一个耕稼的国王。在这些“证据”中，他又认为“禹的最有天神的嫌疑的地方”实是在第三条，即认为禹的功绩是“敷土”“甸山”“治水”，然而禹的“敷土”“甸山”“治水”等工作最能显示禹具有神性。换句话说，他认为文献所载禹的平治水土、治理水患诸事，统统都是些神话，统统不可信。

这之后，顾先生还写过不少文章继续阐释他的上述观点，如1936年发表在《说文月刊》上的《鲧禹的传说》，以及1957年在《文史哲》上发表的《息壤考》等。[②] 如要考察顾先生在哪位历史人物上花的笔墨最多，恐怕就是禹了。

二　顾颉刚论禹为神化中人物对目前夏史研究的影响

由于顾先生在史学界的声望，他有关禹为神话中人物，禹治水亦是神话故事的说法流传甚广，直到今天还影响着不少人们对夏史与夏文化的认识。

首先，目前国外多数学者不承认中国历史上有过一个夏王朝，其直接的思想渊源，便主要来自顾先生。他们打出的旗号，便往往说夏属于神话，不属于真的历史。著名美国汉学家艾兰女士就公开主张

① 顾颉刚：《讨论古史答刘胡二先生》，顾颉刚编著：《古史辨》第1册，第105—150页。

② 《鲧禹的传说》收入《古史辨》第7册下（吕思勉、童书业编著），第142—194页；《息壤考》发表在《文史哲》1957年第10期。

“禹创立夏朝和尧舜禅让的传说都是商代的神话发展演变而来”①。一些学者虽未完全否认夏的存在，但却像顾先生一样，强调禹的神格及禹治洪水故事的不可信性。如日本讲谈社组织编写的《中国的历史》丛书第一部、由日本考古学家宫本一夫所写的《从神话到历史：神话时代夏王朝》，其对于禹及夏代国家的叙述，一方面按照旧的传说，说禹的治水与夏代国家王权的建立有着密切的关系；一方面却又特意提到日本藏学家佐藤长对舜和禹人格的否定，说根据佐藤的研究，禹乃是山西南部到黄河中游一带人们奉祀的水神。② 丛书第二部、东京大学教授平势隆郎所写的《从城市国家到中华：殷周、春秋战国》，其所设第五章下面“禹的传说”一节对禹的神格更直言不讳，竟干脆称禹为“行神”，即道路之神（不同于顾先生说的“社神”），说大禹的“治水”，其实是对道路和水路的完善。他还以此批评人们“把大禹的功绩归于治水传说，将其功绩追溯到青铜时代的商、周、春秋，甚至是商代以前的朝代，都是有些牵强的”③。

国内学者对夏在历史上的存在总体上不抱否定的态度（但亦有少数学者强调目前没有夏的文字发现，而对夏的存在不置可否），但对于禹时洪水是否真的发生过，以及禹是否治理过洪水，却有不少人表示怀疑。这显然也是受了顾颉刚的影响。不久前公布的新发现的《豳公盨》铭文显示，禹治水的事迹至少在西周中期以前就已流传于世，且那里面的禹的形象确实是一位人王，但仍有学者坚持认为传说中的禹具有神性，他的治水也只是一种神话传说。④ 更多学者对禹治洪水一事采取回避的态度，或干脆不提，或简单照搬旧史所载禹治洪水故事，

① 闫敏：《洛杉矶“夏文化国际研讨会”英文本论文译述》，《人文杂志》1991年第4期。

② ［日］宫本一夫：《从神话到历史：神话时代夏王朝》，吴菲译，广西师范大学出版社2014年版，第24—25页。

③ ［日］平势隆郎：《从城市国家到中华：殷周、春秋战国》，周洁译，广西师范大学出版社2014年版，第194、198—201页。

④ 按裘锡圭在其《𤸫公盨铭文考释》中称：“在上古传说中，禹本具有神性，是上帝派到下界来平抑洪水、整理大地的。”又说：“禹的‘敷土’，其原始意义应指以息壤（一种可以自己不停息生长的土壤）堙填洪水。”载《中国历史文物》2002年第6期。

实际也是不那么相信有禹治水之事的发生。

三 关键是要弄清禹治洪水真相

对于顾颉刚视禹为天神并以禹治洪水为神话的说法，我们当然是不赞成的。

首先，他的“打破古史人化的观念”一说就有问题。盖古史传说多表现为神话，而神话中多有真实的历史素地①。顾先生把神话与历史对立起来，认为是神话就是神话，与历史无干。他只强调由神话演化为人的一面，却忽略了有历史人物被演化为神的一面。具体到禹这位历史人物，他也只强调文献所显示的他的神性这一面，没想到这些有关禹的神话完全有可能是后人加在禹身上的，即后人对禹的“缘饰”。根据《国语》的记载，后人对于立有大功的先圣王是要进行祭祀并将其列入祀典的②，禹的治水确实为人们立了大功，人们要对他进行祭祀，进行歌颂和追思，在这个过程中，大家加给禹许多神圣的光环，对他进行“缘饰”，夸耀他的神力，称他的足迹踏遍九州四海，是一点也不奇怪的。

若按照后人这些夸耀的说法，禹自然成了一位神人，其治水的伟绩自应被视作“非人力所为”，如人们称颂的禹“凿龙门，辟伊阙，折底柱，破碣石”③ 之类，自属神话无疑。我们的中外学者不相信这些事情是真的历史，也完全是有道理的。但是，仅凭这些后人的说法，就能否认禹在历史上的真实存在，抹杀禹确实有过治水的事迹么？

---

① 古代神话含有史实之素地，此思想出自王国维。其《古史新证》第一章“总论”一开始称：“上古之事，传说与史实混而不分，史实之中，固不免有所缘饰，与传说无异；而传说之中亦往往有史实为之素地。”这之中的“传说”实主要指上古神话传说。见该书第 1 页，清华大学出版社 1994 年版。

② 《国语·鲁语上》：“夫圣王之制祀也，法施于民则祀之，以死勤事则祀之，以劳定国则祀之，能御大灾则祀之，能扞大患则祀之。非是族也，不在祀典。”因为“禹能以德修鲧之功”，故夏后氏对他举行“宗”祭而列入祀典。

③ 《汉书》卷 29《沟洫志》，中华书局 1962 年版，第 1694 页。

这里的关键，是要弄清禹治洪水的真相。

昔日徐旭生先生在其《中国古史的传说时代》（增订本）一书中专门作有“洪水解”一章，讨论古代洪水传说的性质，指出我国各地有关洪水之传说并非臆造的神话，而不同于世界其他历史较古的民族有关洪水的传说。他根据我国的地形特征和历史发展阶段，指出大禹所治理的洪水实非《创世纪》中那样普天下发生的洪水，它发生的地域实主要是在兖州，即古代的河济之间，也就是今豫东鲁西一带平原地区。他还找出了文献中两条禹治洪水在兖州的证据，一在《尚书·禹贡》兖州条下，称“桑土既蚕，是降丘宅土”，是说洪水平治后，原来宜桑的土地又可以养蚕，人民从高地下来，住到平地之上；另一条也在兖州下面，称“作十有三载”，此明是说禹治洪水经历了十三年之久，同于它书有关禹治洪水的记载。①

我在十多年前踵徐旭生的思路，也曾写过一篇《论禹治洪水真象兼论夏史研究诸问题》②，除重申徐旭生所述禹治洪水在古河济之间的理由外，更强调了古河济地区地势的低洼。这里处在西边的太行山和东边的泰沂山地两个高地之间，又多河流湖泊，极易因雨水过多而造成大面积的洪涝灾害。故而禹的治水，实在就是要将这里滞积的洪水排泄出去；其治水的方法，也不过是开挖沟洫以引导洪水，如孔子所称的“尽力乎沟洫”③，而不是对大江大河的治理。此外，这里人口众多，氏族滋盛，包括夏后氏等多个著名的氏族都曾居住在这个地区，传说中的尧、舜、禹联盟也在这个地区，故而很容易留下他们对曾经经历过的抗御洪涝灾害的记忆。

四 禹治洪水之可信性的证明

以上论禹治洪水在古河济之间，当然多出于推导，并主要依靠文

---

① 以上见徐旭生《中国古史的传说时代》（增订本），文物出版社 1985 年版，第 128—131、139—140 页。

② 拙文《论禹治洪水真象兼论夏史研究诸问题》，《学术月刊》1994 年第 6 期。

③ 《论语·泰伯》。

献和这里的地理环境得出的这个结论。人们或许会问，你还有什么其他证据，特别是考古学的证据证明禹治洪水发生在古河济一带吗？这样的证据确实难找，但并非一点线索没有，试为大家分析这方面的有关线索。

第一个线索，是文献所载夏活动的地域，包括夏代早中期的都城，都在古河济之间，这正好与禹治洪水发生的地域相一致。当年王国维论夏的地域曾说："夏自太康以后以迄后桀，其都邑及他地名之见于经典者，率在东土，与商人错处河济间盖数百岁。"① 他没有说到禹和启的都邑，但根据《世本》和古本《竹书纪年》，禹都阳城，该阳城所在的位置在今河南开封之南②，其实也在古河济一带。既然禹及以后历代夏后都居住在古河济地区，说明前人定禹治洪水发生在古兖州一带不是凭空制造的，否则，禹治洪水的地域和夏王朝的地域何以如此巧合呢？

第二个线索，是古河济地区有许多小的土丘，当地人或称堌堆。虽经过几千年沧桑，不少土丘仍存留至今，其上并留有当时人们居住的遗迹。有的经洪水多次泛滥淤积已不复存在，但仍留下某丘的地名。经考察，这些丘类遗址的出现多在仰韶末期至龙山时期，正好在禹时洪水泛滥的前后③，说明当时人们正是依靠它们来防止洪水飘没的。这也与上引《尚书·禹贡》兖州条下"是降丘宅土"的记载相呼应。这应当是禹治洪水发生在古河济之间最好的证明。

据了解，与中国同样具有悠久历史的古国，包括两河流域、古埃及和古代印度，在他们文明初期的时候，人们也多居住在河水经常泛滥的河谷和平原地区，并也多居住在一些人工垒筑而成的土丘之上。此引述北京大学世界史研究学者拱玉书有关古代两河流域的介绍以作参考。他说，从 20 世纪 30 年代开始，伊拉克考古人员曾对其境内古

---

① 王国维：《殷周制度论》，《观堂集林》卷 10，中华书局 1959 年版，第 451—452 页。

② 茆泮林辑《世本·居篇》："禹都阳城，在大梁之南。"大梁乃战国魏惠王都城，即今河南开封。今学者或据三国韦昭给《国语》所做的注，指阳城在今河南登封，实误。有关辨析，可参考拙文《夏后氏居于古河济之间考》，《中国史研究》1994 年第 3 期。

③ 袁广阔：《豫东北地区龙山时代丘类遗址与城址出现原因初探》，《南方文物》2012 年第 2 期。

遗址进行普查，到1949年为止，已经在地图上标明了5000个遗址的准确位置，它们大多数都是高出地面的土丘。他还讲到这些土丘的形成过程，说由于这里人们居住的房屋主要是用泥土盖成的，需要经常翻修，方法是把旧房铲平，在原来位置上再造新居，每翻修一次，地面就要增高一些。这样经过一代又一代，他们的住地也就逐渐拔地而起，最后形成了“丘”[①]。这与我们中国古代的两河流域即古河济之间何其相似乃尔。

第三个线索是考古发现，古河济地区存有不少龙山时期人们用夯土筑成的城址，其数量及规模均超出同时期周围其他地区。它们的建筑，在很大程度也是用来防御洪水的。这使人想起古书中多有“鲧作城郭”的记载，人们将城郭的发明权归到禹的父亲鲧身上，应该也与鲧用堤防阻止洪水的传说有关，因为夯土筑成的城墙展开来就是堤防（上引徐旭生说）。这也从一个角度反映了禹（和他的父亲）在这一带抗御洪水史事的真实性。

第四个线索是古河济一带发现过古时沟洫的遗迹。据李济先生《安阳》一书，他当年领导安阳发掘工作的过程中，便在安阳及郑州两地发现有颇具规模的用作灌溉的地下沟网的遗迹。其中安阳的沟网，他认为是由盘庚迁殷以前的早商居民开挖的，而郑州发现的这种“地下建筑”的时代比安阳更早。[②] 由是，推测夏代人们已经具备了开挖沟洫的技术，并就在古河济地区进行开挖，当不是无端的揣测。

最后一个线索，是证明夏朝都邑确实是在古河济一带的。按文献如《左传》《世本》《竹书纪年》都有夏后相都于帝丘即今濮阳的记载。其中《左传》僖公三十一年记，春秋的卫成公刚迁居到帝丘，即有卫国的始封之君卫康叔托梦给他，说其供奉给自己的祭品让夏后相夺占去了。此无疑反映了春秋卫国所迁的帝丘城是建立在过去夏后相所都的旧址之上的事实。刚好，近年发掘的濮阳高城遗址也显示出，

---

① 拱玉书：《日出东方：苏美尔文明探秘》，云南人民出版社2001年版，第42、44页。

② 李济：《安阳》，刘梦溪主编：《中国现代学术经典·李济卷》，河北教育出版社1996年版，第618—619页。

其上面庞大的卫国都城正叠压在夏初（或稍早时期）开始建造起来的一系列夯土城的基础之上，这就十分明确地证实了濮阳高城就是过去夏后相的都邑。[①] 这条线索我在其他场合曾不止一次提出，未见有提出异议者，可见文献所称夏居住在古河济之间是有考古发掘的支撑的。当然这也给禹治水在古河济一带以间接的证明。

以上所论，针对的是顾颉刚有关夏史的疑古主张，目的还是想要纠正目前国内外不少学者对夏代在我国历史上的存在所持的一股怀疑之风。我在夏的问题上已经写过不少东西，仍愿求得学界同行在这个问题上的批评指教。

（原载《齐鲁学刊》2020 年第 3 期）

① 参见河南省文物考古研究所等《河南濮阳县高城遗址发掘简报》，《考古》2008 年第 3 期。

论大禹治水及其对中华文明进程的影响

一段时间以来，学术界进行的夏文化讨论很是热门，但讨论中也暴露出一些问题，就是对有关文献记载不那么认真注意。如对有关大禹治水的文献记载，学者的注意程度就很不够。许多学者认为，夏王朝是中华文明史上的第一个王朝，同时大家又都在原则上同意禹治洪水与夏王朝有直接的关系，可是到具体的历史研究中，大家却对大禹治水这件事不怎么愿意提及，好像这件事情的研究，对夏文化的认定有什么妨碍似的。由于不愿做深入细致的研究，以致目前许多有关禹治洪水的基本史实还在学者中存在着严重分歧。例如大禹治水是否信史？禹治洪水的地域到底在什么地方？禹治洪水对中华文明的进程，特别是中国早期国家的建立到底有什么关系？我以为这些问题不解决，是很难把夏史和夏文化说清的，对于一部中华文明史来说，也将是一个缺憾。以下，结合个人研究，对这几个问题谈点看法，请学者批评、指正。

一

文献中有关禹（及其父亲鲧）治理洪水的记载真实与否？我认为，对此问题首先要采取一个正确的态度，那就要摒弃历史虚无主义。因为鲧、禹治水的传说在文献中的记载，可以说是车载斗量，包括《诗》《书》《左传》《国语》这样一些可信的先秦文献都有关于禹治洪水的记载或反映，对这则深入人心的历史传说，实在不好轻轻抹去。当然，传说总归是传说，它里面亦难免夹杂着一些神话或夸张的成分，关键是怎样看待这个传说。如认为禹所治理的洪水为一场充斥九州的洪水大泛滥，或如《创世纪》所描绘的那样一场给予整个人类带来毁灭的洪水大灾难，认为禹治洪水为在整个九州大地上的“导江”“导河”，讲长江、黄河、淮河乃至其他一些地方的险要河道皆为禹开凿水道留下之遗迹（即所谓“禹迹”），这固然不可信，因为这些说法缺乏科学依据，与当时的历史背景和历史条件亦全然不相统一。但是，如果讲禹治洪水为禹领导的部族治理其所居住地区的平原洼地上的水涝淤积，为排除水害而做的疏通积水的工作，如同孔夫子所说“尽力乎沟洫”（《论语·泰伯》），或《国语·周语下》所说的“疏川导滞”，还是可信的。

说禹的这种治理洪水的可信，首先是因为古代黄河中下游常有这样的水害，其起因多归于水涝。如《汉书·沟洫志》载成帝时清河郡都尉冯逡奏言：“郡承河下游……虽高增堤防，终不能泄，如有霖雨，旬日不霁，必盈溢。”直到今天，这样性质的水害也是屡见不鲜的，从历史记载来看，禹所遇到的，也确实是这样的一场性质的水害，文献如《墨子·三辩》引《夏书》曰：“禹七年水”，《荀子·富国》言“禹十年水”，《庄子·秋水》言“禹之时，十年九潦”，《淮南子·齐俗训》称“禹之时，天下大雨”，都是讲的这样一种性质的水涝。以上记载，应当说都是可信的。据气象专家竺可桢的考证，在距今 5000 年至 3000 年的一段时间内，我国大部分时间的年平均气温要比现在高 2℃左右。[①] 由气候的变暖导致雨量的增加，从而使那时一些地方经常发生洪水，也是说得过去的。最后，古文献和古文字亦提供了一些古代洪水的证据。我们使用甲骨文字的祖先把昔日的“昔”写作𦣻，作会意结构，意谓洪水之日；又把灾害的灾写作巛，像川水被壅为害。这些，都表明商代以前是发生过洪水的，且深深地留在人们的记忆中。另外，文献提到与洪水有关的历史事件、人物亦不算少，除鲧、禹治

① 竺可桢：《中国近五千年来气候变迁的初步研究》，《中国科学》1973 年第 2 期。

水之外，他如“共工振滔洪水，以薄空桑”（《淮南子·本经》）。“冥勤其官而水死”（《国语·鲁语上》），这些历史人物或历史事件都在夏代前后，可见夏禹时期发生过洪水是可以信以为实的。

就鲧、禹治水的方法而言，当时的技术条件也是可以实现的。如言鲧“堙洪水”（《尚书·洪范》），或言鲧“称遂共工之过”而壅防百川（《国语·周语上》），也就是筑造堤防以阻挡洪水，此筑堤之技术也可由龙山时代大批城址的发现得到证实。因为古时所谓堤防不过就是将夯筑的城墙四面展开而已。如今豫鲁一带发现的龙山时代的古城面积大者已达到数十万平方米，展开来就已有好几里长，说明当时人们是有能力筑造较大型的堤防的。禹的治水，也有文献说是用“堙”的方法（《汉书·沟洫志》引《夏书》），但更多的文献却说是用疏浚，即开挖排水渠的方法，这种向下取土的工作与高筑城墙，不过是同一件事情的正反两个方面，而其技术条件的要求应当更低，想当时使用木石工具在黄土平原上进行这类工作亦并非不可为。当然，禹治洪水的规模不必像后人形容的那么伟大，其具体施工方法亦非就是与其父鲧截然相反，一定是鲧塞禹疏。总之，禹（及其父鲧）治理洪水之事无疑是进行过的。正因为如此，人们才把有关治水的事全归结到他们身上，或者说归结到夏后氏家族身上。从以上诸方面的分析来看，禹治洪水可以说是信史。

二

对于禹治洪水所在地域的讨论，实际也关系到是否承认禹治洪水为信史的问题。如上所述，如果听信某些神话传说而不加以分析，仍然认为禹治洪水就是对各地大江大河的疏导，以为各地的“禹迹”都是禹治水或开凿水道留下的痕迹，实已不啻否定了禹治洪水的真实性。当年某些疑古学者就是从辨析一些地方的“禹迹”（如伊阙龙门）非人力可为入手，进而否定禹治洪水的真实性的。近时一些学者对禹治洪水之事不置可否，可是却强调禹及其所率领的夏后氏族生活在与洪水不相干的地区，例如说禹的“都城”或整个夏后氏族都居于今豫西山地，这实际也是在否定禹治洪水的真实性，因为一个与洪水不相干的氏族及他们的首领，何来领导治水之事！此道理至为浅显，然学者多不愿说破此事，实可怪者也。

我认为，禹治洪水主要就是在古河济之间的《禹贡》九州的兖州之地，即今豫鲁之交的黄河中下游平原一带地区，也就是当年夏后氏族与其同姓、姻亲氏族（即所谓“夏族”“夏部族”）聚居的中心地区。关于这里是夏后氏及其同姓、姻亲氏族的居住地这一点，我过去作过《夏后氏居于古河济之间考》及《禹都阳城即濮阳说》二文①，不具言，可参阅。谈到这里应是禹治洪水发生的地域，则至少可举出如下的证据：首先，从地形特征看，这里地处黄河中下游平原，为东（泰山山地）、西（豫西山地）两个高地之间的地势低洼之地。古兖州之兖字便是地势低洼之意。《说文》兖字作沇，古文作㕣，其解此字曰“㕣，山间陷地也，读作沇州之沇，九州之渥地也”。这里降水量又较黄土高原丰富，因而易受水潦的袭击。加上这里大小河流纵横，除河济二水外，河济之间又有一条濮水从东西流过，此外还有灉、沮一类小的河流，一旦发起洪水来，百川之水便先自溢出，形成洪水。如上引《汉书·沟洫志》所言。兖州地区在历史上是经常发生这类洪水的。

其次，古代文献确实记有禹时洪水发生在这一带的文字。据古史学家徐旭生研究，在我国最早的地理专书《禹贡》中，唯有兖州条下的文字讲到禹治洪水的故事。共有两条：一处称“作十有三载”，正与传说中“禹湮洪水十三年”相应；另一处说“桑土既蚕，是降丘宅土”，明是讲洪水平治后，原来宜桑的土地又可以养蚕，人民从避水的高丘下来，重新回到平地上居住，此非禹治洪水后的情形而何？因而他的结论是“洪水发生及禹施工的地域，主要的是兖州”②。徐先生的这个看法是很有见地的。只是他一方面承认禹治洪水发生在古兖州地

---

① 分别见《中国史研究》1994 年第 3 期和 1997 年第 2 期。

② 徐旭生：《中国古史的传说时代》（增订本），文物出版社 1985 年版，第 139—140 页。

区，一方面却非要把禹及其部族的居住区域搬到西边的豫西山区，则殊令人费解。徐先生既在那里大肆谈论鲧、禹皆出身于“治水的世家”，同时又认为鲧所筑防是为防止“宗邑帝丘（按即今濮阳）的淹没”。按照逻辑，这已是明确地指明鲧、禹的居处在以濮阳为中心的河济地区了，否则鲧、禹治水的经验从何而来？他们的治水为何要照顾到“宗邑帝丘”的淹没？想必徐先生还是受了当时颇为流行的“夷夏东西说”的影响，然所谓“夷夏东西说”（包括徐先生的中国古代民族“三集团”说），就今日民族史研究的新成果和新视野来看，实嫌粗疏，我们实在有必要对中国远古时期的民族关系做一番新的梳理。

再次，禹治洪水在豫东鲁西一带的说法，与这一地区不断发现的龙山时代的古城亦能相互印证。按古文献中广言“鲧作城郭”，城的建筑，不仅本身具有防止水害飘没，保全人民生命财产的作用，而且城邑的建筑技术也与堤防的修筑有直接关系，学者早已指出鲧的建造城郭与其筑造堤防二者是同一传说的分化，这是十分正确的。无独有偶，在我国龙山时代的考古文化中，唯有豫东鲁西一带最是古代城址建造的集中之处。这一带的龙山文化时代的城址目前已发现的不下一二十座，特别是在与冀、豫交界的鲁西北的阳谷、茌平等处，最近发现了一连串龙山晚期的古城址群，其年代与尧、舜、禹所处时代正相吻合，其所在地点亦与禹所居阳城（今河南濮阳）相邻近。我曾经指出，这几处城址本身很可能即是夏后氏同姓有莘氏或斟灌氏之所居。相反，在今某些学者指为所谓“夏文化”分布区的豫西或晋南，却很少发现龙山时代的城址。因此，我认为，文献所载鲧发明城郭之事及龙山的时代夏后氏居住区不断发现的古城，都十分生动地显示了禹所治洪水应当就在古河济之间的冀豫鲁交界一带，否则不好解释为何古代传说独将城郭的发明权记在鲧的名下，而古城址的发现独在豫东鲁西一带特别地多这一客观历史现象。

最后，这一带是我国古代先民集中居住的地区。传说中，古代著名的氏族几乎都聚居在这里，除尧、舜、禹所在的氏族部落外，它如颛顼和祝融氏分蘖繁衍的氏族（如所谓“祝融八姓”）以及商人祖先，秦、赵祖先皋陶和伯益的氏族等，都在这时留下了他们的足迹。正因为如此，古代洪水才在人们的记忆中留下那样深刻的印记，禹治洪水的故事也才在后世那么多的文献中广为流传。

三

谈到禹治洪水的意义。我想，首先应是它保障了我国古代物质文明发展的进程。我国是世界农业的起源地之一，在文明发展的进程中，不可避免地要遇到在平原低地的环境下，如何正常地从事农业生产并发展农业的问题。这种环境，既有利于农业发展的一面，也有因其地势低洼和靠近大河而易受水害的不利一面。我们刚刚迈入文明的祖先，在早曾远离这些地区，因为他们无力对付这种水害。但是，随着人口的增加和农业发展的要求，人们自不可避免地要向更加适合农作物生长的平原多水地区转移。那么，解决在这样的地区从事农业及正常居住的问题，自然就成了我国文明继续发展的关键。从史实看来，正是禹治洪水解决了这一关键问题。我们看日后古河济之间乃至整个黄河中下游平原地区的人们不仅在水害面前站住了脚跟，而且这一带的发展更使之成了我国物质文明领先的地区。整个夏商周三代，这里是我国人口最繁庶，政治经济文化最发达的地区之一，商甲骨卜辞所见地名，以这一带为最多。周代《诗经》所采十二国风中，有近一半的土风来自这一地区。文献所谓“井田”，看来也产生在这一地区，春秋末年孔子过卫，曾为之发出“庶矣哉”的感叹，直到战国、秦、汉，兖州一带的富庶仍是全国数一数二的。例如西汉首次人口调查，即以兖州所属的济阴郡为人口最密集的地区（《汉书·地理志》）。应当说，所有这些文明的表象，都是建立在禹以后农业发展的基础之上的。

禹治洪水对我国文明发展的另一个更为直接的重要作用，是它促使了我国早期国家的产生。国家是文明的概括，是人类进入文明时代的标志。今学者多认为，我国早期国家产生于对社会人力物力的集中。从大量文献记载看，这一人力物力集中的过程，在我国古代很大程度即是与禹治洪水之事联系在一起的（当然也包括战争这类行为）。治水需要各氏族部落的广泛参与，需要对各氏族部落人力物力的统一调配、指挥与管理，有时甚至是强制性的，这势必使原来较为松散而缺乏约束力的部落联合体发生权力集中的倾向，从而使部落联盟机构逐渐发展成为凌驾于众氏族部落之上的专制权力机关，即早期国家的政治组织。禹个人亦在这一权力集中的过程中，逐渐由“社会公仆”转化为具有专制权威的早期国家的君主，即“社会的主人”。文献记载这一变化的过程说，由于禹治水的成功，“皇天嘉之，祚以天下，赐姓曰姒，氏曰有夏，谓其能以嘉祉殷富生物也”（《国语·周语下》）。这岂非表明禹作为氏族共同体的首领，由于其领导治水，保护了共同体的利益，从而获得了统治“天下”，建立“有夏”王朝的权力吗？

禹治洪水的第三个意义表现在精神领域。这件史实作为一种历史典型，集中反映了我国古代先民同自然灾害不屈不挠的抗争精神。这对于一个农业民族的生存与发展来说，无疑是最重要的。大禹治水的传说不同其他一些民族的洪水故事，它不含有宗教成分，没有洪水过后由上帝重新安排世界的神话，而是反映人们战胜自然灾害，自己安排生产生活的图景，尽管它把这一切尽多地归功在禹这一位人王身上。这样一种精神是中华文明创造的前提条件，也反映了中华文明的特色。直到今天，我们仍然看到这样一种精神在促进我们民族继续创造着新的文明。

（原载《禹城与大禹文化文集》，中国文联出版社2007年版）

有关理论研究

古代中国政治组织的产生及其模式

目前，在中国史学界，人们普遍采取“早期国家”这个概念来规范中国夏、商、西周三代的国家形态。这是针对古代中国社会发展的特殊性而提出来的。当初，恩格斯在《家庭、私有制和国家的起源》中，通过对古代雅典、古罗马和古德意志三种不同类型国家产生的途径进行归纳，提出国家产生应具备的两个最基本条件，一是“按地区来划分它的国民”，一是凌驾于所有居民之上的“公共权力的设立”。[①]然而，用这两个标志来衡量地处东方的中国古代国家的产生时，却遇到了麻烦：在我国古代文明业已昌盛的夏、商、西周三代，地缘组织并没有建立。我们不能说三代社会尚未出现旨在对广大区域的居民进行统治的权力高度集中的国家机构，但此时的居民又确实是生活在各种血缘组织之中的，他们的财产单位或生产劳动的单位是家长制大家族，在这之上是宗族，这种宗族或比宗族更大的血缘组织在文献中称作“邦”，整个“天下”就是由许多这样的邦结成的共同体。要说按地区来划分国民，那已是春秋战国以后的事了。针对这种实际，学者们提出了“早期国家”的概念，用它来规范文明业已昌盛但社会组织仍停留在以氏族部落（或酋邦）为基础的夏、商、西周的国家形态，并以此与春秋战国以后完全建立在地域组织基础之上的国家形态相区别。

不过，这样做并没有完全解决问题，人们要问，这种早期国家形

① 《马克思恩格斯选集》第4卷，人民出版社1972年版，第166—167页。

态在我国是如何产生的呢？它与古代社会其他地方的政治组织产生的途径是一致的吗？它的组织形式和权力结构又有哪些特征呢？它和人们经常提到的古代世界的城邦或城市国家是一回事吗？对于这些，学者们的回答似乎并不是十分明确的。本文即打算根据自己从事中国古史研究的体会，就上述诸问题提出一些个人看法，供大家讨论、研究。

一 是城邦，还是族邦的不平等联合
——中国早期政治组织的外部形态

如上所述，中国古代社会是由许多的“邦”组成的。西周时的文献和青铜器铭文说：

> “其自是中，万邦咸休。”（《书·洛诰》）
> “曰古文王……匍有上下，迨受万邦。”（《墙盘》）
> “王若曰：‘猷，大诰尔多邦越尔御事。’”（《书·大诰》）
> “四方小大邦丧，罔非有辞于罚。”（《书·多士》）

这些“邦”有大有小，故称“小大邦”；其数极多，故称“多邦”或“万邦”。文献说的是西周的情形，夏商时代当亦如此。不过商代的甲骨文称“邦”为“方”，甲骨卜辞里常见“某方”的称呼，合称为“多方”，即“多邦”。夏代无文字记录，仅后世文献对夏代历史的一些追记，其称夏代的邦、方则曰“某某氏”，如有虞氏、有扈氏、昆吾氏、斟灌氏之类。称这些小共同体为氏，表明它们都是一些自然生长的氏族部落的性质。总之，夏、商、西周三代的天下都布满着这样一些称作某邦、某方的氏族血缘团体，这是无疑义的。

看到这种情形，一些学者便主张，既然刚进入文明期的中国到处也都存在着如此小规模的居民共同体，那么它们就应当被纳入古代世界的“城邦”的范畴，因为城邦的特点就是规模狭小，为数众多。林志纯先生说：“历史上最早出现的国家，不论是在地中海周围，还是在中国海周围；不论是在欧亚非大陆，还是在太平洋彼岸的中美、南美，毫无例外都是为数甚多的小邦，数以百计，数以千计，都不是统一的专制帝国。”① 又说：“最早的国家，就现在所知道的，都是城市公社、城市国家，或简称城邦。城邦的本质是奴隶制的。”② 在林先生看来，中国古代的邦就等于城邦，就等于城市公社或城市国家，它们是中国最早的国家形式，而且是奴隶制性质的。因此，他把中国古代历史的发展纳入了世界统一的模式。

对于这种说法或这种“中西比较法”，不少从事中国古史研究的学者是不赞成的，因为它仅抓住了某些个别的表象，而在本质上却违背了中国历史发展的实际。首先，中国上古时代的“邦”与古代社会的城邦在外部形态上是否相一致就值得考虑。所谓城邦，是以一个城市为主体，加上近郊组成的一个政治组织。我国古代为数众多的族邦是否都是这种形态，却很难说。至少，在我国古代西部的考古发掘中，我们就很少看到有三代族邦构筑的城堡。在西周时期，连周人发祥地的岐周和丰、镐二京也都没有城的遗迹。因此，把三代遍布各地的邦方都称作“城邦”，这在名称概念的使用上就值得研究。

更重要的是，我国三代的每一个邦是否可称作是一个“国家”，则更值得研究。虽然我国古文献中不乏称这些邦方为“国”的例子，如《左传》哀公七年：“禹合诸侯于山，执玉帛者万国。”《吕氏春秋·用民》：“当禹之时，天下万国，至于汤而三千余国。”《逸周书·世俘》：“武王遂征四方，凡敦国九十有九国……凡服国六百五十有二。”但这些邦国的数目有成千上万之多，必不是我们今天意义上的“国家”，而只相当于人们所说的氏族或部落。如《史记·五帝本纪》亦称黄帝“置左右大监，监于万国”，这“万国”就必然是大大小小的氏族部落。我曾据《逸周书·世俘》提供的武王灭国的数字和他所杀戮俘获的人口数来计算当时所谓一国的平均人口数，发现其时一国即一邦的

① 林志纯：《孔孟书中所反映的古代中国城市国家制度》，《历史研究》1980 年第 3 期。
② 世界上古史纲编写组：《世界上古史纲》上册，人民出版社 1979 年版，第 25 页。

人口数只有4900人。[①] 也有学者据考古发现的商代城址规模计算当时方国的人口数，其数在2000—4000人。[②] 说这样规模的共同体就是一个国家，实难让人首肯。古希腊城市国家虽也称作“小国寡民”，但如雅典、科林斯、伊埃纳达，其繁荣时期的人口数皆在数十万以上，这与我国古代社会的族邦是不可同日而语的。当然古希腊罗马的城邦都有一个发展过程，它们起初的规模也一定很小，说不定也只有我们一个族邦的规模。但我想，它们在早作为一个族邦与以后作为一个城市国家之间大概是不能画上等号的。据说雅典早期也就占据有卫城及其周围很小一块地盘，其与以后的雅典城邦实有天壤之别。我们认为，古希腊的城市国家应是它们那里的古代族邦经历了政治经济的发展、人口的迁徙流动和大量增加、不同部族间的混居和融合，乃至居民的阶级划分而后形成的。我国三代社会各地星罗棋布的族邦显然还没有达到这个阶段，因而也就不能算作是城邦或城市国家。至于春秋战国时期我国古代留存下来的少数邦国通过大规模的兼并战争发展壮大起来，其土地和人口数都大大超过了从前，但其发展的趋势却是具有多个城邑和广阔地域的领土国家，其事仍不能与古希腊的城市国家相比。因此说，我国古代根本就没有经历过城邦或城市国家这个阶段。

为什么我国三代众多的土邦不能像古希腊罗马那样发展成城市国家呢？这是因为我国古代的氏族部落基本上都是以农业为主，生产力水平不高，农业工具率以木石器为主，在一个人口数量有限的族邦之内，积累不起大量的财富，也无法造成财富的高度集中。以此有限的剩余财富不足以支撑起一个国家的上层建筑，也不足以养活一大批从事管理和精神活动的国家上层机构的人员。即使这样的族邦有少量的氏族首领和巫师之类，也不能与国家上层管理人员相比。现在国外一些人类学者将此具有某种层级结构的族邦组织称作“酋邦”，而将它置于“国家”之前，大概也是基于这一考虑的。但古希腊罗马的情况就

---

① 沈长云：《西周人口蠡测》，《中国社会经济史研究》1987年第1期。

② 宋镇豪：《夏商人口初探》，《历史研究》1991年第4期。

不同了，那里筑城而居的族邦在早可能也以农业为生，但不久以后，便因其地处地中海沿岸的特殊地理环境，使其工商业迅速地发展起来，从而为其财富的高度集中和社会分工创造了条件。这使他们不仅有财力从事大规模的城市建设，也可以依凭城市本身的经济力量构建起一套完备的国家机器并养活一大批专门从事管理或精神活动的上层建筑人员。

既然在我国依靠单个的族邦不能积累起大量的财富从而为国家的产生奠定物质基础。那么，集中大量人力物力的历史使命就落到了各族邦联合而成的更大规模的共同体身上。历史文献证明，我国最早的国家正是在人们习惯称呼的部落联盟的基础上发展起来的。其中脍炙人口的一个部落联盟便是在公元前 21 世纪以前活动在黄河中下游平原上的尧、舜、禹部落联盟，在它的基础上发展成了我国第一个王朝——夏。参加这个王朝的族邦，据我们所知，便有有扈氏、有男氏、斟鄩氏、斟灌氏、彤城氏、有莘氏、有寒氏、有仍氏、有虞氏、昆吾氏、豕韦氏、有鬲氏……也许还有一些别的族氏。它们围绕着这个王朝的王所由产生的夏后氏（它在早称有崇氏）组织成一个强大的国家。现在人们把这个由若干部族组成的联合体叫作国家，还没有谁把其中任何一个氏族邦方称作“国家”的，看来大多数人们在这个问题上都有一种和我们相一致的认识。

这个时期的考古发掘资料也可以印证我们的认识。在夏王朝产生以前，我们在黄河中下游一带发掘出的古城面积都是有限的，如河南淮阳平粮台城址面积 3.4 万平方米，河南郾城郝家台古城面积 4 万平方米，山东寿光边线王古城 4.4 万平方米，安阳后岗连城带遗址总面积 10 万平方米。按学者们估计的每户占地 160 平方米的面积计算，一般只能居住 200—400 户人家。毋庸置疑，这些古城大致都应看作是当时方国部落的居址，要以此作为一个国家的都城，实在是难以相符的。然而进入国家阶段的夏代以后，中原一带便出现了堪为王朝都城的大规模的古城。如河南偃师商城面积达 190 万平方米，学者或以为是商汤都西亳的所在；河南郑州商城为商朝的隞都，总面积达 317 万平方米。近年在四川广汉三星堆发现的古城，时代相当于商代早期后段，面积亦达245万平方米。这里不属商朝统治的范围，当是川西地区一个由若干土邦联合而成的国家的都邑所在地。这样大规模的都城面积超过方国城址规模的十数倍、数十倍，其中往往还有大型宫殿基址及其他建筑，它们必不是依靠某个单独的族邦的力量完成的，而是由一个更大的权威机构征集众多氏族邦方的人力物力资源共同建筑而成的，这正反映了我国古代国家凌驾于众族邦之上的性质。

学者们还强调指出，在组织成一个王国的王族（王所在的族邦）与普通族邦之间的地位是不平等的，各地方的小邦在政治上的独立地位也是不完整的。即以周代地方诸侯（包括周室封建的邦国）而论，他们作为周天子的臣属，便负担着向周室缴纳职贡，定期到周朝廷进行朝觐，出兵助周王打仗等义务；而周天子作为天下万邦的统治者，为确保各属邦对自己的臣属关系，又要不时对地方进行巡视，或派员对各邦国进行监督，为展开对外战争对各国兵员进行征集部署，甚或对各国内政插手干预，如任命大国的卿士，擅自决定某些国家君主的废立，等等。这些，都表明当时的邦国不是一个完整的政治实体，只有由周天子和各邦国共同组成的“天下”才称得上是一个完整的国家。

最后，学者们还提到，我国古代族邦中的居民与古希腊城邦的公民也不是同一个概念。某些论者把文献中提到的国君不时向国人“询国危、询迁国、询立君”（《周礼·小司寇》）之类举措看作是公民具有民主权力的反映，这实在是一种误解。不少学者对此已做过透彻分析，指出在中国专制君主统治的政治环境下，根本不可能有古希腊城邦那样一种公民的民主权利和民主制度。① 本文下面也还将结合三代国家的权力结构对此问题作出进一步分析。总之，无论从哪方面来说，把古代中国描绘成一个城邦社会都是说不过去的。

---

① 赵伯雄：《周代国家形态研究》第4章第5节“周代城市国家说驳议”，湖南教育出版社1990年版，第206—219页。

二　由社会“公仆”到“社会的主人”
——中国早期政治组织产生的途径

作为文明社会的政治组织，它的实质就是一种统治与奴役的关系。谈到中国古代统治与奴役关系的产生，流行的理论总是按照原始社会公社内部农业家族的分工引起私有财产的积累，再引起贫富分化，进而促使富裕家族利用战俘和本族破产农民充作奴隶，导致出现奴隶与奴隶主两大阶级的对立，并最终出现维护奴隶主阶级利益的国家机构的建立这条线索去进行阐述的。然而这种理论在多大程度上符合中国的实际情况呢？在由原始社会向文明转变的过程中，我们不能说我国氏族公社内部没有贫富分化的现象，也不能说没有出现奴隶制剥削，但这种贫富分化却首先表现在氏族首领或少数上层与广大族众的分野上，换句话说，氏族首领及少数上层之所以拥有对更多财富的支配权，首先是由他们在氏族内部处于权力上层的身份和地位决定的，是他们的“贵”决定了他们的富，而不是由他们的富导致了他们的身份与地位的变化。至于奴隶制剥削方式，则从未在我国古代占据过重要地位，我们无法说明当时社会出现了一个占主导地位的奴隶主阶级，并由此推论说这个阶级为维护自己对奴隶的暴力统治去建立一个奴隶制的国家机器。

实际上，按照恩格斯的理论，上述统治与奴役关系的建立，只是古希腊罗马经历的过程，至于世界其他许多地区，它们的统治与奴役关系的建立，却主要走的另一条路径。恩格斯这样谈道：

> （在许多民族的原始农业公社中）一开始就存在着一定的共同利益，维护这种利益的工作，虽然是在全社会的监督之下，却不能不由个别成员来担当：如解决争端；制止个别人越权；监督用水，特别是在炎热的地方；最后，在非常原始的状态下执行宗教职能……这些职位被赋予了某种全权，这是国家权力的萌芽。生

> 产力逐渐提高；较密的人口在一些场合形成了各个公社之间的共同利益，在另一些场合又形成了各个公社之间相抵触的利益，而这些公社集合为更大的整体又引起新的分工，建立新的机构来保护共同利益和反对相抵触的利益……在这里我们没有必要来深入研究：社会职能对社会的这种独立化怎样逐渐上升为对社会的统治；起先的社会公仆怎样在顺利的条件下逐步变为社会的主人；这种主人怎样分别成为东方的暴君或总督，成为希腊的氏族首领，成为克尔特人的族长等等；在这种转变中，这种主人在什么样的程度上终究也使用了暴力；最后，各个统治人物怎样集结成为一个统治阶级。①

引文较长，然足以表明恩格斯在这个问题上的立场。应当说，中国早期政治组织的建立，走的也是这样一条由社会“公仆”蜕变为统治者集团的道路。上言我国原始公社内部的家族到它的后期确实已有所分化，这种由权力与财富为标志的社会分化及私有观念也的确是社会发生变革的基础，但那些富裕家族的族长却实在都是些公社或更大规模共同体的上层职事人员。那些掌握共同体权力的大大小小的邦君，不外乎就是各宗族或某些大家族的族长。以后由各族邦联合而成的国家的君主，也兼有这样的身份。在我国古文字中，作为父家长称呼的“父”、各级职事人员称呼的“尹”，以及邦君和国君的“君”，都出于同一个字源。不过，这些邦君或部族联盟的首领们最初却往往是以社会公仆的身份出现的。谈到他们最初为维护社会共同利益而履行的“公仆”的职责，则古代传说中那些圣明君主们的事迹最能说明问题：“黄帝能成命百物，以明民共财，颛顼能修之，帝喾能序三辰以固民，尧能单均刑法以仪民，舜勤民事而野死，鲧鄣洪水而殛死，禹能以德修鲧之功，契为司徒而民辑，冥勤其官而水死，汤以宽治民而除其邪，稷勤百谷而山死……”（《国语·鲁语上》）这里面有对共同体的经济

① 《马克思恩格斯选集》第3卷，人民出版社1972年版，第218—219页。

生活尽心管理的，有为其共同体制定历法的，有执行对外战争职能的，还有领导共同体成员抗御水害以保护人民身家安全的……他们是那样地恪尽职守，以至有许多圣明的部落联盟的首领们都死在他们公仆的任上。然而他们以后的身份或者他们后世子孙的身份却都发生了变化，变成了拥有无上权威的不可拂逆的各级权力机构的“君”“王”。这种变化当然不可以用他们个人品质的优劣或他们致力于道德修养的松严来加以说明。想来最终促使这种变化发生的秘密原因，还在于各位圣贤所承担的社会职能本身发生了对于社会的“独立化”倾向。这种“独立化”导致了他们由“社会公仆”变成了“社会的主人”。

从我国第一王朝夏朝建立的经过看，它便是一个由这条道路形成的国家的典型。

历史记载，夏王朝国家权力的获得，首先即是与夏后氏祖先鲧、禹在尧、舜部落联盟担任社会公职相关的。这项公职，众所周知，即是他们受联盟中各位酋长的推举所从事的领导治水的工作。关于大禹治水的传说，有人（包括三四十年代的疑古派）不太相信，以为那纯粹是神话。但我们从大量古籍记载考察，这件事绝不是古人的凭空捏造。如果摒弃其中夹杂的有关大禹“导江”“导河”的神话部分，而把它视作对古河济之间地势低洼的黄河中下游一带平原所做的泄洪排涝工作，则其事正如我们日后所看到的这一地区经常发生的事情一样，是完全可以信以为实的。这项工作，对于尧、舜时代居住在河济之间的广大部族来说，无疑是一项公共事业，鲧、禹都是承担的类同于公仆的工作。然而由于这项工程的艰巨性和长期性，需要组织广大氏族部落参与，有时还需要利用整个联盟的力量对各部族施加更多的影响，甚或干预、强制，这就势必使原来松散而比较缺乏约束力的联盟机构逐渐发生凌驾于各族邦权力之上的倾向（亦即“独立化”倾向），并最终过渡到把各族邦沦为自己臣属的具有专制性质的权力机构。而禹则在长期担任这一要害公职的过程中树立了自己及其家族的威信，由原本是有崇氏部落的首领继任为整个部族联盟的首领，最后发展成为君临于众部族之上的具有赫赫声威的夏王朝的国王。文献记载这一变化过程时说，由于禹治水的成功，“皇天嘉之，祚以天下，赐姓曰姒，氏曰有夏，谓其能以嘉祉殷富生物也”（《国语·周语下》）。这岂非表明禹作为氏族共同体的首领，由于他领导治水保护了部落联盟的共同利益，从而取得了共同体的广泛信任，并由此而获得了统治“天下”，建立“有夏”王朝的权力吗?

根据史籍，禹之获得对部落联盟的支配，还根源于他指挥联盟军队对敌对的三苗部族进行的征伐战争。这类以保护联盟共同利益为号召的战争当然也有利于他集中整个部落联盟的人力和物力。同时，由于战争的胜利，也有利于提高禹及其家族的威信。有学者研究，禹可能还是一个巫师，若然，这也便利于禹利用执行宗教职能来达到神化自己统治的目的。

现在，学术界普遍承认夏朝是我国文明社会出现的第一个王朝，同时也不否认大禹治水在历史上造成的深远影响，但是在谈到夏代国家的形成时，不少人却不愿意将它与禹治洪水之事联系起来，好像是有什么忌讳似的。我看，这则深入人心的古代传说的意义是不好被轻轻带过的。考古兼古史学者童恩正先生说：

> 虽然我们不同意卡尔·威特福格尔过分强调水利的需要性的意见，但是从大量的历史记载来看，中国的第一王朝——夏王朝的建立，确实与水利有密切的关系……从史实看来，中国国家权力的形成，极可能与防御和集体的水利事业有关，亦即与控制集体劳动的人力有关，而与土地所有制没有直接的关系。[①]

我不知道童先生是否注意到恩格斯的那一段论述，但我认为他的分析是合乎恩格斯论述的精神的。这也表明上述有关中国政治组织产生途径的看法，并非我一人之私见。

---

① 童恩正：《中国北方与南方古代文明发展轨迹之异同》，《中国社会科学》1994 年第 5 期。

三 “家天下”
——中国早期政治组织产生的标志

本文前已言及中国三代时期地域组织并未建立，那么衡量此时政治组织的产生就不能机械搬用恩格斯所提到的古希腊罗马和日耳曼国家产生的那两个基本条件，而应当着重考虑这两个条件中“公共权力”的形成这一方面的内容。我想可以大致确定以下的认识：如果在相当大一块地域内出现了某种集中的权力，而此权力又构成对众族邦人力物力的支配的话，那么此权力结构即可视作我国早期政治组织产生的标志。

在我国，这种权力的集中又是与社会“公仆”向“社会主人”的演变结合在一起的。当我国古代部落联盟的首领通过自身的异化变为至高无上的国家的君主时，他对原部落联盟中各族邦进行支配的权力无疑也更加集中和更加强化了。他的原本是协调联盟共同利益的义务，现在变成了支配整个“天下”的个人的权力；原来部落联盟首领的位置可在联盟范围内由众族邦首领共同物色推举，如《尚书·尧典》所述，现在则固定到了某个氏族乃至某个家族之内，这就使我国古代权力的集中又突出表现为所谓“家天下”，即将掌制天下的权力视作一家族之私。因此，传统史学又以“家天下”的建立作为我国政治组织建立的标志。应当承认，这是一种更实际也更便于操作的历史分析方法。

我国著名经典《礼记·礼运》篇即这样描述我国由原始公社制性质的“大同”社会进入文明状态的“小康”之世的：

> 今大道既隐，天下为家，各亲其亲，各子其子，货力为己。大人世及以为礼，城郭沟池以为固，礼义以为纪。以正君臣，以笃父子，以睦兄弟，以和夫妇，以设制度，以立田里，以贤勇知，以功为己。故谋用是作，而兵由此起。禹、汤、文、武、成王、周公由此其选也。

它谈到原始公社制的“大道”退出历史舞台后的第一个变化即是“天下为家”。“天下为家”者，按历代注家的解释，即是父传位予子，以天下为一家族之私有也。[①] 由这个变化开始，整个社会也就各亲其亲，各子其子，藏货于身，出力为己，从而建立起一套新的维护王公大人等统治者集团利益的社会制度，由是争夺、诈谋、战争之类文明社会习见的社会现象也应时而生，这便是“小康”社会。

即使以今天的研究者的眼光分析，《礼运》作者指出的这个变化过程也是相当符合社会发展规律的。其中谈到由“大同”进入“小康”即进入国家状态的标志不是别的，正是“家天下”的建立。它还明确指出，这种“家天下”的制度是从夏禹开始的，这就不仅与今日多数史家将夏代作为我国历史上的第一个王朝的看法相吻合，也与我们前面分析的夏禹本人由社会“公仆”转化为社会主人的历史进程相吻合。

历史文献还谈到了禹和他的儿子启共同确立“家天下”制度的过程。据称，禹在平定水土以后，即因势乘便，采取了“划定九州”“任土作贡”的措施；在战胜南方苗蛮后，又“合诸侯于涂山”，其时前来执玉帛表示臣服的诸侯有“万国”之多。[②] 还有一则带有神话色彩的传说：“昔禹致群神于会稽之山，防风氏后至，禹杀而戮之……”（《国语·鲁语下》）这些都表明禹已俨然具有国王的身份了。然而他自己却似乎尚未完全意识到个人身份发生的这种变化，还打算着要按老规矩将王的位置传授给出自东夷的部族首领皋陶或伯益。可是由于家族观念的浸染，他又自觉不自觉地将本家族的势力引入自己统治下的各级权力机构。战国时的文献便记载道：“禹爱益，而任天下于益，已而以启人为吏。”（《韩非子·外储说右下》）启为禹子，启人即禹家族之人，禹以本家族之人掌握各权力机构，无异已在营造自己的“家天下”的势力。这样做的结果是，虽然禹在表面上仍做出传贤的姿态，“而势重尽在启也”。故而在禹去世以后，即出现了“启与友党攻益而

---

① 《礼记正义》卷21《礼运》，阮元校刻：《十三经注疏》，中华书局1980年版，第1414页中、下栏。

② 《左传》哀公七年。

夺之天下”（同上）的事情，这样就最终完成了夏后氏的“家天下”建立的过程。

如今一些学者争论“家天下”到底是确立于禹还是确立于他的儿子启之手的问题，从以上过程看，“家天下”制度的培植实起于禹，而最终完成于启，也可以说是由他们父子二人共同完成了这一伟大的历史变革。

四　家国同构
——古代中国政治组织中权力结构的特征

“家天下”制度的确立，决定了中国古代社会国家权力结构的特殊形式，这就是“家国同构”。

所谓家国同构，即国家的整个权力机构同于父家长制家庭的结构，国君对于国家的管理如同对于自己家族的管理，并且这两种实施范围不同的管理往往是互相交织和混为一谈的。这个特征，在刚进入国家状态的三代就已显示出来了。

学者们早就注意到汉语中“国家”这个词构成的特殊意义，认为它把“国”与“家”这两个概念组合在一起，本身就说明了中国古代社会家国同构的特征。我们古代的“国”，不外乎就是“家”的放大。查“国家”一词，最早见于西周时期的文献《尚书·立政》中：“其惟吉士，用劢相我国家。”是表明三代人们心目中的国家早就是这种家国同构的状态了。

家国同构的国家形式，乃是与中国早期国家的产生联系在一起的。我们的国家不是在“氏族制度的废墟”上建立起来的，而是在现存氏族组织的基础上，通过各氏族部落的联合，在它们之上建立起凌驾于各族邦之上的权力机构而形成的，其形成的标志则是获得此族邦的首领建立起自己家族的世袭统治，俗谓之“家天下”的确立。既然三代国家的统治者都把“天下”视作自己家族的私产，则其用管理家族的方式来管理整个天下（即国家）便是顺理成章的事了。他一身兼任国家的最高统治者和本家族的大家长，则其对这两者的管理往往交织在一起，甚至用此一管理机构去代替彼一管理机构的职能，也是常有的事情。在国家管理人员亦即官员的安排上，他常把自己家族的成员或亲信奴仆放在关键的岗位上，或干脆把现任国家官员都视作自己家里的奴仆，皆属正常之举措。

夏代的情况由于文献不足征暂且不谈。若论商周时期家国同构的例子，则文献与古文字材料中比比皆是。在甲骨卜辞中，我们常看见称号为“妇某”“子某”的人员在执行着商王委派给他们的重大国家事务，如主持祭祀、帅兵征伐、组织向商王的贡纳，等等。这些“妇某”“子某”，甲骨学者普遍认为属于商王的近亲。如是，卜辞正反映了商王近亲与国家公职人员一身而二任的情形。此外，卜辞中又常见某“小臣”从事农业管理，或对众民进行管理的例子，他们被称为“小耤臣”和“小众人臣”，还有的小臣参与国王的征伐和执行其他有关国家政务的使命。学者也普遍认为，“臣”的身份，本是商王或贵族身边的奴仆。若然，此类辞例也正显示了商王使用自己的家庭奴仆参与国事工作。由于商王的这些小臣得因接近商王获得王之宠信，反使一般贵族希冀得到国王宠信者径以小臣自称，甲骨文中的小臣禽、小臣吴、小臣妥等据考证都是由贵族子弟而自称小臣者，此实表现王廷之臣僚类同于王室家中之奴仆。大致用作朝廷官吏称呼之臣、仆、宰、相、侍、御之类，皆由此来源。

西周金文与文献中，我们又常见周王以“我邦”与“我家”并提，他要求臣下尽心效力，“保其家邦”。“家”与“邦”其实是两个概念，一指王室家族，一指国家政治区域，但在周王那里却经常被混为一谈。明明是周公这样的朝廷大臣，却说他是“勤劳王家”（《尚书·金縢》）；而作为王室家族总管的宰，却又要他“死尸（主管）王家内外”（《蔡簋》），即家族以外的朝政也要让他去过问。那时百官的任命都要在王室宗庙前举行，此仪式的用意，不过是让百官记住他们同时亦是王室家族的僚属而已。有象征意味的是，在册命仪式中引导百官前往周王那儿接受任职的“傧右”往往由宰来充当，此亦形象地表现了百官被视同王室家族臣僚的身份。

不过，周王朝对于“家国同构”这种国家权力形式的最大发展，还在于它所创行的宗法制。周人的宗法制绝不像有些人理解的那样，仅仅指宗族内部血缘关系的亲疏原则，更重要的，还是指这种宗族的血缘亲疏关系与周人整个政权结构的结合，即所谓宗统与君统的结合。此外，它还强调嫡长子继承制是人们在确定同族人尊卑关系时所应遵守的唯一准则。它的目的，在于加强周族人的团结，更在于加强周天子同时作为周族的最高大家长和国家的最高统治者的地位。由于宗法制的施行，使得周天子在宗族中的父家长的权力与他对国家的统治权更有机地结合在一起了，他的家族继承这种权力亦更有章可循且避免了族内的纷争。所谓“天位素定”，家天下的法则遂更得到充实。概而言之，宗法制使“家国同构”的国家形式得到更完备的体现。

“家国同构”这种国家权力结构在实质上是要实行君主的专制主义。虽三代社会由于才始脱离原始公社制，并由于不得不保留下人们相互之间的血缘联系而使国家政体中带有相当多的氏族贵族制和氏族民主制的遗习，前者如王以下的各级贵族还享有一定程度的“世卿世禄”的权力；后者如人们常常提到的国家还要时不时地向国人“询国危、询迁国、询立君”（《周礼·小司寇》）等。但是从本质上看，它们与“家国同构”的权力形式，特别是宗法制的精神是相对立的。之所以家国同构的国家必然要导致君主的专制，其原因在这种国家是用家长制家族的结构原则组织构建的。恩格斯在谈到古罗马早期的父权家庭时说：“罗马的父权支配着妻子、子女和一定数量的奴隶，并且对他们握有生杀之权”①，表明父家长制家庭的构建原则即是专制。中国古代父家长（非以后一夫一妻制小家庭的家长）对族人的权力与古罗马虽有差异，但在专制的程度上却并无不及。以此家长的权威去实施对国家臣民的统治，何得不实行专制！仅从这点考虑，我们也不赞成将我国古代国家的政体说成是古希腊那样的奴隶制城邦。三代国家没

① 《马克思恩格斯选集》第4卷，第53页。

有一个像古希腊城市国家中那样可以直接参加国家管理的公民团体，没有一套建立在此基础之上的直接民主的制度，这是由我国古代政治经济结构的特点决定了的。

“家国同构”的国家形式对我国历史发生了深远的影响。当春秋战国之际旧的血缘宗法关系终于瓦解，国君及其所在的家族与其臣民之间已不复存有血缘上的联系，但国君依然保持了全国大家长的身份，他依旧把国家看成是自己一家的私产，把自己看成是全国的“君父”，把万民视作自己的“子民”，把朝臣看作是自家的奴仆。并且由于贵族的传统权力与原始民主制遗风被消除，君主的专制主义权威在排除干扰后反而得以牢固地树立，再发展到统一帝国的皇权，由是延续于中国两千多年的专制主义中央集权的政治模式最终在我国得到确立。

（原载《史学理论研究》1998 年第 2 期）

中国古代国家起源与形成问题的几点思考

关于中国古代国家的起源与形成问题，一直是学术界关注的热点，然而问题至今未得解决。原因何在？笔者认为，只要我们坚持实事求是，一切从中国历史的实际出发，问题总是可以得到解决的。下面就此问题谈几点具体意见。

一　认清中国古代有别于古希腊罗马的早期国家形式

讨论中国古代国家的起源与形成，首先要把我们祖先刚进入国家状态时的政治组织的形式弄清楚，这就是所谓“早期国家”。目前，国内外学术界都在广泛谈论着“早期国家”问题。国内学者使用“早期国家”的概念是在20世纪八九十年代伴随着讨论中国古代国家的形态开始的，使用这一概念主要是为了区别古希腊罗马那种建立在地域组织基础之上的国家形式，具体是指我国夏商周时期建立在血缘组织基础之上、政治组织与血缘组织相互为用的早期国家形式。这无疑是对的。实际上，早在20世纪40年代，侯外庐先生的《中国古代社会史论》就已论及这种国家形式了，只不过他没有使用“早期国家”这个词而已。

众所周知，古希腊罗马这种国家形式，是在恩格斯的《家庭、私有制和国家的起源》中被提到的。长期以来，我国学者一般习惯于按照《家庭、私有制和国家的起源》中提到的古希腊罗马及日耳曼国家形成的标志来讨论中国古代国家的起源及形成问题。恩格斯在这部著作中阐述的有关国家的基本理论无疑是正确的，但是拿古中国同古希腊罗马相比附，以为中国古代国家的形成也一定要具备“公共权力”与“地域组织”两个条件，显然是不合适的。因为按照恩格斯的说法，这几个国家都明显是“在氏族制度的废墟上”建立起来的[①]，这就与我国进入国家状态后氏族制度仍被长期保留的实际不相合。而在近年的研究中，夏商周三代社会的这种结构已得到大多数学者的认同，因此，我们应本着实事求是的精神，按照早期国家的一般特征去考虑我国古代国家的起源与形成诸问题。

我们注意到，目前中外学者对于“早期国家”的概念虽然还存在着差异，但在将中国划归早期国家而将古希腊罗马归入非早期国家或社会发展的下一个阶段出现的国家这一点上的态度基本上是一致的。例如人们常常提到的苏联学者 A. M. 哈赞罗夫为国际学术界组织编写的《早期国家》一书所写的带有总结性的文章中就表明了这样一种认识。[②] 因而，从国际学术界范围来考虑问题，我们也应当分清这两种不同的国家形式。

回想过去，一些学者在讨论中国古代国家起源与形成问题时，并未分清古代中国与古希腊罗马是两种国家形式。一些学者机械搬用恩格斯有关古希腊罗马国家形成的标志的论述，认为中国古代国家的产生也必须具备“公共权力”和“地域组织”这两个条件，如此就不免把中国古代国家产生的时间定得太迟，甚至认为“真正的”中国国家的产生要到西周乃至春秋以后；而另外一些学者为了“证明”中国很早就出现了地域组织，又不惜对文献资料进行随心所欲的解释。这都不是实事求是的态度。

---

① 《马克思恩格斯选集》第 4 卷，人民出版社 1972 年版，第 165 页。

② 《关于早期国家研究的一些理论问题》，载《古代世界城邦问题译文集》，时事出版社 1985 年版。

二　中国早期国家产生的路径

同中国古代国家形式不同于古希腊罗马相联系，中国早期国家产生的路径也与古希腊罗马有所不同。对于这种形式的国家的产生，恩格斯在《家庭、私有制和国家的起源》中虽未提及，但在他的另一篇重要文章《反杜林论》中却有很好的论述。他是从古代共同体中统治与奴役关系发生的角度谈到这个问题的。他首先提到，在许多民族的原始农业公社中，一开始就存在着一定的共同利益，为了维护这种利益，公社不得不设立各种职位并赋予承担这些职位的个别人员以某种全权，“这就是国家权力的萌芽”。他又说道，由于生产力的提高及人口密度增大等原因，使各个公社之间出现了不同的利益格局，这导致各个公社集合为更大的整体并建立新的机构去保护整体的共同利益和反对相抵触的利益。“这些机构，作为整个集体的共同利益的代表，在对每个单个的公社的关系上已经处于特别的、在一定情况下甚至是对立的地位，它们很快就变为更加独立的了。”这些作为公社集合体的代表们要在更大的范围内行使更为集中的权力，由此发生了对于公社集合体的“独立化”倾向，到后来，社会职位的世袭制也出现了，终于促使他们由起先的“社会公仆”演变为“社会的主人”，并最终集结成一个统治阶级。[①] 在恩格斯后来所写的一封致友人的信中，更明确说道，由于这种统治与奴役关系的建立，“于是就出现了国家”[②]。

恩格斯指出，上述统治与奴役关系的建立，同古希腊罗马奴隶制国家统治与奴役关系的发生，是并行不悖的“两条道路”[③]。可以看出，这样一种国家产生的道路同我国古代，尤其是我国中原地区最早出现的夏代国家的产生，是十分相似的。按照这条道路产生的国家，很自然地不会改变其原有的“公社”即氏族组织内部的结构，这也与

① 《马克思恩格斯选集》第 3 卷，人民出版社 1972 年版，第 218—219 页。
② 《马克思恩格斯选集》第 4 卷，第 482 页。
③ 《马克思恩格斯选集》第 3 卷，第 218 页。

我国三代国家建立在血缘组织基础之上的性质相吻合。

有意思的是，同样也是国际学术界一些谈论早期国家的学者表示赞同恩格斯的上述说法，并对之有所发展。除哈赞罗夫以外，另两位组织《早期国家》撰写工作的 H. J. M. 克烈逊和 P. 斯卡尔尼克在其论文中也这样写道："然而，恩格斯较早时期的著作《反杜林论》讨论了阶级社会和国家由以发展起来的另一种可能的途径。恩格斯在那里谈到了'职能'上的权力到'剥削'的权力的渐变。他认为，这种阶级形成与国家发展的过程更带有普遍性，曾经存在于绝大多数欧洲国家（不包括古希腊罗马）。正如克列多尔（Krader）在 1975 年所说的'社会的公仆变成了最高统治者；部落的酋长随着原始社会转化为阶级社会而成为统治者……'"[①] 如此说来，这样一条由原始氏族部落酋长随着自身"公仆"角色的转换而导致的国家产生的途径倒是更具有普遍性，而古希腊罗马奴隶制国家的产生只是少数特例了。这是具有启发意义的。

三　中国古代第一个国家——夏

夏是公元前 21 世纪在我国文明发展最充分的黄河中下游一带众多部族组成的联合体的基础上发展起来的早期国家。经过近年来考古界的大量工作，夏作为一个政治社会的存在在多数人心目中已是没有什么疑问了。过去一些学者由于没有见到夏代的有如商周时期那样的甲金文字，因而将夏归入古史的传说时代，现在看来，所谓"传说"即较晚文献对于夏代历史的追溯至少在一定程度上已为考古发掘资料所证实。这方面最重要的成果应数河南偃师二里头遗址及其邻近的偃师商城的材料。二里头遗址位于文献所载夏代晚期统治的范围内，它的内涵符合一个具有相当规模的国家的政治中心所应具备的条件（遗址

---

① ［荷兰］H. J. M. 克烈逊、［捷克］P. 斯卡尔尼克：《关于早期国家的各种学说和假说》，载《古代世界城邦问题译文集》，时事出版社 1985 年版，第 295 页。

规模、手工作坊、宫殿、用作礼仪的青铜器及玉器等），这些条件又恰好发生在夏代晚期的纪年范围之内，遗址的废弃则在商代初期。另一方面，紧接着二里头遗址废弃后兴建的偃师商城刚好坐落在二里头的东邻，它的城圈的规模稍逊于作为商代都邑的郑州商城，也应是一座商代早期的都邑或军事中心。更重要的是，它的位置同文献所载商汤灭夏后建立的西亳的地望适相吻合。这一切，都透露出文献记载的夏商两个王朝权力更迭的信息。至于夏代早期的历史，我以为也有一些可作为旁证的考古材料，那就是位于豫东鲁西的众多古城。这些城址多属龙山晚期，延续至夏代前期，比同时期其他地方的古城密集且规模可观，我以为这就是文献所说的“鲧作城郭”的反映。王国维曾说夏自太康迄于后桀与商人错处河济之间①，“河济之间”就是豫东鲁西。《左传》亦记载夏后相居住在今天豫东的濮阳（“帝丘”）。目前，禹都阳城尚未在考古工作中被落实，但上述豫东鲁西的古城多属于夏后氏的同姓或异姓盟邦是没有问题的，如夏的一个最近的同姓族邦有莘氏的地望就与近年在山东阳谷发现的古城十分接近。这些盟邦应当就是今天人们提到的“夏人”或“夏族”，是夏代国家的“内服”成员。它们都围绕着帝丘这个夏代的都邑分布着，其情形有如商代的“多子族”及“多生（甥）”族围绕着“大邑商”分布一样，证明夏代同样存在着一个合乎早期国家构成的政治格局。

夏代国家的产生，与前述恩格斯及今人类学家谈到的早期国家形成的路径是相类似的。史载夏统治者权力的获得，首先即是与夏后氏首领鲧、禹在以尧、舜为首的部落联合体担任公职相联系的。这项公职，众所周知，即是他们受联合体各部酋长共同推举所从事的领导治水的工作。对于禹治洪水的传说，有人（包括过去的疑古派）不太相信，我想我们同样不能对之采取随意抹杀的态度。近年发现的西周青铜器《豳公盨》（“豳”字从裘锡圭释）铭文已记有禹“堕山濬川”的文字，表明此项传说至少在西周中期已有广泛流传。总之，对于尧、

① 王国维：《殷周制度论》，《观堂集林》卷10，中华书局1959年版。

舜时代居住在古河济地区的广大部族来说，治水是一项关系到联合体共同利益的公共事业，鲧、禹起初负责这项工作的角色实属“公仆”的性质，文献如《墨子》《韩非子》都曾赞誉大禹在“公仆”任上的尽心尽职。但是，由于这项工作的艰巨性和长期性，需要组织氏族部落广泛参与，要对各部族的人力、物力集中调配，在此过程中，鲧、禹难免要使用自己的职权对各氏族部落施加更多的影响，甚或强制干预，这就势必使原来松散而较为缺乏约束力的部落联合体机构发生权力集中的倾向，使之逐渐凌驾于众部族之上，而禹则在长期担任这一要害公职中树立了自己及其家族的权威，由原本是有崇氏（后改称夏后氏）的首领继任为部族联合体的首领，最后发展成君临众族邦之上的具有赫赫声威的夏代国家的国王，也就是全社会的“主人”。《国语·周语下》谈到这一演变过程时说，由于禹治水成功，“皇天嘉之，祚以天下，赐姓曰姒，氏曰有夏，谓其能以嘉祉殷富生物也”，这是将大禹治水与夏朝国家建立联系在一起的直白表述。夏代国家建立的标志是夏的“家天下”的确立，即禹和他的儿子启实现了由部落首领的“禅让制”到世袭王位制的转变。前引恩格斯有关早期国家产生的论述即谈到了部落联合体中公职人员在由“社会公仆”到“社会主人”转变过程中“社会职位的世袭”这一重要社会现象。无独有偶，我国古代著名经典《礼记·礼运》篇也把“天下为家”“大人世及”作为“大同”之世进入“小康”（即国家社会）的标志，看来，在以王位世袭制亦即家天下制度的确立作为中国早期国家建立的标志这一点上，不惟马克思主义创始人，就是我们的先哲也持有类似的看法。

（原载《光明日报》2004 年 6 月 22 日）

由“社会公仆”到“社会的主人”

——中国早期政治组织产生的途径

关于早期国家即早期政治组织的产生，目前已成为国内外学术界一个热门话题。在我国，一般认为夏商周三代即属于早期国家的范畴，并且多数学者亦认为我国早期政治组织有着与古希腊罗马的政治组织不同的结构特征，即我国三代的国家不是建立在地域组织的基础上，而是在很大程度建立在血缘组织的基础之上，各种血缘组织与政治组织相互支撑并融为一体。这种认识无疑是正确的。那么，如三代这样的早期政治组织产生的途径又是怎样的呢？它与马克思、恩格斯谈到的古代希腊、罗马、日耳曼国家产生的途径是相同的吗？在中国早期政治组织产生这个问题上的最大特色又是什么呢？过去，不少谈论中国早期政治组织产生的学者，包括许多教科书似有一种忽略这个问题的倾向。本文即试图从理论的分析和史实的阐述两方面重新讨论关于中国早期国家产生的特殊途径这一问题，欢迎学界同行争辩、批评。

一　恩格斯的论述

我国的三代无疑已进入文明社会的阶段，这个时期确已出现了旨在对广大区域的居民进行管理（或统治）的权力相对集中的国家机构。作为文明社会的政治组织，它的实质就是一种统治与奴役的关系。谈到中国古代这种统治和奴役关系的产生，流行的理论总是按照原始公社内部农业家族的分工引起私有财产的积累，再引起贫富分化，进而促使富裕家庭利用战争中的俘虏和本族破产农民充作奴隶，由此出现奴隶与奴隶主两大阶级的对立，并最终导致维护奴隶主阶级利益的国家机构的建立这样一条线索去进行阐述的。然而，这种解释在多大程度上符合中国的实际情况呢？在由原始社会向文明社会的转变中，我国氏族公社内部各家族之间不能说没有贫富分化，也不能说没有奴隶制剥削的现象，但这种贫富分化却首先表现在氏族首领（或氏族上层）与广大族众的分野上，换句话说，氏族内部少数人员之拥有较多的财富，首先是他们在氏族公社内部处于权力上层的身份和地位决定的，是他们的“贵”决定了他们的富，而不是由他们的富决定了他们的“贵”（即统治地位）。至于奴隶制剥削，则从来未在我国古代社会中占据过主导地位。我们无法说明当时社会出现了一个主要靠奴隶生产来养活自己的奴隶主阶级，并从而推理说这个阶级为了维护自己对奴隶的暴力统治去建立一个奴隶制的国家机器，说中国夏商周三代是什么“奴隶制王朝”“奴隶制帝国”并没有什么依据。

实际上，按照恩格斯的历史理论，上述统治与奴役关系的建立，只是在古希腊罗马经历的历史过程，至于世界其他许多地区，其统治与奴役的关系的建立，却主要走的是另一条路径。他在《反杜林论》这部著名的理论著作中阐述到：

> （在许多民族的原始农业公社中）一开始就存在着一定的共同利益，维护这种利益的工作，虽然是在全社会的监督之下，却不能不由个别成员来担当：如解决争端；制止个别人越权；监督用水，特别是在炎热的地方；最后，在非常原始的状态下执行宗教职能……这些职位被赋予了某种全权，这是国家权力的萌芽。①

这里谈到的“原始农业公社”，已是原始公社的最后阶段，大致相当于今日一些中外学者所说的“酋邦”。恩格斯认为，在这些原始公社

① 《马克思恩格斯选集》第3卷，人民出版社1972年版，第218页。

中，有一些为维护共同体整体利益的职务，这些职务不得不由个人来承担，虽然承担这些职务的人员具有社会公仆的性质（“社会公仆”的称呼见下引恩格斯文），但由于他们的职位被赋予了某种全权，因而也就产生了国家权力的萌芽。这种萌芽当然还要继续生长，恩格斯接着说：由于生产力的提高和人口的增长，使这些单个的公社集合为更大的整体，并导致建立新的机构来保护共同利益和反对相抵触的利益。

> 这些机构，作为整个集体的共同利益的代表，在对每个单个的公社的关系上已经处于特别的、在一定情况下甚至是对立的地位，它们很快就变为更加独立的了，这种情况的造成，部分地是由于社会职位的世袭……部分地是由于同别的集团的冲突的增多，而使得建立这种机构的必要性增加了。在这里我们没有必要来深入研究：社会职能对社会的这种独立化怎样逐渐上升为对社会的统治；起先的社会公仆怎样在顺利的条件下逐步变为社会的主人……在这种转变中，这种主人在什么样的程度上终究也使用了暴力；最后，各个统治人物怎样集结成为一个统治阶级。①

这里谈到，各单个的公社由于有了共同利益而结成更大的整体（殆相当于现时人们所说的部落联合体或酋邦的联盟），这些更大的整体又有了新的机构作整个联合体的共同利益的代表。由于它们处于单个的公社之上，处理着更大范围的事情（例如同其他集团的冲突等），使得它们逐渐成为凌驾于各个小公社之上的权力机构，并且担负这些机构的领导职位也逐渐变成世袭的了，这些都意味着上述社会机构的社会职能的“独立化”倾向。正是这种“独立化”倾向使得原本是为维护共同体集体利益的工作变成为对社会的统治，同时使得原来承担为集体利益工作的“社会公仆”变成了“社会的主人”，即国家的统治者。恩格斯说：“在这里，问题在于确定这样的事实，政治统治到处

① 《马克思恩格斯选集》第3卷，第218—219页。

都是以执行某种社会职能为基础，而且政治统治只有在它执行了它的这种社会职能时才能持续下去。”① 国家的统治是以执行某种社会职能为基础的，而这些社会职能原本都是由为着维护共同体整体利益发展而来的，这就是结论。

总结恩格斯的上述理论，可用下面图式来说明这样一条统治与奴役关系产生的途径：

社会公仆	→	整个集体利益的代表		社会主人
维护公社共同利益		维护更大整体的利益		对社会的统治

恩格斯明确指出，上述统治与奴役关系的产生与古希腊罗马奴隶制国家统治与奴役关系的产生是并行不悖的“两条道路”。

必须指出，恩格斯这一思想在他晚年的著作中是一贯的。直到1890年10月27日，他在伦敦致康·施米特的一封信中还从社会分工的角度谈到：

> 社会产生着它所不能缺少的某些共同职能。被指定去执行这种职能的人，就形成社会内部分工的一个新部门。这样，他们就获得了也和授权给他们的人相对立的特殊利益，他们在对这些人的关系上成为独立的人，于是就出现了国家。②

这段论述被一些学者用来说明国家产生的“融合论”，即国家是通过对社会的管理与协调而产生的论点。但这种看法只说到了问题的一个方面，因为恩格斯还谈到了国家人员具有与社会成员“相对立的特殊利益”的一面。实际上，这条论述与上引恩格斯在《反杜林论》中的论述一样，都在于指出国家的上层统治者有一个从原来的只承担对

① 《马克思恩格斯选集》第3卷，第219页。

② 《马克思恩格斯选集》第4卷，人民出版社1972年版，第482页。

共同体利益进行管理与协调的“公仆”角色发展到与社会对立的“主人”的过程。这后一种角色，不用说便已具有了与社会成员不同的“特殊利益”。就恩格斯的本意来说，这样一条统治与奴役关系产生的道路，应当比古希腊罗马奴隶制国家的这种关系的产生，具有更大的普遍性。

从恩格斯的论述中还可以体会到，由这样的途径产生的国家中，国家权力的执行者同时也就是社会的统治者阶级。并且，由于在这样的国家形成的过程中，过去的公社机关，也就是氏族血缘组织并未受到破坏，因而也可以理解为国家权力的执行者也仍旧是过去氏族和氏族联合体中的各级大大小小的首领。不难看出，这样的权力结构同中国早期国家的情况是很相似的。

我们认为，中国早期政治组织的建立，走的也正是这样一条由氏族社会的“公仆”蜕变而成的“社会主人”亦即统治者集团的道路。上言我国原始公社内部到它的后期确实已有了社会分化，这种以权力和财富为标志的社会分化及与之相应的私有观念确实也是社会发生变化的基础。但那些富裕家族的族长却实在都是些公社或更大规模共同体的上层职事人员；那些掌握共同体权力的大大小小的邦君，不外乎就是各宗族或某些大家族的族长。以后由各族邦联合而成的国家的君主，也兼有这样的身份。我国古文字中，作为父家长称呼的“父”、各级职事人员称呼的“尹”，以及邦君和国君的“君”，都出于同一个字源，便是此现象的最好的说明。不过，这些邦君或部族联盟的首领们最初的角色却往往是以共同体“公仆”的身份出现的。谈到他们最初为维护社会共同利益而履行的“公仆”的职责，则传说中那些古代“圣贤”们的事迹最能说明问题：

> 黄帝能成命百物，以明民共财，颛顼能修之，帝喾能序三辰以固民，尧能单均刑法以仪民，舜勤民事而野死，鲧鄣洪水而殛死，禹能以德修鲧之功，契为司徒而民辑，冥勤其官而水死，汤以宽治民而除其邪，稷勤百谷而山死……（《国语·鲁语上》）

上述这些贤明的君主们实际都是传说时代一些氏族部落（或部落联合体）的首领，文献称他们有对共同体的经济生活尽心管理的，有为共同体的农事活动而制定历法的，有为共同体的和睦安宁而进行协调或制定刑法礼仪的，有为共同体去除外敌和强暴的，还有领导共同体成员抗御水害以保护人民身家性命安全的……他们是那样地恪尽职守，以致有许多圣明的共同体的首领都死在他们任职的官守上，这显然都是一些原始共同体的“公仆”的形象。然而，他们以后的身份或他们后世子孙的身份却一个个发生了变化，变成了凌驾于众民之上的拥有无上权威的不可拂逆的“君”“王”。这种变化当然不可以用他们个人品质的优劣或致力于道德修养的勤惰来加以说明，想来最终促使这种变化的秘密原因还在于各位圣贤所承担的社会职能本身发生了对于社会的“独立化”倾向，是这种“独立化”导致了他们或他们的子孙由“社会公仆”变成为“社会的主人”。

二 从鲧、禹治水和中国第一王朝的建立来说明问题

从我国第一王朝夏朝建立的经过看，它便是一个由共同体职务“独立化”及共同体公职人员性质转化而产生的早期国家的典型。

历史记载，夏王朝国家权力的获得，首先即是与夏后氏祖先鲧、禹在以尧、舜为首的部落联合体担任公职相关的。这项公职，众所周知，是他们受部落联合体各部酋长的共同推举所从事的领导治水的工作。关于禹治洪水的传说，有人（包括20世纪二三十年代的某些疑古派）不大相信，以为那纯粹是无稽的神话。但我们从大量古籍记载考察，这件事绝不是古人的凭空捏造，其与西方跟创世神话联系在一起的洪水故事也不是一个性质。如果摒弃了其中夹杂的有关大禹“导江”“导河”等后人添加的内容或凭后人的观念想象的成分之外，而把它视作对古河济一带地势低洼的黄河中下游平原低地所做的泄洪排涝的工作，则其事正有如我们日后所看到的这一地区经常发生的事情一样，

是完全可以信以为实的。[①] 这项工作，对于尧、舜时代居住在古河济地区的广大部族来说，无疑是一项有关共同体利益的公共事业，鲧、禹承担的都是负责这项公共事业的工作，因而他们起初的角色都属于“公仆”的性质，这在上引《国语·鲁语》中已明确谈到过了。后人对鲧，尤其是对大禹的赞扬（如《墨子》《韩非子》《史记·夏本纪》所记），也都是赞扬他们在“公仆”的任上尽心尽职，这是毋庸多述的。说到禹后来取得共同体最高首长的职位以致最后变为夏王朝的首位国王，我们以为，这并非仅仅出于民众对他治水成功而给予的拥护。由于这项工程的艰巨性和长期性（《汉书·沟洫志》引《夏书》曰：“禹湮洪水十三年”；又《史记·夏本纪》：“尧听四岳，用鲧治水，九年而水不息”），也由于治水之事牵涉各氏族部落的切身利益，需要组织各氏族部落的广泛参与，要对各部族的人力、物力进行调配、指挥与统一管理，在这个过程中，禹（包括他的父亲鲧）难免要利用联盟所赋予自己的职位与权力对各氏族部落施加更多的影响，甚或强制、干预，这就势必使原来松散而较为缺乏约束力的部落联合体机构发生权力逐渐集中的倾向，并使之逐渐凌驾于众氏族部落之上，以至最终过渡到把各族邦沦为自己臣属的具有专制权威性质的国家上层建筑，而禹则在长期担任这一要害公职的过程中树立了自己及自己家族的权力与威信，由原本是有崇氏（后改称夏后氏）族的首领，继任为整个部落联合体的首领，最后发展成为君临众族邦之上的具有赫赫声威的夏王朝的国王。文献记载这一变化过程说，由于禹治水的成功，“皇天嘉之，祚以天下，赐姓曰姒，氏曰有夏，谓其能以嘉祉殷富生物也”（《国语·周语下》）。这岂非表明禹作为氏族共同体的首领，由于他领导治水保护了部落联合体的共同利益，从而取得了共同体的广泛信任，并由此而获得了统治“天下”，建立“有夏”王朝的权力吗？文献又称：“尧遭洪水……使禹治之，水土既平，更制九州，列五服，任土作贡。”（《汉书·地理志》）是亦将禹获得宰制九州和使诸侯臣服的权力

---

① 参见拙文《论禹治洪水真象兼论夏史研究诸问题》，《学术月刊》1994 年第 6 期。

与其平治水土的事迹联系在一起的。

根据史籍，禹之获得统治天下九州的权力还根源于他指挥部落联盟的军队对敌对的三苗部族进行的征伐。这场以保护部落联合体共同利益相号召的战争同样属于共同体“公共事务”的范畴，当然，战争的进行同样也有利于禹集中控制整个部族的人力和物力，以及有利于提高禹及其家族的威信。有学者研究，禹可能还是一个巫师，若然，这也便利了禹利用执行宗教职能来达到神化自己统治权力的目的。

总之，禹个人身份的变化来源于他所承担的社会公职的权力越来越集中和越来越不受制约，来源于他在承担这一公职的过程中社会对他的越来越没有条件的普遍服从、顶礼膜拜与神化。禹最后在文献中的形象已成为一个具有专制权威的君主，《左传》哀公七年记禹在平定三苗之乱后“合诸侯于涂山”，前来表示臣服与朝贡的诸侯，即所谓“执玉帛者”达“万国”之多。又《国语·鲁语下》说：“昔禹致群神于会稽之山，防风氏后至，禹杀而戮之。”学者解释说，所谓“群神”，也就是众诸侯。其中的防风氏，乃“汪芒氏之君名也”（《国语·韦昭注》）。禹能在大会诸侯的场合，因一位诸侯的后至，便拿他开刀示众，说明他已经蜕变为一个专制君主式的人物。禹前后身份的这一变化，正十分形象生动地表现了一位氏族首领由“社会公仆”转化为“社会主人”的历程。当然，历史实际绝不会如此简单，或许这一过程当体现在禹前后几代人身上，但传说总是把这样的过程“故事化”在一个著名人物的身上，人们总不至因此而否认它所包含的历史真实的内容罢。

现在，学术界普遍承认夏朝是我国进入文明社会后出现的第一个王朝，同时多数人也不否认大禹治水在历史上确有其事，但是在谈到夏代国家的形成时，不少人都不愿意将它与禹治洪水之事联系起来，再有一些人则干脆根本否认禹治洪水与夏代国家产生的关系。我看，这则深入人心的古代传说的重要意义是不好被人轻轻带过的。近读考古兼古史学家童恩正先生的文章，发现他在这个问题上的看法尚不失正视历史事实的勇气，他说：

> 虽然我们不同意卡尔·威特福格尔过分强调水利的需要性的意见，但是从大量的历史记载来看，中国的第一王朝——夏王朝的建立，确实与水利有密切的关系……从史实看来，中国国家权力的形成，极可能与防御和集体的水利事业有关，亦即与控制集体劳动的人力有关，而与土地所有制没有直接的关系。①

还有一位从事夏文化研究的考古工作者在最近的文章中亦指出：

> 中国古代文明出现的契机、夏王朝出现的契机是“大禹治水”……由于团结治水，进一步加强了各族人民之间的联系，并且对于居于各族之上的集中统一的公共权力有了客观的要求，这是促使王权出现的催化剂，是促使夏王朝诞生的助产婆。②

我不知道这两位先生是否注意到了本文上面引用的恩格斯的那段论述，但我认为他们的分析是合乎恩格斯论述的精神的。

三　“家天下”
——中国早期政治组织产生的标志

本文前已言及中国三代时期地域组织并未建立，而三代又不能说尚未出现旨在对广大地区进行管理的权力相对集中的国家机构，那么衡量此期政治组织产生的标志，就不能机械地搬用恩格斯所提到的古希腊罗马和日耳曼国家产生的那两个基本条件（即地域组织和公共权力的出现），而应当着重考虑这两个条件中“公共权力”的建立这一方面的内容。是否可以这样认为：如果在相当大的一块地域内出现

① 童恩正：《中国北方与南方古代文明发展轨迹之异同》，《中国社会科学》1994 年第 5 期。

② 李先登：《再论关于探索夏文化的若干问题》，中国先秦史学会、洛阳市第二文物工作队编：《夏文化研究论集》，中华书局 1996 年版，第 31 页。

了某种集中而稳定的权力，而此权力又构成对此地区居住的众族邦人力物力支配的话，那么此权力机构即可视为我国早期政治组织产生的标志。

在我国，这种权力集中的过程又是与“社会公仆”向“社会主人”演变的过程相一致的。当我国古代部落联合体的首领通过自身的异化变成凌驾众民之上的国家君主时，他对原部落联合体中各族邦进行支配的权力无疑也更加集中和更加强化了。原本是主持联合体事务的义务，现在变成了支配整个“天下”的个人的权力；原来部落联合体首领的位置可以在联合体范围内物色挑选，即史书记载的上届部落联合体首领通过“禅让”的方式将首领的位置让渡给与之并非出于同一族邦的另一位“贤人”，现在则固定到了某个显贵的氏族，乃至某个显贵的家族。这两种现象结合在一起，即是人们常说的“家天下”，也就是国君将掌制“天下”的权力看作自己的一家之私，由自己家族世代执掌这样的权力。毫无疑问，这样一种“家天下”权力结构的形成，实意味着古代共同体中的“社会公仆”到“社会主人”演变过程的完成。考虑到“家天下”这一国家形式从此便成为我国政治制度的主要特征被传袭下来，因而传统史学将“家天下”的建立作为我国政治组织产生的标志。应当承认，这是一种更实际也更便于操作的历史分析方法。

我国古代著名经典《礼记·礼运》篇即是这样描述我国由原始社会性质的“大同”之世进入文明状态的“小康”之世的：

> 今大道既隐，天下为家，各亲其亲，各子其子，货力为己。大人世及以为礼，城郭沟池以为固，礼义以为纪。以正君臣，以笃父子，以睦兄弟，以和夫妇，以设制度，以立田里，以贤勇知，以功为己。故谋用是作，而兵由此起。禹、汤、文、武、成王、周公由此其选也。

此谈到原始公社制的“大道”退出历史舞台后的第一个变化即是

“天下为家”。这句话，按历代注家的解释，即是“父传位予子，以天下为一家族之私也”①。由这个变化开始，整个社会也就各亲其亲，各子其子，藏货于身，出力为己，从而建立起一套新的维护王公大人等统治者集团利益的政治制度（即“礼”），由是争夺、诈谋、战争之类文明社会习见的社会现象亦应时而生，这便是“小康”社会。

即便以今日研究者的眼光分析，《礼运》作者指出的这一变化过程也是相当符合社会发展的规律的。它谈到由“大同”社会进入“小康”即国家状态的首要标志不是别的，正是“家天下”的建立。它还明确指出，这种“家天下”制度是从夏禹开始的。这就不仅与今日多数学者所持的夏朝是我国历史上第一个国家的看法相吻合，也与我们前面分析的夏禹本人由“社会公仆”转化为“社会主人”的历史进程相吻合。

历史文献还记录了禹最终将其获取的“天下”传给自己儿子启的过程。前已指出，禹在其执掌共同体权柄的后期，已俨然具有国王的身份了，但他自己似乎尚未完全意识到个人身上发生的这种变化，还打算着按照老规矩将自己的位置传给来自东夷的部族的首领皋陶或伯益。然而他同时却又很自然地将本家族的势力引入自己掌管下的国家权力机构，即如战国时文献所述：“禹爱益，而任天下于益，已而以启人为吏。”② 启为禹子，“启人”即禹家族中之人，禹以自己家族之人掌握各权力部门（“为吏”），无异已在营造自己的“家天下”的势力了。这样做的结果，已势不能容许他将首领的位置再随意转让给他人了，所以尽管文献言禹虽然在表面上仍旧作出“传贤”的姿态，而实际却是“势重尽在启也”，因而在禹死之后，“启与友党攻益而夺之天下”，③ 这样就最终完成了“家天下”的交接过程。时人认为，“是禹

① 《礼记正义》卷21《礼运》，阮元校刻：《十三经注疏》，中华书局1980年版，第1414页中、下栏。

② 《韩非子·外储说右下》。

③ 《韩非子·外储说右下》。

名传天下于益，而实令启自取之也”[①]。如今一些学者或喜欢争论“家天下”制度到底是确立于禹还是确立于启，从以上分析看，“家天下”制度的培植实起源于禹，而最终落实到禹传位于启。也可以说，是由他们父子二人共同完成了这样一个历史性的变革，过去的文献将禹作为夏代的第一位国王，应当是没有什么好争议的。

本文选择中国早期政治组织产生的途径为题，这也是目前国内学者的一个热门话题。但本文的论点或论证途径却似乎与多数学者有些不一致。这样论证的目的十分明确，就是要显示中国刚进入文明时期便表现出来的与西方社会在发展道路上的差异。由于以后的中国不过是在这条发展道路上的继续，因而这样的探讨对于认识我国历史发展的特殊性是有积极意义的。我向来不赞成在中西历史的比较中总是寻找那些“中不中，西不西”的例子，认为这种比较是不利于发掘并让人了解我们民族的历史文化的特色的。这篇文章的指导思想亦在于此。

（原载《河北学刊》1998 年第 3 期）

① 《韩非子·外储说右下》。

中国古代国家起源与形成问题论纲

关于中国古代国家的起源与形成，是国内外学术界一致瞩目的重大学术问题。对于这个问题，在我国，早在中华人民共和国成立以前，在一些马克思主义史学家的著作中，就已有所涉及了。中华人民共和国成立以后，也陆续有人从事这方面的研究，但真正蔚为学术界讨论的热点，则是从20世纪七八十年代开始的。这一方面是受到国际学术界有关文明与国家起源问题研究热潮的影响；另一方面，也受到国内考古发掘工作的推动。自20世纪70年代以来，我国考古界不断传出与中国古代文明暨国家起源有关的重大发现的消息，这极大地鼓舞了学者重新探索中国古代文明及国家起源的热情。尤其最近这二三十年，结合新的考古发现，有关论著不断涌现，包括史学界与考古学界的许多学者都参加了这场讨论。应当说，讨论的成果是丰硕的，不少具体问题的研究取得了长足进展。

然而，尽管研究工作取得了不少成绩，讨论所要解决的核心问题，即我国何时进入文明时代亦即国家状态，以及我国古代国家到底是怎样产生的这个问题，却并没有在学者中达成广泛共识。造成这种状况的原因，固然有资料发现还不是十分充分的因素，但更重要的，恐怕还是学者所采取的不同理论及对待这些理论的不同思想方法所致。此外，学者对待资料的不同态度与使用方法，也加重了有关问题认识上的分歧。

理论上的分歧首先表现在如何对待马克思和恩格斯的理论上面。长期以来，我们用于指导中国古代国家起源与形成研究的理论主要来自恩格斯的《家庭、私有制和国家的起源》，应当说，这部著作确实是马克思主义有关国家起源与形成理论的一部重要著作，它里面提出的有关国家的概念、国家产生的基本途径、国家形成的标志等理论，在原则上均不成问题，均应是我们研究的指南。但是这种指南，仅仅意味着拿它与中国历史的具体实际相结合，是用它作理论向导，而不是从它上面摘取现成的答案。众所周知，恩格斯在这部著作中据以分析古代国家起源与国家形成标志的例证，主要是古代希腊、古罗马和古日耳曼人的国家。这三个国家产生的背景同包括古代中国在内的东方文明古国的产生实有着很大差异。这在恩格斯的另一部重要著作《反杜林论》中已有很好的说明。我们的一些学者未曾区分古代中国与古希腊罗马国家这两种不同的国家形式，往往拿了恩格斯据古希腊罗马奴隶制国家归纳出的国家形成的标志及其产生的具体途径作尺子，去衡量中国古代国家的形成。这种做法，自然要与坚持从中国历史实际出发的学者的意见发生冲突。例如，一些学者提出，中国古代国家的形成，走的也是如同古希腊罗马奴隶制国家形成所经历的那样一种军事民主制的道路，古代中国的国家形式也是如同古希腊罗马那样一些奴隶制城邦，就在学者中引起过不少争议。而如今在学术界引起更广泛争论的对于古代国家形成的两个标志，即“公共权力”和“地域组织”的理解问题，看来也与是否承认古希腊罗马同古代中国两种国家形式的差异有关。根据实际，中国古代社会，包括夏商周三代，氏族组织并没有被打破，地域组织也没有真正建立起来。

理论分歧的第二个表现，是如何对待现代西方人类学的某些理论。人类学，特别是其中的文化人类学，是关于人类社会形态发展的科学。过去摩尔根的人类学著作《古代社会》，曾受到马克思、恩格斯的高度赞许，这是大家都知道的事情。自20世纪下半叶以来，国际人类学研究有了不少新的进展，其中一些理论传播并影响到中国。这些理论主要是美国人类学者塞维斯（E. Service）等人提出的酋邦理论与其人类进化新说，以及荷兰人类学者克烈逊（H. Claessen）等人提出的有关“早期国家”的理论。国内的一些学者以很高的热情介绍并率先使用这些理论，这无疑与他们认为这些理论适应于中国古代国家起源与形成的研究有关。他们的做法立即在国内学术界产生较大影响，但不同意见亦随之而产生。其中争议主要发生在对酋邦理论的不同认识上。所谓酋邦是对前国家社会形态的一种概括，有人认为这个理论“十分有利于中国原始社会的研究，十分有利于中国文明和国家起源的研究，十分有利于近几十年来中国相关领域新的重大发现，尤其是考古学上发现的解释”①，有人则认为“酋邦制只是通过一些特定的民族和地区考察后归纳提出来的”，“从多线进化的观点看，很难认为古代诸文明古国都是通过酋邦这种形式由史前走向文明的”②，有人甚至说它根本不符合中国考古的情况。看来，这里涉及酋邦理论到底是否符合中国古代社会实际的问题。此外，从一些学者对酋邦理论的批评看，还有一个这种理论是与马克思主义有关人类社会进化暨国家产生的学说相互对立，还可以认为它是对马克思主义的补充与完善的问题。当然，对于这些现代人类学理论的理解，在赞成这些理论的学者中也还存在着不少分歧。例如，对于所谓酋邦，到底应理解为一种不平等的民族结构，还是应理解为“部落联盟”，抑或“部落联合体”，就是一个尚需加以澄清的问题。而对所谓“早期国家”，国内一些学者也存在着与西方学者不同的理解。至少对中国早期国家的解释，国内不少学者与西方学者的说法是不太一样的。

还有一个也是西方学者提出来的关于文明的理论，讲如何从考古学角度观察文明的产生。这个理论本身在学者中并没有太多的争议，但学者在使用这个理论的过程中却产生了不少分歧。这个理论最初是由美国人类学者克拉克洪（C. Kluckhohn）和英国考古学者格林·丹尼尔（G. Daniel）在20世纪60年代提出来的，他们主张通过考古发现的文字、城市和复杂的礼仪中心等所谓文明要素来探知某个古代社会是否进入了文明，认为一个社会只要发现有了这些文明要素中的两项，

① 易建平：《部落联盟与酋邦——民主·专制·国家：起源问题比较研究》，社会科学文献出版社2004年版，第153页。

② 李学勤：《中国古代文明与国家形成研究》，云南人民出版社1997年版，第13页。

即可判定它进入了文明，也就是我们所说的国家社会。国内学者引用这个理论时，又或根据中国具体情况，为文明要素加进了青铜器一项内容，将这几项合称为文明的“三要素”或“四要素”。也有称之为文明的“物化表现”的。应当说，这个理论的基本精神是可取的，并且也具有较好的可操作性。然而学者同样运用这个理论，甚至同样进行这几项文明要素的举证，却仍然为我国何时进入文明争论不休。有说中华文明可以上溯到距今五六千年的，有说考古学上的龙山文化时期即已进入了文明的，也有说夏代甚或夏代以后才进入文明的。看来，问题还出在学者对这几种文明要素发展水平把握的尺度不一样上。如同夏鼐在他那篇题为《中国文明的起源》的讲话①中所说的，有人认为文明这个名称，“也可以用低标准来衡量”；对于这种性质的“文明”，他认为只是指“文明的起源”，其时间段应划入新石器时代，而不是历史学意义上的“用以指一个社会已由氏族制度解体而进入国家组织的阶级社会的阶段”的文明，也就是一般人所说的文明时代。夏鼐所说的“用低标准来衡量”的文明，指的是一些处于萌芽状态的文明因素，如萌芽状态的文字、小件青铜器、普通规模的城邑、一般贵族的宫室或墓葬等，用它们来比较夏或商时期的大型宫殿或都城、青铜礼器以及甲金文字，当然不可同日而语。

学者在资料处理上的分歧主要表现在对待文献资料及使之与考古资料相互结合的态度上。不正确的态度来自两个极端：一是过分怀疑文献资料，主张单纯用考古资料来研究中国古代文明与国家的起源；二是主张对文献资料全部拿来，反对或轻视对文献资料进行时代、真伪及文字训诂的处理，在未有这些处理的情况下便急于去使文献与考古资料“对号入座”。这两种态度所造成的对研究工作的不利影响，已使学术界感到有必要大力提倡文献与考古资料的有机结合，提倡历史工作者与考古工作者的相互理解与密切配合。近年有关机构主持召开的以“历史与考古的整合”为主题的学术研讨会，即体现了这样的一种关切。

① 夏鼐：《中国文明的起源》，《文物》1985年第8期。

在国际学术界，学者们对于中国古代国家的起源与其早期形态，同样也是十分关注的。他们一致认为古代中国是人类社会少数几个已知的原生的早期文明或原始国家之一。提出“早期国家”概念的克烈逊等人组织编写的《早期国家》一书所列早期国家的21个实例中，就有古代中国的殷商和周朝。克烈逊认为，在这21个实例中，只有6个可以看作是处于过渡形态（指向成熟国家的过渡）的早期国家。这里面也包含了中国；而在这6个过渡形态的早期国家中，又只有两个国家后来达到了成熟国家的水平，其中也有中国。[①] 此可见古代中国在当代人类学者心目中的位置。但同样令人遗憾的是，尽管国际学术界十分重视古代中国在学术研究中的重要地位，他们对有关中国早期国家的知识，却不甚了了。多数外国学者谈到中国的文明，只是从殷商开始，不包括夏，更不包括夏以前的历史。有关夏的考古发掘及其与中国古代文献记载相对应的情况，他们所知甚少，不少人受过去国内个别疑古学者的影响，仍坚持认为夏只是传说中的朝代，没注意到有关夏的一些传说已被考古发掘所印证，或部分印证。而就其所描述的他们认为已进入国家状态的商周社会的具体内容看，这些学者对我国早期国家的认识仍相对简单，一些描述不仅显得空泛，而且有的明显与我国古代社会的实际相违背。如上所述，克烈逊将中国商周社会认作是处于过渡状态的早期国家，可是按照他给出的处于过渡状态的早期国家的特征，如所谓“贸易与市场具有重要的作用”“官吏任命制度占据主要地位”“土地私有制度显得越来越重要”“取得固定薪水的职员占绝大多数”“税收体制发展已臻完善”等[②]来衡量商周社会，可以说没有几项是相符合的。当然，这不是说他们的理论全无是处，而是说他们对于中国了解不够，国内学者完全可以，而且应当根据中国的实际，为丰富与发展人类学有关国家起源与形成的理论做出自己的贡献。

---

① ［荷兰］克烈逊：《早期国家的演化》，《中国社会科学院古代文明研究中心通讯》第13期，2007年1月。

② ［荷兰］克烈逊：《关于早期国家的早期研究》，《中国社会科学院古代文明研究中心通讯》第12期，2006年8月。

鉴于上述中国国家起源与形成研究中存在的种种问题，我们认为，重新系统地进行一番有关这项课题的理论与其资料使用方法的清理，并在此基础上提出我们对于中国古代国家起源与形成的新认识，是有必要的。以下，即是我们经过认真研究以后，所得出的对于中国古代国家起源与形成问题的基本观点：

1. 中国前国家社会曾经经历了由平等的氏族社会向不平等的（或曰有阶等的）氏族社会的发展历程。这不平等的氏族社会的基本组织结构就是现代人类学者所称的酋邦。酋邦的基本精神不过就是政治分级与亲属制度的结合[①]，它可以对应于我国传说中“五帝”时期“天下万邦”的“邦”，也可以对应于考古发现的我国自仰韶中晚期至龙山时期各地出现的由若干聚落结成的二级或三级聚落群结构。我国古代国家的产生即源自这种不平等的氏族社会组织。

2. 我国古代最早产生的国家应属于现代人类学者所称的早期国家。之所以称其为早期国家，主要是因为这种性质的国家仍普遍存在着各种由血缘亲属关系结成的社会组织，酋邦这种不平等的氏族组织作为基本政治单位也仍然存在于这些国家之中。所谓早期国家就其组织形式而言，不过是由某一势力超群的大邦作为“共主”对其他众邦的统治。因此，判定我国早期国家的产生就不能简单地套用一般人们常说的“公共权力”和“地区组织”的建立这两个标志。根据我国实际情况，地区组织的建立，应是国家发展的下一个阶段的事情。

3. 与此相应，我国早期国家产生的途径，也与古希腊罗马奴隶制国家的产生有所不同。这就是恩格斯在《反杜林论》中提出的统治与奴役关系产生的另一条路径，即氏族社会各个组织的首领因其权力的集中与其“独立化”倾向由“社会公仆”转变为“社会的主人”，从而结成一个统治者阶级，促使社会转化为阶级社会的路径。[②] 这种权力来源于他们对氏族共同体（即酋邦、酋邦联盟）面临的各种事务（治

① ［美］张光直：《中国青铜时代》，生活·读书·新知三联书店1983年版，第52页。

② 《马克思恩格斯选集》第3卷，人民出版社1972年版，第218—219页。

水、对外战争、宗教事务、内部纠纷等）的管理。这种国家形成的道路在古代社会应更普遍。中国早期国家的产生应是其典型。中国早期国家产生的标志——“家天下”，即是由众酋邦联合而成的酋邦联盟的首领权力高度集中而造成的。可以推论出，由这条道路产生的国家，自然不会在短时期内改变其原有的氏族组织内部的结构，它的基本阶级结构暨社会形态也不同于古希腊罗马奴隶制国家。

4. 我国上古中原地区最早出现的夏商周三个王朝，即是由以夏后氏、有商和有周三个酋邦为首的势力集团分别建立的国家。这三个国家虽然前后迭相兴起，并其统治的地域也前后相互继承，但它们一开始却各自出现在不同的地区，并均是在这个地区众多酋邦组成的联盟的基础之上建立起来的。从这个意义上说，它们均属于早期国家的性质。

5. 以夏后氏为首的夏族人是我国第一个早期国家夏的建立者。夏族兴起于古河济之间，主要包含了夏的同姓和姻亲酋邦。由于气候环境的变迁，古河济之间自龙山时期以来已逐渐成为四方辐辏、聚落繁庶的经济文化发达的地区，聚落和人口都有了很大的发展，从而成了我国第一个早期国家的发祥地。传说中的禹都阳城就是古河济地区的中心濮阳城，这已由最近的考古发现所证实（二里头遗址是夏晚期的都城）。至于夏代国家的建立，无疑与禹作为夏后氏酋邦暨整个古河济地区酋邦联合体的首领，领导这一地区的民众治理洪水有关。所谓大禹治水实是由古河济一带居民发展与保障低地农业衍生出的故事，从古河济一带的地理环境看，它应当是可信的。由于治水之事需要组织各邦民众的广泛参与，需要人力物力的集中，这就促使禹在领导治水的过程中加强了自己的权威，以至最终建立起自己“家天下”的统治。

6. 商族与周族均发祥于我国北方，由于气候变迁逐渐南徙。其中，商族作为农耕民族最早居住在晋中地区，约当夏代前期移居至今豫北冀南的太行山前一带，并与相邻的东夷族及原夏族部分成员建立了婚姻关系，从而发展成一支强大的与夏相对立的地方势力。周人则最早居住在今陕西北部邻近黄河一带地区，属于奉黄帝为祖先的白狄族的一支，后来逐渐南徙，约当商末移居至今渭水流域中部一带，并与原居于这一地区的姜姓族人结成稳固的婚姻联盟，从而也形成为一支与商抗衡的地方势力。商周的两个国家均是在与原来的共主夏（或商）的抗衡中建立起来的，而当它们发展得更加强大时，才最终灭掉了前面的王朝。

7. 与中原夏商国家产生的时间相差无几，在我国长江上游的四川盆地也曾崛起过一个具有高度文明的三星堆国家。这个国家是在一个相对独立的地理单元产生的，尽管它也受到周围地区文明的影响，但却能将各种外来的文化因素熔为一炉，并从而形成自己鲜明的特征。三星堆国家亦属早期国家，其最终形成，显然也是由一个大的酋邦对其他众邦的统一的结果。三星堆文明的发现，表明我国早期国家并非只局限产生在中原地区。

8. 早期国家的产生并非意味着古代国家起源与形成过程的结束。这一过程是要待其过渡到成熟国家才算了结的。成熟国家与早期国家的分野主要表现在它不再保有原始氏族社会所遗留下来的某些残余。其中最主要的是它的统治不再是建立在由血缘亲属关系结成的各种族的组织基础之上，而是建立在按地区划分的行政组织基础之上。在我国，由早期国家向成熟国家的过渡是在春秋战国时期。这个转型是通过由生产力与生产关系引起的一系列变化实现的。

以上观点，我们自知有许多是与目前学界同行，甚至一些主流学者的意见相左的，也难免有错误。但我们想，既然是搞研究，就应当不怕有意见分歧，不怕犯错误，只有通过各种意见的切磋琢磨，才可望求得最终的真理性的结果。“嘤其鸣矣，求其友声”，愿中国古代国家起源与形成问题的研究结出更加丰硕的成果。

［原载《河北师范大学学报》（哲学社会科学版）2009 年第 5 期］

关于中国早期国家的几个问题

近年来，在一些先秦史的论著中，不断出现“中国早期国家”的提法。谢维扬教授还发表了《中国早期国家》的专著，引起了学者的普遍关注。从有关论述来看，这一研究不仅涉及中国古代文明与国家的产生，还涉及中国上古时期国家的政体、社会结构乃至整个社会形态的问题。而众所周知，上述这些问题多是先秦史学界长期反复讨论又未能得到解决的一些难题，因此深入进行中国早期国家这一课题的研究，或可提供解开上述问题症结的契机。笔者也曾提出过中国早期国家的概念①，但语焉不详，今愿借此机会，再就中国早期国家问题提出几点个人的看法，以就教于师友、同行。

一　什么是中国早期国家

据谢维扬教授介绍，国际学术界对早期国家这一课题的研究起码已有二三十年历史，目前已蔚为气候。国内学者对之起步较晚，但也非近二三年的事。据我了解，学者中明确提出“中国早期国家”这一概念，起码也可以追溯到十余年前。20 世纪 80 年代中期，林沄先生发表了《关于中国早期国家形式的几个问题》的论文。② 不过这篇论文似乎并未从“国家”定义的角度对“中国早期国家”做出界定。20 世

① 沈长云：《华夏民族的起源及形成过程》，《中国社会科学》1993 年第 1 期。

② 林沄：《关于中国早期国家形式的几个问题》，《吉林大学社会科学学报》1986 年第 6 期。

纪90年代初，何兹全先生在其所著《中国古代社会》一书中，曾分别以“早期国家的出现”和“早期国家形成”为题，对中国早期国家进行了论述。这大约是国内学者最早从“国家”角度对中国早期国家进行理论概括的著作。其后，王震中在其著作《中国文明起源的比较研究》中亦提出“早期国家”概念，并在随后将自己的有关论点写进李学勤先生主持编写的《中国古代文明与国家的形成研究》一书。谢维扬的专著则是1995年出版的。此外还有一些学者的论文也涉及了中国早期国家问题,[①] 不必一一列举。

人类进入文明社会初期的国家形态与后世国家相比存在着不同特征，中国早期国家与日后的国家形态相比也有着显著差异，指出这一点并对之进行研究是十分必要的。先秦史工作者无疑应当继续深化这一领域的研究。然综观目前该领域研究的状况，却发现学者对所谓早期国家概念的本身存在认识差异，这显然是不利于研究的深化。

按目前学者对中国早期国家概念的认识差距主要表现在以下两个方面：一是关于中国早期国家的主要特征；二是中国早期国家存在的时间范围。对于前者，一些学者主张早期国家的主要特征应是血缘关系尚未被地区组织取代，作为国家政治组织的权力机关也未完全脱离氏族制度的组织形式。[②] 但也有一些学者按照国外一些文化人类学者给予的早期国家定义，认为早期国家不同于以后成熟国家之处，乃在于贸易与市场的有限性、高级职务的世袭、土地私有制的不发达、官员以接受封邑的方式领取俸禄及地方自治势力的强大等方面。对于作为早期国家地方自治势力的社区组织，则认其已基本成为不同血缘关系的人们的结合体，以致最终变为地域性的社区团体了。[③] 还有一些学者虽然也承认中国早期国家阶段地域组织并未建立，但却强调城邑的出现是中国早期国家产生的物化标志，因而称中国早期国家为城邑国家

---

① 赵世超：《西周为早期国家说》，《陕西师大学报》（哲学社会科学版）1992年第4期。

② 何兹全：《中国古代社会》，河南人民出版社1991年版，第92页。

③ 谢维扬：《中国早期国家》，浙江人民出版社1995年版，第78—79、368—370页。

或都邑国家。[1] 对于中国早期国家存在的时间范围，多数学者将其定在中国的夏商周（包括春秋）三代，少数学者主张在中国的龙山时代，亦即古史传说中的颛顼、尧、舜、禹时代。[2] 此外，林沄先生的论文将我国自龙山时代至战国郡县制出现以前的所有邦（方）国都纳入“早期国家”范畴，其说也与王震中有某些相通之处。

目前，要统一学者对早期国家的认识，无疑是一件困难的事情。但如果从解决学术界长期以来在中国国家产生及上古中国国家政体等问题上的争论出发，我觉得确立中国早期国家是建立在血缘关系尚存的社会上的政治组织这一认识，应具有更为现实与迫切的意义。

长期以来，使学者在中国国家产生问题上产生困惑的一个主要问题是：按照马克思主义关于国家产生的一般观念（包括一些近代文化人类学者的国家定义），国家产生的最基本的标准只有两个：一是按地区来划分它的国民；二是公共权力的设立。[3] 但是按照中国的实际情况来看，在我国古代国家建立以后的很长一段时间内，地区组织却并未出现。根据目前学术界的研究成果和大多数人的认识，我国夏商周三代无疑已进入国家阶段。这个时期不仅有世袭的王权，有旨在对广大地区实行统治的中央政府，还有维持这种统治权威的合法武力、法律和刑狱机构。然而论居民的社会组织结构，则无论是夏商，还是西周，都仍然主要是一些按血缘关系组成的各种族的组织。他们基本的财产单位或生产劳动单位是家长制大家族；在这之上是宗族（亦称氏族）；由许多具有共同祖先的宗族或氏族构成的更大的血缘团体是姓族。三代国家就建立在这样一个族的网络基础之上。直到西周时期，国王对其属民的统治仍是通过“以厥庶民暨厥臣达大家，以厥臣达王维邦君”的血缘网络实现的。[4] 在这种矛盾面前，学者往往感到无所适从；或机械搬用马恩的论述，就难免把中国国家产生的时间定得太迟；或干脆

---

① 王震中：《中国文明起源的比较研究》，陕西人民出版社 1994 年版，第 5 页。
② 王震中：《中国文明起源的比较研究》，第 8 页。
③ 《马克思恩格斯选集》第 4 卷，人民出版社 1972 年版，第 166—167 页。
④ 《尚书·梓材》。

不顾马恩的论述，仅凭一些“文明因素”或所谓国家产生的“物化标志”来说明问题，又难免给人以理论欠缺之感受；亦有人削足适履，为了“证明”中国已较早地出现了地域组织，不惜对文献资料进行随心所欲的解释。所有这些做法，自然都是错误的。不过在总结这些错误教训的同时，人们自然也会产生一种新的理性思考：在对待像中国这样一类文明古国的国家产生的问题上，是否应当寻求一种更新的理论说明，这种理论应当是马恩关于国家产生途径的一般原理与我国具体历史实际的有机结合。可以认为，所谓“中国早期国家”的概念，便是在这种背景下提出的。

作为这种设想的例证，我们可以举出张光直先生对于商代国家的分析。张光直原本也承认“国家的必要条件有两个：血缘关系在国家组织上为地域关系所取代，和合法的武力”，但他也同时感到若以这二者来衡量商代是否合乎国家的定义，则“前者不适用而后者适用”。对于这个矛盾，他认为可有两种解决问题的方式：一是把商代这种基于血缘关系的国家形式归入特殊的“亚细亚式的国家”类型，另一种方式即是“在给国家下定义时把中国古代社会的事实考虑为分类基础的一部分”①。这里所说的分类，指的是社会进化的分类，亦即将某种社会形态归入“酋邦”还是归入国家状态的选择。张先生显然感到应当使用一种新的国家定义（如亚细亚式的国家），以便把商代这种建立在血缘关系基础之上的国家形式包括进去；或者根据商代社会的实际，在给社会进化进行分类时，对于“酋邦”向“国家”的转化阶段作出某种新的说明。这种认识，无疑与国内学者提出的“中国早期国家”的设想具有相通之处。

由此可见，将中国夏商周三代这种已具备国家公共权力，但社会组织仍滞留在以血缘关系为基础的国家形式概括为“早期国家”，以与地区组织、公共权力两者都已具备的“成熟国家”区别开来，并将它们作为中国古代国家发展的两个阶段，不仅能更好地说明中国古代社

---

① ［美］张光直：《中国青铜时代》，生活·读书·新知三联书店 1983 年版，第 53—54 页。

会的实际，而且在总体上说来，仍基本体现了马克思主义关于古代国家产生的一般原理。一些过去在这个问题上无谓的争论，庶几也可以止息了。

其实，在马克思和恩格斯那里，本来就存有古代世界不止一种国家形式的认识。在《〈政治经济学批判〉导言》这篇文章中，马克思曾说道："有粗野的儿童，有早熟的儿童。古代民族中有许多是属于这一类的。希腊人是正常的儿童。"① 对于这里提到的相对古希腊而言的"早熟的儿童"，过去学者多解释为"早期奴隶制"或"不成熟的奴隶制"，我看不如解释为"早熟的国家"亦即早期国家为好。因为众所周知，包括古代中国在内的东方文明古国的产生都是要早于古希腊人的国家的。它们与希腊国家的区别，也正在于这些古国的内部大多长期存在有较浓厚的氏族组织或以血缘亲属关系为基础的组织结构，而希腊国家则是建立在氏族组织已被炸毁、地域组织得以建立基础上的。故称古希腊国家是"正常的儿童"。所谓"早熟"，就是指氏族组织尚未被破坏，但国家权力机构却已相对早一些地建立起来了。

如果这种解释是合理的，那么上述关于中国早期国家的解说也就更有了理论的依据。

二　古代城邦是否可以归入早期国家的范畴

目前，学术界有相当部分人持有中国早期国家是所谓城邦，或城市（邑）国家的看法。所谓城邦，按一般人的解释，就是以一个城邑为中心，连同周围村落组成的都鄙结构。其中一些学者（如上举学者王震中）认为，这样的城市国家早在龙山时代就出现了，因而主张龙山时代是中国早期国家产生的时代。王震中并不认为按地区来划分它的国民是中国这样的文明古国产生的必要条件。他主张将国家形成的标志修正为：一是阶级或阶层的存在；二是强制性权力系统的设立，

① 《马克思恩格斯选集》第2卷，人民出版社1972年版，第114页。

而这种“强制性权力系统”设立的标志物或物化形式，即是城邑的出现。

此说是我们不赞成的，主要有以下一些理由。

论者称，龙山时代的这些城邑是由上一阶段各地的中心聚落发展而来的。可是，同时期由上一阶段各种氏族聚落发展而来的居民邑落却多数没有城墙，没有城墙的邑落与有城墙的邑落在内部结构上并没有多大的区别（除一些小的村落外）。不仅在居民的层级结构上没有什么差别，就是在文化水平或文明程度上也不见有多大差异。如作者提到的礼仪性建筑、原始文字、小件铜器、陶窑之类，在有城墙的邑落及没有城墙的邑落中同样都有发现，如果仅以城址为“国家”产生的标志，那将如何对那些没有城墙但文化水平与内部结构相差无几的邑落定性？实际上，在龙山文化分布的中原地区，目前城址的发现多数在豫东鲁西一带，在豫西晋南以及渭水流域的广大地区，则很少发现什么城邑，有之，规模也是很小的。要是说这些地区的文明发展程度低于豫东鲁西，想必多数人是不会赞成的。然则以城址出现作为进入文明的重要因素，在逻辑上首先陷入不可解脱的境地。考虑到目前发现城邑较多的地区尚有属于老虎山文化分布区的内蒙古高原及河套一带，以及石家河文化分布区的江汉流域，这些地区的文明发展程度至少都不比上述龙山文化的西部地区高，则单纯以城邑作为进入国家状态的解释就更令人难以接受了。

论者强调城邑的出现之所以可作为早期国家的标志，是因为“在阶级分化的基础上，工程庞大的城墙及城内的庙宇和宫室的建立，充分展示了人力、物力资源的集中，以及行政控制与组织管理的复杂”①。这段论述来自旅美华裔学者杜正胜，其所论述的道理在原则上是可以接受的。然而关键问题在于这些城址在多大规模上集中了人力和物力，从而显示行政控制的规模到底有多大。对此，杜正胜在另一篇文章中

① 杜正胜：《从考古资料论中原国家的起源及其早期的发展》，《“中央研究院”历史语言研究所集刊》第58本第一分，1987年，转引自王震中《中国文明起源的比较研究》，第255页。

明确指出：像王城岗、平粮台、郝家台、边线王、城子崖这类面积不大的城址，它们所处的时代正是《礼记·礼运》篇所讲的“大同”社会，其社会性质和夏朝以后“小康”的三代是有本质差异的。[①] 实际情况也正是这样。考古发现的中原龙山时代的城邑规模一般都为数万平方米到十来万平方米，如河南淮阳平粮台城址面积 3.4 万平方米，堰城郝家台城址 4 万平方米，王城岗城址 2 万平方米，安阳后岗连城带遗址总面积 10 万平方米，山东寿光边线王古城 4.4 万平方米，邹平丁公城址 11 万平方米。按学者估计的其时每个小家占地 160 平方米面积计算，它们一般只能居住 200—400 户人家。要说这样规模的城邑可以构成一个城市国家，或一个国家的政治经济中心，那是很难让人相信的。只有夏商周三代出现的诸如偃师商城、郑州商城、洹北商城那样规模巨大的城邑，我们认为才“充分展示了人力、物力资源的集中，以及行政控制与组织管理的复杂”，从而也才可以作为国家产生的标志。至于所谓“阶级分化”，我们知道，那也并不是国家出现的标志，这在马恩的著作中早有明确的论述。如恩格斯在《家庭、私有制和国家的起源》中指出，早在野蛮时代中期，随着第一次社会大分工，“就产生了第一次社会大分裂，即分裂为两个阶级：主人和奴隶、剥削者和被剥削者”[②]。因此，所谓“在阶级分化的基础上”云云，也并不能使论者的论证增加多少分量。

现时人们所称的“城邦”是一个很笼统的概念，它将人类早些时候居住的一些围有城壕的聚落以及日后发展起来的城市国家都统统纳入这一范畴。实际上，这二者之间是有很大差别的。据说雅典城邦在其初期也就只有卫城周围很小的一块地方，其与日后发展起来的雅典国家实不啻天渊之别。那在早的雅典城邦毋宁说只是一个氏族或部落的居邑。从文献上看，那时文明较为先进的中原地区是一个万邦林立的局面，“万邦”虽不一定是实指，但言其有千数百个之多，总还是可

---

① 杜正胜：《夏代考古及其国家发展的探索》，《考古》1991 年第 1 期。

② 《马克思恩格斯选集》第 4 卷，第 157 页。

信的。直到周初，这样的邦国还有上千之数。武王伐商，“诸侯不期而会者八百”；《逸周书·世俘》记载周武王所伐灭的小邦国有99个，而为其所征服的小邦更有652个之多。这样的小邦，只能是一些氏族或部落，亦即恩格斯所说的“自然发生的共同体”[①]。这些小邦有的有城，更多的恐怕没城。古代文献或称之为“某某氏”，如夏代前后便有所谓有崇氏、有扈氏、有虞氏、有莘氏、有鬲氏、有仍氏、有易氏、斟灌氏、斟鄩氏、昆吾氏、大彭氏……之类，表明它们都是一些单纯的氏族组织结构。要把它们说成是“国家”，哪怕是“早期国家”，看来是很困难的。

这里还牵涉一个对经典作家提到的作为国家产生标志之一的“公共权力的建立”的理解问题。前面已谈到，中国早期国家仍然广泛存在着以血缘关系为基础的各种“族”的组织，但已具备了“公共权力的建立”这一国家产生的条件。其具体情况便是，以世袭王权为标志的对广大地区实行统治的中央政府，以及维护这种统治权威的合法的武力、法律和刑狱机构等。就中国古代的具体情况而言，这对广大地区实行的统治的具体表现，即是对众多族邦实行的统治。如今一些论者在谈到国家产生的这一条件时，喜欢把“公共权力”中的“公共”二字抽掉，结果使“国家”简化为一种没有领土规模要求或没有居民组织规模要求的可以任意解释的权力形式，“王权”也由对众多族邦行使专制统治的权力变成了仅在自己族邦内行使权力的单纯的氏族首领的权力。大家知道，在氏族社会的末期，在一些分层的酋邦组织中实际早已存在着这样一种酋邦首领的权力，那里也有“居民自动的武装组织”[②]，但这类“权力”却是与国家（包括早期国家）的“公共权力”不可同日而语的。权力而称“公共”，就意味着不是对一个单独的族邦行使的。总之，我们不赞成将龙山时代那些单个的族邦组织说成是建立了公共权力的早期国家，不管它们是有城还是没城。史实证明，

① 《马克思恩格斯选集》第4卷，第94页。

② 《马克思恩格斯选集》第4卷，第167页。

我国古代的早期国家，乃是在众多族邦不平等联合的基础之上发展起来的，这就是夏商周三代王朝。

剩下一个问题，是三代的所谓诸侯算不算是“国家”，抑或“早期国家”。我们的意思是：不算（西周少数封国例外，见下）。学者都清楚，自黄帝、颛顼时代传下来的“天下万邦”的局面，到三代并没有多大改变，直到西周，文献也仍然盛称那时的小邦有成千上万之多，如《尚书·洛诰》：“曰其自时中乂，万邦咸休。”《墙盘》：“曰古文王……匍有上下，迨受万邦。”这些邦的性质仍基本与夏代以前的邦方一样。西周中期的铜器《盠彝》铭文曰：“盠曰，天子不叚不其万年保我万邦”；同一个人所作的另一件铜器《盠驹尊》铭文则说：“盠曰，王倗下不其则保我万宗”，可见“万邦”与“万宗”为同位语，一个“邦”就是一个宗族。大约那时的制度，母邦大了，便要不断分蘖出新邦，所以一个邦总维持不大的规模。在这种情况下，看来是不好把这些蕞尔小邦视作“国家”的。尽管它们都有某种“自治”的权力，但在总体上，仍应视作三代王朝的有机组成部分，是三代国家的国土构成单位。

这里稍稍有一点例外而需加以说明的是西周时期的少数封国。它们是西周王室的子弟或姻亲接受王室的分封到被征服地区新建的国家。文献中，它们仍被称作“邦”，如“晋邦”“鲁邦”之类，但其所包含的内容已与一般邦国有很大的不同。它们不是“自然生长的”共同体。在这些封国里，统治者是周室同姓或姻亲族邦的贵族，被统治者则是被征服地区的夏商旧族人，这就实现了几个不同血缘关系的族邦人们的混居，并其规模亦大大超过旧时和同时代的小邦水平。它们应是日后领土国家的前身（从这个角度看，也不应称之为“城邦”）。不过在西周之时，这类具有国家规模的封国也仍然是作为西周王朝的地方单位出现的。过去对于这一点强调不够，近年出土的一些铜器铭文却越来越清楚地显示了西周封国的这一性质。如20世纪80年代出土的《史密簋》铭文谈到周王命史密等人率领齐国等地方诸侯的军队征伐南夷卢、虎及杞夷、舟夷；近年出土的《晋侯苏钟》铭文更言及周王本人“亲令晋侯苏”率师征伐宿夷，并在之后给予晋侯苏赏赐，其情形同于周王对待一般王臣。照此看来，西周少数封国或可说具有地方单位与早期国家的双重属性。

三 中国早期国家的产生

夏、商、西周三个王朝都属于早期国家性质，这三个王朝亦即三个早期国家是如何产生的呢？目前流行的理论总是按照原始公社内部农业家族的分工引起私有财产的积累，再引起贫富分化，进而促使富裕家庭利用战争中的俘虏和本族破产农民充当奴隶，由此出现奴隶与奴隶主两大阶级的对立，并最终导致维护奴隶主阶级利益的国家机构的建立这样一条线索去进行阐述的。然而，这种解释在多大程度上符合中国的实际情况呢？在由原始社会向文明社会的转变中，我国民族公社内部各家族之间不能说没有贫富分化，也不能说没有奴隶制剥削现象，但这种贫富分化却首先表现在氏族首领（或氏族上层）与广大族众的分野上，换句话说，氏族内部少数人员之所以拥有较多的财富，首先是他们在氏族公社内部处于权力上层的身份和地位决定的，是他们的“贵”决定了他们的富，而不是由他们的富决定了他们的“贵”（即统治地位）。至于奴隶制剥削，则从未在中国古代社会中占据过主导地位。我们无法说明当时社会出现了一个主要靠奴隶生产来养活自己的奴隶主阶级，并从而推理说这个阶级为了维护自己对奴隶的暴力统治去建立一个奴隶制的国家机器，说中国夏商周三代是“奴隶制王朝”“奴隶制帝国”并没有什么依据。

实际上，按照恩格斯的历史理论，上述统治与奴役关系的建立，只是在古希腊罗马经历的历史过程，至于世界其他许多地区，其统治与奴役的关系的建立，却主要走的是另一条路径。他在《反杜林论》这部著名的理论著作中阐述到：

> （在许多民族的原始农业公社中）一开始就存在着一定的共同

> 利益，维护这种利益的工作，虽然是在全社会的监督之下，却不能不由个别成员来担当：如解决争端；制止个别人越权；监督用水，特别是在炎热的地方；最后，在非常原始的状态下执行宗教职能……这些职位被赋予了某种全权，这是国家权力的萌芽。[①]

这里谈到的“原始农业公社”，已是原始公社的最后阶段，大致相当于今日一些中外学者所说的“酋邦”。恩格斯认为，在这些原始公社中，有一些为维护共同体整体利益的职务，这些职务不得不由个人来承担，虽然承担这些职务的人员具有社会公仆的性质（“社会公仆”的称呼见下引恩格斯文），但由于他们的职位被赋予了某种全权，因而也就产生了国家权力的萌芽。这种萌芽当然还要继续生长，恩格斯接着说：由于生产力的提高和人口的增长，使这些单个的公社集合为更大的整体，并导致建立新的机构来保护共同利益和反对相抵触的利益。

> 这些机构，作为整个集体的共同利益的代表，在对每个单个的公社的关系上已经处于特别的、在一定情况下甚至是对立的地位，它们很快就变为更加独立的了，这种情况的造成，部分地是由于社会职位的世袭……部分地是由于同别的集团的冲突的增多，而使得建立这种机构的必要性增加了。在这里我们没有必要来深入研究：社会职能对社会的这种独立化怎样逐渐上升为对社会的统治；起先的社会公仆怎样在顺利的条件下逐步变为社会的主人……在这种转变中，这种主人在什么样的程度上终究也使用了暴力；最后，各个统治人物怎样集结成为一个统治阶级。[②]

这里谈到，各单个的公社由于有了共同利益而结成更大的整体（殆相当于现时人们所说的部落联合体或酋邦的联盟），这些更大的整

① 《马克思恩格斯选集》第 3 卷，人民出版社 1972 年版，第 218 页。

② 《马克思恩格斯选集》第 3 卷，第 218—219 页。

体又有了新的机构作为整个联合体的共同利益的代表。由于它们处于单个的公社之上，处理着更大范围的事情（例如同其他集团的冲突等），使得它们逐渐成为凌驾于各个小公社之上的权力机构，并且担负这些机构的领导职位也逐渐变成世袭的了，这些都意味着上述社会机构的社会职能的“独立化”倾向。正是这种“独立化”倾向使得原本是为维护共同体集体利益的工作变成对社会的统治，同时使得原来承担为集体利益工作的“社会公仆”变成了“社会的主人”，即国家的统治者。恩格斯说：“在这里，问题在于确定这样的事实，政治统治到处都是以执行某种社会职能为基础，而且政治统治只有在它执行了它的这种社会职能时才能持续下去。”国家的统治是以执行某种社会职能为基础的，而这些社会职能原本都是由为着维护共同体整体利益发展而来的，这就是结论。

恩格斯明确指出，上述统治与奴役关系的产生与古希腊罗马奴隶制国家统治与奴役关系的产生是并行不悖的“两条道路”。

从恩格斯的论述中还可以体会到，由这样的途径产生的国家中，国家权力的执行者同时也就是社会的统治者阶级。并且，由于在这样的国家形成的过程中，过去的公社，也就是氏族血缘组织并未受到破坏，因而也可以理解为国家权力的执行者也仍然就是过去氏族和氏族联合体中的各级大大小小的首领。不难看出，这样的权力结构同中国早期国家的情况是很相似的。

我们认为中国早期政治组织的建立，走的也正是这样一条由氏族社会的“公仆”蜕变而成的“社会主人”亦即统治者集团的道路。那些邦君或部族联盟的首领们最初的角色都往往是以共同体“公仆”的身份出现的。谈到他们最初为维护社会共同利益而履行的“公仆”的职责，则传说中的那些古代“圣贤”们的事迹最能说明问题：

> 黄帝能成命百物，以明民共财，颛顼能修之，帝喾能序三辰以固民，尧能单均刑法以仪民，舜勤民事而野死，鲧鄣洪水而殛死，禹能以德修鲧之功，契为司徒而民辑，冥勤其官而水死，汤

以宽治民而除其邪，稷勤百谷而山死……（《国语·鲁语上》）

上述贤明的君主们实际都是传说时代一些氏族部落（或部落联合体）的首领，文献称他们有对共同体的经济生活尽心管理的，有为共同体的农事活动而制定历法的，有为共同体的和睦安宁而进行协调或制定刑法礼仪的，有为共同体驱除外敌和强暴的，还有领导共同体成员抗御水害以保护人民身家性命安全的……他们是那样的恪尽职守，以致有许多圣明的共同体的首领都死在他们任职的官位上，这显然都是一些原始共同体的"公仆"的形象。然而，他们以后的身份或他们后世子孙的身份却一个个发生了变化，变成了凌驾于众民之上的拥有无上权威的不可拂逆的"君""王"。这种变化当然不可以用他们个人品质的优劣或致力于道德修养的勤惰来加以说明，想来最终促使这种变化的秘密原因还在于各位圣贤所承担的社会职能本身发生了对于社会的"独立化"倾向，是这种"独立化"导致了他们或他们的子孙由"社会公仆"变成为"社会的主人"。

这里不妨以我国第一王朝夏朝的建立为典型，来看看它是怎样由共同体职务的"独立化"转化为早期国家的。

历史记载，夏王朝国家权力的获得，首先即是与夏后氏祖先鲧、禹在以尧、舜为首的部落联合体担任公职相关的。这项公职，众所周知，是他们受部落联合体各部酋长的共同推举所从事的领导治水的工作。关于禹治洪水的传说，有人（包括20世纪二三十年代的某些疑古派）不大相信，以为那纯粹是无稽的神话。如果摒弃了其中夹杂的有关大禹"导江""导河"等后人添加的内容或凭后人的观念想象的成分之外，而把它视作对古河济一带地势低洼的黄河中下游平原低地所做的泄洪排涝的工作，则其事正有如我们日后所看到的这一地区经常发生的事情一样，是完全可以信以为实的。[1] 这项工作，对于尧、舜时代居住在古河济地区的广大部族来说，无疑是一项有关共同体利益的

① 沈长云：《论禹治洪水真象兼论夏史研究诸问题》，《学术月刊》1994年第6期。

公共事业，鲧、禹承担的都是负责这项公共事业的工作，因而他们起初的角色都属于“公仆”的性质，这在上引《国语·鲁语》中已明确谈到过了。后人对鲧，尤其是对大禹的赞扬（如《墨子》《韩非子》《史记·夏本纪》所记），也都是赞扬他们在“公仆”的任上尽心尽职，这是毋庸多述的。说到禹后来取得共同体最高首长的职位以致最后变为夏王朝的首位国王，我们认为，这并非仅仅出于民众对他治水成功而给予的拥护。由于这项工作的艰巨性和长期性，也由于治水之事牵涉到各氏族部落的切身利益，须要组织各氏族部落的广泛参与，要对各部族的人力、物力进行调配、指挥与统一管理，在这个过程中，禹（包括他的父亲鲧）难免要利用联盟所赋予自己的职位与权力对各氏族部落施加更多的影响，甚或强制、干预，这就势必使原来松散而较为缺乏约束力的部落联合体机构发生权力逐渐集中的倾向，并使之逐渐凌驾于众氏族部落之上，以致最终过渡到把各族邦沦为自己臣属的具有专制权威性质的国家上层建筑。而禹则在长期担任这一要害公职的过程中树立了自己及自己家族的权力与威信，由原本是有崇氏（后改称夏后氏）族的首领，继任为整个部落联合体的首领，最后发展成为君临众族邦之上的具有赫赫声威的夏王朝的国王。文献记载这一变化过程说，由于禹治水的成功，“皇天嘉之，祚以天下，赐姓曰姒，氏曰有夏，谓其能以嘉祉殷富生物也”①。这岂非表明禹作为氏族共同体的首领，由于他领导治水保护了部落联合体的共同利益，从而取得了共同体的广泛信任，并由此获得了统治“天下”，建立“有夏”王朝的权力吗？文献又称：“尧遭洪水……使禹治之，水土既平，更制九州，列五服，任土作贡”②，是亦将禹获得宰制九州和使诸侯臣服的权力与其平治水土的事迹联系在一起的。

根据史籍，禹之获得统治天下九州的权力还根源于他指挥部落联盟的军队对敌对的三苗部族进行的征伐。这场以保护部落联合体共同

① 《国语·周语下》。

② 《汉书·地理志》。

利益相号召的战争同样属于共同体“公共事务”的范畴，当然，战争的进行同样也有利于禹集中控制整个部族的人力和物力，以及有利于提高禹及其家族的威信。有学者研究，禹可能还是一个巫师，若然，这也便利了禹利用执行宗教职能来达到神化自己统治权力的目的。

总之，禹个人身份的变化来源于所承担的社会公职的权力越来越集中和越来越不受制约，来源于他在承担这一公职的过程中社会对他的越来越没有条件的普遍服从、顶礼膜拜与神化。禹最后在文献中的形象已成为一个具有专制权威的君主，《左传》哀公七年记禹在平定三苗之乱后“合诸侯于涂山”，前来表示臣服与朝贡的诸侯，即所谓“执玉帛者”达“万国”之多。又《国语·鲁语下》说：“昔禹致群神于会稽之山，防风氏后至，禹杀而戮之。”学者解释说，所谓“群神”，也就是众诸侯。其中的防风氏，乃“汪芒氏之君名也”（《国语·韦昭注》）。禹能在大会诸侯的场合，因一位诸侯的后至，便拿他开刀示众，说明他已经蜕变为一个专制君主式的人物。禹前后身份的这一变化，正十分形象生动地表现了一位氏族首领由“社会公仆”转化为“社会主人”的历程。当然，历史实际绝不会如此简单，或许这一过程当体现在禹前后几代人身上，但传说总是把这样的过程“故事化”在一个著名人物的身上，人们总不致因此而否认它所包含的历史真实的内容。

现在，学术界普遍承认夏朝是我国进入文明社会后出现的第一个王朝，同时多数人也不否认大禹治水在历史上确有其事，但是在谈到夏代国家的形成时，不少人却不愿意将它与禹治洪水之事联系起来，再有一些人则干脆根本否认禹治洪水与夏代国家产生的关系。我看，这则深入人心的古代传说的重要意义是不好被人轻轻带过的。近读考古兼古史学家童恩正先生的文章，发现他在这个问题上的看法尚不失正视历史事实的勇气，他说：

> 虽然我们不同意卡尔·威特福格尔过分强调水利的需要性的意见，但是从大量的历史记载来看，中国的第一王朝——夏王朝的建立，确实与水利有密切的关系……从史实看来，中国国家权

> 力的形成，极可能与防御和集体的水利事业有关，亦即与控制集体劳动的人力有关，而与土地所有制没有直接的关系。[①]

我不知道童先生是否注意到了本文上面引用的恩格斯的那段论述，但我认为他的分析是合乎恩格斯论述的精神的。

文献还记载，禹和他的儿子启之间实现了由“禅让制”到王位世袭制的转变。我国古代著名经典《礼记·礼运》篇把它作为由“大同”之世进入“小康”社会的标志。无独有偶，前引恩格斯的论述在论及古代共同体的社会职能出现“独立化”倾向并“上升为对社会的统治”时，也有过“社会职位的世袭”这一经历。看来，禹确实实现了由“社会公仆”到专制君主的转变。在以王位世袭制亦即“家天下”制度的确立作为中国早期国家建立的标志这一点上，不唯我们的前哲持有这种看法，就是经典作家也有这个精神的。

（原载《史学月刊》2001 年第 2 期）

① 童恩正：《中国北方与南方古代文明发展轨迹之异同》，《中国社会科学》1994 年第 5 期。

酋邦、早期国家与中国古代国家起源及形成问题

近年来，在人们十分关注的对于中国古代国家起源与形成问题的研究中，不少学者采用了美国人类学家塞维斯等人的酋邦学说及其他一些人类进化新说。这对我国学者长期以来在此问题上的解释系统造成了一种冲击。尽管目前学术界对于这套理论尚存在着不少争议，但采用这类说法的学者越来越多，并逐渐蔚成一种风气，也是明显的事实。为了将中国古代国家起源与形成问题的研究引向深入，我们有必要对于在此问题的研究中采用人类进化新说的情况进行分析与评估，同时借以发表我们对有关问题的看法，希望学术界同仁关注并予以批评指正。

一

长期以来，我国学者对于我国国家起源与形成问题所采取的一套理论主要来自恩格斯的《家庭、私有制和国家的起源》（后文简称《起源》）。众所周知，恩格斯这部著作有关国家起源与形成的基本观点及论证材料又大多来自与马克思、恩格斯同时期的美国人类学家摩尔根的研究成果，《起源》的副标题即是《就路易斯·亨·摩尔根的研究成果而作》。摩尔根的研究成果《古代社会》一书随后也介绍到了中国，可以看出，恩格斯有关人类社会几个时代及其下面的几个文化发展阶段的划分，包括作为这些发展阶段标志的各种制度与技术发明的

认定，氏族社会与政治社会即国家的根本区别，以及对国家产生的标志、军事民主制度和希腊罗马国家产生的具体途径等问题的论述，都与摩尔根的叙述相同或类似，只是恩格斯更加强调了国家的阶级压迫实质。

应当说，摩尔根与恩格斯有关国家起源与形成的理论在总体上是站得住脚的，其所构建的由原始氏族社会到文明社会的进化体系在大的格局上，也基本符合人类社会发展的规律，他们的理论至今在国际人类学界享有崇高的地位。但是，随着人类学研究的深入进行，包括我国学者所进行的古代国家起源与形成讨论的深入开展，学者们也感到他们理论中某些环节或个别结论有不够严谨或不够周全之处。其中为不少中外学者共同指出的一点是，对于原始社会所有的氏族组织，在摩尔根的笔下，都基本上是一种自由、平等、博爱的社会结构，处于“无差别、无矛盾的和谐的境界”，这同一百年来人类学所观察到的大量个案所显示的事实并不相符。事实上，等级、特权、物质资料占有的不均，不同集团乃至个人之间政治影响力和权力的不平等，在前国家社会的许多实例中都明显地存在着。[①] “摩尔根的最大错误之一，就是将易洛魁的氏族与早期希腊和罗马的氏族等同了起来（易建平引塞维斯语）。”[②] 与此相关的另外一个问题是，在摩尔根《古代社会》和恩格斯《起源》中作为国家产生的例证而列举的古希腊、古罗马和日耳曼国家的产生，对于人类最早产生的国家来说，是否具有代表性，以及由这几个国家产生而归纳出的国家形成的两个标志，即按地区来划分它的国民及凌驾于社会之上的公共权力的设立，是否对于所有国家的形成都一概适用。这里，有关论述无疑更直接关系到中国古代国家形成的问题。对于此，不久前发表的李学勤主编的《中国古代文明与国家形成研究》明确表示，《起源》中提出的国家形成的两个标志之

① 童恩正：《人类与文化》，重庆出版社 2004 年版，第 260 页；谢维扬：《中国早期国家》，浙江人民出版社 1995 年版，第 35 页。

② 易建平：《部落联盟与酋邦——民主 · 专制 · 国家：起源问题比较研究》，社会科学文献出版社 2004 年版，第 139 页。

一的按地区来划分它的国民这一条，“对于古希腊罗马来说也许是适用的，而对于其他更为古老的许多民族则有一定的局限性”[1]。

为了克服摩尔根对于原始氏族社会这个长时段历史时期笼统而过于简单化的描述造成的缺陷，自 20 世纪 60 年代以来，主要是一些美国人类学者，如埃尔曼·塞维斯（E. Service）和莫顿·弗里德（M. Fried）等在总结摩尔根以后世界各地的一些民族学、人类学调查结果和历史学研究成果的基础上，提出了一套早期人类社会进化新说。这套新说并未从根本上否定摩尔根的进化理论，却对之做了重要修正，修正的要点，即是在摩尔根认为平等的氏族社会与文明社会之间加进了一个不平等的氏族社会的过渡阶段。在各个具体的人类进化新说中，尤以塞维斯的主张最为引人注目，其将人类社会自发生至国家产生所经历的社会组织共分为四种类型，亦即四个连续发展的进化阶段，它们是游团、部落、酋邦、国家。其中游团是人类处在狩猎与采集经济时期的社会组织，是一种最简单的、小规模且人数不固定的流动性的社会组织；部落即平等的氏族社会组织，已经进化到种植作物与驯养家畜的阶段，由父系或母系的世系群组成，实行外婚制，部落成员之间的关系是相互平等的；酋邦即上面提到的不平等的氏族社会，其最大的特点是各地方组织已发展成为一个尖锥形的分层的社会系统，处在尖锥顶端的酋长通常被认为是与整个系统人们的共同祖先血缘关系最近之人，职位世袭，其他社会阶层人们的地位则依其与酋长亲属关系的远近而定。凭借这种集中的权威，酋长领导着一个常设机构，负责组织整个酋邦的经济生活与社会生活。由于社会各成员在政治上已分别出不同的阶等，他们在经济生活中充当的角色亦显示出很大的差异，部分上层人物占有更多的消费品已是司空见惯之事。这样的社会无疑已是一个不平等的社会了，虽然这个社会还维持着社会成员之间的血缘联系。

以上三个阶段都属于前国家社会发展阶段。可以看出，这样设计

① 李学勤：《中国古代文明与国家形成研究》，云南人民出版社 1997 年版，第 7 页。

的社会发展序列，使得前国家社会与国家社会之间的衔接更为紧密，由前者向后者的过渡，也显得比以往的说明更加合理而易于为人接受。以此缘故，塞维斯的理论，尤其是他的酋邦理论得以在学术界很快地风靡开来，被认为是对人类早期社会组织及其进化的一种较为准确的概括而被广泛应用于国家起源与形成的研究之中。

二

塞维斯的理论形成于20世纪60年代，至70年代而更臻于成熟。其被介绍到我国的时间亦不算晚，1983年生活·读书·新知三联书店出版的美籍华裔学者张光直的论文集《中国青铜时代》便向国内读者比较简明扼要地介绍了塞维斯的这一理论。张先生并根据自己对中国古代历史及考古发掘工作的了解，将塞维斯的四个社会进化阶段与中国考古学者习用的社会分期加以对照，列为表1：

表1　**塞维斯社会进化阶段与中国考古学社会分期对照表**①

<table>
<tr><th>文化名称</th><th>新进化论</th><th>中国常用的分期</th></tr>
<tr><td>旧石器时代</td><td rowspan="2">游团</td><td rowspan="4">原始社会</td></tr>
<tr><td>中石器时代</td></tr>
<tr><td>仰韶文化</td><td>部落</td></tr>
<tr><td>龙山文化</td><td>酋邦</td></tr>
<tr><td>三代（到春秋）</td><td rowspan="2">国家</td><td>奴隶社会</td></tr>
<tr><td>晚周、秦、汉</td><td>封建社会（之始）</td></tr>
</table>

张光直认为：“由上表看来，中国考古学在一般社会进化程序的研究上，提供了一些新的有力的资料。”②

① 引自［美］张光直《中国青铜时代》，第52页。

② ［美］张光直：《中国青铜时代》，第52页。

稍后，我国人类学暨民族学学者童恩正在其所著《文化人类学》一书中，更将塞维斯的上述社会组织划分，作为其所认定的人类社会经历的四种政治组织正面介绍给读者。不过本书对这几种政治组织归属的认识显得与塞维斯有些差距，其称："人类社会可以区分为四种类型的组织，即游群组织、部落组织、酋邦和国家，前二者属于原始社会范畴，后二者属于阶级社会。"[①] 我们知道，包括童恩正本人亦承认，塞维斯是将酋邦划入原始社会的。这或许只是童氏最初的看法，其以后的著作似乎对之已有所纠正（见本文后面有关酋邦的讨论）。

与此同时，国内学者结合塞维斯的酋邦理论对中国古代国家起源与形成问题的研究也开始了。谢维扬教授 1987 年发表的《中国国家形成过程中的酋邦》，大概是应用酋邦理论研究中国古代国家形成的第一篇论文。文章表示不同意按照摩尔根所描述的国家经由实行军事民主制的部落联盟转化而来的路子讨论中国早期国家形成的问题，认为中国传说时代人们共同体的政治组织与摩尔根所描述的易洛魁和雅典、罗马的部落联盟有很大的不同，是属于非部落联盟类型（作者称之为"部落联合体"），可名为"酋邦"。文章比较了中国传说时代的部落联合体（亦即酋邦）与部落联盟之间的区别，讨论了夏代早期国家通过对酋邦制度的改造而形成的过程。文章最后强调，由于中国早期国家经由酋邦而不是经由部落联盟转化而来的事实，决定了中国早期国家从一开始就较欧洲具有浓厚的专制主义色彩，而缺乏民主的传统。[②]

之后，谢维扬继续从事酋邦及中国早期政治组织问题的研究，于 1995 年写成《中国早期国家》一书出版。这部著作可看作是《中国国家形成过程中的酋邦》一文有关论点的进一步申论。除此之外，该书尚有以下值得注意之处：一是强调了理论更新对于国内学者的重要性。作者批评国内学者的研究"在理论语言上呈现'老化'的现象"[③]，指

① 童恩正：《文化人类学》，上海人民出版社 1989 年版，第 216 页。

② 谢维扬：《中国国家形成过程中的酋邦》，《华东师范大学学报》（哲学社会科学版）1987 年第 5 期。

③ 谢维扬：《中国早期国家》，第 15 页。

出国际学术界近二三十年来在早期国家理论的研究中已经有了许多重要的成果，我们没有理由拒绝讨论摩尔根之后在早期国家理论中出现的各种新的构思。二是在酋邦理论之外，继续引进国际学术界有关早期国家的概念并对其中一些问题，如早期国家的定义、早期国家形成的原因、早期国家的类型及早期国家演进的几个阶段等进行了讨论。作者引用苏联学者哈赞罗夫（Khazanov）的说法，认为“早期国家是指最早的、真正原始类型的国家，是原始社会解体后的直接继承者”①，同时按照国际学术界组织《早期国家》一书编写的克烈逊（H. Claessen）和斯卡尔尼克（P. Skalnik）有关早期国家阶段划分的意见，相应地将我国自夏至春秋战国时期划分为三个阶段，其中夏为中国早期国家的发生期，商周为中国早期国家的典型期，春秋战国为中国早期国家的转型期。三是，认为征服活动对于早期国家，特别是专制主义类型国家的形成，有着十分密切的关系：“酋邦和酋邦转化而来的早期国家的形成与发展同征服与吞并之间的关系，构成了国家形成的酋邦模式的一个主要特征。”②

除谢维扬之外，尚有不少学者，主要是一些中青年学者，表示了对塞维斯进化理论，特别是其中的酋邦理论的兴趣。他们或是从人类学与民族学的角度，或是从考古学与历史学角度，甚至从政治学与法学的角度援引塞维斯等人的理论对各自学科所涉及的问题展开讨论，其中涉及我国前国家时期社会形态及其向国家社会演进一类问题的作者及他们所撰写的文章可以举出龚缨晏的《略论中国史前酋邦》③、叶文宪的《略论良渚酋邦》④ 和《部落冲突与征服战争：酋邦演进为国家的契机》⑤、戴尔俭的《从聚落中心到良渚酋邦》⑥、刘莉的《龙山文

① 谢维扬：《中国早期国家》，第 44 页。
② 谢维扬：《中国早期国家》，第 211 页。
③ 龚缨晏：《略论中国史前酋邦》，《杭州大学学报》（哲学社会科学版）1995 年第 2 期。
④ 叶文宪：《略论良渚酋邦》，《历史教学问题》1990 年第 4 期。
⑤ 叶文宪：《部落冲突与征服战争：酋邦演进为国家的契机》，《史学月刊》1993 年第 1 期。
⑥ 戴尔俭：《从聚落中心到良渚酋邦》，《东南文化》1997 年第 3 期。

化的酋邦与聚落形态》[①]、陈淳的《酋邦的考古学观察》[②] 及《早期国家之黎明——兼谈良渚文化社会政治演化水平》[③]、何国强与曾国华的《从民族志和考古学资料看中国国家的起源》[④] 等。这些文章大多将我国夏以前一段历史时期的各种考古文化，包括中原地区的龙山文化、东南地区的良渚文化，乃至北方更早一些时候的红山文化和大汶口文化视为酋邦时代的物质文化遗存，个别学者（如陈淳）更将夏代亦视为酋邦。他们认为，这一时期的中国正处在文明产生前的关键的历史发展阶段，是国家孕育的时期。谈到由酋邦向国家社会的演进，多数学者又都强调了征服战争或各酋邦集团的冲突在其中所起的重要促进作用。

值得注意的是，曾较早将塞维斯社会进化理论介绍给国内读者的童恩正先生亦有意识地将酋邦理论运用于自己对中国早期文明及西南古代民族等问题的研究中，先后发表了《中国北方与南方文明发展轨迹之异同》[⑤]《有关文明起源的几个问题——与安志敏先生商榷》[⑥]《中国西南地区古代的酋邦制度——云南滇文化中所见的实例》[⑦] 等一系列重要文章，在学术界引起了广泛反响。从这些文章的题目看，它们并不是专门讲中国古代国家的起源与形成的，但却包含了不少这方面的学术见解。如在《中国北方与南方古代文明发展轨迹之异同》一文中，作者指出，约当公元前三千纪的后半，中原龙山文化的总体状况已经可以与文献记载的五帝时期的历史相印证，其时居民逐渐以部落为主体，以“城”为核心，发展成古史中所谓的“国”或“邦”，这应该

---

① 刘莉：《龙山文化的酋邦与聚落形态》，《华夏考古》1998 年第 1 期。

② 陈淳：《酋邦的考古学观察》，《文物》1998 年第 7 期。

③ 陈淳：《早期国家之黎明——兼谈良渚文化社会政治演化水平》，《东南文化》1999 年第 6 期。

④ 何国强、曾国华：《从民族志和考古学资料看中国国家的起源》，《中山大学学报》（社会科学版）1999 年第 3 期。

⑤ 童恩正：《中国北方与南方古代文明发展轨迹之异同》，《中国社会科学》1994 年第 5 期。

⑥ 童恩正：《有关文明起源的几个问题——与安志敏先生商榷》，《考古》1989 年第 1 期。

⑦ 童恩正：《中国西南地区古代的酋邦制度——云南滇文化中所见的实例》，《中华文化论坛》1994 年第 1 期。

就是指国家最早的形式——酋邦。其后，以黄帝为首的酋邦逐渐屯兵周围的异姓部落或酋邦，构成更大的实体，到禹时，终于建立了中国历史上的第一个王朝——夏。而同时期的位于长江下游的良渚文化虽也进入文明的前夜，创造了酋邦组织，却因人们居处的分散及生活方式的差异等原因，未能走出酋邦社会组织的阶段而向国家发展。此外，作者还谈到了中原国家的发生与抗御北方游牧民族及组织大规模治水而导致的对集体劳动控制有关。在《有关文明起源的几个问题》中，作者借讨论中国文明的起源，再次提到摩尔根在20世纪所提出的原始社会的发展模式，即所谓母系氏族社会、父系氏族社会、部落联盟、国家的直线发展序列，目前已基本为西方学术界所摒弃，比较流行的是由塞维斯等人提出的另一个方案，即群、部落、酋邦和国家的发展模式。由此，作者继续概括性地阐释了“酋邦”这一新进化理论中最为重要的概念，指出：“我国学术界是否应当接受这一概念，是一个可以考虑的问题。一些学者设想有这么一个过渡阶段存在，应该说是有一定的理论、事实依据的。”

当然，也应当看到，上述学者十分感兴趣的人类进化新说及酋邦理论，目前还未能在我国学术界占据主导地位，相当部分学者对之还感到陌生，或者认为酋邦制只是某些民族在国家形成前夕实际存在过的一种制度，“是通过对一些特定的民族和地区考察后归纳提出的”，“从多线进化的观点看，很难认为古代诸文明古国都是通过酋邦这种形式，由史前走向文明的”①。更有一些学者不同意在中国使用酋邦这个名词，认为不符合中国考古的情况。② 看来，这种主张多来自中国考古学界。

三

要使学界就是否采用塞维斯的酋邦理论及四阶段人类进化新说达

① 李学勤：《中国古代文明与国家形成研究》，第13页。

② 栾丰实：《中国古代文明起源及早期发展国际学术研讨会大会第二组讨论总结发言》，《中国社会科学院古代文明研究中心通讯》第3期，2002年1月。

成一致意见，目前似乎还很难做到。好在现在已经有了一种较为宽松的学术氛围，这使学者能够对这种来自西方的学术观点采取较为平和乃至兼收并蓄的态度，也使我们有可能对这种理论及应用这种理论进行中国古代国家起源与形成问题探研的学者们的主张进行冷静的实事求是的分析。

我们认为，以酋邦理论为核心的人类进化新说对于完善马克思主义的社会发展学说是有一定的积极意义的，其与马克思主义有关人类早期社会组织进化的学说不是对立，而是补充说明与部分修正的关系。从前面的叙述看，恩格斯据摩尔根提出的人类早期社会发展的模式确实有不够完善的地方。首先是原始社会阶段的划分。如有学者所说："虽然，原始社会在摩尔根那里被划分为六个'民族学时期'，从低级蒙昧阶段、中级蒙昧阶段、高级蒙昧阶段到低级野蛮阶段、中级野蛮阶段、高级野蛮阶段，然而，从平等的'氏族'（'gentil'或者'clan'）社会向一个权力更为集中、不平等（世袭阶等制）、出现新的财产形式等等社会现象社会发展的这一过程，在他那里却没有相应的阶段划分。"[①] 这就难免给人一个"从原始社会到政治社会的政治变迁，相对而言是突然发生的"[②]（易建平引塞维斯语）这样的感觉。或许有人会说，恩格斯在《家庭、私有制和国家的起源》中提到，在处于氏族社会末期的野蛮高级阶段，除了存在着自由人和奴隶主的差别外，还存在着富人和穷人的差别，存在着"各个家庭首长之间的财产差别"[③]，这不也是一种不平等的社会现象吗？这与现代人类学者提出的不平等的氏族社会又有什么区别呢？为什么还要另外提出一套酋邦理论呢？几年前笔者在向北京师范大学史学理论及史学史研究中心举办的"唯物史观与21世纪中国史学研讨会"（2001年11月）提交的论文提纲里也有类似的看法："马克思和恩格斯所谈到的野蛮高级阶段，包括他们认为处于这一阶段的古希腊罗马的前国家社会阶段的社

① 易建平：《部落联盟与酋邦——民主·专制·国家：起源问题比较研究》，第151页。

② 易建平：《部落联盟与酋邦——民主·专制·国家：起源问题比较研究》，第151页。

③ 《马克思恩格斯选集》第4卷，人民出版社1972年版，第160页。

会组织，已明显具有了社会分层（分阶级）的现象……这个阶段，实际同所谓酋邦社会并没有本质的区别，我们实不必为着一些时兴的名词概念抹煞马克思主义历史理论的真实内涵。”现在看来，这种说法应当说是有一定的问题的。主要的问题是，恩格斯所说的野蛮高级阶段出现的那些社会不平等或社会分层现象，仅仅出现在这个阶段的后期，并且是伴随着氏族组织结构的崩溃而产生的，即如恩格斯所说：“由于生产条件的变革及其所引起的社会结构中的变化，又产生了新的需要和利益，这些新的需要和利益不仅同旧的氏族制度格格不入，而且在各方面都是同它对立的。”① 而现代人类学者所说的酋邦或曰不平等的氏族社会本身即是一个特定的社会发展阶段，在这个阶段中，氏族制度乃是一种稳定的社会存在，只是这种氏族由内部平等变作了不平等，变成了一种“尖锥形的分层的”氏族结构。现代人类学者根据这种氏族结构的社会在各地被广泛发现的事实，推论它应是早期人类社会经历的一个特定的历史阶段，这显然是对包括摩尔根和恩格斯在内的早期人类进化学说的一个重要发展。

谈到酋邦对于考察中国古代国家起源与形成的实践意义，我们也可以对之作出明确而肯定的回答。使用酋邦理论较之使用“军事民主制”“英雄时代”等概念，确实更有利于解决我国古代国家起源与形成研究中的一些重要的疑难问题。事实上，在过去的研究中，学者对于我国古代前国家社会是否存在着“军事民主制”，是否可以称得上是“英雄时代”本身就存在着争议，一些有关中国古代国家由所谓“军事民主制”或“英雄时代”过渡而来的解释也并不给人以十分贴切的感觉。我们倒是强烈地感到，上述人类学者所勾勒的一幅酋邦社会的基本图景与我国古代文献所记载的我国早期国家产生以前那样一种“天下万邦”的政治格局十分类似。近年各地不断发掘出的考古资料也可以提供这方面的佐证。所谓“酋邦”对应于我国古代“天下万邦”的“邦”，亦即今日治先秦史者普遍提到的“族邦”，是完全讲得通的。

① 谢维扬：《中国早期国家》，第168页。

童恩正先生指出这一点是十分有见地的。这十分有利于认识文献记载的我国夏代以前的一些“古国”的性质。进一步的研究则可以发现，我国早期国家即是通过众邦（众多族邦或酋邦）的不平等联合而实现的，这样一种国家形成的路子及国家组织形式也与当代人类学者提供的世界上其他一些地方由酋邦联合而成的早期国家的实例十分类似。总之，我们没有理由拒绝国际人类学这一新的研究成果，为了更卓有成效地探索我国古代国家起源与形成的路径，我们应当自觉地更新理论，调整自己的思路。

当然，我们主张采纳塞维斯等新人类社会进化论者的酋邦理论，并不意味着对他们提出的所有其他有关人类进化的主张全盘接收，他们的主张并非全部正确，更非全部适用于古代中国。另外，对于目前国内学者运用酋邦理论对我国古代社会作出的解释，包括他们对酋邦理论本身的理解，我们也不是全部认可的。我们发现，由于国内利用酋邦理论尚属起步阶段，学者们对于酋邦理论的认识本身就存在着很大差距。按照塞维斯等人的本意，酋邦不过是一种不平等的或有阶等的氏族组织，可是不少人却将它归入部落联盟的范畴。也有人认为这种解释不对，说酋邦只能叫作“部落联合体”，其与部落联盟有着本质的区别。对于酋邦是否具有普世性的问题，童恩正认为，塞维斯指出的酋邦“是人类社会的一种普遍的历史现象”，“也是人类社会进化的必经阶段”[①]；可是，也有学者认为在由前国家社会向国家演进的过程中，只有部分地区经历过酋邦的社会组织，另一些地区经历的则是其他类型的社会组织。在将中国古代的情况与酋邦理论相对应时，学者的理解更显分歧，有称古文献提到的“天下万邦”或“天下万国”中的邦、国为酋邦的，有称黄帝或尧、舜、禹部落联盟（或部落联合体）为酋邦的，还有称先周时期周后稷与羌人（有邰氏）的部落联合体为酋邦的（宋镇豪执笔的有关酋邦的学术见解，与本书前面部分不尽相

① 童恩正：《人类与文化》，第344页。

同)。[1] 在酋邦(及由之过渡到早期国家)是否具有个人独裁即专制的性质上，学者间也存在着不同认识。所有这些，都需要学者的进一步研究，才能缩小分歧，求得理论与实际的更好的统一。

四

我们赞同塞维斯的酋邦理论，但这并不意味着我们认为这种理论能够解决我国古代国家起源与形成研究中的全部问题。就我们自己的感觉，目前研究中最突出的一个问题是，如果说酋邦是指一种不平等的氏族结构的话，那么这种氏族结构在我国古代国家形成以后却继续被保存下来，至少我国夏商周三代都还普遍存在着这样的氏族组织，都仍然是一种“天下万邦”的局面，它们与三代国家相互依存，或者干脆就是三代国家的下属单位，一直到春秋战国以后才趋于消泯，这种现象如何把握？过去，一些学者往往因为这个问题难于把握而对三代国家的性质产生模糊认识，甚至有学者提出三代并非“真正意义的国家”的看法。[2] 在将酋邦理论介绍给国内读者的《中国青铜时代》一书中，张光直先生虽然在自己所拟就的中国上古历史的分期表中将夏商周三代划入了“国家”的范畴，却又同时表示，这个分期事实上还存在一个相当大的问题，也就是“三代，尤其是夏商两代和西周的前期，究竟应当是分入酋邦还是分入国家的问题”。他以商代为例说，按照国外一些学者的意见，国家的必要条件有两个：一是血缘关系在国家组织上为地缘关系所取代，二是合法的武力，然而拿这个标准来衡量商代文明，则“前者不适用而后者适用”。也就是说，按血缘关系被地缘关系所取代这一条说，商代还够不上国家的水平，而按“合法武力、分级统制、阶级”这些条件来说，商代又显然合乎国家的定义。这样，就不免“使上举社会进化分类里酋邦与国家之间的分别产生了

① 李学勤:《中国古代文明与国家形成研究》，第13、488页。

② 何兹全:《中国的早期文明和国家的起源》，《中国史研究》1995年第2期。

定义上的问题”。张先生不愧为大家，他提出解决这个问题有两种方式：“一是把殷商社会认为是常规以外的变态，如 Jonathan Friedman 把基政权分配于血缘关系的古代国家归入特殊的一类，叫‘亚细亚式的国家’（Asiatic State）；另一种方式是在给国家下定义时把中国古代社会的事实考虑为分类基础的一部分，亦即把血缘地缘关系的相对重要性作重新的安排。”①

张先生提出的解决这个问题的两种方式，我们基本赞同。一则，把中国古代这种基于血缘关系的国家形式归入特殊的“亚细亚式的国家”范畴，等于主张不必按上述国外学者提出的两个条件作为国家形式的标准，古代中国这样拥有合法武力但未破除氏族结构的政治组织也可以是国家。对此，我们举双手赞成。不过张先生谓这样的国家为“特殊”类型，即认为所谓“亚细亚式的国家”只能被视作“特殊”，此看法则有待商榷。二则，从中国古代社会的事实出发重新考虑给“国家”下一个新的包容性更广泛的定义，这个主张也是讨论中的应有之义。像上古中国这样的国家，完全是一种自然生长的原生类型的国家，其社会结构与组织形式应更具有普遍意义，而古希腊罗马乃非原生类型或次生的国家，它的产生应不具有典型的意义，我们完全有理由根据古代中国及其他一些文明古国的实际情况对国家的概念作出更新的界定。只有在这一步工作做好的基础上，再来考虑酋邦理论对于社会发展阶段的划分，才能给予中国古代国家起源与形成问题更好的说明。

我们了解到，现在国际人类学界对于中国这样一些最早进入文明的古国有一个新的归类，叫作“早期国家”。这种称呼和归类应当说也是有积极意义的。遗憾的是，他们并未能很好地将上古中国历史的特点充分考虑进去。谢维扬的《中国早期国家》较早地将国际人类学者有关“早期国家”的概念介绍给国内读者，其积极引进的态度也是值得肯定的，然而同样遗憾的是，他也没有很好地虑及中国古代社会的

① ［美］张光直：《中国青铜时代》，第 54 页。

实际，没有根据上举张光直先生及其他许多中国学者一再强调的中国古代长期存在着氏族血缘组织这一特点来对国外学者提出的早期国家的概念进行补充和匡正。其实在谢书发表之前，已有赵世超教授更早地将西方及苏联学者使用的这一概念应用于自己对西周国家的研究中。他称西周为早期国家，是因为认识到它的“旧血缘关系不仅依然保留，有时还对政治起支配作用”①。这个看法无疑更接近于实际。除赵世超外，还有相当部分学者在论及中国古代国家形态时自发地使用了“早期国家”的术语。他们使用的这一术语并非从国外人类学者那里借鉴而来，然而却更贴近于中国古代社会的实际。如何兹全先生早在1991年就在其所著《中国古代社会》一书中使用了“早期国家”的提法，其后，又在《中国的早期文明和国家的起源》一文中对此概念作了进一步阐述：“早期国家的特征是，社会已有了阶级分化，氏族部落内部已出现贵族显贵家族，也有了奴隶和依附民，王的地位已经突出，有了王廷和群僚，但氏族部落组织及血缘关系仍是社会的组织单位。”②在这篇文章中，何先生将中国早期国家的上限仅设置到商王盘庚时期，并且称早期国家非“真正意义的国家”，这一看法固然不能令我们接受，但他明确将中国古代国家的起源与形成过程分作两步，一步为早期国家，一步为成熟国家的论点，还是具有很大启发性的。

最后，与酋邦理论及早期国家理论都有关系的一个问题是，酋邦是如何过渡到早期国家的？上举谢维扬及好几位主张采取酋邦理论的学者都倾向于认为各酋邦之间的征服战争在其中起了至关重要的作用。其中谢维扬教授出于将中国这类早期国家政体区别于古希腊罗马国家的考虑，更着力强调由酋邦转化而来的国家的形成同征服与吞并之间的内在联系，他认为这样一种“以社会本身向外部扩张为主要动因”的国家的形成，同“以社会内部的发展为主要内容”的国家的形成，是两种不同的国家产生的模式。③ 这种看法，我们认为也是有待商榷

① 赵世超：《西周为早期国家说》，《陕西师大学报》（哲学社会科学版）1992年第4期。

② 何兹全：《中国的早期文明和国家的起源》，《中国史研究》1995年第2期。

③ 谢维扬：《中国早期国家》，第211—212页。

的。应当说，任何一种形式的国家的产生，其根本的动因都来自社会内部，来自社会内部不同阶级和阶层的对立。中国古代国家也不例外。战争，包括对外征服战争，只是促使国家产生的外部原因之一，有的国家的产生受战争影响的成分多一些，有的少一些，有的则是其他一些因素起着主要作用。就中国古代国家的产生而言，文献并不止谈到战争一途，更没有将战争归为中国古代国家产生的主要原因。人们熟悉的大禹治水与夏代国家产生之间的因果关系，有关记载即是对上述说法的一种否定。在这个问题上，我们倒是认为过去恩格斯在《反杜林论》中提到的统治与奴役关系产生的两种途径的论述，更有利于解决酋邦向早期国家过渡的问题，当然也包括中国古代国家起源与形成的问题。这方面的内容，我们过去已做过一些论述①，这里就不再赘言了。

（原载《史学月刊》2006 年第 1 期）

① 沈长云：《古代中国政治组织的产生及其模式》，《史学理论研究》1998 年第 2 期。

酋邦理论与中国古代国家起源及形成问题研究

一段时间以来，在中国古代国家起源与形成问题的研究中，一些学者引入了西方人类学的新进化理论，尤其是酋邦理论，以图解开这项研究中的某些疑难问题。这些学者对人们习以为常的理论与思维模式提出了挑战，也引起了学术界的争议。现在看来，尽管他们的努力还存在着这样或那样的问题，包括他们自己对所引入理论的理解也还存在着一定的问题，但他们造成的影响无疑是越来越扩大了。新理论促进了大家的思考，也开阔了人们的眼界。我认为，这种理论对于解决中国古代国家起源与形成问题有着重要的启示作用。鉴于学术界部分同仁对引入这种理论仍旧抱有疑虑，我愿意就以下几个问题谈谈个人最近的一些想法，以与大家切磋、商讨。

一　酋邦理论与马克思主义理论

我想首先阐明的一点是，包括酋邦理论在内的新进化理论不是马克思主义的对立面，而是对马克思主义人类进化理论暨国家起源学说的补充与完善。至少从其主流方面看是如此。这要从传统进化理论与马克思主义理论的关系谈起。

在马克思、恩格斯所处的19世纪中后期，主张文化进化的理论在国际学术界占统治地位，人们提出了各种不同的有关人的生活方式或社会组织由简单的发展阶段向复杂阶段演进的模式。其中，一种公认为最具代表性的进化模式来自美国人类学家路易斯·亨利·摩尔根。他在1877年出版的《古代社会》一书中提出人类社会经历了蒙昧、野蛮、文明三个时代。其中，蒙昧时代与野蛮时代又各自划分为低级、中级、高级三个阶段的演进序列。与之相应，他又排出了各个不同发展阶段在生产与生活技术方面的发明和发现的标志，并认为这各个发展阶段是与各种顺序相承的社会制度或社会组织结构，包括婚姻、家族制度相适应的。从对婚姻与家族制度的研究出发，他又发现了原始社会普遍存在的氏族组织。这种依靠血缘亲属关系，按族外婚原则结合起来的社会组织不存在私有财产，氏族成员包括氏族首领在内一律平等。只是到后来，随着生产力的发展，社会分工的出现，促使氏族内部个体家庭和私有制产生，才使氏族的平等原则遭到破坏，社会才开始向文明时代过渡，作为氏族社会对立物的国家由此产生。

在现代人类学者那里，马克思和恩格斯有关人类社会的主张也属于进化理论的范畴，因为“马克思、恩格斯的基本原理之一”，也就是“关于人类历史具有一定的发展顺序的思想”。① 出于这样一种共同的思想主张，马克思和恩格斯很自然地对摩尔根的理论表现出浓厚的兴趣。不过，促使马克思和恩格斯对摩尔根作出比其他人类学者更高评价，并在自己的著作中对其研究成果大量征引的更直接原因，却是摩尔根进化理论所包含的十分鲜明的唯物主义思想，以及他对自己所发现的氏族制度的有关论述。关于后者，恩格斯在致卡·考茨基的信中明确指出：“他（指摩尔根——笔者注）根据野蛮人的、尤其是美洲印第安人的氏族组织，第一次充分地阐明了罗马人和希腊人的氏族，从而为上古史奠定了牢固的基础。”② 由于马克思、恩格斯一向主张私有制并非某些人宣称的那样是一种与世俱来的亘古永恒的制度，如今，摩尔根用自己的研究成果证实了人类进化的早期确实存在过一个没有

① ［英］莫里斯·布洛克：《马克思主义与人类学》，冯利等译，华夏出版社1988年版，第69页。

② 《马克思恩格斯选集》第4卷，人民出版社1972年版，第443页。

私有制与剥削压迫的完全自由平等的社会，即氏族社会，这自然令马克思和恩格斯感到十分高兴。难怪恩格斯将摩尔根的这本著作比作“在论述社会的原始状况方面”，“一本象达尔文学说对于生物学那样具有决定意义的书”。[①] 当然，从这句话里面，我们也再次感受到了马克思主义创始人有关社会进化的立场。

在马克思和恩格斯之后，有关社会进化的主张遭到不少人的攻击。以美国博厄斯为首的一批学者抓住传统进化理论，尤其是摩尔根理论的某些缺陷，攻击进化论者试图发现文化进化的规律或将文化发展阶段模式化的做法是建立在不充分的经验证据之上的。这造成了 20 世纪前半叶各种反进化理论在西方的泛滥。直到 20 世纪中叶，随着各地考古新发现和新研究成果的涌现，才又有新的进化理论出来扭转这种局面。

新进化理论是相对传统进化理论而言的，其主张社会进化的思想与传统进化理论一脉相承。他们一方面积极宣传过去摩尔根对人类学和民族学所做的重要贡献，一方面通过自己新的思考，以图弥补传统进化理论的某些不足。作为探索新进化理论的第一人，美国学者怀特于 1964 年重新编订了摩尔根的《古代社会》一书。他的两位学生塞维斯和弗里德各自提出了有关人类早期社会新的阶段划分的理论。其中，塞维斯将人类早期社会划分为游团、部落、酋邦、国家四个发展阶段，弗里德则提出人类早期应划分为平等社会、阶等社会、分层社会、国家社会四个发展阶段。这些理论根据人类学新的研究成果，对传统进化理论做了重要的补充与修订，从而使他们成为当代新进化理论的代表人物。

塞维斯与弗里德的人类早期社会发展阶段的新划分并没有从根本上否定摩尔根提出的、马克思、恩格斯进一步阐明的原始社会进化的理论，相反，他们倒是重申了摩尔根及马克思、恩格斯的许多重要主张。例如，他们都认为人类最初的发展阶段是一个平等的、每个人在

① 《马克思恩格斯选集》第 4 卷，第 442 页。

政治上及对生活资源的支配上都没有任何差别的社会，这与马克思、恩格斯勾勒的原始共产主义社会的图景基本上是一致的。其中，弗里德称人类首先经历的这样的社会为“平等社会”，塞维斯则更进一步将这个社会分作“游团”与“部落”两个发展阶段。这使我们想起了马克思曾经说过在人类社会的第一阶段人们过着一种“原始群团的生活”，接下来的阶段又出现了“氏族组织”这样的话语。[①] 不难看出，“游团”与“部落”同“原始群团”与“氏族组织”二者之间也基本上是对应的。其次，塞维斯与弗里德又都认为，国家的产生远在平等社会之后，并且是建立在某种社会不平等的基础之上的，这与马克思主张国家“只是社会发展到一定阶段才出现的”[②] 说法具有相通之处。其中，弗里德更主张国家是在对基本资源的占有上拥有支配地位的集团为保卫自己的经济利益而使用暴力的结果，这与马克思主义国家起源的学说显然具有更多的一致性。

塞维斯和弗里德对传统进化理论，包括摩尔根、马克思和恩格斯的理论也有着不少重要的补充和修正，这方面显然更受到人们的注意。前述摩尔根的理论确实也包含着某些不足，其中较重要的一点是，他有关氏族制度的描述，缺乏对氏族发展的阶段性分析。根据对世界许多地区的民族学考察，氏族组织并非只有摩尔根所说的那样一种纯粹自由平等的类型。实际上，古代氏族到了其发展的后一个阶段，往往呈现出一种不平等的社会结构。换句话说，人类社会曾有过一个较长的历史时期由不平等的氏族组织所构成。这一点，摩尔根并未顾及，马克思和恩格斯也未顾及。他们的著作倒是更多地强调从美洲印第安人的氏族到古希腊罗马氏族在保持自由、平等、博爱精神方面的一致性。“摩尔根的最大错误之一，就是将易洛魁的氏族与早期希腊和罗马的氏族等同起来”，这样，便难免带给人们“从原始社会到政治社会的

---

① ［德］马克思：《摩尔根〈古代社会〉一书摘要》，中国科学院历史研究所翻译组译，人民出版社 1965 年版，第 47 页。

② ［德］马克思：《亨利·萨姆纳·梅恩〈古代法制史讲演录〉一书摘要》，载《马克思恩格斯全集》第 45 卷，人民出版社 1979 年版，第 646 页。

政治变迁，相对而言是突然发生的”那样一种错误的感觉。[①] 如果说塞维斯与弗里德对摩尔根理论有所修正的话，那么最重要的一点，就是他们都一致在平等的原始社会与国家社会之间加进了一个不平等的社会发展阶段：塞维斯在其所列平等的部落社会与国家之间加进了一个“酋邦”阶段；弗里德在其所谓的“平等社会”与国家之间除加进一个“阶等社会”外，还加进了一个“分层社会”。所谓“酋邦”，所谓“阶等社会”，都是指以不平等的氏族构成的社会。我们认为，这样一种修正，应是更完善了人类社会进化的理论，对于马克思主义有关人类进化暨国家产生的学说，也是一种有益的补苴。

当然，我们并非全盘赞同新进化论者包括塞维斯等人的所有主张。我们只是表示，不赞成将塞维斯的酋邦理论在内的新进化理论与马克思主义完全对立起来，只是主张对这些理论中的科学部分大胆地加以吸收。既然马克思主义创始人对摩尔根的传统进化理论进行了大量采纳，我们为何不可以对新进化论者有益的研究成果采取同样的态度呢?

二　酋邦社会与中国前国家社会

目前学者争论的一个焦点，在于酋邦理论是否适合于中国古代社会实际。这首先需要弄清楚“酋邦”这个概念的确切含义。遗憾的是，目前不少学者对“酋邦”概念的把握并不那么准确，甚至在一些倡导酋邦理论的学者那里也是如此。有学者在“酋邦”与过去人们惯常使用的“部落联盟”之间画上等号，或者称之为“部落联合体”，这在我们看来是有问题的。既然说“酋邦”已是“部落”之后的下一个进化阶段的社会组织，就不应当再将“酋邦”与“部落”两个名词牵扯在一起。所谓“部落联盟”就字面讲，仍是各个部落之间的联盟，它体现不出这种社会组织与“部落”之间的本质区别，“部落联合体”

---

① ［美］塞维斯：《民族学百年争论：1860—1960》，转引自易建平《部落联盟与酋邦——民主·专制·国家：起源问题比较研究》，社会科学文献出版社 2004 年版，第 139、151 页。

也是这样的性质。因此，有必要对酋邦的意义再进行探讨。

所谓“酋邦”（chiefdom），就其字面上的意义来说，不过就是酋长所统辖的地域的意思，故“酋邦”又译作“酋长领地”。有关这种社会组织的具体特征，可以参照《简明不列颠百科全书》的解释：

> 酋长领地 chiefdom，文化人类学理论上的人类社会的一种组织类型。其特征是社会具有等级性质，领导职位与权力都是世袭的。酋长领地有常设的领袖和正式律法，但是在实际管理上，传统习惯、社会与宗教制裁都比政治力量更重要些。酋长领地通常是神权政治的社会，个人地位在很大程度上取决于他和酋长有何种亲属关系。在文化进化论者看来，酋长领地是一种原型社会制度，它代表介于原始社会与原始国家之间的一个发展阶段，或者进化上的连续体。酋长领地与原始社会的区别在于，它是具有等级的社会，而且已有法律的雏形。酋长领地与原始国家的区别在于，它对社会的控制，不是基于暴力，而且它的行政管理机构也不如原始国家的那样复杂。①

以这个解释做基础，再结合其他一些学者的有关论述②，可知酋邦具有以下一些基本特征：1. 它是一个彼此间具有血缘亲属关系的人们组成的社会组织。这个组织有以酋长为中心的常设的领导。这种领导表现为一种神权政治，主要依靠传统习惯与宗教制裁对共同体进行控制与管理，而不是依靠暴力。2. 它在政治上已具有贵族统治的性质：

---

① 《简明不列颠百科全书》编辑部译编：《简明不列颠百科全书》第6卷，中国大百科全书出版社1986年版，第699页。

② 这些论述与《简明不列颠百科全书》基本精神一致，而在具体内容上或有所深化，它们是：［荷兰］克烈逊、［捷克］斯卡尔尼克《关于早期国家的各种学说和假说》，中国世界古代史学会编《古代世界城邦问题译文集》，时事出版社1985年版，第318页；童恩正《人类与文化》，重庆出版社1998年版，第163—164页；谢维扬《中国早期国家》，浙江人民出版社1995年版，第176—201页；易建平《部落联盟与酋邦——民主·专制·国家：起源问题比较研究》，第173—207页。

酋长的职位与权力世袭，其下有由贵族组成的行政管理机构，贵族的身份则取决于其与酋长间较密切的亲属关系，并且其他社会成员的地位也取决于他们与酋长血缘亲属关系的远近。这使酋邦形成了一个尖锥形的等级社会结构。3. 酋邦内部已是一个“再分配”的社会，邦主以收取贡品的形式从共同体成员那里将部分产品收集起来，然后按社会等级对产品实行重新分配。这实际上造成了邦内各阶等之间在物质财富占有上的不平等和原始剥削的出现。

综合以上各点，我认为，实际就是前面所提到的不平等氏族结构的具体特征，“酋邦”不过是这种不平等的或有阶等的氏族的另一种称呼。我们还记得最早将酋邦理论介绍到中国的张光直先生的论述：“酋邦的主要特征是其政治分级与亲属制度相结合”①，所谓“政治分级与亲属制度相结合”，也是“有等级的氏族制度”的另一种说法。如此说来，塞维斯的酋邦理论，就是讲人类社会在进入国家状态以前有过这样一个由不平等氏族组织为代表的发展阶段的道理。

《简明不列颠百科全书》中还谈到人类学者所调查到的祖鲁人、波利尼西亚人及北美印第安人的社会制度都属于酋邦这种社会类型。而从历史与考古学角度讲，塞维斯更认为，“历史上所知道的原始国家和六个原生的早期文明，都是从酋邦社会中发展出来的”②。这等于宣称，酋邦乃人类进入文明社会前普遍经历的一个社会发展阶段。我们知道，塞维斯所说的六个原生的早期文明中就包括古代中国，那么，古代中国进入文明社会前，是否也经历了这么一个酋邦社会阶段呢？这正是我们要提出的问题：酋邦理论是否适合中国古代社会的实际。答案应该是肯定的。

长期以来，摆在我国学者面前的一个难题是，对于传说中的“五帝”时期的社会性质应当怎样判断。首先是在对于这个时期是否已经进入文明社会，即进入国家状态的把握上，学者的争论十分热烈。多

---

① ［美］张光直，陈星灿：《古代世界的商文明》，《中原文物》1994年第4期。

② ［美］塞维斯：《国家与文明的起源》，转引自易建平《部落联盟与酋邦——民主·专制·国家：起源问题比较研究》，第340页。

数学者赞成传统说法，认为这个时期尚处于前国家社会，到夏代才正式产生国家。也有部分学者，特别是考古界的部分学者则认为这个时期已进入国家状态。他们称文献所记载的这个时期出现的“天下万邦”中的“邦”（或称为“国”）即是早期国家，或以考古发现的这个时期的众多古城址与文献中的“邦”对应起来，称之为“城市国家”（或“都邑国家”）。然而，不赞成这个时期已进入国家状态的学者却只承认这些“邦”（“国”）为氏族部落性质的血缘团体，就像当年郭沫若先生称它们“仅仅是一些大宗或小宗”式的血缘组织一样。[①] 对于各地考古发现的这个时期的众多古城址，则认为它们无论在规模上还是内部结构上都不能与一个国家的都邑相提并论，它们只能被视作一些氏族部落首领的居邑。此外，坚持这个时期已进入国家状态的学者，还强调指出这个时期各地考古文化呈现出的阶级分化、财富占有不均、战争与杀戮等社会现象，认为这些都是已进入文明社会的体现。反对者则把这些现象归结为原始氏族社会向阶级社会过渡的体现，因为根据马克思主义经典著作，这些现象在原始社会末期就已普遍地出现了。

尽管上述两种意见看起来十分对立，但只要仔细分析，仍可发现它们之间有不少共同之处。例如，对这个时期是一个众邦林立的社会，大家的认识便是一致的。其中，多数人又都认识到，这些“邦”（“国”）组织内部仍旧保持着血缘组织的纽带，其内部且已出现社会分化，有了分层的社会结构和财富占有上的不平等，有了各个邦的权力集中的首领。对于考古发掘所见各地众多的古城址、以这些城址或其他大型聚落为中心的两级或三级聚落结构，以及一些墓葬材料显示的这个时期的阶级分化或分层等社会现象，大家也都表示认可，并认为它们与文献所记载的上述社会现象是一致的，等等。

在这样一些共同认识的基础上，我看完全可以用一种共同的理论把大家的思想统一起来。这个理论就是国际人类学普遍使用的酋

① 郭沫若：《中国古代社会研究》，人民出版社1964年版，第38页。

邦理论。不难发现，上述学者共同认可的我国传说时代的那一幅幅基本的社会图景，正符合人类学者勾勒的酋邦社会的基本特征，那些在古文献中提到的“天下万邦”中的“邦”（“国”），也即今日治先秦史者屡屡提到的“族邦”、考古学者习称的“古国”“古族”，就是一个个具体的酋邦。在历史文献中，这些族邦或称作“某某氏”，如少典氏、方雷氏、西陵氏、少昊氏、共工氏、高阳氏、高辛氏……正表明各族邦由氏族这类泛亲族组织所构成。各族邦皆有自己的首领，他们在后世文献中称作邦君，即各酋邦具有集中领导权的酋长。邦君作为全体邦民的祖先神的直系后裔对祖先进行奉祀，其职位与权力世袭。围绕邦君周围有一个由邦君近亲或近亲支系族长组成的邦内执事人员，他们构成了一个邦的贵族，也造成了邦的“尖锥形”等级结构。凡此，皆同于酋邦组织的各项特征。那时各邦皆有一块由自己独自管辖的地盘，且互不统属，由此构成“天下万邦”的格局，也显示了酋邦结构在社会上的普遍存在。这些均与考古发现的情况相吻合。

这就是说，在中国早期社会进程的阶段划分上，中国的情况与人类学者观察到的世界其他一些地区的情况并没有太大的差异。在使用酋邦理论这个问题上，我们完全可以做到和国际学术界接轨。当然，我们并不是为了“接轨”而接轨，而是感到国际学术界这类理论确实有助于对中国早期社会进化的认识，有助于我们的文明暨早期国家探源的工作。

这里，我们还必须对使用酋邦理论观察我国史前社会做一个补充说明，就是根据我国考古发现的资料，我国酋邦社会结构开始产生的时期要早于现在人们所称的“五帝”时代。因为按照通常的理解，“五帝”时期仅相当于我国考古学上的龙山时代，但现在大家都看到，早在龙山时代以前，包括中原（及其迤西）的仰韶文化后期、北方的红山文化后期、山东大汶口文化后期、长江中游的大溪—屈家岭文化时期，以及其他一些地方的考古文化中，都已显示出了种种酋邦社会的特征。如属于仰韶文化后期的甘肃秦山大地湾遗址、河南郑州西山古城等显示出的该地遗址作为酋邦结构中心聚落的特征；属于红山文化的辽宁建平、凌源一带的祭坛、“女神庙”及积石冢显示出的该地区的神权政治及社会分层状况；属于大汶口文化的山东泰安大汶口、莒县陵阳河、江苏新沂花厅等遗址墓葬表现出的这地区明显的社会分化及贵族世袭制的痕迹。以上这些遗址的年代都在公元前3500—前3000年前后。至于南方的大溪—屈家岭文化，其显示酋邦特征的文化遗址则比这更早，在其已经发现的几座古城中，年代最早的湖南澧县城头山古城的时间竟距今6000年左右。在这座城址里面，还出土了大型祭坛及相关墓葬，也显示了社会分层的迹象。[①] 这些资料表明，远在五六千年前，酋邦作为一种社会组织即已在我国黄河、长江流域乃至长城内外广泛地出现了。设若我们把夏代作为我国进入国家的开始，那么，酋邦社会阶段在我国几乎占到了两千年的时间。

三　从酋邦到早期国家
——中国古代国家产生的具体途径

酋邦作为一种稳定的社会结构，代表着国家产生前的一个社会发展阶段。随着社会的不断向前发展，在人口增长、生产力水平进一步提高的条件下，在具备适宜的地理环境的那些地方，酋邦社会就逐渐演化为国家。

国家与酋邦相比，不仅表现在国家统治的规模更加广大、政治运行更加规范上，也不仅表现在国家最终使用了暴力统治这一点上，更重要的是，国家已不再建立在单纯的血缘亲属关系的基础上，它已经不再是一个单纯的血缘亲属组织，而是一个包含广泛的地区性社会组织。它或是建立在按地区划分人群的基础之上，或是建立在众多具有不同血缘关系的族群的不平等联合的基础之上。

关于酋邦社会向国家的演进，学者们曾提出过多种设想。一般认

---

① 郭伟民：《城头山古城考古又获新成果》，《中国文物报》1999年3月3日第1版。

为，国家是在众酋邦联合的基础之上产生的，或者说，是由一个最强大的酋邦对其他酋邦统一的结果。对于国家产生的机制，则有两种对立的意见：一种强调国家是建立在某种形式的社会契约基础之上的，即认为国家是为了对社会各部分利益进行调节与整合而建立的一套集中管理的机构；另一种意见则强调国家是以社会不平等为基础的，即认为国家是为了维护在对基本资源的占有上拥有支配地位的集团的经济利益而建立的一种压迫机关。至于促使国家政治机构得以建立的具体原因或具体途径，则有战争说、组织贸易说，以及水利灌溉说等不同说法。

这些说法从不同角度看问题，应当说都有一定道理，对于中国古代国家的产生，也大多能给予一定程度的说明。但是，到目前为止，我们似乎还没有在当代人类学者那里找到一种对于中国古代国家产生具体路径的更为全面合适的理论阐释。看来，在这个问题上，我们还是要请教马克思主义理论。在众多有关国家起源与形成的马克思和恩格斯的论述中，我们认为，还是过去恩格斯在《反杜林论》中所提到的关于历史上统治与奴役关系产生的那段经典性论述最为适合中国古代社会的实际。如果我们辅以现代人类学理论，或用现代人类学中部分适合中国具体情况的理论（例如酋邦理论）对之进行补充的话，那么，有关中国古代国家起源与形成的问题将会得到更加令人满意的说明。

按我们的理解，恩格斯所说的统治与奴役关系的产生，也就是阶级与国家产生的过程。恩格斯说，这些关系是经过两条道路产生的，其中第一种统治与奴役的关系根植于原始农业公社内部，由于这些农业公社中某些维护公社共同利益的职位“被赋予了全权”而导致出现以后“国家权力的萌芽”。他接着说，这些个别的公社会因为生产力的提高和人口的增长而集合为更大的整体，这些更大的整体又要求建立新的机构来保护其共同利益和反对相抵触的利益。

这些机构，作为整个集体的共同利益的代表，在对每个单个的公社的关系上已经处于特别的、在一定情况下甚至是对立的地位，它们很快就变为更加独立的了，这种情况的造成，部分地是由于社会职位的世袭……部分地是由于同别的集团的冲突的增多，而使得建立这种机构的必要性增加了。在这里我们没有必要来深入研究：社会职能对社会的这种独立化怎样逐渐上升为对社会的统治；起先的社会公仆怎样在顺利的条件下逐步变为社会的主人……在这种转变中，这种主人在什么样的程度上终究也使用了暴力；最后，各个统治人物怎样集结成为一个统治阶级。①

我们认为，恩格斯在这里所说的“单个的公社”，实际就是现代人类学者屡屡提到的存在于原始社会后期的社会组织——酋邦，也即我国上古社会普遍存在的一个个独立的邦方（族邦）。恩格斯认为，这些族邦内部的各种执事人员，包括酋长及其他贵族被赋予的“全权”，就是“国家权力的萌芽”，这与现代酋邦理论的主张是很接近的。如果这个看法成立，那么，恩格斯所提到的由各个公社结成的更大的集合体，应当就是众酋邦的联合了。在我国，即是众族邦的联合。传说中的我国国家产生前的尧、舜、禹联盟，便是这样一种性质的联盟。尧、舜、禹原本都是自己族邦的首领，他们又都曾分别担任这个联盟的大酋长，但这个职位并不是世袭的。这意味着联盟内部虽然已经有了相对于参加这个联盟的各个族邦而言更为集中的权力，但这个权力还处于游移状态，尚未形成一种具有强制性的凌驾于各个族邦之上的固定的权力中心，“作为整个集体的共同利益的代表”还要在各个族邦之间流转，因而，尧、舜、禹在很大程度上也只能被视作共同体全体成员的“公仆”。这就是我们所说的“禅让制”。但是，随着联盟的一体化进程的加深，联盟为了应对日益繁重的涉及共同体整体利益的公共事业，例如，从事对外扩张或进行防御战争，以及兴修水利之类，需要更多和更经常地集中使用全体盟邦的人力物力，这就难免使得联盟首领所掌握的权力及其社会职能发生越来越严重的“独立化”倾向，并最终使

① 《马克思恩格斯选集》第3卷，人民出版社1979年版，第218—219页。

得这种权力固定到联盟内部个别势力强大的族邦及其统治者家族身上。联盟首领的世袭制，也即人们所说的“家天下”制度由此发生，联盟首领的角色也由过去相对而言是各族邦共同的“公仆”转变成“社会的主人”。这意味着我国古代王朝亦即早期国家的诞生。

从文献上看，我国古代第一个王朝即夏代国家的产生，便是走的这样一条道路。夏代国家的建立者夏后氏（它原称作有崇氏）原本是尧、舜、禹族邦（酋邦）联盟中的一个邦，居住在古河济之间。由于善于治水，它的首领鲧和禹被先后推举领导这一带各个酋邦共同治理洪水的工作。这项工作对于共同体来说，无疑是一项有关各酋邦共同利益的公共事业，因而鲧、禹起初的角色都属于“公仆”的性质。文献中有很多赞扬大禹在“公仆”任上尽心尽职的话语，在此毋庸赘述。由于这项工作的长期性和艰巨性，需要组织各酋邦的广泛参与，要对各酋邦的人力、物力进行调配、指挥和统一管理。在这个过程中，禹（包括他的父亲鲧）难免利用联盟赋予自己的职责与权力对各邦施加更多的影响，甚或强制、干预。这就势必使原本比较松散而缺乏约束力的联盟管理机构发生权力集中的倾向，并使之逐渐凌驾于众酋邦之上，以致最终过渡到把各酋邦沦为自己臣属的具有专制权威性质的国家上层建筑。而禹则在长期担任这一要害公职的过程中树立了自己及家族的权威，由原本是夏后氏的酋长，继任为整个联盟的首领，最后发展成君临众酋邦之上的具有赫赫声威的夏王朝的君主。

关于禹治洪水之事，过去一些人（包括 20 世纪二三十年代一些疑古学者）不大相信，以为那不过是无稽的神话。这种怀疑是没有根据的。如果我们将这个传说中夹杂的某些虚夸的成分除去，而把它视作对古河济一带地势低洼的黄河中下游平原低地所做的泄洪排涝的工作，则其事正如我们日后所看到的这一地区经常发生的事情一样，是完全可以信以为实的。除古文献外，最近发现的青铜器《豳公盨》铭文也记载了大禹治水之事。这件器物属于西周中期，可见禹治洪水的故事流传久远。

根据史籍，禹之获得统治天下的权力还根源于他指挥酋邦联盟军队对敌对的三苗部族进行的战争。这场以维护共同体整体利益为目标的战争同样有利于禹集中控制整个联盟的人力和物力，从而实现其由“社会公仆”向“社会主人”角色的转换。

文献还记载，禹和他的儿子启之间实现了由“禅让制”到王位“世袭制”的转换。我国古代著名典籍《礼记·礼运》篇把它作为由“大同”社会进入“小康”社会亦即国家社会的标志。前引恩格斯的论述在论及古代共同体的社会职能出现“独立化”倾向并“上升为对社会的统治”时，也谈到了“社会职位的世袭”这一现象，看来，经典作家和我国古代先哲们对于中国这类早期国家形成路径的基本看法，实在是不谋而合的。

（原载《天津社会科学》2006年第3期）

联系实际引进国外人类学理论

目前，在中国古代文明暨国家起源研究中，一些西方人类学理论，包括现在一般人所称的酋邦理论、早期国家理论，正越来越受到国内学术界的关注，并在学者的实际研究中起着越来越大的作用。我们曾经指出，这些理论对于促进我国学者的思考，开阔我国学者的眼界，是十分有益的；这些理论中所包含的一些有价值的东西，也应该认作是对马克思主义国家起源学说的补充和完善，不应当将它们与马克思主义对立起来，而应当善于撷取这些有益的东西。

以上，只是我们对待这些外来理论的一个方面的主张，除此之外，我们还有另一个方面的主张，即对待这些外来理论必须实事求是，要联系中国古代社会的实际，考察与分析这些理论，择其善者而从之，其不善者，则不必从之，或据中国实际补充修订之。这也是当前中国古代文明暨国家起源研究中一个需要注意的问题。对于这个问题，我想从当前中国多数学者与外国学者有关早期国家概念的分歧谈起。

“早期国家”是当前国内外学术界的一个热门话题。所谓早期国家，即人类社会由前国家社会发展而来的第一批原始国家，其与以后这些地方第二批、第三批产生的国家，以及其他地区在已有的文明形式影响下产生的国家，在内涵上是有区别的。过去，我们未能将早期国家与一般国家区分开来，往往拿了一些人类学者，包括马克思主义经典作家据后来国家总结出的一般国家的标志去衡量早期国家，自然出现许多扞格难通之处。

好在国际国内学术界近来都已注意到了早期国家的特殊性问题，

并将之作为一个专门课题进行研究，这应当标志着人们对于古代国家的认识提高到了一个新的境界。国际学术界研究这个问题的时间稍早，其中荷兰人类学者 H. J. M. 克烈逊是最早提出“早期国家”这一概念的学者，他曾于 20 世纪 70 年代组织国际相关学科的学者进行合作研究，主持编写了《早期国家》等著作。国内学者对这个问题的研究稍晚，是从 20 世纪 80 年代以后才开始关注到这个问题的。但是，并不是像有的学者所说的，国内学者只是从西方学者那里才了解到并接受“早期国家”这一概念的。实际上，许多国内学者是在没有国际学术背景下自发地提出“早期国家”这一概念并从事相关研究的，这样的研究至少可以追溯到 20 世纪 80 年代的后期或 90 年代初。

值得注意的是，国内学者与国际学者对于早期国家的认识并不一致。国内学者多数是在对中国古代国家形态进行实际研究的过程中提出早期国家这一概念的，他们一般将我国古代国家按其发展程度分作早期国家与成熟国家两个阶段，认为我国夏商周三代皆属于早期国家范畴，其所以是早期国家，是因为三代社会都还继续保留着各种血缘组织，并三代国家都仍然以这些血缘组织作为自己的基层行政单位，作为对居民实行按地区划分的行政组织并不存在。如较早提出早期国家这一概念的赵伯雄在其《周代国家形态研究》中便指出：“古往今来的国家，在形态上是各异的。从国家的成熟程度来看，有早期的、比较原始的国家，也有成熟的、比较典型的国家。”中国的早期国家，即旧史所谓“三代”。它们之所以被称作早期国家，是因为它们包含有早期国家的原始性这样一个内容，即它们“不是在氏族制度被彻底‘炸毁’之后产生的，国家出现的时候，氏族组织的大量残余依然保留着，居民的血缘关系依然存在，而且此后保留了很长一段时期”①。朱凤瀚在其《商周家族形态研究》中也指出：“商周时代虽已进入阶级社会，即恩格斯所谓组成国家的社会……然而……社会的基层单位却并未立即转变为纯粹的地区性团体，而血缘性的家族组织仍长时期地作为社

① 赵伯雄：《周代国家形态研究》，湖南教育出版社 1990 年版，第 5—9 页。

会的基层单位存在着……这点显然与恩格斯在《家庭、私有制和国家的起源》中所论的国家的基层单位已非血缘团体不尽相合，因而这也可以认为是中国早期国家形态的特点。”[①] 与他们同时，何兹全先生在所著《中国古代社会》中也使用了“早期国家”的概念。他将中国古代历史划分成了“早期国家”“古代社会”“中世纪”几个阶段，认为西周春秋都可以划在早期国家阶段，因为这时“国家正在形成中，正由氏族部落组织向国家转变”。[②]

上述有关中国早期国家形态的看法，目前在我国史学界似已成了主流。尽管这里的“早期国家”只是针对中国古代国家的发展提出来的，但考虑到我国上古时期作为早期国家的典型已为国际学术界广泛认可，因而上述我国早期国家的特征也应该说是具有普遍意义的。然而国际学术界谈到的早期国家的特征，却与中国学者的看法大相径庭。

上面提到的在国际学术界首先提出“早期国家”这一概念的克烈逊先生，曾与捷克学者 P. 斯卡尔尼克共同撰写了一篇题为《关于早期国家的各种学说和假说》的文章，作为所编《早期国家》一书的总结。这篇文章给早期国家下的定义是，早期国家是在“一个刚分化为统治阶级与被统治阶级的社会中调整社会关系的组织”[③]。由于这个定义过于简单，他又提出了早期国家的若干特征。这些特征，经国内学者谢维扬总结，大致有如下几条：（1）早期国家拥有一个中央集权的最早政治权力中心；（2）早期国家拥有与其中央权力的实施相适应的行政管理和政治机构；（3）早期国家所处的社会是社会分层高度发展的社会；（4）早期国家有针对某个固定地域实行统治的概念；（5）早期国家有支持其合法统治地位的国家意识形态。[④] 以上几条，笔者认为不仅是早期国家，就是一般国家，也需要具备这些条件的。倒是克氏与斯

---

① 朱凤瀚：《商周家族形态研究》，天津古籍出版社 1990 年版，第 2 页。

② 何兹全：《中国古代社会》，河南人民出版社 1991 年版，第 92 页。

③ ［荷兰］克烈逊、［捷克］斯卡尔尼克：《关于早期国家的各种学说和假说》，中国世界古代史学会编：《古代世界城邦问题译文集》，时事出版社 1985 年版，第 316 页。

④ 谢维扬：《中国早期国家》，浙江人民出版社 1995 年版，第 44 页。

氏文章后面提出的早期国家的三种类型假说可以体现出他们心目中的早期国家的基本模样。克氏与斯氏的早期国家的三种类型，同时也是他们认为的早期国家发展的三个阶段，它们是：未发达的早期国家；典型的早期国家；转变中的早期国家。这里仅引述他们关于典型的早期国家所具有的基本特征的论述：

> 典型的早期国家存在于亲属关系被地域关系所代替的场合；在那里，对公职官员的竞争与任命代替了公职继承的原则；在那里，脱离血缘关系的官员和爵位持有者开始在政府部门起主导作用；但是在那里，再分配与互惠的纽带依旧支配各社会阶层间的关系。①

这里一看便清楚，其所谓典型早期国家的特征与我国学者所描述的早期国家的特征不仅不相同，而且简直可以说是互相对立。我国学者强调指出的早期国家的最主要的特征——血缘亲属关系依然被保留和依然作为各种社会组织的纽带——不仅不被认可，反而这种关系的被消除和被地域关系所取代被说成是典型早期国家的最主要的标志。另外，所谓“公职官员的竞争与任命代替了公职继承的原则”，“脱离血缘关系的官员和爵位持有者开始在政府部门起主导作用”，实际也是与“亲属关系被地域关系所代替”相联系的，既然亲属关系不再在国家政治生活中占主导地位，当然政府部门就不会再由依靠血缘出身的官员所把持，爵位也不再凭血统高贵所取得，而公职官员的竞争与任命自然也就代替了官员的世袭制度。然而我国早期国家的政治制度却正好与此相反，不止是三代，甚至一直到春秋，都是实行的世官制度和世禄制度。“世官”，就是依靠血缘关系的“公职继承”制度，“世禄”，则是爵位的世袭制度。以至有人干脆称我国三代，包括春秋都为

① ［荷兰］克烈逊、［捷克］斯卡尔尼克：《关于早期国家的各种学说和假说》，中国世界古代史学会编：《古代世界城邦问题译文集》，第319页。

“世袭社会”。[①] 而这一切，都是与我国早期国家仍旧保持着各种以血缘关系为纽带的社会组织联系在一起的。由此可见，克氏与斯氏有关早期国家的主张确实是和国内学者对立的。

需要指出的是，国际学术界有关早期国家的这个主流看法迄今并无根本改变。我们注意到克烈逊先生应邀前来北京进行演讲，并在《中国社会科学院古代文明研究中心通讯》上刊登了他的讲稿《关于早期国家的早期研究》,[②] 在这个讲稿中，克烈逊先生再一次重申了他的早期国家的三种类型的主张。尽管克烈逊先生对这种类型的早期国家的具体特征有了一些修正，例如对典型早期国家的政治机构改说为“世袭继承制度与委任制度并行”，“除了获取补偿的官吏之外，也出现了定期领取国家薪水的官吏”。另外，也不提早期国家的亲属关系已被地域关系所代替了。但是，他并没有就早期国家是否仍然普遍存在着以血缘关系为基础的社会组织表态，似乎对我国学者的主张仍然持有异议。

我们这里指出中国学者与国际学术界对于早期国家认识上的一些分歧，并不是要一概否定国外学者对于早期国家的看法，这些看法也包含了某些合理的成分。我们只是想借此强调，国内学者在引进国际学术界的一些新的理论的同时，应当坚持实事求是，要联系中国古代的实际分析与消化这些理论，不能不顾实际地全盘照搬。在引进国外学者早期国家理论这件事情上，我们注意到了谢维扬教授的《中国早期国家》。这部著作将国外学者有关早期国家的理论比较全面系统地介绍给国内学者，总体来说是有益的，但遗憾的是，作者并没有指出国外学者有关早期国家的理论有哪些是适合中国古代社会的实情的，有哪些是不适合的，没有指出国内学者对早期国家不同于国外学者的理解。实际上，作者对于国外学者这部分理论，基本上是全盘接受的，

---

① 何怀宏:《世袭社会及其解体——中国历史上的春秋时期》，生活·读书·新知三联书店 1996 年版。

② ［荷兰］克烈逊:《关于早期国家的早期研究》,《中国社会科学院古代文明研究中心通讯》第 12 期，2006 年 8 月。

而对于国内多数学者一再强调的中国早期国家阶段血缘组织依然存在并构成早期国家社会基础的主张，则基本上持否定的态度。当然，这可能与作者过去所持的对三代社会结构的看法有关，但客观地介绍中国学者有关早期国家的看法，总还是应当的。

作为对比，我们也愿意介绍赵世超教授有关中国早期国家的看法。与前面提到的几位中国学者不同，赵世超有关中国夏商周三代属于早期国家的看法是在受到西方及苏联学者早期国家理论的启示下提出来的。但是他认为三代国家属于早期国家的理由却与前几位中国学者如出一辙，也是说三代国家之所以属于早期国家，是因为它们都仍然保留了旧的血缘组织。为此，他没有采取克氏和斯氏的说法，而是采取了苏联学者 A. M. 哈赞罗夫提出的早期国家具有“连续性、复杂性和不稳定性”的说法，并赋予这几项早期国家的特征以符合中国国情的解释。他说：

> 所谓连续性，是说早期国家具有从原始社会继承下来的许多特征。早期国家建立以后，许多传统制度只是根据新条件得到一定的修改，而不是彻底崩溃或被废除。旧的血缘关系不仅依然保留，有时甚至还对政治起支配作用。

在谈到西周的情况时，他亦说：

> 到西周，国中虽已出现了地域性的组织——里，但里与族又始终是并存的。有时一里包含有数族，族包括在里之中；有时一个大族就可聚居为一里，里、族重合为一。由于地域组织能够给予家族的影响还很微弱，故家族依旧是真正的政治经济实体……家族的普遍存在、亲属关系继续起作用，正是“连续性”的重要表现。[①]

---

① 赵世超：《西周为早期国家说》，《陕西师大学报》（哲学社会科学版）1992 年第 4 期。

除了称西周的“里”为“地域性组织”这一点有待商榷外，赵世超有关夏商周三代属于早期国家的基本思路与上述国内学者的认识基本上是一致的。这也进一步表现了当今国内主流学者对于中国早期国家的看法。我们认为，只有这样结合中国古代具体实际去引进与消化国外人类学理论，才是可取的。

上面已经提到，当前我们引进的国外人类学理论还有所谓酋邦理论，学者对于这个理论的不同看法更多，这里无法一一加以介绍，我们同样希望大家能联系实际引用这个理论，以促进中国古代文明与国家起源研究深入健康地进行。

（原载《史学月刊》2008 年第 1 期）

中国早期国家阶段的社会形态问题

——兼介绍一种关于三代社会性质的提法

目前，中国史学界正兴起新一轮社会形态问题的讨论。以 1999 年《历史研究》编辑部和南开大学共同举办的“中国社会形态及其相关理论问题学术研讨会”为契机，已有不少这方面的论著问世。目前出版的张广志、李学功先生的《三代社会形态》① 及晁福林先生的《先秦社会形态研究》② 是其中的代表。这是对旧古史分期讨论的命题否定之后引发的对中国古代社会形态的新的理论思考。

同旧古史分期讨论不同的是，参加新一轮讨论的学者大多抛弃了按“五种社会形态”的模式来解释中国古代社会的做法，尤其是否定了中国古代存在过奴隶社会这个“五种社会形态”说中最重要的一环。这无疑是一种实事求是的态度。这种态度，预示着人们将站在更高的理论层次上，通过对马克思主义的重新学习，对中国古代社会形态作出符合实际情况的界定。我们期待着新的理论突破。现在的问题是，用什么样的社会形态理论去代替过去的“五种社会形态”说？是否可以认为，砍掉“五种社会形态”中的某一种或两种社会形态，用其他几种社会形态来解释过往的中国社会就足够了？或者采取过去意大利学者梅洛蒂的“一元多线”说法③，将原始社会以后直至近代之前的

---

① 张广志、李学功：《三代社会形态》，陕西师范大学出版社 2001 年版。

② 晁福林：《先秦社会形态研究》，北京师范大学出版社 2003 年版。

③ 梅洛蒂的观点见其所著《马克思与第三世界》，有关此书内容的介绍见《马克思主义研究参考资料》1980 年第 17 期。

整个中国社会径直归入亚细亚社会形态（或“亚细亚生产方式”）就可以了？我过去是比较倾向于梅洛蒂的理论的，认为也可以用亚细亚生产方式对中国古代社会进行解释，但现在看来，问题并不那么简单。最主要的问题，是自原始公社制以后，中国数千年的历史不能看作是没有变化并从而可以用一种社会形态对之加以概括的。至少，春秋战国之际，我国社会就曾发生过一次根本性的变革，这前后的社会大概是很难用同一种社会形态来加以概括的。我曾经写过《亚细亚生产方式在中国的产生及相关历史问题》一文，① 认为亚细亚生产方式只是在战国以后才出现的，那么，战国以前的夏商周三代自然就不好说成是亚细亚生产方式了。

这样，问题就归结到了本文的主题：作为中国早期国家阶段的夏商周三代的社会性质是什么？到底用什么样的社会形态对之进行界定才更合适？早在古史分期讨论的年代，这个问题就最显分歧，如今参加新一轮古代社会形态讨论的学者对之也莫衷一是。有学者干脆回避这个问题，或者使用“上古”“中古”之类表示时间远近的词汇来给历史划分阶段，以避开社会形态的论定。这些都不是妥善处理问题的方法。我们不仅应当正视社会形态的问题，而且应当一如既往地从社会经济结构的角度考察三代社会性质，从而给人们一个这一阶段历史的总体把握。从马克思的社会形态理论看来，所谓社会形态主要还是指的社会经济形态，因为只有从社会经济结构角度，才能从根本上阐明一个社会的性质。从这个立场出发，我也不赞成一些学者使用“古国”“王国”“帝国”这样的术语去对中国古代社会各阶段的历史进行划分。

在马克思主义创始人使用的现成的有关古代社会形态的术语中，除了奴隶社会之外，还有封建社会（农奴制社会）和亚细亚生产方式，现已证明，奴隶社会说并不适合三代社会，那么，把三代说成是封建

① 沈长云：《亚细亚生产方式在中国的产生及相关历史问题》，《天津社会科学》1991年第2期。

社会或建立在亚细亚生产方式上的社会是否合适呢？

随着奴隶社会说的式微，三代是封建社会的说法在学者中多了起来，但我以为这种说法同样是有问题的。至少，要把三代各种族组织中的贵族与平民的关系解释成封建主与农奴的关系，就面临着诸多理论上与史实上的困难。

所谓农奴，是指附着在封建领主土地上，具有对领主人身依附关系的，使用份地的小农。就商周时期的众人、庶人与贵族的关系来说，他们之间有同族之谊，很难说得上众人、庶人的人身为贵族所占有。过去学者援引斯大林的语录，认为农奴可以被买卖即是其人身被部分占有的证据，可是文献却找不到任何众人、庶人被买卖的例子。《诗经·大雅·灵台》描写庶民为文王修筑灵台的句子："庶民攻之，不日成之；经始勿亟，庶民子来"，称庶民为其宗主服役像儿子替父亲做事一样踊跃，这哪里有人身不自由的影子！文献记载商代众人和西周庶民的劳动，都是属于集体劳动的性质，是亦非拥有份地的个体农奴可以比拟的。说到贵族对众人、庶民的剥削方式——"助"法，我们认为亦不必将它解释成劳役地租，而应是一种氏族贵族对族内下层平民的徭役剥削。这两者之间是有区别的。马克思在《资本论》中谈到多瑙河各公国的情形时，正是将古代公社农民的徭役劳动与农奴制区分为两事的，他说那里的"徭役劳动很少是由农奴制产生的，相反，农奴制倒多半是由徭役劳动产生的"，只是由于"自由农民在公田上的劳动变成了为公田掠夺者而进行的徭役劳动"，才导致"农奴制关系随着发展起来"。[①] 同样的道理，我们似亦不好把商周时期众人、庶人在公田上的劳作与农奴劳动等同起来。从实际情况看，商周时期众人、庶人的劳动尽管带有被剥削的性质，但仍是作为公社成员在祭祀共同祖先的名义下在公田上进行的，尚不能说已发展成了农奴性质的劳动。并且其时真正的土地私有制亦未产生，因而把平民在公田上提供的徭役劳动解释成所谓的劳动地租，亦是说不过去的。

---

① 《资本论》第1卷，人民出版社1975年版，第265页。

至于将三代各种族结构中的族长解释成封建领主，在理论上也是困难的。限于篇幅，这里就不具体谈了。

那么，把三代说成是建立在亚细亚生产方式上的社会有什么不对呢？我们认为，作为一种与西方所经历的奴隶制和封建制不同的东方社会形态，所谓亚细亚生产方式主要有以下一些内容：一是农村公社在社会的普遍存在，二是农村公社基础上矗立着专制主义政府，三是专制君主对全国土地的最高所有权，四是广大臣民是专制君主的“普遍奴隶”，五是专制主义国家通过地租与赋税相结合的方式对广大民众进行剥削。这些内容在三代是否都具备了呢？我以为很难。如前所述，我曾经提出过我国战国时期已基本具备了亚细亚生产方式的特征，但在战国以前，这些特征似乎还未见成熟。最多只能说三代蕴含了某些亚细亚生产方式的因素，如建立在天下万邦基础之上的专制主义王权、众邦对王朝的无偿贡纳、王对“普天之下”国土和臣民的领有权，等等。但这些毕竟还构不成完整的亚细亚生产方式的图景。作为血缘组织的“邦”不是农村公社，“普天之下，莫非王土”并不意味着土地国有制，三代没有国家对民众普遍实行的授田制，“邦”下面的族众归邦君领有，尚未直接构成专制君主的“普遍奴隶”。总之，三代还不能说像战国以后社会那样具备了各项典型的亚细亚生产方式的特征。

既然在马克思主义创始人那里找不到现成的适合三代社会形态的术语，我们就只好根据史实，按照马克思唯物主义的基本原理，自行给三代社会形态一个适当的归纳。不久前我所参加的《中国大通史》的写作班子中，有学者主张将三代称作“宗法集约型家国同构的农耕社会”，而不再采取过去的“奴隶社会”的提法。这种探索精神当然是好的，其所作的归纳也不能说没有道理，但大家对这个称呼总感到不那么十分满意。其在一个“社会”前面加上好些限定语，本是想对这个社会的方方面面归纳得完善一些，却反而给人一种抓不住这个社会最本质特征的感觉。如前所述，一个社会最本质的东西，还主要应从社会经济结构方面加以考察。为此，我们当时就曾反复讨论，试图给三代社会（以及三代以后的社会）一个更准确而精练的社会形态的界定，惜最终未能如愿。

不过，在那以后，我倒一直在进行这方面的思考。由于去南开参加过两次研讨会（包括1999年那次“中国社会形态及相关理论研讨会”），使我想起了已故南开的著名史学家雷海宗先生，他当年也曾在古代社会形态问题上发表过许多独到而精辟的见解。在翻阅他的有关著述中，我重新注意到他倡导过的“部民社会”的提法。他在《世界史分期与上古中古史中的一些问题》一文中阐述说：

> 中国历史上有“部民”一词，指的是半自由身分的人民。日本在由原始社会向阶级社会转化时，借用了中国这个名词，称呼当时日本社会中由氏族成员转变出来的一种半自由身分的人民。我们是否可以考虑称铜器时代为“部民社会”？当时绝大多数劳动人民理论上仍为自由平等的氏族成员，实质上则只为半自由的人。我们姑且提出上面这样一个建议，希望将来能有更恰当的名称。[①]

查中国古代文献中的“部民”一词，确实是对由氏族社会向阶级社会转变过程中，或者是建立早期国家过程中众氏族部落基本成员的称呼。例如《魏书·神元帝纪》称北魏先世力微之时“德化大洽，诸旧部民，咸来归附”[②]。我国夏商周三代时期也是处于早期国家阶段，虽已建立了国家政权机构，但社会上各种族的组织（包括氏族或宗族、大家族）仍普遍尚存。现在学者一般称这个时期的大多数社会成员为“族众”，实际上，这“族众”就是部民。“部民社会”可以说概括了当时社会最普遍的人群结构的性质。那么，我们是否可以用“部民社会”来对三代的社会形态加以概括呢？我想，在目前没有找到更合适的对于三代社会性质的准确表述前，这个用语是可以考虑的，至少，

---

① 雷海宗：《世界史分期与上古中古史中的一些问题》，《历史教学》1957年第7期。

② 《魏书》卷1《神元帝纪》，中华书局1974年版，第3页。

比用上述几种称呼都要好一些。一则，“部民社会”一词反映了当时社会最广大的居民，或者说最主要的生产劳动的承担者的社会身份，这与“奴隶社会”“农奴社会”用作社会发展阶段的性质是一致的。并且，“部民”的身份又与氏族公社时期自由平等的氏族公社成员区别开来，从而避免了把夏商周与原始社会混为一谈，使人们把对三代社会的理解限定在早期国家这个特定的时间范围内。再则，这个词虽然不见于马克思主义经典著作，但却见于我国古代文献，同时又有国外借用这个词汇来表达与中国三代同一社会发展阶段的先例。总之，使用“部民社会”这个词汇来描述三代社会性质是有一定道理的。当然，我们目前只是考虑使用这一名词给我国夏商周三代社会形态定性，是否可以像雷海宗先生的建议那样，称呼整个人类社会的铜器时代为“部民社会”，那是需要进一步考虑和研究的问题。

[原载《河南大学学报》(社会科学版) 2003 年第 4 期]

中国古代社会形态问题的新一轮讨论及其前瞻

众所周知，已故著名史学家雷海宗先生曾经在古代中国社会形态问题上有过许多独到而精辟的论述。借着对先生一百周年冥诞纪念的机会，我想就此问题的研究在当前进展的情况谈点个人的感受，也算作对先生的一点追念。

当前中国史学界正兴起新一轮社会形态问题的讨论，已有不少这方面的著述涌现。1999 年下半年，《历史研究》编辑部同南开大学联合举办了“中国社会形态及其相关理论问题学术研讨会”，2000 年第 2 期《历史研究》在刊登部分与会学者撰写的笔谈时发表编者按指出，当前，“对于涉及中国历史发展中的社会形态及其相关理论问题再做反省和研究，已经重新引起越来越多学者的关注和重视”。为什么中国社会形态问题会再度引起学者的关注？正在兴起的这次中国社会形态问题的讨论有什么新特点？又有什么问题？今后一段时间的走向如何？针对这些问题，本文提出一些看法，与大家共商讨。

一

何以现在会有越来越多的人起来重新探讨中国古代社会形态问题，并对有关理论“再做反省和研究”？一个看得最清楚的背景便是，过去长期进行的中国古史分期讨论没能解决对中国古代社会的认识问题。那场旨在划分所谓中国奴隶社会与封建社会在什么时候分界的讨论不仅没有得出任何结论，却反而使许多人连中国古代是否有过一个奴隶社会也画起了问号。还有一些人对中国古代是否经历过像西欧那样一种封建社会也表示了怀疑。既然中国古代不像过去人们所说的那样是一个奴隶社会，接着又是一个封建社会，那么中国古代是一个什么性质的社会呢？最有意思的是，曾经参加过以前古史分期讨论的一些老先生，包括几种分期说的代表，也纷纷表示对于旧说的放弃。他们有的经过深刻的反思后，“觉今是而昨非”，转而提出自己的关于古代社会形态和分期的新说。可以认为，目前这场古代中国社会形态的讨论实意味着传统的中国古史分期讨论的终结，是对旧的古史分期的命题否定之后引发出的新一轮对中国古代社会的理论思考。

促使大家进行新的理论思考的另一个直接原因，是近年来相关基础研究和实证研究所取得的进展。党的十一届三中全会以来，历史研究在党的实事求是路线的指引下，破除教条主义和诸般禁忌，在许多具体历史问题的认识上取得了突破。例如先秦史研究中的商周社会血缘组织结构、商代人祭人殉的性质；土地制度研究中的战国授田制和爰田制的性质、均田令下的唐初土地占有情况；中古社会结构中的农民与地主阶级的构成，尤其是农民中自耕农所占比例；还有中国古代赋税制度、商品经济的特点等，所有这些与古代社会形态直接有关的问题，都有了新的研究成果。特别值得一提的是，近年开展的社会史研究，这项在“文化大革命”前不那么受重视的研究领域，经过学者们的钻研，取得了很大成绩，那里面就包含了不少与古代社会形态密切相关的诸如各时期社会中的阶级、阶层、社区、社团组织等研究内容。这些基础研究与实证研究所取得的成果需要总结，更需上升到理论高度，史学研究工作者自然也从具体研究的成果中受到启发，从而突破旧的理论框架去进行长时段中国社会形态的宏观构思。因此，从某种意义上说来，目前兴起的这场对于中国古代社会形态的重新思考，不过是新时期历史研究的一次总结。

还有一个与现实密切联系的背景，那就是为着更好地认识当今社会及各种复杂的社会现象。当今的中国，是历史上中国的发展和继续。

认识中国的昨天，实际是为了更好地认识今天。20 世纪 30 年代中国社会史大论战，起初也是从对当时中国社会性质的争论引发的。现在提出对中国古代社会形态重新认识，自亦包含着对当今中国社会及其历史文化渊源进行深层了解的意思。改革开放以来的中国，无疑发生了巨大的变化，怎样估价这场改革开放的重要意义？为什么一定要搞改革？另一方面，我们提出建设有中国特色社会主义的口号，这里面，坚持社会主义的依据是什么，“中国特色”的依据又是什么？凡此，恐怕都离不开对以往中国社会的认识。前一阶段兴起了所谓“文化热”，大家一齐来比较中西文化，研究传统文化与现代文化，至今方兴未艾。实际上，文化只是观念形态的东西，传统文化的根基乃在于传统社会结构，认识中国传统文化仍离不开对中国古代社会形态的分析。鉴于当前变革的深刻性与复杂性，人们对各种事物的认识难免众说纷纭，可以预料这场对于古代中国社会形态的讨论也一定会持续深入，也更加异彩纷呈。

二

当前重新开展的对于中国古代社会形态的讨论有什么特点呢？

纵观各方面的意见，一个最重要的信息，是大多数学者都抛开了按“五种社会形态”的模式来解释中国历史的做法，尤其是否定了中国存在过奴隶社会这个“五种社会形态”说中最重要的一环。尽管还有少数人在那里不肯甘休地重复着旧说，但在真正从事基础性研究的学者中间，“五种社会形态”说犹如流水落花，人们大多转入了新一轮对中国社会形态的理性思考。[①] 另一个重要信息是，在按照各自理论对中国古代社会进行解说或划分历史阶段时，各家都十分强调“中国国情”“中国特色”，也就是中国历史发展不同于西方发展道路的特色。对于所谓“五种社会形态”（或曰“五种生产方式”），不少学者直言

① 参阅叶文宪《古史分期新说述评》，《中国史研究动态》2000 年第 1 期。

不讳地指出那是按欧洲的历史经验提出来的，以此斧削中国历史，并不适宜。大家纷纷从各自研究领域出发对中国古代社会结构不同于西方之处列举出许多例证，既有上古时期的，也有中古时期的。有学者更直接将这些历史差异与当今中国发展道路的选择联系起来。这些论点，都是为以往讨论所不及的。

其次，在对中国历史特殊发展道路进行理论归纳时，马克思曾经反复强调过的“亚细亚生产方式”（或曰亚细亚社会形态）理论再次引起了学者的关注与思考。不过，目前学者对于亚期亚形态的理解多不同于过去。在“五种社会形态说”盛行时，人们多把“亚细亚生产方式”归于“五种社会形态”中的一种，或者说成是其中一两种社会形态的“混合”或“变异”，而现在，学者则敢于直言它是“五种社会形态”之外的一种独立的社会形态，是与西方所经历的奴隶制与封建制形态同时并存的一种“东方的”社会发展形态。这就是近时人们时常提起的“一元多线”的发展观。主张这种观点的，除人们熟悉的胡钟达、吴大琨、罗荣渠等著名专家外，还有一些从事比较文化和发展理论研究的学者。这种对于亚细亚形态的理解与一元多线历史观，当然是与探讨中国社会形态有关的，这也构成了新的理论探讨的一道风景。

表面上看，上述观点与20世纪30年代中国社会史论战时期老一辈马克思主义史学家的主张都正好相反。如20世纪30年代马克思主义史学家都主张按“五种社会形态”来解释中国的历史，尤主张中国有过一个奴隶社会阶段；对于谈论“中国国情”，郭老则径直斥之为“民族的偏见”，主张“中国所组成的社会不应该有什么不同”。[①] 至于对马克思的亚细亚生产方式理论，除当时苏联理论界有部分人发表过类似今日学者的言论外，在中国老一辈马克思主义史学家及其对立面那里，几乎都是反对这种解释的。那么，应当怎样认识这种现象呢？是否可以认为今天人们对中国古代社会形态的认识是一种倒退，或者

① 郭沫若：《中国古代社会研究・自序》，人民出版社1954年版。

竟如个别人所宣称的，是20世纪30年代反马克思主义思想派别的“各种沉渣的泛起”呢？我们认为不能这样表面地看问题。当前对于中国社会形态的讨论，就其主流来说，不是倒退，也不是对马克思主义社会形态的否定，恰恰相反，是对马克思主义社会形态理论的尊重；其对中国古代社会形态的认识，亦是站在更高层次上运用马克思主义理论对中国古代社会的深入分析，是一种“否定之否定”。当年郭沫若等老一辈马克思主义史学家从宣传马克思主义的普遍适用性出发，论证中国同资本主义发祥地的欧洲同样经历了由氏族社会、奴隶社会、封建社会到资本主义社会的发展过程，为此，他们曾对那些以“中国国情不同”为由反对“五种社会形态”说的人们展开过批判，这在当时是无可非议的。但是，从实事求是的观点出发，我们也应当看到，老一辈史学家毕竟是初次涉足马克思主义，当时许多重要的马恩著作又未介绍到中国来，因而他们对马克思主义历史观的理解难免肤浅，也难免带有主观性和片面性。正如学者所指出，他们在强调马克思主义的普遍适用性的同时，往往“走向完全否认中国国情，否认中国历史确有特殊性的一面的极端”，[①] 这就造成了以后中国历史研究，尤其是有关中国社会形态研究长期忽视中国历史特色，忽视中国国情的错误倾向。今天，我们在尊重老一辈的重要贡献的同时，起来纠正这种倾向；在对马克思主义社会形态，包括他的东方社会形态理论全面理解的基础上，结合中国历史实际，对古代中国社会形态作出更加科学的界定，应是十分必要的。我们并且认为，在当前建设有中国特色社会主义方针的指引下，我们的历史研究应当更加强调研究中国的国情，强调世界各民族多元化的历史文化，强调我们今天的发展道路是基于自己历史文化的选择。在这种形势下，提倡认清中国历史发展道路不同于西方的特色，无疑是对人们的认识有裨益的。

---

① 王学典：《从强调“一般”到侧重特殊——40年代后期中国历史学的动向之一》，《史学理论研究》1992年第4期。

三

当前社会形态的讨论既有许多值得肯定的东西；也存在着一些问题，需要提请大家注意并加以解决。

一是目前仍有部分学者表现出对于社会形态研究的淡漠，或企图回避这个问题。长期的古史分期讨论未能就中国历史上的社会形态及其分期问题达成一致意见，使许多人转而埋头从事具体问题的考证和实证研究，流风所及，部分学者认为再从事有关社会形态的研究是无济于事的空疏之举。

这种状况，实际是和近年来整个史学界理论研究的沉闷分不开的。因为旧的史学理论体系失去了生命力并导致一些历史问题成为无法解开的死结，遂怀疑所有理论探讨的价值，否认理论研究对于具体问题研究的指导意义，这是目前史学界值得注意的一种倾向。这种倾向已经影响到我国历史学的健康发展，亟须加以解决。我们认为，社会形态理论是历史学的基础理论之一，没有科学的社会形态理论作指导，就难以把握整个历史发展的进程。即使是一个时期的社会政治经济格局，也必须在一定的社会形态理论框架下才能说得清楚。因为自己缺乏信心，企图回避社会形态问题，实际是办不到的。我们应该相信，在破除了教条主义和公式化的束缚以后，依靠科学的马克思主义社会形态理论作指导，紧紧结合我国历史实际，充分吸收近年实证研究和基础研究的成果，学术界是可以就我国古代社会研究的一些基本问题达成共识的。

另一个同样显示消极的做法是，在给中国历史划分阶段时，避开使用社会形态的术语，而仅使用诸如“上古”“中古”之类表示时间远近的词汇。这种做法，未免使人有某种理论欠缺的感觉。不是说使用“上古”“中古”这类字眼不可以，而是说在划分“上古”“中古”这些长时段的历史阶段时，仍应给各时段历史以总体性质的界定，应明确指明它们的社会形态。虽然我们不赞成过去教科书上按“五种社会形态”对中国历史进行的划分，但对其各历史阶段都明确指明它们属于某某社会，或进一步指明它是某某社会的初建时期、发展时期或衰亡时期，这种做法，还是值得肯定的。因为它给人们一个对各历史阶段的总体把握，比单纯按时间或朝代顺序为各历史阶段命名为好。或许使用时间顺序对历史分期的学者也有一个对各时段历史的基本看法，但你不去做这种理论的归纳，仍然是不够的。

最后，便是如何对中国古代社会形态进行归纳的问题了。目前，在摆脱了传统的“五种社会形态”说的人中间，对中国古代社会形态的归纳及其时间的划分，可以说是“百花齐放”，没有一个统一的标准。多数人仍按社会经济形式做标准。这里面，除原来的“五种社会形态”说以外，有将奴隶社会砍下来，仅将中国古代分作“氏族封建”“宗法封建”“地主封建”三个阶段的；亦有将“亚细亚生产方式”当作一种东方特有的社会形态，并将中国纳入这种社会形态的。有人称之为“四形态说”，或“六形态说”，无论何说，这些都是以社会经济形式作标准衡量一个社会属于什么形态的观点。此外，有按政体形式归纳中国古代社会形态的，如有人划分中国古代为“古国”“王国”“帝国”（或“古国”“方国”“帝国”）三个阶段，即是。也有人试图按马克思所说的人的发展状况，即按“人的依赖关系”“物的依赖关系”“人的全面发展”为特征的“三形态”来解释包括中国在内的世界所有地区的社会的变迁。还有按生产力及技术发展水平的“三形态”来做上述划分的。最近一些学者编撰的《中国大通史》则将中国古代划分为“宗法集耕型家国同构农耕社会”与“专制个体型家国同构农耕社会”两个阶段，此可称作政治经济综合类的社会形态的划分。还有一些别的说法。总之，各种新说层出不穷。这反映了人们挣脱传统束缚之后的思想的解放。然而这种状况毕竟给人以杂乱无章的感觉，需要人们统一认识，确定讨论的前提。我个人认为，社会形态主要还是指的社会经济形态，也就是说，社会的经济形式最能揭示一个社会的本质，也最具有不同社会的可比性。当年马克思、恩格斯也主要是按社会经济形态为标志去划分不同的社会发展阶段的。马克思的“三形态”说固然亦是真理，对我们认识当今中国社会所处的发展阶段，以及认识当今中国社会的转型，都具有指导意义。但所谓“以人的依赖关系”为特征的社会发展阶段所包含的时间和空间范围十分广大，在此范围内还可以对不同地区和不同时间段再划分出若干种社会经济形态来，因而我主张在当前的中国社会形态问题讨论中，大家还是集中精力先弄清我国历史上的社会经济形态为好。

四

研究中国历史上的社会经济形态，总得要有个理论指导。在当前，无论就我们所处的历史条件来说，还是就摆在我们面前的各种理论、学说的科学性、系统性来说，我想这个理论只能是马克思主义。而在马克思主义有关社会形态的理论中，已经判明所谓“五种生产方式”只是对西方所经历的历史的归纳，那么，指导我们认识中国古代社会经济形态的，只能是马克思和恩格斯的东方社会理论。如果要展望今后社会形态理论讨论的发展趋势的话，我想应当是马克思主义的东方社会理论在中国的发扬光大。

马克思、恩格斯有关东方社会的理论，具体到古代社会范畴，主要就是他们的“亚细亚生产方式”理论。在马恩著作中，有关“东方的”、古“亚细亚的”论述可以说随处可见，我们完全可以用这些理论来指导我们对古代中国的研究。现在一些人似乎不太愿意谈“亚细亚生产方式”。几年前，有人称马克思的“亚细亚生产方式”理论是横插在中国历史上的“一把刀子”，“纯属揣测之辞，无任何事实作依据”。[①] 也有人认为马克思提出的亚细亚生产方式“是一个未经深思熟虑，不太精细，本身定义边界比较模糊的概念”；认为历来围绕亚细亚生产方式的诸多争鸣，以及一些西方学者围绕这一概念别有用心的大做文章，都与马克思本人对亚细亚生产方式的研究不够直接有关。

---

① 田昌五：《中国古代社会的真象与亚细亚形态的神话》，《史学理论研究》1995 年第 2 期。

如果只是担心西方学者利用亚细亚生产方式问题作别有用心的文章，那么这种心情是可以理解的，但由此归咎到马克思对亚细亚生产方式的研究本身不成熟，未曾深思熟虑，这就值得商榷了。假如说马克思在1859年开始提出“亚细亚生产方式”这一概念时尚对此概念阐述不够充分的话，那么，在那以后马克思在写作《资本论》第3卷时，以及在他的晚年对东方国家进行的一系列研究中，其对“亚细亚的”或“东方的”社会的一系列论述，就表明他对东方社会形态的看法是相当成熟且始终如一的了。

谈到学术界围绕亚细亚生产方式的诸多争论，我们认为，这也不能归结到马克思对此命题的概念不清，而主要是亚细亚生产方式理论与东方社会及中国社会息息相关的缘故。试看当今人们争论的东西方社会是否具有不同的发展道路、东西方历史文化差异，以及我国当今发展道路的选择之类令人感兴趣的问题，哪一件不与亚细亚生产方式理论有关？仅仅对于中西文化的比较，历来就发生过无数次争论，而其中好几次争论都伴随着亚细亚形态问题的讨论，这难道是偶然的吗？

实际上，如果抛弃纯粹概念的争论，马克思、恩格斯有关亚细亚生产方式理论的基本内容应是明确的，且为大家所熟悉并基本认定了的，不存在定义不清的问题。人们过去对此问题的认识分歧实主要是由于要把它塞进“五种社会形态”的框架中造成的，塞不进却要硬塞，自然歧义百出。如就马克思、恩格斯对东方社会的基本估计来看，不仅概念清晰，且基本符合古代东方，包括古代中国社会的实际。至少比用“五种社会形态”中的奴隶制、封建制来规范中国古代社会要更合适得多。例如专制主义、国家对土地的最高所有权、“普遍奴隶”亦即所有臣民对君主专制国家的依附关系、租赋合一、村社结构、专制主义国家对人力物力大规模控制、农业与家庭小手工业的牢固结合，等等，都大体上符合中国的国情，而用奴隶制或封建制，是很难将这些内容包括进去的。

当然，说马克思的亚细亚社会形态“大体上符合”中国古代的情形，也意味着有某些局部不那么符合。如学者所言，马克思、恩格斯心目中的“亚细亚”或“东方”，实包含了十分广阔的地域，除中国、印度、两河流域、阿拉伯、古代波斯、土耳其、爪哇外，还有古埃及、俄罗斯、摩尔人统治下的西班牙，等等，这么多地方的古代民族，除有着基本共同的“亚细亚”特征外，当然还有千差万别的不同历史背景，马克思、恩格斯所描述的亚细亚社会的各项特征，自然也不会与每一个亚细亚国家和地区的情况那么丝丝入扣的。马克思不是神，他不可能有那么多时间和精力去仔细研究每一个民族或国家的历史，他有关亚细亚社会形态的概括也可能有不尽完善的地方，但是，我们绝不可以抓住这些个别不完善或与某个地区稍有出入的地方去否认马克思对整个东方的基本估计。我们提倡的，只是遵循马克思、恩格斯对东方社会不同于西方历史发展的基本估计，用这个基本估计作指导去研究中国古代的历史。

同时，我们还要指出，提倡用马克思的东方社会理论或亚细亚生产方式理论作指导研究我国历史，并不是只要给中国古代加一个亚细亚社会形态的帽子就算完事了。我国进入文明社会到近代数千年间，实经历过不同的社会形态，每个历史阶段的社会政治经济结构都显示出不同的特点。对于这些，还需要我们在马克思社会形态理论的指引下，深入研究，根据实际情况，认真加以总结。

（原载《雷海宗与二十世纪中国史学——雷海宗先生百年诞辰纪念文集》，中华书局 2005 年版）

从不同文明产生的路径看中国早期国家的社会形态

中国早期国家即我国历史上的夏商周三代。长期以来，有关这个时期的社会形态作为史学研究的一个重要课题，一直受到人们的广泛关注。因为这个时期中国才始由原始社会进入文明社会，其社会形态的论定，关系到对以后中国社会演进方向的认识。坚持中国按所谓“五种社会形态”依次演进的学者从概念出发，认为中国早期国家阶段属于奴隶制社会，并认为自己这种坚持就是在坚持马克思主义的社会形态学说，是在维护人类共同的历史发展规律；反对者则从对具体历史的考察出发，认为夏商周三代没那么多奴隶，构不成所谓奴隶社会，中国无奴隶社会乃是对中国历史合乎实际的实事求是的解答。双方的争论持续多年，最近似又有加剧之势。笔者亦曾致力于中国古代社会形态的研究，有人把我划入中国无奴派的范畴，实际上“中国无奴隶社会”并不能概括我有关认识的全部内容，也不能回答论者对于我提出的所有问题。为了更好地阐明自己的观点，我想换一个角度，从马克思主义有关人类文明产生的论述谈起，从源头上来看各地区奴役与压迫制度的产生是否走的都是同一条路径，即奴隶制产生的路径。如果不是，那么中国古代文明亦即中国古代奴役与压迫制度的产生到底走的是哪一条路径，以及按照这条路径走下去的早期中国应当是一种什么社会形态。

一 两条不同的文明产生的路径

在马克思主义以及当代人类学者的语汇里，“文明”与“国家”实际上是一个概念，“国家是文明社会的概括”①，文明的产生意味着国家的形成。而按马克思主义的常识，国家又不过是一种阶级压迫的工具，因而文明即国家形成的过程，也就是阶级压迫关系产生的过程。那么，古代世界各地区阶级与阶级压迫关系产生的路径是否是一样的呢？回答是否定的。根据马克思主义理论，各地区阶级压迫关系的产生应当有两条不同的路径，恩格斯的《反杜林论》对此有明确的论述。在这部重要的马克思主义经典著作里，恩格斯将阶级压迫关系或换言作“统治与奴役关系”，他称这种统治与奴役的关系是通过两条道路产生的。其中第一条道路，他是这样叙述的：

> （在许多民族的原始农业公社中）一开始就存在着一定的共同利益，维护这种利益的工作，虽然是在全社会的监督之下，却不能不由个别成员来担当：如解决争端；制止个别人越权；监督用水，特别是在炎热的地方；最后，在非常原始的状态下执行宗教职能……这些职位被赋予了某种全权，这是国家权力的萌芽。②

这里提到的“原始农业公社”，可以大致笼统地比作古代从事农业生产的氏族部落，或现时中国学者习惯称呼的“族邦”，或一些中外学者理解的“酋邦”。恩格斯认为：在这些原始共同体内，有一些维护或管理共同体整体利益的职务，这些职务不得不由个人来承担。这些负有管理职责的人员（他们应是氏族部落中各级领袖人物）一开始充当的角色，显然具有社会“公仆”的性质（社会“公仆”的称呼见下引

① 《马克思恩格斯选集》第4卷，人民出版社2012年版，第193页。

② 《马克思恩格斯选集》第3卷，人民出版社2012年版，第559页。

恩格斯文），但由于这些职位被赋予了某种全权，因而也可以视作国家权力的萌芽。这种萌芽当然还要继续生长，恩格斯接着说：由于生产力的提高和人口的增长，使这些单个的公社集合为更大的整体，并导致建立新的机构来保护共同利益和反对相抵触的利益：

> 这些机构，作为整个集体的共同利益的代表，在对每一个公社的关系上已经处于特别的、在一定情况下甚至是对立的地位，它们很快就变得更加独立了，这种情况的出现，部分地是由于职位的世袭……部分地是由于同别的集团的冲突的增多，使得这种机构越来越必不可少了。在这里我们没有必要来深入研究：社会职能对社会的这种独立化怎样逐渐上升为对社会的统治；起先的社会公仆在情况有利时怎样逐步变为主人……在这种转变中，这种主人在什么样的程度上终究也使用了暴力；最后，各个统治人物怎样结合成一个统治阶级。①

这里谈到，各单个的公社由于有了共同利益，并为了保卫这种共同利益和反对相抵触的利益而结成更大的整体（大致相当于现时学者所说的族邦联盟或酋邦联盟），这些更大的整体当然又有了新的机构作为整个联合体的共同利益的代表。由于它们处在各单个的公社之上，处理着更大范围的事情（例如同其他部族集团的冲突，包括战争，或者更大规模的水利事业的修筑等），使得它们原有的管理职能逐渐发生了“独立化”的倾向。这种倾向的进一步发展，更形成为对社会的统治，于是，原本是为维护共同体集体利益的机构变成为凌驾于各单个公社之上的权力机构，原本的社会“公仆”也变成了社会的“主人”，也就是压在公社其他各阶层人员之上并可以对他们使用暴力的统治者阶级。

至于另一条统治与奴役关系产生的路径，即一般教科书所说的奴

① 《马克思恩格斯选集》第3卷，第559页。

隶制关系产生的路径，恩格斯也对之作了很好的描述。他称：原始公社内农业家族自然形成的分工首先要引起贫富分化，以及旧的土地公有制的崩溃并让位于各个家族的小块土地耕作制；当生产力水平发展到人的劳动力所生产的东西超过了单纯维持劳动力所需要的数量时，一些富裕家族就会利用战争中获取的俘虏来充当这样的劳动力，强迫使用他们的劳动以获取剩余价值，这样就出现了奴隶制，并且这种制度会很快在那些超过旧的公社的民族中，发展成为占统治地位的生产方式。①

这样两种不同的统治与奴役的关系是否可以混为一谈，或者可以像过去一些人那样，把前一种统治与奴役的关系也混称作“奴隶制”关系呢？笔者以为是不可以的。至少，恩格斯便没有把这两种统治与奴役的关系混作一谈。因为这二者之间的区别是那样的鲜明。按照现在研究奴隶制问题的专家的说法，奴隶制是建立在对原始共同体以外的人员，亦即对在战争中抓获的外族俘虏的奴役压迫基础之上的，而前一种统治与奴役关系则是建立在原始共同体内部成员阶级分化基础之上的。就前一种统治与奴役关系而言，那些作为统治者与压迫者的社会的“主人”原本只是共同体的上层管理人员，或者就是共同体各血缘组织的首领及其近亲，而沦为被剥削与被压迫者的劳苦大众，原本就是普通的公社组织的下层人员，是与各氏族贵族或氏族首领血缘关系疏远的下层平民。这样一种贵族对平民的剥削压迫关系是没有任何理由被说成奴隶制的。

从恩格斯的论述中还可以体会到，上述两种统治与奴役关系的产生一样的历史悠久，并且前一种统治与奴役关系发生的范围似乎更为广泛。有学者认为：古代独立发展的各氏族部落内部，在原始氏族社会末期出现得最早的剥削形式都是奴隶制。② 这显然是不符合恩格斯《反杜林论》有关论述的精神的。恩格斯没有列出哪些地方的文明是由

---

① 《马克思恩格斯选集》第3卷，第560页。

② 廖学盛：《奴隶占有制与国家》，北京大学历史系编：《北大史学》第2辑，北京大学出版社1994年版，第135页。

社会“公仆”到社会的“主人”这样一条统治与奴役关系产生的路径发展而来的，他只提到这种“社会的主人”包含有“东方的暴君或总督”，也包含有“希腊的氏族首领”和“克尔特人的酋长”。笔者认为，所谓“东方的暴君或总督”应该就是古代东方文明古国的专制君主，“希腊的氏族首领”和“克尔特人的酋氏”的产生既与他们同时，则应是古典之前西欧地区暨古代希腊部落集团的首领。按照马克思和恩格斯的理解，远古欧洲在进入奴隶社会之前，也一样经历过与亚洲类似的部落社会结构的。从这个角度来看马克思、恩格斯的社会形态学说，也就能够理解他们为什么将“亚细亚的”置于“古代的”社会形态之前了。

二 中国古代文明产生的路径与夏代国家的建立

中国古代文明的产生，无疑也是走的恩格斯所指出的头一条统治与奴役关系产生的路径，即社会的统治者阶级（社会的“主人”）是由原始公社各个血缘集团的首领（社会“公仆”）发展变化而来的这样一条路径。不容否认，我国原始氏族社会的后期已经出现了社会分化，出现了财富占有不均和社会地位的不平等，有了富裕家族和普通贫困家族的区别。但是，那些富裕家族的家长却实在都是些氏族部落的首领，或他们的近亲。以后各个部落联合而成的更大集团（部落集团、族邦联盟）的领袖人物一开始的情况也是这样的。对于这种状况下的各个共同体的首领及其职事人员，我们还可以把他们归纳为社会“公仆”的范畴，因为直到国家产生前，他们在很大程度上都还是在为共同体的利益执行着管理者的任务。试看古代文献对那些传说中的“圣贤”的描述：

> 黄帝能成命百物，以明民共财，颛顼能修之，帝喾能序三辰以固民，尧能单均刑法以仪民，舜勤民事而野死，鲧鄣洪水而殛死，禹能以德修鲧之功，契为司徒而民辑，冥勤其官而水死，汤

以宽治民而除其邪，稷勤百谷而山死……（《国语·鲁语上》）

这些圣贤实际上都是部落或部落联合体的首领，文献记他们对共同体各种事务的管理是那样的尽心尽责，恪尽职守，以至于不少圣贤都死在他们所任职务的任上，这显然符合原始共同体社会"公仆"的形象。然而，曾几何时，他们中的一些人或他们的后嗣子孙的身份却发生了变化，变成了凌驾于普通民众之上的专制君主，也就是社会的"主人"。这种变化的原因，想必不可用他们个人品质的优劣或致力于道德修养的勤惰来加以说明，而是如恩格斯所指出的，由于他们所承担的管理职能所发生的对于社会的"独立化"倾向所致。用现在的话说，即是他们的权力本身被"异化"的结果。

这里看得最清楚的莫过于我国历史上第一个专制王朝——夏的产生。传说夏代以前，中国还经历过一个由"五帝"统治的时期。但所谓"五帝"，实不过是上古各地方一些部落或部落集团的首领。文献称那时的中国尚处于一个"天下万邦"的政治局面，"邦"实只是一些氏族部落的称呼，或如近时一些人类学者所说是一些酋邦。夏应当便是在古代一些近亲氏族部落或酋邦联合的基础上产生的。而其产生的过程，即如恩格斯所言，经历了一个部落集团的上层管理人员由社会"公仆"蜕变为社会的"主人"这样一条统治与奴役关系产生的路径。

这要从我国历史上长期流传的禹治洪水的故事谈起。从各方面的情况看来，禹治洪水传说当有其真实的历史素材，过去一些疑古人士笼统地怀疑它是不对的。作为禹所领导的部落，夏后氏原本居住在古河济之间，并以位于这个地区中心的帝都濮阳为其首邑。[①] 那个时候，以濮阳为中心的这个地区及其附近由于气候环境的变迁，已变成十分

① 关于夏后氏的起源与夏代历史地理问题，过去王国维曾提出"夏自太康以后以迄后桀，其都邑及他地名之见于经典者，率在东土，与商人错处河济间盖数百岁"的观点，以后杨向奎又曾写过类似主张的文章。笔者在他们二人的启发下，自20世纪90年代初亦曾作过系统研究，尤其是从考古学角度指出早期夏人确实是居于古河济之间的古老部族。这个问题可参阅笔者《夏族兴起于古河济之间的考古学考察》（《历史研究》2007年第6期）等文章。

适合人类居住的地域。这里地处一望无际的黄河中下游平原，河流纵横，湖泊遍布，土质肥沃而疏松，物产丰富，交通便利，且处于各个文化区中间的位置，最能吸引四周居民来这里垦殖与居住。而根据历史记载，那时也确实有许多氏族部落迁来此处，使这里留下许多著名氏族部落的足迹，例如尧、舜、禹的部落，秦、赵氏族祖先伯益的部落，以及楚人祖先颛顼和祝融的部落，等等。然而由于这里处于中国中部太行山与东部泰山两个高地之间的平原低洼的地势，又往往极易发生洪涝灾害，这就迫使人们要付出极大的艰辛来对付这种灾害，以解决低地人们的生存与发展问题。禹应该就是领导当地部落人群治理洪涝灾害的一位部落联合体的首领，或众多领导人们治理洪水的部落首领的集合性的人物。

文献记载中的禹，原本也是一位勤于为民的社会“公仆”，孔子称他“卑宫室而尽力乎沟洫”（《论语·泰伯》），孟子说他为治水“八年于外，三过其门而不入”（《孟子·滕文公上》），韩非子更说他“身执耒臿，以为民先；股无胈，胫不生毛，虽臣虏之劳不苦于此矣”（《韩非子·五蠹》）。但是，由于治水需要长时间、大规模地集中人力物力，要对各部落人力物力进行调配、指挥和统一管理，在这个过程中，禹难免要利用联合体赋予自己的职权对各族邦施加更多的影响，甚或强制、干预。然而这样一来，就势必使原来较为松散而缺乏约束力的联合体发生性质的变化，促使联合体的领导机构发生权力集中的倾向，并逐渐凌驾于各个氏族部落之上，以致最终过渡到把各部落沦为自己臣属的具有专制主义性质的权力机构。而禹则因长期担任领导治水的职务，在众氏族部落中树立了自己及自己家族的权威，由原来的夏后氏（原称有崇氏）部落的首领，继任为部落联合体的首领，再发展成为君临众氏族部落之上的拥有世袭权力的夏代国家的君主。

根据史籍，禹之获得对部落联合体的支配，还得力于他指挥众部族结成的军队对敌对的三苗族进行的战争。这种以维护联合体共同利益为号召的战争，当然也有利于他集中联合体下属各个部落的人力物力，同时，由于战争的胜利，也有利于提高禹及其家族的威信。

现在，学术界普遍承认夏是我国文明社会出现的第一个王朝，同时也不否认禹治洪水在我国历史上造成的深远影响，然而在谈到夏代国家的形成时，不少人却不愿意把它与禹治洪水的事情联系起来。笔者认为，这则深入人心的古代传说的意义是不好被轻轻带过的。昔日考古兼古史学者童恩正先生说："虽然我们不同意卡尔·威特福格尔过分强调水利的需要性的意见，但是从大量的历史记载来看，中国的第一王朝——夏王朝的建立，确实与水利有密切的关系……从史实看来，中国国家权力的形成，极可能与防御和集体的水利事业有关，亦即与控制集体劳动的人力有关，而与土地所有制没有直接的关系。"① 笔者认为童先生的分析是符合上述恩格斯论述的精神的。

这里恐怕还要回答一个学者可能提出的质疑：你上面说的，到底是中国古代阶级压迫关系产生的问题，还是国家产生的问题？这两个问题难道是可以混为一谈的吗？是的，对于中国早期国家而言，这两个问题确实可作为一个问题来加以认识。不仅对于中国，对于其他走的是恩格斯所指出的第一种统治与奴役关系产生路径的国家和地区来说，都可以这样认识。也就是说，恩格斯在《反杜林论》中所讲的，既是两种阶级压迫关系产生的道路，也是两种不同性质的国家产生的道路。尤其是对前一种阶级压迫关系产生路径的分析，这样的意思更为明显。他说这些地方原始农业公社中为维护某种共同利益而设立的职位"被赋予了某种全权，这是国家权力的萌芽"，说由社会"公仆"变成的社会"主人"们结成为一个统治阶级，这种统治属于"政治统治"，都可以理解为是在讲这些地方国家形成的问题，当然也是在讲这些地方阶级关系形成的过程。直到 1890 年，恩格斯在致康·施米特的一封信中还说："社会产生它不能缺少的某些共同职能。被指定执行这种职能的人，形成社会内部分工的一个新部门。这样，他们也获得了同授权给他们的人相对立的特殊利益，他们同这些人相对立而独立起

---

① 童恩正：《中国北方与南方古代文明发展轨迹之异同》，《中国社会科学》1994 年第 5 期。

来，于是就出现了国家。”[①] 可见，恩格斯一直坚持自己的观点，即原始公社某些社会职能的执行者可以通过自己权力的“独立化”变成与社会相对立的统治者集团，同时导致国家的出现。实际上，恩格斯的这个论断正好点到了古代中国乃至整个古代东方社会形态的一个要害，即它们的亚细亚生产方式的特征。

三 夏商周三代的社会形态问题

迄至今日，在从事古史研究的学者中，认为中国古代有过一个奴隶社会的人可以说是越来越少了。因为史实表明，在整个中国上古及古代初期，作为社会主要生产者的广大贫苦百姓，无论是商代的“众人”，还是西周春秋时期的“庶人”，乃至战国秦汉时期的编户小农及小手工业者，都不是什么奴隶。中国古史学界的这个倾向连史学界以外一些从事历史唯物主义哲学研究的学者也不得不认真面对了，但是他们却仍然坚持所谓“五种社会形态”的依次演进是人类社会发展的规律。我想这些先生的坚持是持续不了多久的，因为他们的观点不符合历史发展的逻辑。他们忘记了古代中国属于人类少数几个早期原生的文明，忘记了我们的文明是在东亚这片广阔的地域自然生长发育起来的，并在以后的历史发展中未曾中绝，因而我们的道路很大程度上便反映了人类社会发展的规律。如果说中国古代未曾经历过奴隶社会，那就很难说“五种社会形态”的依次演进是人类历史发展的规律。实际上，中国古代文明发展的道路并不特殊，世界许多文明民族走的都是如同中国这样的发展道路，倒是经历了奴隶社会的古希腊罗马那段时期的历史有点“特殊”。

鉴于这种情况，目前一些仍旧致力于中国早期国家即三代社会形态研究的学者已不再停留在这个时期是否奴隶社会的争论上了，大家所关心的，乃是用一个什么样合适的政治经济学术语来给三代社会重

---

① 《马克思恩格斯选集》第 4 卷，第 609 页。

新定性。据笔者了解，学者们已经给出了多种有关三代社会形态的新说，有将它归于马克思所说的亚细亚社会形态的，有将它归入封建社会的，也有称之为“世袭社会”的。在笔者前一段时间参与其事的《中国大通史》的写作班子中，“导言”部分的作者称中国的三代为“宗法集耕型家国同构的农耕社会”。还有一些别的说法。这些，自然都表现了学者勇于探索的精神，不过也都多少有可商之处。这里只想对有较多人们采取的“封建社会”说发表一点看法。

笔者是不太赞成将夏商周三代说成是封建社会的。过去文献中屡见“封建”一词，指的是西周时期封邦建国的政治制度，与今天人们使用的作为一种社会经济形态的封建制度并不是一回事。马克思、恩格斯在谈到封建社会形态时，总是着力强调它的两个主要特征：一是封建的土地等级所有制，一是封建农奴制。前者即是人们经常提到的封建采邑制。恩格斯说：“整个封建经济的基本关系（分封土地以取得一定的服役和贡赋）。”① 我国三代贵族对土地的占有，实际上是氏族组织内部各级贵族按照宗法血缘关系对族内财产分等级占有的结果，与土地的封授并没有太大的关系。即使在西周，各级贵族之间亦主要是血缘宗法关系，与通过土地封授而建立起来的封臣与封君相互之间的权利与义务关系并不能同日而语。众所周知，西周的宗法制乃是建立在周天子作为姬周族的最高宗主同时拥有对天下土地人民最高所有权和统治权的基础之上的，而马克思说：“封建主义一开始就同宗法式的君主制对立。”② 这难道不应当引起我们深思吗?

至于农奴制度，就更非三代的“众人”或庶人的劳动可比了。文献记载商代“众人”和西周庶人的劳动都属于集体劳动的性质，并非中世纪农奴在份地上从事的个体劳作。说到贵族对“众人”、庶人的剥削方式“助”法，笔者认为亦不必将它解释为劳动地租，而应是一种氏族贵族对族内下层民众的役使方式（或可称为“族长役使制”），尽

---

① 《马克思恩格斯全集》第 21 卷，人民出版社 1965 年版，第 453 页。

② 《马克思恩格斯全集》第 4 卷，人民出版社 1958 年版，第 176 页。

管这种役使带有徭役剥削的性质，却是氏族贵族在祭祀共同祖先的名义下进行的。作为氏族下层的“众人”或庶人对本宗贵族的依附关系也是有的（如《诗经·豳风·七月》所示），但却与欧洲中世纪的农奴对农奴主的隶属关系有本质的区别，因为农奴主与农奴之间不存在血缘上的同族关系。农奴主对农奴实行的是一种人身占有，农奴对农奴主来说只是“土地的附属品”，可以被买卖和转让；三代“众人”和庶人作为与贵族同族的普通族众，则仍然享有某种政治上的权利，如充当本族的族兵、参与本族的祭祀活动及议政等，这些都表现了三代社会不同于欧洲封建社会形态的性质。

那么，把三代归入亚细亚生产方式的社会有何不可呢？按照马克思的东方理论，我国继原始社会以后的社会形态就应该是亚细亚生产方式。从原则上讲，把三代归入亚细亚生产方式的社会是没有什么问题的。马克思、恩格斯有关亚细亚社会形态的理论总的说来是有充分依据的，也是我们观察包括中国在内的古代东方不同于欧洲社会发展道路的一个锐利的思想武器。笔者只是顾虑到，按照马克思、恩格斯的说法，亚细亚生产方式在整个东方延续了十分长久的时间，不仅产生时间早，以后又与西欧所经历的奴隶社会、封建社会并行，一直持续到近代资本主义产生以前，这样长的时间，东方社会不能说没一点变化，因而我们是否可以给这几千年的东方社会的历史划分一下阶段，以示其在同一个亚细亚社会形态下前后不同的特征。拿古代中国来说，战国前后社会就有不小的变化，此实为学界同仁所公认，那么我们便也应当为几千年的中国历史作一些适当的阶段划分。

笔者曾经设想将夏商周三代（包括春秋）称为早期亚细亚社会，这是基于笔者曾经提出的一个观点，即我国战国时期才开始具备典型的亚细亚生产方式的特征。[①] 既然如此，夏商周三代便只能说蕴含了某些亚细亚生产方式的因素，或它的某些不发达的特征。一些国际人类

① 沈长云：《亚细亚生产方式在中国的产生及相关历史问题》，《天津社会科学》1991年第2期。

学者也有类似的看法，如苏联学者 A. M. 哈赞诺夫就明确表示过，从许多方面来看，早期国家是亚细亚社会直接的前身，只不过比较不发达罢了。[①] 看来，我们能为这个“早期亚细亚社会”找到一个适当的概括就最好了。

经过反复思考，笔者还是认为过去南开大学著名史学家雷海宗先生给出的解答最为合理。他在否定世界历史上存在过一个奴隶社会的同时，提出将上古前期出现的最早一批古国的时代归结为铜器时代，并提出是否可以将这个时期称作“部民社会”。他说铜器时代亦即部民社会的特征是：生产力较为低下，主要的生产工具——农具仍以木石为主，剩余产品极为有限；由宗法关系所维系的氏族公社仍然完整；土地在理论上为各公社所有，实际则掌握在各家族之手，由家长主持；农民的身份是自由的或半自由的“部民”；国家规模相对较大，并往往呈现出一种原始的专制主义。应当说，雷先生对“部民社会”的解释，基本上是符合我国三代社会的实际的。至于“部民”一词，也源自我国古籍。现在我国研习先秦古史的学者一般称夏商周普通的社会成员为“族众”，实际上，“族众”就是“部民”，“部民社会”一词可以说较好地概括了三代社会最基本的人群结构的性质。

当然，我们还有必要补充说明雷先生对于自己所提出的“部民社会”与马克思提出的亚细亚生产方式二者关系的考虑。他说：“马克思称铜器时代为亚细亚生产方式的阶段，我们认为马克思的判断，在一百年后的今天也没有理由予以怀疑，新资料的积累只足以更加强马克思的判断，唯一的问题是名称的问题。我们今天知道这是普遍全世界的一个大时代，并非亚洲所独有。仍用马克思的原名而予以新的解释，也无不可。但如可能，最好另定新名。”“中国历史上有‘部民’一词，指的是半自由身分的人民。日本在由原始社会向阶级社会转化时，借用了中国这个名词，称呼当时日本社会中由氏族成员转变出来的一

① ［苏联］A. M. 哈赞诺夫：《关于早期国家研究的一些理论问题》，中国世界古代史学会编：《古代世界城邦问题译文集》，时事出版社 1985 年版，第 280 页。

种半自由身分的人民。我们是否可以考虑称铜器时代为‘部民社会’?”[①] 可见，雷先生是拥护马克思的亚细亚生产方式的理论的，他之所以要给这个时期的古代中国及亚洲社会形态起一个新名，实是出于“亚细亚生产方式”非亚洲所独有，而“部民社会”一名更适合古代亚洲暨古代中国这样一种考虑。不难看出，雷先生与我们的想法是十分接近的，我们采用雷先生的“部民社会”的概念来为夏商周三代社会定性，似乎也更加顺理成章。

（原载《文史哲》2014 年第 5 期）

① 雷海宗：《世界史分期与上古中古史中的一些问题》，《历史教学》1957 年第 7 期。

古代国家形成的两个标志不宜否定

在国家起源与形成问题研究中，应坚持“按地区来划分它的国民”和“公共权力的设立”作为判断我国古代国家形成的标志。

在中国古代国家起源与形成问题讨论中，不少学者纠结于中国古代国家的形成，是否也应当按照马克思、恩格斯提出的国家形成的两个标志（一是“按地区来划分它的国民”，一是“公共权力的设立”）来加以衡量。

国家形成标志之争进入“战国时代”

在不少学者看来，“按地区来划分它的国民”，似乎并不符合中国古代社会的实际，因为在古代中国早已进入国家社会的夏商周，血缘组织依然存在，而且是维系政权的基础，在社会生活中发挥着广泛作用。据此，学者或认为，马克思、恩格斯提出的国家形成的两个标志，只是就古希腊罗马而言，对于包括中国在内的其他古代文明并不适用。

“按地区来划分它的国民”和“公共权力的设立”是判断古代国家形成的标志这种说法似是而非。不少学者，包括笔者也曾倾向于此种认识。但随着研究深入，笔者始觉不妥。笔者在从事“中国古代国家起源及形成”研究中，认识到马克思、恩格斯国家形成标志的重要性，不可对之随意否定。有学者提出，可以“公共权力的设立”作为标志。“公共权力”意味着权力已超出氏族组织范围，成为不同阶层、不同血缘关系的人们共同遵守的强制性权力，不再是维护各氏族内部秩序和利益的权力。这在恩格斯的《家庭、私有制和国家的起源》中有明确叙述。讨论公共权力的设立，离不开不同血缘关系的人们组成一个新共同体这一前提，而由不同血缘关系的人们组成的新的共同体，正是“按地区来划分它的国民”的国家组织。

还有学者提出，将国家产生的标志修正为“一是阶级的存在，二是凌驾于社会之上的强制性公共权力的设立”。这种说法也是站不住脚的。所谓“阶级的存在”早在国家产生之前。在马克思、恩格斯著作中，阶级的产生出现在野蛮时代中期。恩格斯说，在野蛮中期，随着第一次社会大分工，“就产生了第一次社会大分裂，即分裂为两个阶级：主人和奴隶、剥削者和被剥削者”。只有当阶级之间的对立进一步发展，以至于“阶级矛盾客观上达到不能调和的地方、时候和程度”，才能产生国家。当代人类学进化理论也把阶级与阶级分化的出现归结到原始氏族社会的后一阶段，即酋邦阶段。在将人类学理论运用于考古学实践中时，人们也往往将墓葬中殉葬物不均的现象归结为酋邦社会的特征。

实际上，对于国家必须建立在不同血缘关系的人群基础之上这个道理，一些现代人类学者和考古学者也是承认的。他们有关国家的定义也多遵循马克思、恩格斯这一原则。如弗里德有关国家定义即是：国家是为了维护社会分层而出现的，是一种借助于“超出血缘关系之上的社会力量建立的复杂机构”。美国考古学者亚当斯亦认为，国家是一种根据政治与地域界定的等级机构，而非立足于血缘关系或其他属性的社群。

据此，笔者认为，我们在有关国家起源与形成问题的研究中，应当坚持“按地区来划分它的国民”和“公共权力的设立”作为判断我国古代国家形成的标志。

夏商周是中国早期国家

对于夏商周仍存在各种血缘组织这一现象，又该如何理解，这种现象难道不会与夏商周已进入国家社会的认识发生冲突吗？笔者认为，这二者之间并不存在冲突。这一问题涉及对于中国早期国家特殊性的理解。夏商周为早期国家，是因为其仍存有原始氏族社会遗留的许多东西。其中最重要的，就是原始氏族社会早已存在的各种血缘组织，也即遍布全国各地的氏族或族邦，它们作为我国早期国家的基层社会组织保留了下来。但是，夏商周既然是“国家”，也一定具备作为国家的必要条件，不仅要有公共权力的设立，还应有地区行政组织的建立。笔者以为，这种地区行政组织，是由各个地方彼此没有血缘关系的族邦构成的一套行政系统。这些族邦是血缘组织，但它们既然被国家编织进一个共同体，彼此之间又没有血缘联系，并各自长期占有某一固定地域，那就只能是国家的下属行政单位。《尚书·梓材》称：“王曰：‘封，以厥庶民暨厥臣达大家，以厥臣达王惟邦君’”，表明王的政令正是通过贵族及各族邦的邦君下达到其所管辖的臣民中，这体现了各族邦是王权下属行政单位。

需要指出的是，各个族邦须出自不同的血缘谱系，或至少不是出自同一个血缘谱系。以中国古代文献表示不同血缘谱系来说，它们一定不属于同一个姓族。以夏代为例，其下属各个族邦，除与夏王保持同一个族姓的诸姒姓氏族外，就还有属于妫姓的有虞氏、属于己姓的昆吾氏、属于彭姓的豕韦氏、属于妊姓的有仍氏和薛氏、属于董姓的豢龙氏……商周无疑也与之相同。设若只是相同姓族的几个氏族结合在一起，那就很难说它们是“超越血缘关系之上”的政治组织，就不能称其为“国家”，而只能视为现代人类学者所称的酋邦组织。至于单个族邦，就更不能称为“国家”。这亦是笔者不赞同将所谓“五帝时代”“天下万邦”中各个族邦视作早期国家的理由。

总之，作为古代国家，它的出现一定要符合马克思、恩格斯及现代人类学者主张的国家形成的两个标志。这两个标志将相辅相成、缺一不可。中国早期国家曾长期保存着各种性质的血缘组织，也同时将这些不同姓氏的族邦当作国家下属行政单位。夏商周王室已经实现将权力凌驾于不同血缘关系的族邦之上，是中国早期国家。

（原载《中国社会科学报》2014年4月28日，第A8版）

论中国早期国家的基层行政组织"邦"及其对国家的服属关系

中国历史上的夏、商、西周三代已经进入国家状态，这是目前中国绝大多数学者以及众多海外学者都承认的事实（部分海外学者不承认中国有夏代）。但是，三代国家又只能算作早期国家，因为它还带有不少前国家时期的特征，特别是原始氏族社会遗留下来的各种亲属关系和亲属组织尚在社会生活中发挥着广泛、重要的作用。这从三代国家的基层行政组织，及国家对下属基层行政组织的管理与控制上就看得很清楚。三代国家下属的基层行政组织实际就是原始氏族社会遗留下来的一个个"邦"，即酋邦。其对酋邦的管控亦采取了按亲属制度确定各邦对朝廷中央的服属关系这样一种内外服制度。这些，都明显不同于战国秦汉以后成熟国家按地区对居民进行编制与管理的政治制度。以下，我们将通过具体史料仔细分析中国早期国家，也就是夏商周三代这一政治制度的特征。

一 万邦林立的"天下"

三代人管他们的国家叫"天下"，包括中央（中土、中国）与四方（四土、四国）。这"天下"乃是由许多大大小小的邦（或方）构成的，合称为"天下万邦"。三代国家便是由一个大邦实施的对它周围的众多邦方的统治。

首先是周代的文献常显示出那时"天下万邦"的格局。如著名的西周青铜器《墙盘》铭文称："曰古文王……匍有天下，合受万邦"，言文王时期即已受到天下万邦的拥戴，因而周人认为自己的国家便是由文王建立起来的。

《尚书·洛诰》记周公作洛时称洛邑的重要性说："曰其自时中乂，万邦咸休"，谓周人将从这个中心位置治理天下，一定会使天下万邦得到很好的治理。

《诗·大雅·文王》则称："上天之载，无声无臭，仪型文王，万邦作孚"，言天道之无声无息，只要效法文王，就会取得天下万邦的信任。

直到西周末年，《诗经》仍在如此称颂朝廷大臣："文武吉甫，万邦为宪"（《诗·小雅·六月》），言尹吉甫可以为天下万邦的榜样。

"万邦"并非实指，不过言其多而已，故又或换言作"多邦""庶邦"，"庶"亦众多之意。如《尚书·大诰》："王若曰：猷告尔多邦越尔御事"；《尚书·多士》："文王不敢盘于游田，以庶邦惟正之供。"

"多邦"又或称作"多方"，这是因为邦、方二字音同通用的缘故。如《尚书·多方》记周公向被征服的夏商旧族发布诰词曰："猷告尔四国多方"。

称"邦"为"方"，亦是沿袭商人称呼的习惯。在甲骨卜辞中，商人便把天下众多的族邦一律称之为"某方"，如土方、鬼方、羌方、邛方、人方、井方、马方、盂方、林方、周方、召方、危方、印方，等等，合称之为"多方"，如：

> 丁酉卜，其呼以多方□小臣。（《合集》28008）
>
> 贞，令鸣以多方牟。（《英藏》528）

稍晚一些的文献把商周时期的邦、方称作诸侯，或称作"国"，如《战国策·齐策》记齐宣王时的颜斶之语说："斶闻古大禹时，诸侯万国……及汤之时，诸侯三千。"《吕氏春秋·用民》亦说："当禹之时，天下万国，至于汤而三千余国。"

可见夏代也是这样一种“天下万邦”的局面。

实际上，夏商周这种“天下万邦”的政治格局乃是继承了更早的传说时代即我国前国家时期的政治遗产。文献显示我国古史传说即所谓“五帝”时期也是一幅“天下万邦”的局面。如《尚书·尧典》颂尧的伟业，说他“克明俊德，以亲九族，平章百姓，百姓昭明，协和万邦，黎民于变时雍”。其中的“协和万邦”，《史记·五帝本纪》作“合和万国”。在尧之前，《史记》还谈到黄帝时期的“万国”，其文曰：“（黄帝）置左右大监，监于万国。”此外，《尚书·皋陶谟》亦谈到舜时期的“万邦”，一则曰：“懋迁有无化居，烝民乃粒，万邦作乂”；再则曰：“帝光天之下，至于海隅苍生，万邦黎献，共为帝臣。”凡此，见“五帝”时“天下万邦”的政治格局，是古文献较为一致的说法。也就是说，我们国家在进入文明前及文明产生后的一段时间，都是一幅“天下万邦”的政治格局。

那么，文明以前即原始氏族社会时期的邦与文明以后即夏商周三代的邦是否性质相同呢？应当说，没有什么不同。除了西周时期通过周室封建建立起来的少数诸侯国（它们也仍称作“邦”，不过应视作次生形态的邦[①]）外，其余的邦，无论在外部形态还是内部结构上都没有根本的差别。只是由于夏商周三代已出现了国家，即出现了其中某一个大邦作为其他众多邦方的“共主”而形成的世袭王权，因而各个邦方都得接受王权的统治，但各邦自身的结构，却并没有因此而发生大的变化。

不仅受到王权统治的各个邦方的内部结构没有发生变化，就是王所在的那个大邦（或可称之为王邦）的内部结构也没有发生大的变化，也仍旧属于邦的性质，且是“天下万邦”中的一邦。王邦单独构不成一个国家，只是王邦和接受它统治的众多邦方结成的共同体才组成为一个国家。对于这一点，过去赵伯雄先生有过很好的论述。虽然他谈

① 称西周封建诸侯国为“次生形态的邦”，为赵伯雄先生的说法，见所著《周代国家形态研究》，湖南教育出版社 1990 年版，第 77 页。

到的只是西周的国家形态，但推而论之，夏商两代当是同样的情形。

既然散布在“天下”四土各个地域的众多邦方都表示接受一个统一的王权，那么我们就有理由把他们看作是这个王权所代表的国家下属的行政组织。如《尚书·梓材》所示，王确实可以对下属各个邦的首领（邦君）下达命令，要他们将自己的指令贯彻到下级臣民。按《尚书·梓材》称：“王曰：‘封，以厥庶民暨厥臣达大家，以厥臣达王惟邦居，汝若恒。’”其中“以厥庶民……”两句是倒装句，应作“以大家达厥庶民暨厥臣，以王惟邦居达厥臣”，是言王告诉康叔封说，对于他的命令，要通过贵戚们下达到他们的臣下及庶民们，也要通过王与邦君们下达到他的臣下，而且要经常这样做。其他如《尚书·大诰》称“王若曰：猷！大诰尔多邦越尔御事”，《尚书·多方》称“王若曰：猷！告尔四国多方惟尔殷侯尹民”，皆可以看出王对普天下各个邦方拥有至高无上的权力。各邦可视作三代国家下属的基层行政组织是说得过去的。

二 邦的性质：“国家”还是酋邦

既然三代的“天下”是由许许多多的邦组成的，那么，邦本身是一种什么性质的组织呢？长期以来，学界对这个问题人言言殊，至今未得到很好的解决，有必要在这里再做简单的辨析。

不少人坚持说三代的“邦”就是一个个具体而微的国家。他们首先想到了古希腊和古代两河流域的城邦，说我国古代，包括五帝时期及三代社会遍及各个地方的大大小小的邦方都应视作城邦，也可以叫作“城市国家”或“城邑国家”。有学者声称，在古代世界，包括中国、美索不达米亚、古埃及、印度、中美洲及秘鲁，“最早出现的文明，大多数是都邑国家或城市国家式的文明”，“且每每呈现出小国分立的姿态”。[①] 这种说法显然来自一些研究世界史的学者，这些学者宣

① 王震中：《中国文明起源的比较研究》，陕西人民出版社1994年版，第254、259页。

称：“最早的国家，就现在所知道的，都是城市公社、城市国家，或简称城邦”，并“其开始出现之时，一定都是小国寡民”。[①]

这种简单的类比我认为是很成问题的。首先，将我国进入文明前后时期各地大大小小的邦方视作城邦，在称名上就有所不妥，因为我们的这些邦方多数都没有城，有城的只是少数或极少数。有学者辩称，城邦不一定非得有城，古希腊一些城邦就没有城，如斯巴达。可是，如我们这样，多数的邦不见有城，为何一定要称它作城邦呢？其次，就社会发展阶段的划分而言，城邦的概念亦嫌笼统。城邦到底属于前国家社会，还是国家社会？如上所举，我们的学者将城邦与城市公社、城市国家列为同等性质的事物，唯道“公社”可以和“国家”属于同一个社会发展阶段吗？应当说，时下人们所称的古希腊和两河流域城邦是一个很笼统的概念，它将古希腊和两河流域之人早期居住的一些围有城壕的聚落及日后发展起来的城市国家都纳入这一范畴。实际上，这二者之间是有很大差别的。据说雅典城邦在其初期就只有卫城周围很小的一块地方，其与日后发展起来的雅典国家不啻有天壤之别，那再早的雅典城邦毋宁说只是一个普通的酋邦。两河流域的情况也是如此。据说其最早的一批城市是在公元前4500年前后发展起来的，包括著名的埃利都、乌鲁克、乌尔等，可是人们并没有视这个时期中的任何一个城市为国家。只是在经历上千年之后，直到公元前4000年与3000年之交，随着文明的发展，也随着这些城市人口与规模的扩大，人们才将其中的乌鲁克这样一些城市称作城市国家。中国的上古时期，包括传说时代与三代王朝，下属邦方的规模与人口，内部组织及文明程度显然还没达到古希腊或两河流域城市国家发展的水平，如含糊地自称“城市国家”，恐怕有些不合适。

回头来看文献记载我国上古时期“天下万邦”或“天下万国”中那些林林总总的“邦”“国”的具体情况。我们认为，这众多的“邦”“国”实际只是些氏族部落性质的血缘团体，并非真正意义的国家。当

① 世界上古史纲编写组：《世界上古史纲》上册，人民出版社1979年版，第25页。

年夏曾佑就曾对文献所载禹汤时期成千上万的所谓“古国”的性质进行过分析，指出：“夫古国能如此之多者，大抵一族即称一国，一国之君，殆一族之长耳。”[①] 郭沫若也曾称这些所谓的“邦”“国”仅仅是一些大宗或小宗式的血缘组织。[②] 夏曾佑、郭沫若的看法无疑是正确的，古文献及古彝铭文皆能为他们的看法提供支持。如《逸周书·作雒》：“凡所征熊盈族十有七国”，其称周公东征所征伐的熊盈“族”有17个“国”，可见这些所谓的“国”正属于“族”的性质。西周中期青铜器《盠驹尊》上有铭文曰：“王倗下不其则万年保我万邦”，可是同一人所作器物《盠彝》铭文却称“天子不叚不其万年保我万宗”，又可见所谓“邦”和表示宗族的“宗”可以互称，从而可以证明其时诸侯的性质不过属宗族组织。考虑到“宗”“氏”“族”几个称呼在古文献中又都可以互换，因而所谓“邦”“国”实在都可以看作是氏族部落性质的团体，是古代“自然发生的共同体”[③]。现在从事先秦史研究的学者习惯将上古时期这些“邦”“国”统称作“族邦”，也正因为有上述文献的支持。

我想，一些学者之所以将文献中的这些“邦”“国”称作“国家”，在很大程度上是源自对这两个字的原始内涵及其使用情况没有弄清的缘故。作为三代国家下属的政治单位，古人对它们的称呼，本来用的是“邦”字，西周金文就全是这种用法，如《墙盘》《盠彝》铭文中的“万邦”，《录伯冬簋》《询簋》《大克鼎》等铭文中的“周邦”，《驹父盨》盖铭文中的“小大邦”，《胡钟》铭文中的“二十又六邦”，无一例外使用“邦”字。一些文献中代替“邦”使用的“国”字，实是汉以后为避汉高祖刘邦的讳而出现的改作。过去陈垣先生曾谈到了《诗经》《尚书》《论语》等书中这样改作的例子。[④] 近年发现的战国竹简《孔子论诗》一律称《诗经》中“国风”为“邦风”，亦

① 夏曾佑：《中国古代史》，河北教育出版社2000年版，第40页。
② 郭沫若：《中国古代社会研究》，人民出版社1964年版，第38页。
③ 《马克思恩格斯选集》第1卷，人民出版社1972年版，第57、94页。
④ 陈垣：《史讳举例》，中华书局1962年版，第1—2页。

可为汉籍改“邦”为“国”之佐证。我们这些先生既未了解到文献所称的“万国”“某国”实是“万邦”“某邦”的改作，更以后人习惯理解的“国”的概念去理解古代的“邦”“国”，遂造成上述解释上的错误。其实古代的“邦”和“国”完全是两个概念。从文字学上讲，古代的“邦”字从邑丰声，明是指某种性质的聚落或邑落，而“国”字古写作“或”，实当作地域的“域”字讲，被用来指某一范围的地域。西周金文中的“东或”“南或”“中或”“四或”即“东土”“南土”“中土”“四土”。每一大范围的地域内都包括了许多的邦，如上引《胡钟》铭文上言“南或服子”如何如何，下言服子又率领南夷东夷的“二十又六邦”来拜见厉王，便明显看出“邦”“国”二字的差别。“国”字发展到作政治实体讲，并与“邦”混为一谈，实是很晚时期的事情。

按我们的理解，我国上古三代时期的“邦”不仅应当视作氏族性质的血缘团体，而且应当进一步理解为现代人类学者所说的酋邦。所谓酋邦，按张光直先生的理解，其实质不过是政治分级与亲属制度的结合①，或如塞维斯所言，是一种“等级氏族社会”② 这种性质的氏族或亲属组织恰同于我国上古时期那为数众多的邦方。

首先，从规模来说，我国古代一个邦的人口数正略同于现代人类学者提到的世界各个地方酋邦的规模。我曾根据《逸周书·世俘》提供的周武王灭国的数字和他所杀戮与俘获的人口数来计算当时一个邦国的人口平均数，发现其时一个邦国的人口只有4900来人。③ 也有学者通过其他方法计算，认为商末周初每个地方组织或地方族落的平均人口数为8200人上下。④ 现代人类学者如卡内罗提到的今哥伦比亚的The Cauca Valley地区16世纪初所有80个酋邦的平均人数在6000—

① ［美］张光直：《中国青铜时代》，生活·读书·新知三联书店1983年版，第50—51页。

② ［美］塞维斯：《国家与文明的起源》，转引自易建平《部落联盟与酋邦——民主·专制·国家：起源问题比较研究》，社会科学文献出版社2004年版，第153页。

③ 沈长云：《西周人口蠡测》，《中国社会经济史研究》1987年第1期。

④ 宋镇豪：《夏商社会生活史》，中国社会科学出版社1994年版，第109页。

9000人左右；约翰逊与厄尔所作的有关人口规模与人类社会不同形态演进之间关系的表列中，对酋邦规模的估计在1000—100000人。[①]两相比较，将我国上古时期直到商周各地林立的邦方视作酋邦应是很合适的。

近来，一些从事聚落考古的先生们也纷纷体会到，其在考古实践中观察到的自仰韶中后期至龙山时期各地涌现出的由不同层级聚落构成的聚落群，可对应于文献所提到的“天下万邦”的“邦”。不过，从他们估计的这些聚落群的人口规模来看，这些聚落群亦即他们眼中的“邦”亦只属于酋邦的性质。如张学海估计的这样一些聚落群，平均可有2000—10000人，到龙山时期也只发展到6000—20000人的规模。[②]尽管他仍将这些聚落群称作“古国”。

其次，从我国古代族邦的内部结构看，我国上古三代的这些族邦组织均非较早时期简单的氏族结构。就其聚落形态而言，我们每一个邦都已呈现出一种较为复杂的都鄙结构，即每一个邦都是由一个大邑和若干小邑构成的两级或三级聚落组织。与此聚落形态相适应，邦内成员之间也呈现出一种“尖锥形”的等级结构。资料显示，那时一个邦至少可以划分出邦君、一般贵族、下层民众三个等级。邦君以其与祖先的血缘关系最为直接，而处于权力与地位的顶端，其他两个阶层则以其与邦君血缘关系的远近而划分出地位的高低。这些都是酋邦社会的典型特征。

还有酋邦首领依靠神的权威实行个人统治的特点。易建平引塞维斯的话说：“酋邦统治者……以神也即祖先的名义进行统治，由此酋长多半把主持神祇祭祀或者祖先祭祀的责任承担了起来……往往，祭司职位和世俗酋长职位都由同一家族传承；有的时候，祭司与酋长就是

---

① 参见易建平《部落联盟与酋邦——民主·专制·国家：起源问题比较研究》，第244、266页。

② 张学海：《从部落到古国——对史前聚落群性质和中华文明诞生过程的思考》，中国社会科学院古代文明研究中心：《中国古代文明的起源及早期发展国际学术研讨会论文集》，2001年8月。

同一个人。”[①] 作为我国上古社会各族邦首领的邦君，他的世袭权力与地位也是来自其作为邦内宗子家族的家长，对祖先或祖先神主持祭祀的权力。朱熹《诗集传》说：“宗，尊也，主也，嫡子孙主祭祀，而族人尊立之以为主也。”《诗经》中称一些地方的邦君为“曾孙”，前人注解“曾孙”的身份称之为“主祭者”，可谓得其要领。从这个角度看，我们上古三代那些大大小小的邦方更无疑就是人类学者所描述的酋邦。

这里还存在一个问题：塞维斯等学者是把酋邦作为人类社会组织的一个基本类型，放在前国家社会发展阶段的，我国上古时期“天下万邦”的现象则既存在于前国家社会的“五帝”时期，又存在于三代早期国家阶段，这二者之间是否构成矛盾呢？我们认为，塞维斯等人所说的国家，乃是指一般意义的国家，即建立在地域关系基础上的国家，而我国三代王朝属于早期国家，早期国家本来就带有很多前国家社会的特征，其继承了我国前国家时期“天下万邦”的政治局面，正体现了早期国家的特点，此是再正常不过的事情了。

三　内服与外服：各邦对国家的服属关系

三代国家属于学术界所称的“王国”。王作为三代国家的君主，对所谓“天下”，即他的国家实行家长制统治。西周时期的诗歌称“溥天之下，莫非王土；率土之滨，莫非王臣”[②]，表明王对自己国家的土地、人民拥有至高无上的统治权。周王自称天子，即天的儿子，说“皇天既付中国民越厥疆土于先王”[③]，更体现了一种君权神授的性质。尽管这里举的是西周的例子，推测夏商两代的情形与之不会有太大的差异。文献记载夏代的开国之君禹即是我国“家天下”的创立者。甲骨卜辞商王自称为“余一人”，显示出他唯我独尊的气势。卜辞还经常提到商

① 易建平：《部落联盟与酋邦——民主·专制·国家：起源问题比较研究》，第201页。
② 《诗经·小雅·北山》。
③ 《尚书·梓材》。

的“四土”，提到商王关心于王国的“东土”“南土”“西土”“北土”受年与否（《合集》36975），更显示出商王认自己是天下土地人民的领有者。

王对四方土地人民的统治不是直接的，他不是像后世那样，通过国家派遣的地方官吏对国家划定的各级行政单位进行垂直管理，而是通过现有的自古以来就存在的氏族性质的邦方来统治天下臣民。各邦的首领（称邦君）在表示臣服于王邦暨中央朝廷并缴纳贡赋的前提下，为朝廷所承认，根据其在邦内血缘宗法关系中的最高地位，亦得领有本邦的土地和人民。不过，这些族邦对朝廷的服属关系并非一律，朝廷对他们的管理亦有着内外之分。其所以区分的原则，主要是他们与王邦或王的近亲是否有着血缘亲属关系（包括姻亲关系），是为三代国家的内外服制度。

三代内外服制度较完整的记载见于西周初期的文献《尚书·酒诰》，它谈到商代“自成汤至于帝乙”时内外服官吏及相关贵族人员的划分：“越在外服：侯、甸、男、卫邦伯；越在内服：百僚、庶尹、惟亚、惟服、宗工，越百姓、里居（君）。”另一篇周初金文《令方彝》铭文记载了与之相似的内容，显示周人亦在实行此项制度，可见内外服的划分是商周两代国家共同的制度（夏代亦有实行内外服制度的迹象，见下文）。

“服”的意思是服从，也可理解为服事，即担任王朝的某项官职。学者或解释内外服为朝廷的内外官，即是从此意出发的。内外官的解释固然不差，但我以为尚未接触到问题的实质。因为其时所有官员都是大小贵族，也就是各族邦的邦君（亦称诸侯），所以内服与外服，实可理解为内外两种不同类型的族邦的邦君对朝廷的服属关系。上引《酒诰》称外服为“侯、甸、男、卫邦伯”，便明确指出了担任侯、甸、男、卫邦伯几种职务的官员的身份属于邦君（邦伯）。其实，担任“百僚、庶尹……”之类官职的内服人员的身份亦属邦君，并且是与王室关系更为密切的族邦的邦君。

这里涉及对内外服制度的“内”“外”二字的解释问题。一般认为，所谓内、外指“王畿”内外，王畿即王都附近由王直接控制的区域，在王畿以内的各个族邦对王的服属关系称为“内服”，王畿以外的各个族邦对王的服属关系为外服。这种以对王都距离远近来划分所谓内外服的说法虽也没有大的差错，但我认为其对理解内外服制度的实质仍未达一间。且所谓“王畿”这个概念在商周时期是否存在，亦是成问题的；即使有这个概念，王畿的范围到底有多大，亦未见有定说。[①] 所以我认为，所谓内服与外服，实是以对王或王邦是否具有亲属关系来划分的。古者以亲友为内，否则为外。《礼记·大学》：“外本内末”，《疏》云：“外，疏也；内，亲也。”[②]《左传》襄公二十一年有“外举不弃雠，内举不失亲”句，亦是以亲友为内。在讲究姓氏制度的先秦时期，人际间关系要区分同姓与外姓，而同姓又或称之为内姓，如《左传》宣公十二年：“内姓选于亲，外姓选于旧”，亦是以内为亲。归结到商周时期的各路诸侯亦即“天下万邦”的各个邦方，其与王室之间的服属关系，亦当是以其是否为王的同姓族邦或姻亲族邦为划分标准的，王的同姓族邦或姻亲族邦对王的服属关系为内服，否则为外服。由于王的同姓或姻亲多数居住在王都附近，人们便逐渐衍生出了“王畿”的概念，因为“畿”可以训为“近”。[③] 也正因为如此，人们也才有了王畿内之都鄙属“公卿大夫之采邑”或“王子弟所食邑”的说法。[④] 循着这个路子，我们对所谓“内官”“外官”的说法也有了进一步清醒的认识。从《尚书·酒诰》上看，“内官”皆属朝廷上“公卿大夫”之要职，这是因为他们属于王的同姓或姻亲族邦的邦君，自然要为朝廷所倚重。“外官”被称为侯、甸、男、卫者，“侯”是为王斥侯之职；“甸”即田字，为“治田入谷”之职；“男”

---

① 赵伯雄先生曾对“畿内”“畿外”的说法提出质疑，见所著《周代国家形态研究》，第26—40页。

② 《礼记正义》卷60《大学》，阮元校刻：《十三经注疏》，中华书局1980年版，第1676页中栏。

③ 《周礼注疏》卷29《大司马》，阮元校刻：《十三经注疏》，第835页下栏。

④ 《周礼注疏》卷2《大宰》，阮元校刻：《十三经注疏》，第646页上栏。

又写作任字，乃“任王事”者；“卫”则“为王捍卫”者[1]，这些带有服役性质的职事都由外姓诸侯，即与王室没有亲属关系的族邦的邦君担任，实表现了他们对王的服属关系带有某种被迫使的性质。外官居住的地域一般离王国中心位置较远，《大盂鼎》铭称商的外服为“殷边侯甸”可为此证。这样的居住地域也是以表现外官为王的非同姓诸侯的性质。

“内服”与“外服”这种政治制度是与三代早期国家的性质分不开的。由于血缘亲属关系在社会生活中尚起着广泛、重要的作用，它也必然要被运用到现存国家的政治体制上面。作为三代国家的统治者，王和他的族邦（即王邦）不管有多么强大，他必须首先和他的同姓及姻亲族邦结成巩固的同盟，才能依靠这种同盟去威慑其他异姓邦方并从而建立起对“天下万邦”的统治。其他异姓邦方对朝廷的服属关系既是建立在朝廷武力威慑的基础上，其对朝廷的统治就不是那么心甘情愿的，而带有几分被迫的性质。他们会视朝廷势力的盛衰而时服时叛。这种情况，我们在有关文献中可以说是屡见不鲜了。

四 夏商周三代的内、外服制度

从文献中可以了解到夏商周三代施行内外服制度的具体情况。

有关夏的材料不多，但是有关夏的同姓和姻亲族邦居住的范围却是可以确定的。根据《史记·夏本纪》的记载，与夏同姓的氏族，即同为姒姓的氏族有夏后氏、有扈氏、有男氏、斟鄩氏、彤城氏、褒氏、费氏、杞氏、缯氏、辛氏、冥氏、斟戈氏等，这里面有些是夏灭亡以后夏后氏及其他姒姓氏族的改称，可以确定在夏王朝时期就已存立于世的姒姓氏族有夏后氏、有扈氏、辛氏、斟鄩氏、斟戈氏几支。夏后氏为夏的王族，我们已经确定它的发祥地在今山东鄄城县东南的豫鲁交界处，它以后的都城阳城、帝丘、老邱等均在古河济之间，即今豫

① 黄怀信等撰：《逸周书汇校集注》卷8《职方》，上海古籍出版社2007年版，第992页。

东鲁西一带。[①] 有意思的是，我们发现其他几支夏的同姓氏族也都居住在古河济之间及其附近。如有扈氏，在今河南郑州黄河以北的原武一带；辛氏（亦称有莘氏），在今山东西部接近河南的莘县北；斟戈氏（又作斟灌氏），在今河南与山东交界的范县境内；斟鄩氏，具体地点不详，但根据《左传》哀公元年，它应与斟灌氏离得很近，亦应在豫东与鲁西交界处。[②] 非仅是夏的同姓，其他几支可以寻找得出的夏的姻亲氏族也分布在这一带，如有仍氏，在今山东曹县；有虞氏，在今河南东部与山东交界的虞城县；涂山氏，旧说在今安徽淮河以南的怀远县，恐嫌偏远，今山东曹县南有古地名涂山，涂山氏或应在此。还有任为“夏伯”的昆吾氏和任为夏“车正”的薛氏族，文献虽未明确显示他们与夏的亲属关系，但从他们与夏的亲密程度看，把他们算作夏的姻亲，也在情理之中，他们分别居住在今河南濮阳和山东滕州市。上述夏后氏同姓与姻亲的这样一种地理分布，正合乎我们上面提到的三代内外服制度的原则：内服族邦集中分布在王都及其附近，其他异姓居住在外。文献没有更多地提到夏的外服族邦，只是较多地记载了夏东方诸夷活动的情况。从东方诸夷对夏时叛时服的情况看，亦正合乎外服诸侯与其统治氏族相互关系的特征。凡此文献所显示的夏朝内外服制度施行的状况与其特征，都从一个方面证实了夏朝在历史上存在的可信性，因为这样一种合乎早期国家行政制度的古代氏族的分布，不可能出于后世人们有意地编排。

关于商代内外服制度的情况，学术界已有较多的讨论，但有一点尚未为学者论及，就是商代内服族邦的构成。我以为商代内服诸侯族邦的主要成分就是甲骨卜辞所提到的“多子族”和“多生族”。“多子族”，按照多数学者的解释，就是众多商王的兄、子之族。关于他们的分布，学者曾综合有关考证，指出他们“皆集中在今豫西北，距当时

① 参阅沈长云《夏后氏居于古河济之间考》，《中国史研究》1994 年第 3 期；又《禹都阳城即濮阳说》，《中国史研究》1997 年第 2 期。

② 参阅沈长云《说“夏族”——兼及夏文化研究中一些亟待解决的认识问题》，《文史哲》2005 年第 3 期。

的王都（今安阳）不远”[1]。这些子姓商族的首领，亦担任着朝廷的各种要职。殷卜辞中，他们往往以商王臣僚或领兵将领的身份出现。周初的文献《逸周书·商誓》篇记周武王对所征服的商贵族发布诰命，称“多子”为“尔冢邦君”，表明“多子”实际就是众多子姓商族邦的首领。

与“多子族”相提并论的，还有卜辞中的“多生”族。陈梦家《殷虚卜辞综述》将“多生”读作“多甥”[2]，是“多生”为商王的姻亲。“多生”受到商王的敬重，卜辞有“惠多生飨”，与“惠多子飨”对举（《合集》27650），表明这些姻亲贵族与商同姓贵族一同受到商王的燕享款待。卜辞又有“惠多生射”（《合集》24140—24143）的句例，表明“多生”又能参与商王举行的祭祀典礼上的射仪。“多生”既能参与商王的燕享与射仪，则其所居距商王都不会太远。总之，按照我们上面所阐明的三代内外服划分的标准，卜辞所提到的这些“多子族”“多生”族被视作商代的内服诸侯是没有什么问题的。

结合商的同姓贵族“多子族”与“多生”族居住在商都附近，以及甲骨卜辞显示众多“殷边侯甸”居住在商的周边地区这一事实，商的内外服制度亦是十分清楚地摆在了人们的面前。

西周实行封建制度，将一些周室的子弟亲戚分封到边远的战略要地，以镇抚被征服地区的居民，以作为周统治者的藩屏。这固然使传统的内外服制度受到了冲击，尽管如此，人们仍可看到内外服制度在西周时期的存在。因为大量的周室同姓贵族及周姻亲贵族仍居住在周都镐京、洛邑及周的故居周原及其附近。见于文献及铜器铭文的周同姓贵族就有周、召、毕、荣、毛、井、二虢（虢仲与虢季）及南氏、华氏、函氏等族。其异姓的婚姻之族除人们熟知的诸姜姓氏族外，还有琱氏、散氏、中氏、檀季氏、微氏、夷氏等。并且铭文记载他们也都是朝廷的各种公卿大臣。凡此，皆是内外服制度下应有的场景。

---

① 朱凤瀚：《商周家族形态研究》，天津古籍出版社1990年版，第66页。
② 陈梦家：《殷虚卜辞综述》，科学出版社1956年版，第485页。

西周分封制度是中国政治制度史上的一大变革，它不仅改变了长期以来实行的内外服制度的地理分布，更改变了久已存在的“天下万邦”的政治格局。日后的领土国家暨成熟国家的一些政治制度也正是在西周分封的几个大国内部率先建立起来的。此是后话，不再在这里做更多的分析了。

（原载《早期国家政治制度研究》，科学出版社2014年版）

五帝时代的历史学、考古学及人类学解读

五帝时代是夏代以前的一个时代，是中国历史进入文明以前的一个时期。当前，我国学界正在进行中国古代文明探源的工作，有必要对五帝时代有一个比较全面清晰的认识。首先要认清历史上是否确实有过一个五帝时代？五帝时代的基本状况和社会性质如何？它的时间范围如何？所谓“五帝”是哪五帝？他们的身份与来历又是如何？考古发掘能够找到五帝的线索吗？这些问题历来引起不少争议，在当今学者中也存在着不少分歧。鉴于这些问题的重要性，将个人的一些浅见和大家交流。请方家不吝批评指正。

一 五帝来历与五帝时代的确认

中国历史上有一个五帝时代，这是不容置疑的。《史记》第一篇《五帝本纪》，即是讲五帝时代的历史。司马迁在该篇后面的“太史公曰”下谈到此篇的史料来源，称《五帝本纪》不仅依据了孔子所传《五帝德》和《帝系姓》（载今《大戴礼记》），更直接依据了《春秋》（《春秋左传》）和《国语》，是司马迁所言五帝的史事皆出自先秦时期更早的文献记录。尤其《左传》与《国语》，据称出自与孔子同时代的左丘明之手，可以说是我国最早成书的两部历史著作，其史料价值绝非一般战国时期史著及诸子著作可比。今查《左传》《国语》两书，上面确实记有五帝及其他一些古帝的名称或名号，其时代在禹建立的

夏王朝之前，是知太史公所述并非虚言。要之，五帝及五帝时代是一个客观的存在，不是人为编造的历史，这应当是讨论五帝时代的一个前提。

但是，仅仅从文献上找出五帝时代在历史上的存在还是不够的，强调《史记》《大戴礼记》《左传》《国语》记有五帝或五帝名号也还解决不了问题，因为人们会说这些书籍文献都是晚出的文字材料。这就牵涉到一个问题，即“五帝”的来历，“五帝”的名号是否可信的问题。这个问题首先是顾颉刚先生提出来的。顾先生根据自己的“层累说”，提出“五帝”的名号产生皆晚。他说，周人心目中最古的人是禹（神化人物），到孔子时才有尧、舜，到战国时又有了神农、黄帝。此说明显包含着“五帝”皆属后人层累地添加进中国古史的意味，也就是说他们都不那么可信。

顾先生的这个说法虽有依据，却有那么一点片面性。应当说，“五帝”的名号产生虽晚，却是其来有自的。它们并非出自后人的凭空想象，而应是出自后世一些著名氏族（或姓氏集团）对自己祖先的一种追忆。“五帝”之“帝”，按训诂说，实在是指自己祖先的牌位。《礼记·曲礼》说：“措之庙，立之主曰帝。”“帝”就是后人所立祖宗的牌位。对于自己祖先的牌位名号，想必人们（主要是主持祭祀的各姓氏集团的贵族）是不可以随便加以想象或随意杜撰出来的，那样的话，就是对祖先的不尊了。尽管祖先都生活在距离自己很久远的年代，但我们知道古人对于自己祖先的记忆同样也会保持得相当久远的。这在古代、近现代一些少数民族地区那里都可以找到佐证。例如彝族某些家支通过父子连名的方式，可以将自己的祖先上溯到五六十代甚至上百代以前。所以“五帝”的名号产生虽晚，但亦可以相信是出自古代真实的历史。

当然，承认五帝名号及五帝时代历史的真实性，并不意味着对文献所记五帝时代的所有文字内容一概毫无保留地照章接纳。相反，我们主张要对这些文字加以检视，要通过科学史观，从各个角度加以识别，不仅鉴别它们的时代真伪，还要对它们的内涵意蕴进行研究考察。

二 五帝时代的历史学解读

按照历史发展顺序，所谓五帝时代就是我国第一个早期国家——夏之前的一个历史时期。这对于每一位研究者来说，应当是很清楚的。而今要对五帝时代展开讨论，我以为主要是我们对五帝时代的内涵还有一些不同的认识。这些认识的差异主要体现在以下几个方面。

第一，对五帝概念的不同认识。这里面包含有以下两个最基本的问题：一是"五帝"到底是哪几位古帝？按照通常的说法，即上述《大戴礼记》和《五帝本纪》的记述，"五帝"指黄帝、帝颛顼、帝喾、帝尧和帝舜五位古帝。但是这里面却没有炎帝。其他一些文献对五帝有不同记载，如《礼记·月令》中的五帝便是指太昊、炎帝、黄帝、少昊、颛顼这五位，可是却不包括帝喾、帝尧和帝舜。也有说"五帝"是指少昊、颛顼、帝喾、尧、舜的。还有所谓"五方帝"的说法。这些"五帝"说，无非都是前人从不同角度对上古历史的一种总结，各有道理，无所谓对错，我们也不好去辨别它们的是非曲直。我们只需认识到这些古帝都是远古时期我们民族的一些著名祖先，是那个时代同样具有祖先性质的一些历史人物即可。

第二，这些古帝到底是一些什么性质的历史人物呢？此即是我们要给予回答的有关五帝概念的第二个问题。过去，不少人们都认为"五帝"是五位前后相继的古代大一统国家的君主或帝王，《史记·五帝本纪》即是这样一种认识。但这个认识显然是不对的。顾颉刚主张，要打破我国古代向来一统的观念，其实那时我国黄淮江汉广大地区连真正的国家都尚未出现，更不存在有什么一统国家的君主或帝王。按照文献记载，那一时期人群主要聚居的地区尚处在一个"天下万邦"的状态，帝尧、帝舜之治理天下，称"协合万邦"；禹会诸侯于涂山，称"执玉帛者万国"，万国即万邦，邦方同谓，万非实指，极言邦国数量之多耳。这众多的邦国都互不统属，各个邦国实际都是一些各自独立的氏族部落团体，它们上面并没有一个凌驾在所有氏族部落之上的权力机构。所谓五帝（包括其他古帝）不过就是这样一些邦国亦即不同氏族部落的首领，或者是其中一些比较强大的氏族部落集团的首领而已。我们看我国较早时期的历史文献如《左传》便称黄帝、帝颛顼为“黄帝氏”“颛顼氏”[①]，又称帝颛顼为高阳氏，称帝喾为高辛氏，称他们的十六位后人（所谓“才子”）为“十六族”[②]，说明“五帝”（包括其他古帝）原本确属我国上古时期一些氏族部落首领的性质。彼时这些氏族部落的势力都很有限。《国语·晋语四》曾谈到黄帝、炎帝两个氏族部落的情况，称：“昔少典娶于有蟜氏，生黄帝、炎帝。黄帝以姬水成，炎帝以姜水成。成而异德，故黄帝为姬，炎帝为姜，二帝用师以相济也，异德之故也。”[③] 可见黄帝和炎帝那时都只据有一条小的河流，地盘并不广大。其中黄帝所居姬水不可确指；炎帝所居姜水，据徐旭生研究，仅是宝鸡附近渭水的一条支流。是故，黄帝、炎帝部落都局限在今陕西中西部，远没有达到凌驾于整个中原地区之上的势力，更不用说是什么一统国家的君主了。下面我们还将从文化人类学的角度对所谓邦国的性质作进一步的分析。

第三，包括五帝在内的各个古帝之间是否具有血缘亲属关系？过去《尧典》《五帝德》《世本》及《史记》所记录的“帝系”说，自颛顼以下的各位古帝均是一统天下的黄帝的子孙后代，甚至以后夏商周三代国家的君主也都是黄帝的后代。今天看来，这个所谓的“帝系”是十分不近情理的。在这个问题上，我相信过去顾颉刚先生的说法，他在所发出的推翻非信史工作的几项倡议中，一开始就提出，要“打破民族出于一元的观念”[④]，就是针对这个以黄帝为首的“帝系”而言的。他认为这个所谓的“帝系”，实只是自春秋以来各民族融合而导致产生的一统观念的产物。实际上早期各族，“原是各有各的始祖，何尝

---

① 见《左传》昭公十七年和昭公七年。

② 见《左传》文公十八年。

③ 徐元诰：《国语集解》，中华书局 2002 年版，第 336—337 页。

④ 顾颉刚：《答刘胡两先生书》，《古史辨》第 1 册，上海古籍出版社 1982 年版，第 99—101 页。

要求统一?”这里提出中华民族非出于一元，各氏族部落皆有其各自奉祀的祖先，所谓“帝系”或者五帝的谱系乃后世民族融合的产物，是很有见地的。

值得一提的是，著名古史专家徐旭生先生，尽管他在“信古”还是“疑古”的许多问题上抱有与顾颉刚不同的立场，但在对于五帝时代即传说初期历史性质的问题上，却持有与顾颉刚相类似的看法，他认为“我国近二十余年史学界中所公信一点观念：我国有纪录历史开始的时候也同其他民族相类，就是说它是复杂的、合成的、非单一的”，“我国历史开始的时候，种族是复杂的，非单纯的”。[①] 可见徐先生对于五帝具有同一个血缘谱系的说法也是持反对态度的。

遗憾的是，当今学者中却有人反其道而行之，仍旧将“五帝”的谱系奉为信条。例如许顺湛先生的《五帝时代研究》就坚持认为，“尧舜及夏商周三代的鼻祖都是黄帝的后裔”，“颛顼、帝喾、尧舜、夏商周都是黄帝的后裔”。[②] 对于许先生的这个坚持，我想最好用考古发掘的事实来加以回答。设若黄帝、颛顼、帝喾、尧、舜及以后的夏商周各族都出自一个共同的谱系，那就要求它们各自的祖先都具有一个共同的考古学文化的渊源，然而这与我们观察到的这个时期考古文化的多元性质和区系划分的格局却是不相符合的。考古文化的多元性质与古代民族的多元性、非单一血统的性质是正相吻合的。

顺便指出，现在许多人最常提起的包括黄帝、帝颛顼、帝喾、帝尧、帝舜在内的五位古帝，实只是战国时人的一种归纳，即只将其时政治舞台上占统治地位的几支姓族的祖先加以归纳而得出来的。其中黄帝应是姬姓族的祖先，颛顼是包括妫姓、嬴姓暨芈姓族的祖先，帝喾是子姓商族人的祖先，尧是唐人暨祁姓族的祖先，舜亦是妫姓族的祖先。“五帝”不包括姜姓族的祖先炎帝，也不包括东夷族的祖先太昊和少昊，更不包括苗蛮族的祖先伏牺氏，为什么？因为其时这几个姓

① 徐旭生：《中国古史的传说时代》，文物出版社 1959 年版，第 3、28 页。

② 相关论点见许顺湛先生的《五帝时代研究》，中州古籍出版社 2005 年版。

族在中原的政治舞台上已被排挤出去了（炎帝本是齐、许、吕、申等姜姓国族的祖先，但这几个国家到战国时都一个个“坠姓亡氏”了）。也正因为如此，后人才又有不同的“五帝”的组合。因此，我们今天所说的“五帝时代”，实是指先秦时期众多姓族的祖先在更早的文明时代以前生活繁衍的这样一个时期。

第四，是“五帝”的排列顺序问题。这里要强调的一点是，“五帝”并不是一个纵向的排列，它们之间应主要是一种并列的关系。即这些古帝（不止是“五帝”）大致都生活在同一个时代，相差的时间不会太久。他们之间的先后关系也不一定如过去人们理解的那种顺序。过去徐旭生就曾辨析过帝喾与帝尧的关系，说《山海经》中帝尧总是摆在帝喾之前，这显示帝尧决不会是帝喾的儿子。[①] 所可论定者，是颛顼一定在帝舜之前，因为《左传》记载他们都是有虞氏的祖先，而颛顼的辈分要高于舜好几辈。至于黄帝、颛顼、帝喾这几位，因为并非出自同一个氏族，实在是不好比较他们的时间先后的。

第五，是各位古帝所在的地域问题。联系上面的内容，我们可推知各位古帝所在的地域实际也就是上古各姓氏集团分布的地域。那时人们在很大程度上还是按血缘亲属关系居住在一起的，不若以后各姓族之人已是插花般地错居杂处在一起。根据文献，那时以黄帝为首的姬姓部族，即后世所称之白狄族者，应当居住在今陕西省和山西省的北部，兼跨今内蒙古阴山山脉以南的一些地方，因为文献记载春秋时代的白狄就居住在这一带，并所谓黄帝的陵墓亦在这一地区（所谓桥山黄帝陵，在今陕西子长县，非今日之黄陵县）。炎帝姜姓部族，包括后世所称之西戎或姜氏之戎者，居住在今甘、青一带，以及今陕西关中地区。他们应是渭水流域的土著。作为黄帝后裔的周人只是在后来才移徙到渭水流域与姜姓族人结为婚姻的（《诗经》称古公亶父“爰及姜女”）。颛顼所率领的有虞氏，应主要生活在豫东及鲁西一带，这两省交界的濮阳号称“颛顼之虚”，古今无异辞。它的一个支系，即祝

① 徐旭生：《中国古史的传说时代》，第 91 页。

融氏，生活在豫鲁苏皖交界一带，后来他们迁到今河南省的中部，故新郑有“祝融之虚”的称号，但这已是商代中晚期了。帝喾氏作为子姓商人的祖先，原居住地应在今山西省的中南部，他的两个儿子即两个支系，一个叫实沈，迁居至晋南大夏；一个叫阏伯，迁居至商丘，即商人最早的老家。帝尧陶唐氏乃祁姓之祖，据载曾有过多次迁徙，大概他们最初兴起在鲁西南的定陶一带，后迁至今河北省的唐县（或隆尧），再迁至晋南实沈居住过的大夏，也就是今临汾地区（《左传》昭公元年称“唐人是因”）。帝舜为颛顼氏之后，不必再述。少昊为东夷嬴姓族祖先，在今山东曲阜一带。太昊为东夷风姓集团的首领，居住在今河南周口淮阳一带，那里有所谓“太昊之虚”。最后，伏羲实是苗蛮族祖先“不疑”的音变，虞夏时期的苗蛮族实分布在今湖南洞庭湖至江西鄱阳湖之间，或稍北面的地区。①

关于五帝时代的年代，其下限应是没有争议的，关键是其起始的年代，也就是黄帝所在的年代。窃以为黄帝所在的年代不一定像现时一般人说的那么靠前。大家习惯了“黄帝五千年”这句口号，所谓五千年，其实只是一个约数。真要谈到黄帝的具体年代，恐怕没几个人这么说的。因为五千年前的中国社会还处在仰韶文化时代，怎么也不会出现如文献所述黄帝时代才具有的那些特殊的社会现象，如大规模的战争、符契、官署、城邑之类。这些东西是文明社会前夜才应具有的。因而谨慎的学者总是将黄帝的时代说得离文明社会更近一些。过去孙中山建立民国，以黄帝纪元 4609 年为中华民国元年，这是以当时一些学者的考订为基础算出来的。中华人民共和国成立后，翦伯赞制定的中外历史年表，则是以黄帝在公元前 2550 年。著名考古学家、北京大学的李伯谦老师提出，黄帝应当是在公元前 2500 年或公元前 2300 年。② 我比较赞同李先生这个说法。大家知道，我主张陕北神木石峁古城就是黄帝部族的居邑，石峁古城的年代在公元前 2300 年前后，这应

---

① 见《战国策·魏策》吴起之语。

② 李伯谦：《祭拜黄帝要达成共识》，《光明日报》2015 年 9 月 7 日，第 16 版。

当是五帝所在年代的一个标尺。当然，五帝中的尧、舜的时代不会有这么早，而应接近于夏初的年代，这也是不言而喻的。

三　五帝时代的考古学与人类学解读

尽管我不是学考古学的，但上面既然列出了我所认可的黄帝活动的上限年代，即公元前2500年或公元前2300年，所以整个五帝时期当在公元前2500年至公元前2070年，或公元前2300年至公元前2070年左右。这个年代相当于考古学上的龙山文化时期，所以我判断五帝时代就相当于考古学上的龙山文化时期。

如果再细致一些，要划分出各位古帝即各部族集团与龙山文化时期各考古文化的对应关系，那么可以大致认为，与黄帝部族相对应的是分布在今内蒙古中南部与陕西、山西交界一带的老虎山文化与朱开沟文化；与炎帝部族相对应的主要是分布于陕西渭水流域的客省庄文化，以及西部甘青一带的马家窑文化晚期类型（马厂类型）；与颛顼氏相对应的应是分布在今豫北、冀南一带的后岗二期文化；与帝喾集团相对应的可能是分布于晋南一带的陶寺文化的早期，它的后嗣阏伯即子姓商族的祖先后来迁到河南商丘，则当属于王油坊类型文化的范畴了；与帝尧集团有关的也是陶寺文化，不过应是它的晚期。与东方少昊集团相对应的自然是山东龙山文化；与太昊集团相对应的则是分布在豫东、鲁西南一带的王油坊类型文化；与南方苗蛮族相对应的是湖北石家河文化。

从这些考古文化的性质、特征看，上述古族皆已进入农业定居的阶段，即使是地处今内蒙古中南部与陕西、山西一带的作为白狄祖先的黄帝部族，也基本是以农业为主[①]，兼营畜牧业。其粮食作物主要是粟，黄河中游一些地方已种植有小麦，其下游及江淮流域则已有了稻

① 田广金：《北方文化与匈奴文化》，江苏教育出版社2005年版，第261—263、300—301页。

的种植。他们的聚落形态也较过去先进，出现了较大型的聚落。一个较大型的聚落下面更有一些中型和小型的聚落，形成了一些学者所称的“都、邑、聚”这种聚落群结构。其中一些大型聚落上面还建起了城址，以维护住在里面的族邦领袖和贵族。这种情况也意味着各族邦内部的等级分化和财富的不均（这在各地的墓葬中亦多有发现），意味着社会正处在文明的前夜。

五帝时代所处的社会发展阶段，根据当代西方文化人类学四阶段进化的理论，结合我国具体实际，应当属于酋邦阶段。也就是说，上面我们说的当时社会上普遍存在的所谓邦、国，其实都应是酋邦组织，或复杂酋邦组织。

当代西方文化人类学有关人类社会早期发展的理论，一般国人喜欢称为“酋邦理论”。这个理论主要是在过去人们理解的氏族部落社会与国家之间加进了酋邦这样一个阶段，因而使得有关国家形成的理论更加合理，也更符合实际。从理论上说，不仅与马克思主义并不冲突，而且对马克思主义有关国家起源理论进行了补充和完善。因此十分有利于我们的中国古代文明形成的研究，也有利于相应的考古学文化的研究。

上面谈到，我国五帝时代乃是一个“天下万邦”的局面①，这一个个的“邦”，实际就是酋邦。需要指出的是，这些所谓的“邦”，在我国古代文献或古文字中又往往称作“方”，或称作“国”，“天下万国”也就是“天下万邦”。今学者或笼统地称它们为方国，或邦国，也就是现在一些考古学者所说的“古国”。这些“古国”的性质并不是真正的国家，而只是酋邦。今从事聚落考古的学者发现龙山文化时期的社会也是这样一种状况，如上所述，其时社会由许多的“聚落群”所构成，每个“聚落群”实际便是一个个的酋邦。聚落群的这种“金字塔结构”（或者“都、邑、聚”结构），实际正是酋邦社会的典型特征。这些酋邦有大有小，其中一些较大型的酋邦可称之为复杂酋邦，但其性质仍然是一种单纯的氏族结构。酋邦并不是某些人理解的那样，由

① 见《尚书·尧典》《史记·五帝本纪》等相关记载。

不同血缘亲属关系的人群组成的社会组织。

当龙山文化时期，我国的酋邦社会已存在了几百年甚至上千年，一些地区的酋邦组织或可上溯到仰韶文化中晚期。再进一步，便要进入国家社会了。文献表明，我国的早期国家即是在一个地域内由一个较大的酋邦联合若干个势力较小的酋邦组成的。例如夏代国家，即是由夏后氏在古河济之间通过联合该地区众多本姓族及他姓族的族氏治理本地区发生的洪水，通过集中使用众氏族部落的人力物力，从而树立起自己凌驾于各族氏之上的权威，才建立起来的。由五帝时代的酋邦社会转化为国家社会这一历史进程，是可以从这一过程中看得很清楚的。

结　语

综上，五帝时代作为中国夏代之前的一个历史时期，其存在是客观事实乃是讨论五帝时代相关问题的基本前提。“五帝”的名号产生虽晚但并非后人层累地添加进中国古史，其来源大致可信，多出自后世一些著名氏族对祖先的追忆。因此，五帝有不同说法和不同排列顺序也是与古代民族的多元性、非单一血统的性质正相吻合的。五帝时期尚处在一个“天下万邦”的状态，一统观念尚未出现，因此“五帝”不可能是前后相继的五位大一统君主，只是不同氏族部落的首领。“五帝”为代表的古帝是大致处于同一时代的人物，后世所谓“五帝谱系”实乃后世民族融合的产物。“五千年”只是理解五帝时代的约数，五帝起始年代的上限应在公元前2500年或公元前2300年。考古学上的龙山文化时期应大致对应五帝时代，不仅出现了明显的农业定居特征，而且其社会发展也更接近于“文明前夜”的特点。根据当代西方文化人类学四阶段进化的理论和具体实际，五帝时代所处的社会发展阶段应属于酋邦阶段，也是国家社会形成之前的一个重要时期。

（原载《中原文化研究》2020年第5期）

中华文明起源的历史学、考古学与人类学考察

随着中华民族伟大复兴目标的日益临近，更好地认识源远流长、博大精深的中华文明，探寻中华民族和文明历史的发展规律，成为关乎时代发展的重要问题。中华文明有多久远？如何起源？怎样形成？这些不仅是学界、公众的关注焦点，也是党和国家关心的重大历史问题。近年来我国考古学与历史学研究的新进展，给这些问题注入了新内容。2020 年 9 月 28 日，中共中央政治局就我国考古最新发现及其意义为题，举行第二十三次集体学习。习近平总书记在主持讲话时指出："我国是世界四大文明古国之一，中华民族有着悠久的历史和灿烂的文化，为人类文明进步作出了巨大贡献"；"考古学者将埋藏于地下的古代遗存发掘出土，将尘封的历史揭示出来，将对它们的解读和认识转化为新的历史知识"。① 习近平总书记的讲话，为我们提供了行动指南，即在继续"探索未知、揭示本源"的同时，会同各领域进行研究阐释工作，围绕一些重大历史问题集中力量攻关，把我国文明起源和发展以及对人类的重大贡献，更加清晰、全面地呈现出来。本文拟就中华文明起源这一课题，从历史学、考古学与人类学角度，谈几点认识和体会。

① 习近平：《建设中国特色中国风格中国气派的考古学　更好认识源远流长博大精深的中华文明》，《求是》2020 年第 23 期。

一 中华文明起源的历史脉络

中华文明起源的内涵，因对“文明”的不同理解而有不同解释。笔者认为，中华文明起源是一个过程。中国古代是农业社会，强调以农为本。农业产生后，人们开始定居生活，才会有社会分工，有社会生活和精神世界的多样化，有物质财富的积累和贫富分化，因此产生阶级、阶层和各种社会组织，最终发展为国家。因此，中华文明的起源可以农业产生为上限，以国家的出现为下限。

中国古代文献将农业产生的原因归功于神农氏。《易·系辞下》称“包牺氏没，神农氏作，斫木为耜，揉木为耒，耒耨之利，以教天下”，[①] 即以神农氏为教民使用农具、进行农业耕作活动的创始者。关于神农氏的生活时代，文献没有确切记录，根据其事迹，暂且以农业的产生为准。这篇文献还提到神农氏以前的伏（庖）牺氏，称伏牺氏创造了八卦和结绳记事，并发明了网罟，教民“以佃以渔”，即进行田猎和捕鱼活动。后来的一些著作又提到伏牺氏之前还有燧人氏，他发明了钻木取火之法并教民熟食。以上三人被人们尊为“三皇”。“皇”的意思是光明、伟大，引申为对圣王的尊称。其实，无论是用火、渔猎，还是农业，都不应是个人发明，农业刚刚诞生时，也没有真正的“皇”或“王”。“三皇”时代应当理解为农业产生以前社会的三个发展阶段。

文献中神农氏常与“炎帝”并提，如《世本》有“炎帝神农氏”。这种情况或许反映了我国早期农业生产的基本特点。《左传》《国语》《礼记》所载之烈山氏，也是一位因“能殖百谷百蔬”而“王天下”的人物。稍加分析，可知烈山氏就是神农氏的别称。“烈山”的本义是“烧山”，后世文献有“舜使益（即伯益——引者注）掌火，益烈山泽

① 《周易正义》卷8《系辞下》，阮元校刻：《十三经注疏》，中华书局1980年版，第86页中、下栏。

而焚之"[①]。"烈山"即刀耕火种的原始农业生产方式。炎帝也是一位与火有关的人物，传说炎帝主火，以火德王。因此炎帝、烈山氏、神农氏三者在古代文献中时有混淆。《礼记》《国语》记载的烈山氏，郑玄、韦昭注称其为炎帝，更多的文献则直接将炎帝和神农氏联系在一起，径称"炎帝神农氏"。从这一点出发，我们似应把炎帝视作"三皇"时代的历史人物，而不是将他划归"五帝"时代。如此，我们才能更好地理解为何前人一定要把炎帝置于黄帝之前，明白中华民族为何称自己是"炎黄"子孙，而不是"黄炎"子孙。据研究，炎帝生活在陕西渭水上游一带，表明渭水流域是我国农业的发祥地之一。

"三皇"之后的"五帝"时代，是向国家社会过渡的阶段，也是诸多文明因素蓬勃发展的时代。所谓"五帝"，出自孔子所传《五帝德》和《帝系》，具体指夏代以前的五位古帝王，即黄帝、帝颛顼、帝喾、帝尧和帝舜。[②] 但所谓"古帝王"，也只是前人的一种解释。实际上，"五帝"是夏以前一些氏族部落集团（或复杂族邦）的首领。因为夏代以前中原及周边地区还处于"天下万邦"的格局，没有出现真正的国家。早期文献称黄帝、帝颛顼为"黄帝氏""颛顼氏"，又称帝颛顼为"高阳氏"，称帝喾为"高辛氏"，称他们的16位后人（所谓"才子"）为"十六族"。[③] 这些称谓也反映出所谓"五帝"应是我国上古时期一些氏族部落首领。这些氏族部落势力有限。《国语·晋语四》记载了黄帝、炎帝两个氏族部落的情况："昔少典娶于有蟜氏，生黄帝、炎帝。黄帝以姬水成，炎帝以姜水成。成而异德，故黄帝为姬，炎帝为姜。"[④] 据徐旭生研究，姜水乃是宝鸡附近渭水的一条支流；黄帝所居姬水不可确指，或为渭水北岸的一条支流，即漆水河。据此可推断黄帝、炎帝部落主要分布在今陕西中西部一带，而且两个部落仅各自控制一条支流区域，远没有达到控制中原的实力，更不是统一国

① 杨伯峻：《孟子译注》，中华书局1960年版，第124页。
② 王聘珍：《大戴礼记解诂》，中华书局1983年版，第117—130页。
③ 杨伯峻：《春秋左传注》，中华书局1981年版，第637页。
④ 徐元诰：《国语集解》，中华书局2002年版，第336—337页。

家的君主。另外，那时所谓的“帝”也不止五位，仅《山海经》就谈到“五帝”之外还有帝鸿、帝俊、帝江，其他未有“帝”称号却与“五帝”地位接近的尚有蚩尤、共工、祝融、太昊、少昊等，他们也是部族首领。有学者认为，这一时期的文明起源和分布状况如同“满天星斗”,[①] 从政治上讲就是“天下万邦”的格局。

“五帝”以黄帝为首。黄帝生活的时代，距今4500年或4300年前后。[②] 这意味着五帝时代与考古学所谓龙山时代大体相当。从考古发现看，此时社会分化已相当明显，各氏族部落及部落内部的不平等已是普遍现象。氏族上层役使下层民众，驱使他们掠夺其他部族的财富，引发部族间的冲突和战争。黄帝和炎帝之间就发生过冲突。文献记载他们因为“异德”而“用师以相济（挤）”，即两个部族为利益而相互逼迫，以致发生阪泉之战。黄帝与蚩尤也发生了一场战争。蚩尤是东夷部族首领，文献称“蚩尤作兵”，即创制了兵器。蚩尤倚杖强盛的武力，发动对黄帝部落的战争，史称涿鹿之战。据研究，涿鹿与阪泉都在今河北张家口地区，可以推想其时黄帝的势力仍主要在北方，并没有扩展到中原一带，更未在中原建立国家。但是，战争和掠夺对国家的产生起到推动作用。各部落为了自卫，纷纷建起城墙。龙山时代的考古学文化，无论是北方的内蒙古及相邻陕北晋北一带，还是中原豫鲁交界和晋南以及江汉流域，在遗址周边普遍发现有城墙遗迹，有的还附带壕沟。正如恩格斯所言，“它们的堑壕成了氏族制度的墓穴，而它们的城楼已经高耸入文明时代了”[③]。这正是我国文明社会产生前夕社会面貌的生动写照。

经过“五帝”时代的发展和战争催化，夏朝诞生了。夏是我国历史上第一个国家，其诞生可以作为进入文明社会的标志。首先，夏已非仅占据狭小地盘的氏族部落（有崇氏，后称夏后氏）可比，而是世袭统治着众多氏族部落的政治组织。有学者称之为“广域王权国

---

① 苏秉琦：《中国文明起源新探》，生活·读书·新知三联书店2019年版，第106页。

② 李伯谦：《祭拜黄帝要达成共识》，《光明日报》2015年9月7日，第16版。

③ 《马克思恩格斯选集》第4卷，人民出版社2012年版，第181页。

家”,[1] 抓住了夏代国家的最主要特征。从制度上说，尧、舜担任氏族部落联盟首长时，实行禅让制，即由部落联合体内各部落首领推举联盟首长的制度。启继禹位，开启了“家天下”的世袭制，才是真正的王权国家制度。其次，更为本质的是，夏朝将不同血缘关系的氏族部落，如《左传》《国语》所载之有虞氏、有扈氏、有莘氏、斟灌氏、斟鄩氏、有仍氏、有戎氏、昆吾氏、豕韦氏、有穷氏等，纳入其统治之下。其中有的部落与夏后氏不同姓。由此可见，夏显然已经具备了恩格斯所说的“按地区来划分它的国民”[2] 这一国家形成的标志，成为我国历史上第一个国家。

需要指出的是，上述夏朝的氏族部落所在地域，包括夏的政治中心，都在今豫东鲁西（包括鲁西南）一带。王国维《殷周制度论》指出，“夏自太康以后以迄后桀，其都邑及他地名之见于经典者，率在东土，与商人错处河济间盖数百岁”[3]。古河济之间即今豫东鲁西地区，正处在黄河中下游的华北平原，与世界上其他发源于大河流域中下游平原地区的古代文明一样，我国最早的文明古国的产生也与河流滋养密不可分。

在文献传说中，夏的建立与大禹治水紧密相联。这需要首先弄清治水的地域，因为其中牵涉治水之事的真实性问题。徐旭生在《中国古史的传说时代》中专作“洪水解”章，讨论洪水传说的性质。他根据我国地形特征和历史发展阶段，指出大禹治理的洪水并非《创世纪》记录的世界性大洪水，其发生地域主要是在兖州，即古代的河济之间。[4] 这个说法与上述我们推测的夏代地域相呼应，证明前人有关夏朝史事并非凭空捏造。有学者根据“昔大禹治水，山陵当路者毁之，故凿龙门，辟伊阙，析底柱，破碣石”一类的描写,[5] 认为禹治水纯属神

① 许宏:《最早的中国》，科学出版社 2009 年版，第 8 页。
② 《马克思恩格斯选集》第 4 卷，第 187 页。
③ 王国维:《殷周制度论》,《观堂集林》卷 10，中华书局 1959 年版，第 451—452 页。
④ 徐旭生:《中国古史的传说时代》，文物出版社 1985 年版，第 139—140 页。
⑤ 《汉书》卷 29《沟洫志》，中华书局 1962 年版，第 1694 页。

话而不可信。但这种描写实际上是古人对禹治水功绩的一种夸张和神化。撇去这些成分，禹治水之事可以理解为《论语》所谓“尽力乎沟洫”，即为疏导洪水而进行的“浚川”工作。

《国语·周语下》载：“皇天嘉之，祚以天下，赐姓曰姒，氏曰有夏，谓其能以嘉祉殷富生物也”[①]，是将禹建立夏归结于他治水的成功。可以看出，这样一条国家形成的道路，与恩格斯《反杜林论》谈到的原始氏族部落首长由“公仆”发展成为“主人”从而导致国家的产生，[②] 实相一致。禹带领民众治水时，是一位“公仆”，治水成功后，人们赋予他相应的荣誉，他也因此取得了征发参与治水部落人力、物力的权力，并逐渐成为凌驾于这些氏族部落之上的统治者，即“社会的主人”。所谓皇天“祚以天下”，即授予他统治“天下”的权力，这个说法虽然带有“天命论”色彩，但从历史逻辑上看，是可信的。

直到灭亡之前，夏朝的中心区域主要在古河济一带。《诗经·商颂》记载了商人对夏的征伐，称“韦、顾既伐，昆吾、夏桀”[③]。豕韦、有扈、昆吾皆属河济地区的部族，所以夏桀居处仍在东方。夏朝灭亡后，其后裔在更远的东方建立起杞、鄫两个小国，这些都证明夏是建立在东方的国家。后来商继承了夏的控制区域，直到周人才建国于西方。其后，秦人亦崛起于西方，所以司马迁说“东方物所始生，西方物之成熟”[④]，从我国三代国家产生、形成的地域变迁看，这个说法是有道理的。

二　中华文明起源的考古学阐释

作为广义历史科学的组成部分，考古学对于历史研究具有重要意义。人们依靠考古学手段来获取文献记载之外的历史资料，尤其是古代地理环境及社会物质生产方面的资料，以构建更为可信的历史场景，

---

① 徐元诰：《国语集解》，第 96 页。

② 《马克思恩格斯选集》第 3 卷，人民出版社 2012 年版，第 559 页。

③ 《毛诗正义》，阮元校刻：《十三经注疏》，中华书局 1980 年版，第 627 页上栏。

④ 《史记》卷 15《六国年表》，中华书局 1959 年版，第 686 页。

同时利用考古学发现的实物资料检验相关研究的可靠性。中华文明起源研究更加需要考古材料。

考古学成果表明，我国农业产生的时间大致在距今 1 万年前后，即我国新石器时代的开端。较早从事农业生产的地域，主要是黄河中下游和长江中下游流域。黄河流域主要种植粟、黍两种粮食作物，长江流域基本种植水稻。与粮食作物的栽培与食用相关，陶器也在这个时期出现。目前发现的我国最早一批出土粮食作物或粮食加工工具的遗址，也大多同时出土了陶器（或陶片），如北方有北京门头沟东胡林遗址、怀柔转年遗址、河北徐水南庄头遗址；南方有江西万年仙人洞、湖南道县玉蟾岩、浙江浦江上山遗址；等等。距今 8000—7000 年，随着农业发展和定居生活方式的稳定，村落也出现了。其时黄河流域几支重要的考古学文化，如裴李岗文化、磁山文化、后李文化及大地湾文化等，都发现有村落遗址。南方的彭头山文化八十垱遗址四周还有壕沟和土筑围墙，俨然是一个设施完备的村落。[①] 距今 7000—5000 年的仰韶文化时期，北方的村落数量已发展到 5000 余处，南方长江流域及其以南的新石器时代遗址（包括河姆渡、马家浜、大溪等）也已超过 2000 处。仰韶文化是我国农业发展的第一个高峰，当时的农业、手工业技术，已达到整个东亚的最高水平。仰韶文化不仅影响到同时代周边地区诸文化，也为其后各文明的发展奠定了物质基础。

与“五帝”时代相当的龙山文化时期，是我国新石器时代末期。如前所述，这个时期是我国文明社会的前夜，许多大型遗址或城址——良渚、陶寺、石峁、芦山峁等——就出现在这个时期。因此，对仰韶文化、龙山文化时期不同考古学文化聚落形态以及相关社会组织演化的研究，能够大致了解我国社会文明化的进程。

仰韶文化早期，由于整个社会尚处在基本平等的氏族部落阶段，聚落数量虽多，但规模有限，面积一般仅有数万平方米或十余万平方米。聚落之间未发现明确的从属关系，聚落内部成员基本平等。迨至仰韶文

① 参见湖南省文物考古研究所《彭头山与八十垱》，科学出版社 2006 年版。

化中后期，情况发生变化。不仅聚落内部开始出现分化现象，而且随着聚落间人口和经济实力差距的出现，各聚落也产生了等级分化，并出现了一些强势聚落对弱小聚落的控制。在聚落形态上，呈现出以一个较大型聚落为中心、四周伴以若干中小聚落的所谓“聚落群”结构。至龙山文化时期，各相邻聚落群或因血缘相近的关系，又往往集结成更大的聚落群团，这应当就是人们习称的“族邦”。那时各地出现了很多类似的族邦，文献所称“五帝”时期“天下万邦”的政治格局，便是这样产生的。所谓“五帝”，应是其中比较强势的族邦或族邦联盟首领。

“五帝”时期，物质文明的进步十分显著。随着生产力水平提高，具有文明进步标志意义的发明创造不断涌现。历史文献将众多新发明创造归功于黄帝，反映出“五帝”时期是一个文明较快发展的时代。战国时期成书的《世本·作篇》专言历史上各时期的发明创造，所言黄帝时期的发明创造，多数与这个时期（不限于黄帝时）的考古发现可相印证。试举几例略作说明。

一曰“黄帝见百物始穿井”，即打井技术的出现。水井对于人类农业生产活动及定居生活范围的扩展，具有重要意义。人们可以摆脱对河流的依赖，深入广阔的平原地区从事开发和定居生活。有研究认为，距今6000年前后的河姆渡文化已经出现了水井，但河姆渡文化发现的所谓“水井”仅1米余深，与真正意义上的穿井不可同日而语。水井出现应在“五帝”时代。目前考古发现的龙山文化时期水井遗址包括河北邯郸涧沟及河南汤阴白营、临汝煤山、洛阳矬李等多处。其中汤阴白营遗址发现的水井深达12米左右，井壁内用木棍做成井字形井干，层层支护，共有46层之多，[①] 充分反映了当时生产生活技能的提高。

二曰“黄帝作旃冕”，即旗帜与冠冕的出现和使用。旗帜、冠冕均与礼仪制度有关。旗帜是为了号令指挥，这与黄帝时期出现的战争行为相呼应；冠冕属于王者佩戴之物，以显示尊贵，当时还没有真正的“王”，所谓的“帝”实际是各族邦或族邦集团的首领，他们在自己族

① 安阳地区文物管理委员会：《河南汤阴白营龙山文化遗址》，《考古》1980年第3期。

内享有崇高地位，对外也有很大影响，佩戴冠冕宣示身份地位。这些都属于礼仪用品，其目的是要维护刚刚兴起的不平等制度。据此推测，其他与社会分层有关的礼仪制度或用品，例如服饰、器用、埋葬制度等，也在这一时期出现或形成。其中用玉制度尤值得关注。我国玉文化的历史，最早可上溯至约9000年前，但将玉器制成特殊的“礼玉”，用于各种礼仪场合，以标识贵族身份或某种特殊权力，则并不太早。例如玉琮，主要用于祭祀，最早发现于良渚文化的祭坛遗址；象征兵权的玉钺，较普遍地出现在崧泽文化晚期的墓地中，崧泽文化晚期到良渚文化晚期正是社会进入“五帝”时代之际。

三曰“黄帝乐名咸池”，即黄帝制作了名为“咸池”的乐曲。既然建立了礼仪制度，与之相应的礼乐也应出现。裴李岗文化贾湖遗址出土了约8000年前的骨笛，可以吹奏出五声或七声音调；河姆渡文化出土了骨哨及陶埙；而到了距今5000年左右的“五帝”时代，很可能已出现乐曲。

还有一些“五帝”时代的记载，如羲和占日、伶伦造律等。其中最值得注意的是沮诵、仓颉“作书”，即创造文字。目前学术界对我国文字诞生的年代仍有争论，但龙山文化时期已有文字雏形的观点，获得大部分学者认可。考古发现山东、江苏一带龙山文化或良渚文化晚期的陶文，有多个符号连用的现象，① 说明它们已经具备了记录语言的功能。另外，传说黄帝妃嫘祖首创种桑养蚕之法，与这一时期遗址出土的丝织残片亦可相互印证。如浙江湖州钱山漾遗址（距今4400—4200年）出土丝线、丝带、绢片等使用的蚕丝，经鉴定为家蚕丝。②

“五帝”时代以后，便是有关夏代的考古。谈到这个问题，一般会想到中心区域分布在今河南省西部伊洛汝颍一带的二里头文化，认为该考古学文化就是夏文化。笔者赞同二里头文化的核心类型——二里

---

① 参见张明华、王惠菊《太湖地区新石器时代的陶文》，《考古》1990年第10期；李学勤：《中国古代文明与国家形成研究》，云南人民出版社1997年版，第167、169页。

② 浙江省文物管理委员会：《吴兴钱山漾遗址第一、二次发掘报告》，《考古学报》1960年第2期；浙江丝绸工学院：《对钱山漾出土丝织品的验证》，《丝绸》1981年第2期。

头类型，是夏文化遗存，但不认为二里头类型可以反映夏文化的全貌。据张雪莲等学者的测年结果，二里头遗址第一期的年代上限不早于公元前1750年。[①]“夏商周断代工程”对夏代基本年代框架的估定为公元前2070—前1600年，[②] 这表明二里头类型的年代主要是夏代后期。偃师二里头遗址，确实是夏晚期的一处都邑，因为文献明确记载这里是夏桀的居处，[③] 二里头遗址测年也表明其处在夏代晚期的纪年范围之内。但是，二里头类型以前的夏文化面貌却并不明朗。有学者将搜索的目光落在二里头遗址东南方向的新砦遗址，但新砦遗址二里头文化遗存存续时间较短，也难说是早期夏文化。一些考古工作者认为，新砦遗址中的许多文化因素，来自更靠东方的造律台文化和后岗二期文化，这表明早期夏文化，或者说其中的部分文化因素，也应来自东方。由此，笔者认为二里头遗址当是夏朝末年向西扩张后修建的一处别都性质的邑落，文献有夏末几个君主在此活动的记录，这与二里头文化中存在来自东方文化因素的现象可以相互印证。

笔者认为，有关早期夏文化的考古学证据应当到东方去寻找。[④] 如上所述，文献记载夏的地域主要在今豫东鲁西一带。这一观点，在考古学材料上并非没有线索。其一，部分夏的都邑及诸侯居邑已可与河济地区的考古遗址对应，如濮阳高城之于夏后相所都之帝丘，曹县莘冢集之于有莘氏，滕州薛国故城叠压着的龙山夯土层之于任姓薛国等。[⑤] 其二，《禹贡》所述禹时民众“降丘宅土”，[⑥] 亦可以落实。豫东

① 张雪莲等：《新砦—二里头—二里冈文化考古年代序列的建立与完善》，《考古》2007年第8期。

② 夏商周断代工程专家组：《夏商周断代工程1996—2000年阶段成果报告·简本》，世界图书出版公司北京公司2000年版，第81—82页。

③ 《史记》卷65《孙子吴起列传》：“夏桀之居，左河济，右泰华，伊阙在其南，羊肠在其北”（中华书局1959年版，第2166页），所述与二里头遗址所处位置正相符合。

④ 参见沈长云《夏朝的存在是无法“抹杀”的》，《历史评论》2020年第3期。

⑤ 参见河南省文物考古研究所等《河南濮阳县高城遗址发掘简报》，《考古》2008年第3期；张学海《论东夷文明的诞生与发展》，北京大学中国考古学研究中心、北京大学古代文明研究中心编：《古代文明》第1卷，文物出版社2002年版，第148—149页；山东省济宁市文物管理局《薛国故城勘察和墓葬发掘报告》，《考古学报》1991年第4期。

⑥ 孙星衍：《尚书今古文注疏》，中华书局1986年版，第148页。

鲁西一带至今仍留有许多土丘，不少可上溯到龙山文化时期，当时人们很可能是依靠这些土丘躲避洪水。与中国同样历史悠久的文明古国，也大多兴起于河谷或平原地区，在河水泛滥时利用人工垒筑的土丘避难。例如伊拉克考古人员就曾对其境内古遗址进行普查，20 世纪 30 年代至 1949 年，已经在地图上标明了 5000 处遗址的准确位置，它们大多数是高出地面的土丘。① 其三，考古发现古河济地区存有不少龙山时代的夯土城址，城墙有抵御洪水的功能，也从一个侧面反映出鲧、禹在此抗御洪水的真实性。其四，这一带曾发现早商时期的沟洫遗迹，② 虽时代稍晚，但也在某种程度上反映了禹治水“尽力乎沟洫”的历史线索。

三　中华文明起源的人类学考察

这里的“人类学”指文化人类学。在较早的国内教科书中，文化人类学指“专门研究文化的人类学”，③ 目前其内涵较以往有所扩展。笔者认为，文化人类学是探寻人类各种文化形态的科学，与历史学对各个具体民族历史的考察不同，主要是通过一系列民族调查而对整个人类所具有的各种文化形态及文化演进展开研究。其中关于人类社会发展阶段、早期国家等理论问题的讨论，对中华文明起源研究有重要参照价值。

首先是我国文明起源跨越了人类学中哪几个社会发展阶段的问题。过去人们常致力于探讨某个时段属于马克思主张的哪一种社会形态，但现代人类学对于人类社会发展阶段，尤其是早期发展阶段的划分更加具体。马克思、恩格斯根据摩尔根（L. H. Morgan）的进化理论，提出人类早期社会经历了原始群、氏族组织、国家三个发展阶段。这一观点是正确的，却有些笼统。特别是从氏族组织到国家这一阶段，都

① 参见拱玉书《日出东方：苏美尔文明探秘》，云南人民出版社 2001 年版，第 42、44 页。

② 李济：《安阳》，河北教育出版社 2000 年版，第 205—206 页。

③ 林惠祥：《文化人类学》，商务印书馆 1991 年版，“序”，第 1 页。

只强调了氏族组织“自由、平等、博爱”的一面，未能说清这种“自由、平等、博爱”的社会如何过渡到以不平等、阶级压迫为基础的国家社会，以致给人们造成这样一种印象：“从原始社会（societas）到政治社会（civitas）的政治变迁，相对而言是突然发生的。”[①] 有鉴于此，以塞维斯（E. R. Service）等人为代表的新进化论者提出，在平等的氏族社会与国家社会之间存在一个“不平等氏族”社会的发展阶段，即“酋邦”。张光直称酋邦是一种“政治分级与亲属制度相结合”的组织。[②] 应当说，酋邦理论确实能够更好地阐释有关氏族社会向国家过渡的问题，其构建的国家形成理论更加合理，也更符合实际。从理论上说，“酋邦时代”的提出，对马克思有关国家起源的理论有所补充和完善，对中华文明起源及中国古代文明形成的研究有借鉴意义，对相应的考古学文化研究也有推动作用。

就我国历史而言，酋邦的出现或可上溯至仰韶文化中晚期，也是出现社会文化的时期。此前，我国的文明化进程已经开启。具体表现在农业已经产生并发展，若干物质文明与精神文明遗存大量出现，但是这一时期还处在平等社会阶段。简单来说，我国自农业产生以来至龙山时代，经历了部落社会与酋邦两个发展阶段。上文已述，龙山时代是“天下万邦”的局面，这里的“邦”就是酋邦，也即部分考古学者所说的“古国”。“古国”的性质并不是真正的国家，而只是酋邦。从事聚落考古的学者发现，龙山时期的社会正是这种状况。其时社会由许多聚落群构成，每个聚落群由一个较大的聚落统率若干小聚落，若干聚落群又往往构成更大的聚落群团，这些聚落群或聚落群团实际便是一个个的酋邦。聚落群或聚落群团的这种分层结构，正是酋邦社会的典型特征。酋邦有大有小，一些较大型的酋邦可称为复杂酋邦，但其性质仍然是单纯的氏族组织，并不是由不同血缘关系的人群组成的社会组织。

---

① ［美］塞维斯：《民族学百年论争：1860—1960》，转引自易建平《部落联盟与酋邦——民主·专制·国家：起源问题比较研究》，社会科学文献出版社 2004 年版，第 151 页。

② ［美］张光直：《中国青铜时代》，生活·读书·新知三联书店 1983 年版，第 52 页。

按照新进化论学者关于社会进化规律的认识，在适当地理环境中，酋邦随着人口增加、社会生产力水平提高，一般会发展成国家。通过学习马克思主义经典著作，结合世界历史发展实践，我们认为，由酋邦过渡到国家的道路一般有两条：一条是在私有财产和奴隶制发展的背景下，通过对酋邦内部结构的改变，在氏族制度废墟上建立起对下层民众和奴隶的统治，即古希腊罗马奴隶制国家形成的道路；另一条是通过众邦（众酋邦）的不平等联合，即在一个大邦的控制下，由这个邦的首领身份性质的转换，从而建立起对各个族邦的统治性政体。后者涉及的地区更为广泛，中国古代国家的形成轨迹与此类似。

对于经由后一条道路建立起国家制度的民族来说，由于未对原有酋邦组织进行彻底破坏，在国家建立以后，这些酋邦组织及相关氏族制度仍然会在相当长的一段时间内得以保留，并且新的国家还要依靠各酋邦及氏族组织对广大民众进行统治。据此，我们可以称这些国家为“早期国家”。夏商周三代，即是早期国家。在整个三代时期，酋邦或由酋邦演化成的各种血缘组织一直存在，直到春秋战国之际的社会变革。

综上所述，我国自距今 1 万年左右跨入农业社会以来，经历了文献记载的神农氏时代、炎帝以及“五帝”时代，直到夏王朝的建立。这段将近 6000 年的历史，正是我国文明起源与初步发展的关键时期。考古发现显示，在这一历史时期，我国物质文明和精神文明不断取得进步，相关发明创造大量涌现，由聚落形态体现的社会组织也更加复杂化，实现了多族邦的不平等联合，最终出现广域王权国家。这一历史过程，正反映了当代人类学者所描述的人类由平等社会到不平等社会，再到国家社会的发展进程，反映了中国历史进程，符合人类社会发展的普遍规律。

（原载《历史研究》2021 年第 1 期）

附录：访谈

编者按：古代文明研究是古史学界长期耕耘，并富有成绩的领域。不过由于该问题的高度复杂性，目前尚存在诸多未解难题，在一些重大问题上还存在不少分歧。从理论上梳理反思已有研究成果，是推动古代文明研究进一步发展的重要途径。沈长云先生是当代著名的先秦史研究专家，在中国古代国家起源与形成、中国古代社会形态等研究领域卓有建树。应编辑部之约，沈先生反思了当前学界在古代文明研究中存在的问题，并展望了未来相关研究应当侧重的方向。

古代文明研究的理论思考与前瞻

——访沈长云先生

问： 沈先生，您好！非常感谢您接受《中国史研究动态》编辑部的邀请，进行“古代文明研究的理论思考与前瞻”的专题访谈。我们知道，您在中国先秦史、史学理论等领域耕研数十年，在中国古代社会形态、中国古代国家的起源与形成、中国上古部族的源流及相互关系等问题上多有创获。值此机会，特请您谈谈您对中国古代文明，特别是对它的起源与形成问题的一些理论上的思考。

一　中国古代文明和早期国家的理论研究

问： 中国文明是四大文明古国中唯一不曾间断的文明。继“夏商周断代工程”之后，国家支持并启动了“中华文明探源工程”，这是揭示中华民族五千年文明起源与早期发展的重大科研项目。文明探源工程对中国古代文明的起源与形成问题研究有哪些推进呢，请您谈谈看法好吗？

答： 非常遗憾，虽然我也参加了这项工程，但并没有感到这项工程取得多大进展。特别是对于中国古代文明产生的标志——中国古代国家的起源与形成，工程自始至终没有给出一个明确而可信的说法。不少学者对这项工程的现状提出了批评，批评工程负责人丢弃了与历史的结合。我则认为，造成工程目前这种状况的一个重要原因，是因为这项工程对理论缺乏重视，既缺乏对马克思主义有关文明和国家起源理论的重视，也缺乏对现代西方人类学有关人类进化理论的重视。连工程原有的一个理论组，也被莫名其妙地撤销掉了。所以我借着这个机会，呼吁我们的中国古代文明和早期国家的探究一定要重视理论的探讨，首先要重视马克思主义有关文明和国家起源理论的探讨，这是我们工作的指导；也要重视现代西方人类学有关人类进化的理论及考古学理论的探讨。

问：您提到马克思主义有关文明和国家起源的理论依然是我们做相关研究的指导思想，那么，马克思主义有关文明和国家起源的理论包括哪些具体内容呢？

答：马克思主义有关文明与国家起源的理论是相当丰富的，包括马克思的《摩尔根〈古代社会〉一书摘要》《资本主义生产以前的各种形式》，恩格斯的《家庭、私有制和国家的起源》《反杜林论》及其他一些著作，都有不少论述。这些论述汲取了当时西方人类学研究的最新成果，加上两位导师对整个人类社会进化的思考，是十分有利于我们对中国古代文明和国家起源的探究的。

至于这些理论包含了哪些具体内容，我只能结合自己的研究谈一点个人的体会。我想这些理论至少包含了他们认为国家是文明社会的概括，国家的产生应当具备一定的物质与精神文明发展的水平，国家是阶级压迫与剥削的工具，以及国家产生的标志、国家产生的不同途径等内容。

“国家是文明社会的概括”见于恩格斯的《家庭、私有制和国家的起源》，今天人们喜欢说国家是文明社会的集中表现，其实是一个意思，可见这个思想已经深入人心。国家的产生应当具备一定的物质与精神文明发展的水平，也见于恩格斯的这部著作，马克思的《摩尔根〈古代社会〉一书摘要》也有大致相同的阐述。他们的阐述主要是针对古希腊、古罗马社会而言的，其实质是说国家的产生应当与整个社会的文明化进程相适应。现代考古学理论称文明或国家产生的物化指标，所谓“三要素”或“四要素”，也是这个意思。国家是阶级压迫和剥削的机器，这与国家起源于不平等社会的理论前后相通，现代人类学者致力于探讨不平等社会的起源及其与国家的衔接，应当说与马克思、恩格斯的这个思想并不矛盾。国家产生的标志是公共权力的建立和按地区对居民的划分，这后一条即是讲国家是超越血缘组织之上的行政组织，这对于判断国家是否产生无疑是非常重要的一个原则。最后，恩格斯在《反杜林论》中明确指出，产生统治与奴役关系，也就是产生作为阶级压迫工具的国家的路径有两条，其中一条路径是氏族社会的上层在行使管理的过程中，由于其管理权力的“独立化”倾向，使他们逐渐由“社会公仆”变为“社会的主人”，即国家的统治者；另一条道路则是奴隶制国家，主要是古希腊、古罗马国家产生的道路。所有这些理论，应当说对于我们今天的研究都是不可或缺的，并不过时，且富有指导意义。

问：您刚才提到恩格斯的《家庭、私有制和国家的起源》和《反杜林论》，是马克思主义国家起源与形成理论的重要著作。其中分析古代国家起源与国家形成标志的例证，主要是依据古代希腊、古罗马和古日耳曼人的国家形式。如果具体到中国古代的国家起源与形成，也是适合的吗？

答：从原则上看，我认为并没有什么不适合。这要从两个方面看。一方面是这些理论多数都是普适性的，虽然马克思、恩格斯举的多是古希腊、古罗马和古日耳曼人的例子，但其论述的却是有关整个人类社会进程的大问题。如国家产生的两个标志，即使是当今西方人类学者也是赞同的。又如国家的产生需要同当地社会的文明化进程相适应，虽然所举的例证是古希腊、古罗马国家物质和精神文明达到的水平，但谁也不会拿着这样一把尺子去衡量自己古代国家的物质与精神文化达到的水平，因为大家都明白这只是一个原则问题。当然，研究中国古代文明与国家的产生要结合中国的具体情况，只是这些普适的理论原则是不能违背的。下面我会谈到我国夏代国家的产生，我也会用恩格斯有关国家产生的两个标志去加以衡量。另一方面需要提请大家注意的，是马克思、恩格斯有关东方社会独特发展道路的论述，这些理论将更有利于指导我们对中国古代文明的产生及其特殊性的研究。如上举恩格斯有关奴役与压迫产生的两种不同途径的论述，就更有利于对中国早期国家的社会形态，也就是中国没有经历过奴隶社会的特殊发展道路的理解，所以我是坚决拥护马克思主义的这样的理论的。

问：在西方学界有关人类进化还有其他一些理论，比较重要的有美国塞维斯（Elman R. Service）等人提出的“酋邦理论”。这些相关理论是否也适用于中国古代国家起源和形成问题研究呢?

答：我对西方现代人类学理论了解不多，但对于塞维斯提出的人类社会进化的新说，也就是所谓酋邦理论很感兴趣，认为它与马克思主义有关人类社会进化的理论并不矛盾，且可以看作是对马克思主义有关理论的补充和完善。塞维斯提出人类早期社会组织经过了游群、部落、酋邦、国家四个阶段，游群相当于马克思、恩格斯指出的原始群，部落大致相当于马克思、恩格斯指出的氏族社会时期，这些都与马克思主义的理解不相矛盾。然而，塞维斯在部落与国家两个阶段中加进了酋邦这个发展阶段，这是怎么回事呢?原来，马克思、恩格斯所理解的氏族社会，只是一个自由平等的社会，因为这个社会是建立在血缘亲属关系基础之上的，没有剥削压迫，自然人人平等。但是，塞维斯等人通过人类学调查，发现了许多并不平等的氏族组织的案例，这类组织的社会基础依然是血缘联系，但氏族内部却已经有了分化。氏族首领，也就是酋长凭借着与祖先更近的血缘关系掌握着祭祀祖先和再分配的权力，他和他的近亲处于氏族的上层，在再分配中占有一定的优势，其他与祖先血缘关系较远的社会成员则处于氏族下层。这样一种不平等的氏族组织，他称之为酋邦。他认为人类由平等的氏族社会阶段再经历一个不平等的氏族社会阶段，然后再过渡到国家社会，这样一种过程，应当更有利于说明国家的产生。这就弥补了在马克思主义创始人那里，国家好像是由平等的氏族社会直接进化而来的，从而给人一种突然的感觉造成的遗憾。总之，酋邦理论能够较好地说明国家社会产生的过程，并能对史前社会结构作出比较完善的解释，这使它很快地得到国际学术界的认可并在很多地方流行开来。在中国，目前也有不少学者认同这个理论。

我认为，这个理论不仅有助于中国古代国家起源与形成的研究，而且有助于对中国史前社会的认识。我国“五帝”时期号称“天下万邦”，那一个个的“邦”实际上就是酋邦，“五帝”时期就是中国前国家时期的酋邦社会阶段。我们过去称这些邦为“族邦”，不如称其为酋邦更科学。我们以后的早期国家，实际上也就是在一个大的酋邦统治下的众邦的联合体。后面谈到夏代国家的产生还要讲到这个问题。

问：中国古代国家的起源与形成，还涉及早期国家理论。夏商周三代，应该更严谨地称作“早期国家”。您可以再详细谈谈酋邦与早期国家的区别，以及中国早期国家的国家形态吗？

答：我赞成称夏商周三代为早期国家的说法。目前已经有很多学者使用这个称呼。但是目前国际学术界有关早期国家的理论还不十分成熟，大致只是说早期国家的国家形态还不太完善，还带有不少前国家时期的残余。国内学者其实很早就使用过“早期国家”这一概念，如何兹全先生，他认为中国古代国家正式产生的时间很晚，因而称那之前的国家为早期国家。大致国内学者称夏商周三代为早期国家的理由，乃是三代国家仍然存在着浓厚的血缘组织的残余，相对于战国以后的领土国家而言，它尚未实现对居民按所居住地域进行行政划分，因而从国家形态来说，它可以说是不那么“成熟”的。如上所述，三代国家就是一个大邦领导下的众邦的联合，这些邦实际也都是一个个血缘组织。

当然，国内学术界有关早期国家的概念并不统一，多数考古学者使用的“早期国家”便跟历史学者有很大的差别，他们眼中的早期国家实际上是前国家时期的酋邦。他们称中国古代国家可分作邦国、王国和帝国三个不同的发展阶段，“王国”指夏商周三代，“邦国”是指“五帝”时期众多小的血缘团体，也就是酋邦；并认为这些小的血缘团体已经有了“金字塔”般的社会分层结构。殊不知这种“金字塔”般的社会分层结构正是酋邦的特征。

那么早期国家与酋邦的区别在哪里呢？在于国家乃是酋邦之上的

更高一级的权力组织，并且这种权力的性质是强制性的，而不是像酋邦那样基于对祖先的尊崇和族内的习惯或规矩。早期国家已经实现了对多个酋邦的统治，这些酋邦之间或不具有共同的血缘关系，因而可以视作它们上一层国家组织的地方行政单位。

二 夏文明与夏的地域探寻

问：夏王朝是中华文明史上的第一个王朝，“三代”自夏而始。但是西方史学界有一个流行的说法，称目前发现的中国最早的历史文字资料是甲骨文，所以中国的信史应该从商朝开始。例如鲁惟一和夏含夷主编的《剑桥中国上古史：从文明的起源到公元前221年》（剑桥大学出版社1999年版）就是这样的处理方式，这本书对中外学术界的影响都比较大。那么，您认为夏朝确实存在吗？

答：要研究中华文明起源，夏是一个绕不开的话题。我认为夏朝确实是存在的，中国的文明史应该从夏讲起。现在学者用文字产生作为一个文明出现的标志，我也赞成。夏朝有没有文字呢？有。20世纪七八十年代，我们在属于良渚文化的江苏和浙江交界一带，便连续发现了不止一处的文字资料，其中江苏吴县出土的黑陶罐上，并列刻着4个清晰的文字符号，李学勤先生将它释为“巫戌五俞（巫钺五偶）”四字。虽然这个地方离着夏王朝的中心区域还有些距离，但若说夏朝没有文字，显然是没有道理的。另外，证明夏朝确实存在还有多种途径，例如寻找它的都邑所在。我举一个例子：文献如《左传》《世本》《竹书纪年》都有夏后相都于帝丘即今濮阳的记载，其中《左传》僖公三十一年记载春秋时期的卫成公刚迁居到帝丘，即有卫国的始封之君卫康叔托梦给他，向他诉苦，说你在这儿供奉给我的祭品都让夏后相夺占去了。这无疑反映了春秋卫国所迁的帝丘城是建立在过去夏后相都城的旧址之上的事实。刚好，近年发掘的濮阳高城遗址也显示出，其上面庞大的卫国都城正叠压在夏初（或稍早时期）开始建造起来的一系列夯土城的基础之上（袁广阔发掘），这就十分清楚地证实了濮阳高城就是过去夏后相的都邑。这如果不能证实夏朝在历史上的存在，将如何进行解释呢？

问：之前咱们谈到了早期国家的理论，为什么从“夏”开始能够称为“国家”呢？

答：夏之所以能够称作国家，是因为它具备了国家形成的两个基本条件：一是公共权力的设立，二是地域关系的出现。说夏朝有了公共权力，包括军队、行政机构之类，大家没有什么异议。至于夏的地域关系，我以为可以这样进行解释：夏以前的中国还是一个“天下万邦”的局面，各个邦作为氏族组织独自存在，其性质有如现代人类学者所说的酋邦，这个时期因而可以称作酋邦时代。但是夏后氏首领即夏禹通过领导治水把他周围的酋邦都组织起来了，并使它们为消除洪水这个共同利益服从于自己的统一指挥和调度，这样就形成了高于酋邦之上的权力。这些酋邦不一定具有相同的血缘关系，但它们都处在一个统一的世袭王权之下，也就相当于国家下面的地域组织了，我们因而可以称这个共同体为国家，或早期国家。这样的解释，我想既符合马克思主义国家产生的理论，也符合现代人类学者有关人类早期进化的理念，并且更关键的是，它有文献记载的史事作依据。文献很明确地说，由于禹治水的成功，“皇天嘉之，祚以天下，赐姓曰姒，氏曰有夏，谓其能以嘉祉殷富生物也”（《国语·周语下》）。姒姓的夏王朝就是这样建立起来的。

问：其实在20世纪二三十年代，古史辨派对禹及禹治水的事迹是有怀疑的，认为这都是神话传说，并不可信。您认为这是神话传说，还是对文明进程产生过巨大影响的历史事实呢？

答：现存大禹治水的传说确实具有浓厚的神话气息，因为它把禹治洪水说成是治理天下九州的大江大河，是去凿通这些河道的险要之处，如所谓禹“凿龙门，辟伊阙，析底柱，破碣石”（《汉书·沟洫志》）之类。这类传说当然不能信以为实。然而仅凭这些就否认禹的人格，否认禹治洪水在历史上真的存在过，也未免太简单。顾颉刚的这个说法是没有道理的。他提倡建设新古史须要树立的“四个打破”，其他几个“打破”都有道理，唯独这个“打破古史人化的观念”说得有些偏颇。因为他将古代神话与历史完全对立起来，只看到由神话演化为历史的一面，忽略了也有历史人物被演化为神的一面。其实神话传说中往往蕴含着真的历史素地，这是每一位治上古史的学者都明白的道理。禹身上的这些“神迹”，我想应当是后人为了纪念这位立有大功的祖先，附会在他头上的。就像顾颉刚宣传的，人们会“层累地”在禹治水的故事上加给他许多虚幻的东西。然而我们就可以因此而否定它原始的真实素地么？或者就咬死说，中国古代的治水传说类同于其他一些民族的“创世”神话？看来，这里的关键，是要弄清楚禹治洪水本来的性质。

我在20多年前写过一篇《论禹治洪水真象兼论夏史研究诸问题》（《学术月刊》1994年第6期）的文章，强调了禹的治水只不过是在自己居住的古河济之间治理这里常常发生的洪涝灾害，因为这里的地势低洼，处在西边的太行山和东边的泰沂山地两个高地之间，又多河流湖泊，极易因雨水过多之类原因发生洪涝灾害。故而禹的治水，不过就是要将这里积滞的水潦排泄出去；其治水的方法，不过就是开挖沟洫以引导积水，如孔子所说的禹“尽力乎沟洫”。这些，都是完全可信以为实的。我说这些话，当然主要是依靠了文献和对古黄河流域自然环境的分析，但也有一些考古和环境考古的资料做支持。一个最重要的线索是，古河济之间存有许多小的土丘，当地人或称为堌堆，其上面往往留有厚厚的古代人们居住的遗迹。经考察，这些丘类遗迹多数都是在龙山文化时期出现的，正当禹时洪水泛滥的前后，说明当时人们正是依靠它们来防止洪水飘没的。这也与《尚书·禹贡》兖州条下“桑土既蚕，是降丘宅土”“作十有三载”的记载相呼应，说明古时人们对禹治洪水的记忆不是凭空捏造的。

据了解，与中国同样具有悠久历史的古国，包括两河流域、古埃及和古代印度，在他们文明初起的时候，也多居住在河水经常泛滥的河谷或平原下游地区，并且也多居住在这些地区稍高一些的土丘之上。例如古代两河流域，从20世纪30年代开始，有关考古人员便在这里发现了数以千计的土丘，其上也是累积着古代人们居住的房屋遗迹。这与我们古代先民居住在河济之间的土丘上是一个道理。

此外，古河济地区还发现过古时沟洫的遗迹。据李济《安阳》一书，他当年领导安阳发掘的过程中，便在安阳及郑州两地发现过颇具规模的用作灌溉及排水的地下沟网遗迹。其中安阳的沟网，他认为是盘庚迁殷以前的早商居民开挖的，而郑州发现的这种“地下建筑”的时代比安阳更早，应当到了夏代。由此，推测夏禹之时人们已经具备了开挖沟洫的技术，并且也在此一带进行过开挖，应不是无端的揣测。

问：夏文明探索，离不开夏都地望的探寻。您刚才提到，禹治洪水发生的地域，应当在大河平原地区，这一认识对寻找“禹都阳城”及夏人居住的地域有帮助吗？

答：你提到的这一点很重要。从逻辑上说，禹治洪水的地域与夏都分布区域的一致性，二者互证，正很好地证明了夏是一个实实在在的王朝，而不是人为杜撰的朝代。禹治洪水的地域应当就是夏时居民居住的地域，也是夏代都邑分布的地域。过去王国维早说过：“夏自太康以后以迄后桀，其都邑及他地名之见于经典者，率在东土，与商人错处河济间盖数百岁。”（《殷周制度论》）我循王国维的思路，也曾亲自考察过文献记载的禹都阳城，以及其他几处夏后的都邑，包括太康所居的斟鄩、后相所居的帝丘，以及斟灌、帝杼所居的原和老邱、胤甲所居的西河等，它们确实是在古河济之间，或其附近。甚至启所居的黄台之丘，一些人说它在黄河以南的新郑附近，其实也在黄河以北距封丘不远的地方。这说明以夏后氏为首的夏人乃是居住在平原地区、临近大河、从事低地农业的民族，与其他文明古国居民的性质一样。

我常常考虑，为何文明早期从事农业的民族要居住在大河河谷或平原地区呢？邻近水源，当然是一个因素。可捕捞鱼虾，以作为食物的补充，也是一个因素。平原广漠，水路交通便利，可为各族邦之间的联络提供便利，亦是一个因素。但是最重要的，恐怕还是这里土质肥美，处于大河冲积平原上或河谷旁的土地之上这个考虑。拿夏人居住的古河济之间来说，这里实在是一片广阔的由黄河冲积而形成的特殊的黄土堆积。黄河将其上游黄土高原上的黄土通过二次搬迁搬运到这里，造成这一带的土质疏松、肥沃、富含矿物质而又易于耕植。尤其是那时人们尚未普遍使用青铜工具，只有这样一种性质的土壤，才更适合于使用木石工具的人们进行耕作与开发。这才是吸引四方之民前往这里进行垦辟的最主要的原因。我们看相当于夏代前后的龙山时期，这里的大小聚落成倍、成十倍的增长，一派繁荣兴盛的景象。文献也记载许多著名的氏族，如有莘氏、有扈氏、有虞氏、昆吾氏、豕韦氏，乃至商人、楚人、秦人的祖先，也都曾在这里生息繁衍过，便知夏王朝兴起在古河济之间不是一个偶然的现象。

可是如今一些先生却偏不把这些历史事实放在眼里，硬说夏人或夏文化分布的地域在豫西晋南一带，也就是二里头文化分布的地区。考虑到这些地区大部分属于山地、丘陵，与上述我们推测的夏人的居住环境大异其趣，也与考古发现龙山时期这里的聚落没有实质性增长的情况相吻合，因而这个说法是不足以服人的。更不用说这种说法与史实构成的矛盾。别的不说，其对禹治洪水一事就不能作出合理的解释，总不能说禹时发生的大面积的洪涝灾害是在山区或丘陵地带吧！最近郭立新、郭静云也谈到豫西晋南一带在大禹的时代地方文化林立，不可能出现一个跨地域的较大的文明，同时，也不可能出现一个像禹那样的部族首领来召集人们治理这一带的大小河患，因为这一地区的黄河、汾河、洛河等河流皆穿行于高原、山地和峡谷之间，发生常年大洪水的可能性是很小的，所以禹都阳城也不可能是在这里（“文明探源与古史重建理论的百年反思”学术研讨会，南京大学，2019 年 11 月 8—10 日）。我很赞同他们的这个说法。

问：那么，您怎么看待河南偃师的二里头遗址呢？偃师二里头也在豫西。最近偃师的“二里头夏都遗址博物馆”开馆，备受媒体关注，馆名表明二里头就是一座夏都。请您再谈谈我们应当怎样认识二里头遗址的性质。

答：二里头遗址是夏都我不否认。我曾不止一次到二里头遗址参观，对那里的宫殿基址，尤其是基址上厚而坚硬的夯土层印象深刻，感到它绝非是一座普通的邑落。但是，二里头只是夏代晚期的都城，因为它的时间早不过公元前 1750 年，尤其是它显示出王都气象的第三期文化层，只能划在夏代末年的范围之内。因此，我是把二里头遗址当作夏代晚期在西方修建的一座别都看待的。从文献记载看，只是到夏代晚期才有夏后氏向西扩张势力到今豫西一带的记录。需要注意的是，二里头王都建成之后，夏人仍主要居住在东方古河济一带地区。我们看夏末商汤与夏桀的战争仍是在古河济地区进行的，就会明白这个道理。《诗经·商颂·长发》记商汤征伐夏桀的战争说："韦、顾既伐，昆吾、夏桀。"韦指豕韦，顾指有扈，它们与昆吾都是夏的诸侯同盟，所处均在今豫东鲁西一带，也就是在河济地区，所以同他们一道受到商的征伐的夏桀也必定是居住在那一带。后来夏桀被诛死在东方，或说他所逃亡的地方南巢，也是在东方。因此二里头只能算作夏代晚期在西方的一座别都。总之，夏人的发祥地和主要居住地自始至终都在东方，这是不可否认的。最近有几位考古学者通过考古资料的研究，得出二里头文化是来源于东方的结论，或称它是来源于古河济地区的后岗二期文化，或说它是来源于豫东鲁西一带的造律台文化，这就更加印证了二里头夏都是属于夏末在西方兴建的一处别都的性质了。

三　对古代文明研究的前瞻

问：沈先生，以上是您对中国古代文明起源理论和有关夏的问题的一些思考，下面还要请您对目前国内中国早期文明研究作出一些展望。国内学术界对于中国早期文明的研究有哪些新的动向呢?

答：总体看来，我对国内中国早期文明研究的前景还是抱着乐观态度的。主要是国内学术界自始至终对这项研究十分重视。尽管"文明探源工程"没有取得什么进展，但是有关领导机构和中国社会科学杂志社仍是对这项研究高度关注的，由它们出面组织，各地高校和研究机构的学者积极参与，已经就这项研究的一些重要问题重新进行探讨并取得初步进展。首先是对文明探源有关理论的重新探讨。最近，由中国社会科学杂志社牵头，重庆师范大学、四川大学、南京大学等单位都相继组织了这方面的研讨会。与会学者来自历史学界、考古学界、人类学或民族学界，大家讨论十分热烈而且投入，会后还通过微信群继续进行研讨，如上述我提到的那些理论问题，大都涉及了。其次是对夏代和夏文化的研究，这甚至牵动了整个社会的神经，连一些普通群众也都关注历史上夏代的有无及相关历史问题。因为这毕竟牵涉到我们民族何时进入文明的大问题。前段时间《中国社会科学报》连续组织禹治洪水问题、夏所在地域、中国古代文明与地中海文明的比较等问题的讨论，皆引起广泛的关注。最近“二里头夏都遗址博物馆”挂牌引起的争议，更造成社会的不同凡响。与夏有关的“五帝”时代及相关问题的研讨，也已进行了多次。此外，对于一些古遗址，特别是对良渚、陶寺、石峁等新石器时代重要遗址的讨论，也都直接与中国古代文明起源的问题有关。以上讨论可以说是方兴未艾，期待着我们的早期文明的研究成果陆续问世，有关问题的研究进一步深化。

问：当前的研究还存在哪些问题呢？也谈谈您的一些希望吧。

答：首先，我想第一位的仍然是理论问题，希望我们的文明探源工作继续注重理论研究，尤其是注重马克思主义有关国家起源与形成的理论研究。中国到底何时进入文明？何时进入国家状态？其标志是什么？中国早期国家是通过什么途径建立起来的？这些问题，我想最终还需要用马克思主义理论来统一大家的认识。其次，要坚持历史与考古的结合。目前学术界对这个问题有一些不同认识，有部分学者，主要是考古学者，反对中国考古学的“证史倾向”，主张考古学脱离历史文献记载自搞一套，我不知脱离历史文献记载的考古研究将会是什么样子。当然历史学者也要熟悉考古资料，尊重考古发掘工作，懂得如何利用考古资料解决历史问题，懂得当年顾颉刚所说历史问题最终还要靠考古来解决的道理。再次，要重视与其他文明古国的比较研究，包括与古希腊罗马的比较和古代东方文明古国的比较。有些问题是需要比较才能有更深切的认识的，例如中国文明发展的特殊性问题。上面也已经举了一些例子，不多说了。作为历史学者，我还希望学者在研究有关问题时，对文献多下一些功夫，要尊重文献使用的规则，还要懂得一些训诂知识。如现在大家研究夏的问题，就要知道文献中的“夏”不止是指夏王朝的，它有时是指“周”或周人的联盟，有时还是指华夏民族，这需要看它在文献中出现的语境。如《逸周书·度邑》“有夏之居”的“有夏”就是指有周，一些学者往往读作夏后氏之夏，就未免弄出笑话。最后，祝中国古代文明的研究取得更大的成果！

（南开大学历史学院李晶采访整理，原载《中国史研究动态》2019 年第 6 期）

主要参考文献

基本典籍：

1.《史记》，中华书局 1959 年版。

2.《魏书》，中华书局 1974 年版。

3. 宋衷注，秦嘉谟等辑：《世本八种》，商务印书馆 1957 年版。

4. 孙星衍：《尚书今古文注疏》，中华书局 1986 年版。

5. 王弼注，孔颖达疏：《周易正义》卷 8《系辞下》，阮元校刻：《十三经注疏》，中华书局 1980 年版。

6. 王聘珍：《大戴礼记解诂》，中华书局 1983 年版。

7. 徐元诰：《国语集解》，中华书局 2002 年版。

8. 杨伯峻：《孟子译注》，中华书局 1960 年版。

9. 杨伯峻：《春秋左传注》，中华书局 1990 年版。

10. 郑玄笺，孔颖达疏：《毛诗正义》，阮元校刻：《十三经注疏》，中华书局 1980 年版。

11. 郑玄注，贾公彦疏：《周礼注疏》，阮元校刻：《十三经注疏》，中华书局 1980 年版。

12. 郑玄注，孔颖达疏：《礼记正义》，阮元校刻：《十三经注疏》，中华书局 1980 年版。

专著、论文集：

1.《古史辨》，上海古籍出版社 1982 年版。

2.《简明不列颠百科全书》编辑部译编：《简明不列颠百科全书》，中国大百科全书出版社 1986 年版。
3.《马克思恩格斯全集》，人民出版社 1979 年版。
4.《马克思恩格斯选集》，人民出版社 1972 年版。
5.《资本论》，人民出版社 1975 年版。
6. 北京大学中国考古学研究中心、北京大学古代文明研究中心编：《古代文明》第 1 卷，文物出版社 2002 年版。
7. ［加拿大］布鲁斯·炊格尔：《时间与传统》，蒋祖棣、刘英译，生活·读书·新知三联书店 1991 年版。
8. 晁福林：《先秦社会形态研究》，北京师范大学出版社 2003 年版。
9. 陈淳：《考古学的理论与研究》，学林出版社 2003 年版。
10. 陈昆麟编著：《鲁西文博论丛》，齐鲁书社 2000 年版。
11. 陈槃：《春秋大事表列国爵姓及存灭表撰异》，上海古籍出版社 2009 年版。
12. 陈垣：《史讳举例》，中华书局 1962 年版。
13. 傅斯年：《民族与古代中国史》，河北教育出版社 2002 年版。
14. 高江涛：《中原地区文明化进程的考古学研究》，社会科学文献出版社 2009 年版。
15. ［日］宫本一夫：《从神话到历史：神话时代夏王朝》，吴菲译，广西师范大学出版社 2014 年版。
16. 拱玉书：《日出东方：苏美尔文明探秘》，云南人民出版社 2001 年版。
17. 顾颉刚：《顾颉刚选集》，天津人民出版社 1988 年版。
18. 郭沫若：《中国古代社会研究》，人民出版社 1964 年版。
19. 何怀宏：《世袭社会及其解体——中国历史上的春秋时期》，生活·读书·新知三联书店 1996 年版。
20. 何兹全：《中国古代社会》，河南人民出版社 1991 年版。
21. 湖南省文物考古研究所：《彭头山与八十垱》，科学出版社 2006 年版。
22. 李济：《安阳》，河北教育出版社 2000 年版。

23. 李学勤：《中国古代文明与国家形成研究》，云南人民出版社 1997 年版。
24. 林惠祥：《文化人类学》，商务印书馆 1991 年版。
25. 刘家和：《古代中国与世界》，武汉出版社 1995 年版。
26. 刘梦溪主编：《中国现代学术经典·李济卷》，河北教育出版社 1996 年版。
27. ［德］马克思：《摩尔根〈古代社会〉一书摘要》，中国科学院历史研究所翻译组译，人民出版社 1965 年版。
28. ［英］莫里斯·布洛克：《马克思主义与人类学》，冯利等译，华夏出版社 1988 年版。
29. ［日］平势隆郎：《从城市国家到中华：殷周、春秋战国》，周洁译，广西师范大学出版社 2014 年版。
30. 山东大学历史系考古教研室编：《纪念山东大学考古专业创建二十周年文集》，山东大学出版社 1992 年版。
31. 沈长云：《中国古代国家起源与形成研究》，人民出版社 2009 年版。
32. 史念海：《河山集》第二集，生活·读书·新知三联书店 1981 年版。
33. 苏秉琦：《中国文明起源新探》，生活·读书·新知三联书店 2019 年版。
34. 世界上古史纲编写组：《世界上古史纲》，人民出版社 1979 年版。
35. ［美］斯塔夫里阿诺斯：《全球通史》，吴象婴、梁赤民译，上海社会科学院出版社 1999 年版。
36. 宋新潮：《殷商文化区域研究》，陕西人民出版社 1991 年版。
37. 宋豫秦等：《中国文明起源的人地关系简论》，科学出版社 2002 年版。
38. 宋镇豪：《夏商社会生活史》，中国社会科学出版社 1994 年版。
39. 苏秉琦主编：《考古文化论集（一）》，文物出版社 1987 年版。
40. 田昌五主编：《华夏文明》第 1 集，北京大学出版社 1987 年版。

41. 田广金：《北方文化与匈奴文化》，江苏教育出版社2005年版。
42. 童恩正：《人类与文化》，重庆出版社1998年版。
43. 童恩正：《文化人类学》，上海人民出版社1989年版。
44. 王国维：《观堂集林》，中华书局1959年版。
45. 王献唐：《山东古国考》，齐鲁书社1983年版。
46. 王尹成主编：《杞文化与新泰》，中国文联出版社2000年版。
47. 王震中：《中国文明起源的比较研究》，陕西人民出版社1994年版。
48. ［美］威廉·麦克高希：《世界文明史——观察世界的新视角》，董建中、王大庆译，新华出版社2003年版。
49. 文物出版社编辑部编：《文物与考古论集》，文物出版社1986年版。
50. 夏曾佑：《中国古代史》，河北教育出版社2000年版。
51. 谢维扬：《中国早期国家》，浙江人民出版社1995年版。
52. 宿白主编：《苏秉琦与当代中国考古学》，科学出版社2001年版。
53. 许宏：《最早的中国》，科学出版社2009年版。
54. 徐旭生：《中国古史的传说时代》（增订本），文物出版社1985年版。
55. 徐中舒：《先秦史论稿》，巴蜀书社1992年版。
56. 许顺湛：《五帝时代研究》，中州古籍出版社2005年版。
57. 夏商周断代工程专家组：《夏商周断代工程1996—2000年阶段成果报告·简本》，世界图书出版公司北京公司2000年版。
58. 易建平：《部落联盟与酋邦——民主·专制·国家：起源问题比较研究》，社会科学文献出版社2004年版。
59. ［美］张光直：《中国青铜时代》，生活·读书·新知三联书店1983年版。
60. 张广志、李学功：《三代社会形态》，陕西师范大学出版社2001年版。
61. 赵伯雄：《周代国家形态研究》，湖南教育出版社1990年版。

62. 赵光贤：《古史考辨》，北京师范大学出版社 1987 年版。
63. 中国社会科学院考古研究所：《偃师二里头》，中国大百科全书出版社 1999 年版。
64. 中国世界古代史学会编：《古代世界城邦问题译文集》，时事出版社 1985 年版。
65. 中国先秦史学会、洛阳市第二文物工作队编：《夏文化研究论集》，中华书局 1996 年版。
66. 中国先秦史学会编：《夏史论丛》，齐鲁书社 1985 年版。
67. 中华书局编辑部编：《文史》第 6 辑，中华书局 1979 年版。
68. 中华炎黄文化研究会等编：《2000 濮阳龙文化与现代文明学术讨论会论文集》，中国经济文化出版社 2003 年版。
69. 周昆叔、宋豫秦主编：《环境考古研究》第二辑，科学出版社 2000 年版。
70. 周昆叔等主编：《环境考古研究》第三辑，北京大学出版社 2006 年版。
71. 朱凤瀚：《商周家族形态研究》，天津古籍出版社 1990 年版。

期刊、报纸：

1. 安阳地区文物管理委员会：《河南汤阴白营龙山文化遗址》，《考古》1980 年第 3 期。
2. 陈淳：《早期国家之黎明——兼谈良渚文化社会政治演化水平》，《东南文化》1999 年第 6 期。
3. 陈淳：《酋邦的考古学观察》，《文物》1998 年第 7 期。
4. 陈淳、龚辛：《二里头、夏与中国早期国家研究》，《复旦学报》（社会科学版）2004 年第 4 期。
5. 陈洪波：《鲁豫皖古文化区聚落分布与环境变迁》，《考古》2007 年第 2 期。
6. 陈梦家：《商代的神话与巫术》，《燕京学报》第 20 期。
7. 戴尔俭：《从聚落中心到良渚酋邦》，《东南文化》1997 年第 3 期。
8. 杜正胜：《夏代考古及其国家发展的探索》，《考古》1991 年第 1 期。

9. 方西生：《夏王朝中心在伊洛和汾浍河流域考析》，《武汉大学学报》（哲学社会科学版）1996 年第 3 期。
10. 方酉生：《禹居（都）阳城考辨》，《江汉考古》1998 年第 1 期。
11. 龚缨晏：《略论中国史前酋邦》，《杭州大学学报》（哲学社会科学版）1995 年第 2 期。
12. 顾颉刚：《息壤考》，《文史哲》1957 年第 10 期。
13. 郭伟民：《城头山古城考古又获新成果》，《中国文物报》1999 年 3 月 3 日，第 1 版。
14. 何国强、曾国华：《从民族志和考古学资料看中国国家的起源》，《中山大学学报》（社会科学版）1999 年第 3 期。
15. 何兹全：《中国的早期文明和国家的起源》，《中国史研究》1995 年第 2 期。
16. 河南省文物研究所等：《河南淮阳平粮台龙山文化城址试掘简报》，《文物》1983 年第 3 期。
17. 河南省文物研究所等：《登封王城岗遗址的发掘》，《文物》1983 年第 3 期。
18. 河南省文物考古研究所等：《河南濮阳县高城遗址发掘简报》，《考古》2008 年第 3 期。
19. ［荷兰］克烈逊：《关于早期国家的早期研究》，《中国社会科学院古代文明研究中心通讯》第 12 期，2006 年 8 月。
20. ［荷兰］克烈逊：《早期国家的演化》，《中国社会科学院古代文明研究中心通讯》第 13 期，2007 年 1 月。
21. 雷海宗：《世界史分期与上古中古史中的一些问题》，《历史教学》1957 年第 7 期。
22. 李伯谦：《祭拜黄帝要达成共识》，《光明日报》2015 年 9 月 7 日，第 16 版。
23. 李零：《论豳公盨发现的意义》，《中国历史文物》2002 年第 6 期。
24. 李学勤：《论豳公盨及其重要意义》，《中国历史文物》2002 年第 6 期。

25. 林沄：《关于中国早期国家形式的几个问题》，《吉林大学社会科学学报》1986 年第 6 期。
26. 林志纯：《孔孟书中所反映的古代中国城市国家制度》，《历史研究》1980 年第 3 期。
27. 刘斌、王宁远：《良渚遗址的考古新发现》，《中国社会科学院古代文明研究中心通讯》第 22 期，2012 年 1 月。
28. 刘莉：《龙山文化的酋邦与聚落形态》，《华夏考古》1998 年第 1 期。
29. 栾丰实：《中国古代文明起源及早期发展国际学术研讨会大会第二组讨论总结发言》，《中国社会科学院古代文明研究中心通讯》第 3 期，2002 年 1 月。
30. 裘锡圭：《𤼈公盨铭文考释》，《中国历史文物》2002 年第 6 期。
31. 山东省文物考古研究所等：《阳谷县景阳岗龙山文化城址调查试掘》，《考古》1997 年第 5 期。
32. 沈长云：《西周人口蠡测》，《中国社会经济史研究》1987 年第 1 期。
33. 沈长云：《亚细亚生产方式在中国的产生及相关历史问题》，《天津社会科学》1991 年第 2 期。
34. 沈长云：《华夏民族的起源及形成过程》，《中国社会科学》1993 年第 1 期。
35. 沈长云：《夏后氏居于古河济之间考》，《中国史研究》1994 年第 3 期。
36. 沈长云：《论禹治洪水真象兼论夏史研究诸问题》，《学术月刊》1994 年第 6 期。
37. 沈长云：《禹都阳城即濮阳说》，《中国史研究》1997 年第 2 期。
38. 沈长云：《古代中国政治组织的产生及其模式》，《史学理论研究》1998 年第 2 期。
39. 沈长云：《说“夏族”——兼及夏文化研究中一些亟待解决的认识问题》，《文史哲》2005 年第 3 期。

40. 沈长云：《夏代是杜撰的吗——与陈淳先生商榷》，《河北师范大学学报》（哲学社会科学版）2005 年第 3 期。
41. 沈长云：《古史辨派的史学遗产与中国上古史体系的建设》，《史学集刊》2006 年第 4 期。
42. 沈长云：《夏族兴起于古河济之间的考古学考察》，《历史研究》2007 年第 6 期。
43. 沈长云：《夏朝的存在是无法“抹杀”的》，《历史评论》2020 年第 3 期。
44. 宋镇豪：《夏商人口初探》，《历史研究》1991 年第 4 期。
45. 山东省济宁市文物管理局：《薛国故城勘察和墓葬发掘报告》，《考古学报》1991 年第 4 期。
46. 田昌五：《中国古代社会的真象与亚细亚形态的神话》，《史学理论研究》1995 年第 2 期。
47. 童恩正：《有关文明起源的几个问题——与安志敏先生商榷》，《考古》1989 年第 1 期。
48. 童恩正：《中国西南地区古代的酋邦制度——云南滇文化中所见的实例》，《中华文化论坛》1994 年第 1 期。
49. 童恩正：《中国北方与南方古代文明发展轨迹之异同》，《中国社会科学》1994 年第 5 期。
50. 王学典：《从强调“一般”到侧重特殊——40 年代后期中国历史学的动向之一》，《史学理论研究》1992 年第 4 期。
51. 毋建庄等：《河南焦作堡发现龙山文化城址》，《中国文物报》2007 年 2 月 2 日，第 2 版。
52. 夏鼐：《谈谈探讨夏文化的几个问题——在〈登封告成遗址发掘现场会〉闭幕式上的讲话》，《河南文博通讯》1978 年第 1 期。
53. 夏鼐：《中国文明的起源》，《文物》1985 年第 8 期。
54. 谢维扬：《中国国家形成过程中的酋邦》，《华东师范大学学报》（哲学社会科学版）1987 年第 5 期。
55. 徐旭生：《1959 年夏豫西调查“夏墟”的初步报告》，《考古》

1959年第11期。

56. 许宏、陈国梁、赵海涛：《二里头遗址聚落状态的初步考察》，《考古》2004年第11期。

57. 许可：《我们正处于古代中国研究的“非凡时期”——访艾兰教授》，《中国史研究动态》2018年第5期。

58. 闫敏：《洛杉矶“夏文化国际研讨会”英文本论文译述》，《人文杂志》1991年第4期。

59. 叶文宪：《略论良渚酋邦》，《历史教学问题》1990年第4期。

60. 叶文宪：《部落冲突与征服战争：酋邦演进为国家的契机》，《史学月刊》1993年第1期。

61. 叶文宪：《古史分期新说述评》，《中国史研究动态》2000年第1期。

62. 易德生：《从楚简〈容成氏〉看〈禹贡〉的成书年代》，《江汉论坛》2009年第12期。

63. 袁广阔：《辉县孟庄发现龙山文化城址》，《中国文物报》1992年12月6日，第1版。

64. 袁广阔：《豫东北地区龙山时代丘类遗址与城址出现原因初探》，《南方文物》2012年第2期。

65. 张光直、陈星灿：《古代世界的商文明》，《中原文物》1994年第4期。

66. 张明华、王惠菊：《太湖地区新石器时代的陶文》，《考古》1990年第10期。

67. 张学海：《东土古国探索》，《华夏考古》1997年第1期。

68. 张雪莲等：《新砦—二里头—二里冈文化考古年代序列的建立与完善》，《考古》2007年第8期。

69. 张政烺：《卜辞“裒田”及相关诸问题》，《考古学报》1973年第1期。

70. 赵世超：《西周为早期国家说》，《陕西师大学报》（哲学社会科学版）1992年第4期。

71. 赵芝荃：《再论偃师商城的始建年代》，《中原文物》1999 年第 3 期。

72. 中国科学院考古研究所山东发掘队：《山东梁山青堌堆发掘简报》，《考古》1962 年第 1 期。

73. 中国社会科学院考古研究所二里头工作队：《二里头遗址宫殿区考古取得重要成果》，《中国社会科学院古代文明研究中心通讯》第 5 期，2003 年 1 月。

74. 中国社会科学院考古研究所二里头工作队：《二里头遗址 2003—2004 年田野考古新收获》，《中国社会科学院古代文明研究中心通讯》第 8 期，2004 年 8 月。

75. 中国社会科学院考古研究所山东队等：《山东茌平教场铺遗址龙山文化城墙的发现与发掘》，《考古》2005 年第 1 期。

76. 浙江省文物管理委员会：《吴兴钱山漾遗址第一、二次发掘报告》，《考古学报》1960 年第 2 期。

77. 浙江丝绸工学院：《对钱山漾出土丝织品的验证》，《丝绸》1981 年第 2 期。

78. 朱凤瀚：《燹公盨铭文初释》，《中国历史文物》2002 年第 6 期。

79. 朱凤瀚：《论中国考古学与历史学的关系》，《历史研究》2003 年第 1 期。

80. 竺可桢：《中国近五千年来气候变迁的初步研究》，《中国科学》1973 年第 2 期。

后　记

昨晚，当我校读完本书的最后一个字，长舒了一口气。我终于又完成了自己想做的一件事情。为此，我要感谢帮助我完成这件事情的同事、同学和亲人。

首先要感谢的，是支持我的我所工作的单位河北师范大学暨历史文化学院，特别是历史文化学院院长贾丽英女士。因为众所周知，现在一般的个人论文集是很难出版的。这本集子事先没有立项，没有经费，若不是单位支持，是很难面世的。

其次要感谢我的学生何艳杰。她是我早期招收的硕士研究生，现在是河北师大历史学院的副教授。这本书从联系出版社到与单位进行沟通，都是她一人操持。甚至整部书稿的二校，也是她一人完成的。这不能简单地归结为“先生有事，弟子服其劳”这个逻辑上来，毕竟，她作为学校的一名教学科研骨干，本身的担子也是够重的。

还有我的另一位学生、现在东北师大念博士的李腾。他其实是何艳杰的硕士生，只因常去我家请益，我也就视他为学生了。他为本书做出的贡献是收集齐各篇论文。这些文章有的发表已有二十多年了，散见于各种报刊，连我也不知从何处寻，可见他付出的辛劳。

最后要感谢的是我的夫人于亚萍。我们从北师大一起毕业，在各自的工作岗位上忙活。退休后，我因专业的不同，要继续写作和读书，她则承担了几乎所有的家务。但她从无怨言，默默支持我的工作，包括这本书的写作。无以回报，只好在此表示给她一半的“军功章”了。

是为此记。